승자와 패자의 갈림길 (2)

제2대 총선이야기
(1950. 5. 30)

장 맹 수 편저

선 암 각

| 승자와 패자의 갈림길(2) |

제2대 총선이야기

(1950. 5. 30)

초판인쇄 : 2024년 2월

편저자 : 장맹수

발행처 : 선암각

등록번호 : 제 25100-2010-00037호

주소 : 서울특별시 노원구 마들로 31

전화번호 : (02) 949 -8153

값 20,000원

승자와 패자의 갈림길 (2)

제 2대 총선이야기
(1950. 5. 30)

장 맹 수 편저

선 암 각

목 차

책을 펴내며

[제1부] 제헌의원 선거와 대한민국 정부 수립

제1장 건국의 뱃고동 제헌의원 선거   11
1. 유엔 감시하에 사상 최초의 직접 선거   12
2. 우후죽순(雨後竹筍)처럼 정당·단체들의 난립   18
3. 독립촉성국민회가 돋보인 선거 결과   22

제2장 초대 대통령 선출과 조각의 비화   29
1. 제헌국회 개원과 대한민국 헌법 제정   30
2. 대통령 이승만, 부통령 이시영 선출   35
3. 초대 국무원 조각(組閣)의 숨겨진 비화   37

[제2부] 신생 대한민국호 안팎의 시련

제1장 남북분단의 아픔이 민중의 살상으로   43

1. 잠들지 않은 섬 제주, 제주 4·3 폭동   44
2. 국방경비대 제14연대 여수·순천에서 반란   48
3. 전국 도처에서 준동(蠢動)하는 남로당 공비   56
4. 인위적으로 분단된 3·8선에서의 살상과 분쟁   63

제2장 제헌의원들의 방황과 국회 프락치 사건   69
1. 이합집산을 거듭하며 방황한 제헌의원들   70
2. 사망과 결원으로 8개 지역구에서 보궐선거   77
3. 국회 프락치로 13명의 의원들이 구속   88

제3장 김구 주석의 암살과 한국독립당 몰락   92
1. 단독정부 수립을 반대하고 통일정부 구상   93
2. 떨어진 민족의 큰 별 김구 주석의 암살   97
3. 중간파 정당과 함께 한국독립당도 소멸   102

제4장 청산하지 못한 친일 잔재(殘滓) 반민족행위자   106
1. 반민족행위자 처벌법 제정과 반민특위 활약   107
2. 이승만 대통령에 의해 좌절된 반민특위   111

제5장 중화민국이 중화인민공화국으로 탈바꿈   117
1. 전쟁과 선린이 교차한 대중국의 고찰   118

2. 오락가락하고 갈피를 잡지못한 미국의 중국정책   125

3. 광대한 중국대륙을 모택동에 넘겨준 장개석   130

4. 모택동의 승리가 김일성의 남조선 침공으로   138

제6장 건국의 뱃고동이 울려 퍼지는 시대 상황   145

1. 대한민국 신생 정부가 출범한 1948년   146

2. 소련군에 이어 미국군도 철수한 1949년   156

3. 김일성의 남한 침공으로 초토화된 1950년   170

[제3부] 2천여 명의 후보들이 운집한 제2대 총선

제1장 임기연장론을 잠재우고 선거 강행   179

1. 제2대 총선을 앞둔 정국(政局) 상황   180

2. 제2대 총선에 2,225명의 후보들이 난립   187

제2장 무소속이 60%를 점령한 제2대 국회   196

1. 제헌의원과 정당 후보들이 참패한 총선   197

2. 제2대 총선에서 당선된 영광의 얼굴들   200

[제4부] 지역구별 불꽃 튀는 격전의 현장들

제1장 수도권 : 무소속 후보 당선자가 56.5%　　　207
1. 476명의 후보들이 출전하여 열전을 전개　　　208
2. 수도권 46개 지역구 불꽃튀는 격전의 현장으로　　　212

제2장 영남권 : 66개지역구로 전국 점유율은 31.4%　　　275
1. 737명의 후보들이 출전하여 열전을 전개　　　276
2. 영남권 66개 지역구 불꽃튀는 격전의 현장으로　　　281

제3장 강원·충청권 : 43개지역구로 20.5%를 점유　　　376
1. 433명의 후보들이 출전하여 열전을 전개　　　377
2. 강원·충청권 43개 지역구 격전의 현장으로　　　381

제4장 호남·제주권 : 55개 지역구로 26.2%를 점유　　　442
1. 567명의 후보들이 출전하여 열전을 전개　　　443
2. 호남·제주권 55개 지역구 격전의 현장으로　　　448

책을 펴내며

우리나라의 고질적인 지역감정과 지역갈등을 영원히 종식(終熄)시키기 위해서는 지방행정구역을 과감하게 재편(再編)해야한다는 지론(持論)을 펼치기 위해 승자와 패자의 갈림길, 제18대 총선이야기를 발간한 것이 2010년 11월 11일이었다.

글 쓰는 재주가 남다르지 아니하고 문장력이 뛰어나지 아니함에도 불구하고 제13대(1988년)와 제14대(1992년)는 물론 제15대(1996년), 제16대(2000년), 제17대(2004년), 제19대 (2012년), 제20대(2016년) 총선 이야기와 제헌의원 선거에서 제20대 국회의원 선거를 요약한 역대 국회의원 선거 이야기까지 총 18권을 엮어냈지만, 정치권이나 출판업계에서 크게 주목을 받지 못했다.

그리하여 절필(絶筆)을 좌고우면(左顧右眄)했으나, 1960년대부터 60년이상 경상도 출신들이 집권하여 오면서 영남 패권주의를 조장하여 온 엄연한 사실을 적시(摘示)하고, 곡학아세(曲學阿世)한 정치인들이나 학자들의 그럴듯한 지역갈등 해소방안은 뜬구름 잡기에 불과하다는 것을 환기(喚起)시켜주기 위해 발간을 이어가기로 결단을 내렸다.

2020년 5월에는 승자와 패자의 갈림길 제9대(1973), 제10대(1978), 제11대(1981), 제12대(1985) 총선이야기 4권이 발간됨에 따라 이미 22권을 발간했다.

1만 2천여 페이지에 달하는 방대한 자료를 정리하고 1만 8천여 명에 달하는 인명(人名)을 수록하다보니 오자(誤字)가 듬성듬성 하는 부끄러움으로 총선 이야기 오정(誤訂) 묶음까지 발간했지만, 우리의 뇌리에서 잊혀져 가는 역사적 사건과 선거에 관한 진면목(眞面目)을 나름대로 집대성했다는 자부심으로 위안을 삼고 싶었을 뿐이다.

이번에는 일본의 쇠사슬을 벗어나 건국의 뱃고동을 울린 제헌의원 선거(1948년), 너도나도 선량(選良)이 되겠다고 2,225명이 운집(雲集)한 제2대 총선(1950년), 전쟁의 폐허에서도 이승만 대통령의 종신집권을 위해 자유당이 총력을 경주한 제3대 총선(1954년), 이승만 정부의 실인심과 경찰력의 동원으로 여촌야도(與村野都) 전형을 보여준 제4대 총선(1958년), 장기 집권에 의한 4월 혁명으로 정권교체를 갈망하는 유권자들의 기원을 담은 제5대 총선(1960년), 5·16 군부 쿠데타로 집권한 박정희 정부가 구(舊) 정치세력을 규합한 연합군을 편성하여 대승을 거둔 제6대 총선(1963년), 박정희 정권의 장기 집권을 위한 헌법개정을 구상(構想)하고 온갖 부정한 방법을 동원하여 민주공화당이 압승을 거둔 제7대 총선(1967년), 3선개헌으로 실시한 대통령선거에서 승리한 박정희 정부에 대한 반감이 표출되어 신민당이 선전한 제8대 총선(1971년) 이야기 8권을 단권(單券)으로 편집하여 함께 출간했다.

남북분단이 남북전쟁으로 비화하여 양민의 살상과 국토를 초토화시킨 6.25동란의 아픔이 면면히 녹아있는 제2대 총선이야기 제1부에서는 제2차 세계대전이 독일과 일본의 패망으로 종결되어 준비되지 아니한 상황에서 해방을 맞이한 우리 민족은 자주 독립국가의 수립을 위해 방황했고, 소련과 미국의 분할점령으로 허리가 끊어진 남북이 분단된 상황에 당황했다.

우국지사들의 백가쟁명이 남발되는 혼돈의 상황에서 조선에 대한 이해가 부족했던 3년간의 미군정을 거쳐 유엔의 감시하에 건국의 뱃고동인 제헌의원 선거가 실시됐고, 제헌국회에서 이승만을 초대 대통령으로 선출하여 대한민국이 수립된 과정과 초대 내각의 성립에 숨겨진 비화 등을 기술했다.

제2부에서는 신생 대한민국호의 안팎의 시련과 암울했던 시대상황을 약술했다.

인위적으로 분단된 38선에서의 살상을 비롯하여 평화롭던 제주도에서의 폭동, 국방경비대의 여수와 순천의 점령, 전국 각처에서 준동한 남로당 공비들의 살상(殺傷)의 실상, 정당제도가 정착되지 아니하여 이합집산을 거듭하며 방황한 제헌의원들과 사회주의 사상에 젖어 국회 프락치 사건으로 비화된 국회의원들의 갈지자 행보들을 고찰했다.

또한 남한만의 단독정부 수립을 반대하고 남북협상에 의한 통일정부에 대한 이상을 추구한 김구 상해 임정 주석 김구의 암살과 한국독립당의 몰락을 고찰하였고, 부일(附日)협력과 항일투쟁이 뒤섞여 명확하게 구분할 수 없다는 이승만 대통령의 신념에 따라 반민족행위자를 청산하지 못한 반민특위의 활동을 살펴봤다.

한편 오락가락하고 갈피를 잡지 못한 미국의 대중국 정책으로 광대한 중국 대륙을 모택동에게 넘겨주고 대만으로 쫓겨난 장개석, 그것이 곧 김일성의 남한 침략인 6.25 동란으로 연계된 상황에 대해서도 기술했다.

제3부에서는 제헌의원에 대한 불신과 민심 이반으로 너도나도 국회의원이 되겠다고 2천여 명이 난립한 제2대 총선의 상황과 무소속 후보들이 60%가 넘게 당선되어 이합집산이 예견된 제2대 총선에 대한 이모저모를 살펴봤다.

제4부에서는 전국을 수도권, 영남권, 강원·충청권, 호남·제주권으로 대별(大別)하여 권역별 특성을 개괄하고, 210개 지역구에 뛰어든 후보들의 면모, 지역구별 판세점검, 승패의 갈림길과 득표상황을 정리했다.

서울·경기인 수도권은 46개구로 21.9%를, 경남·경북인 영남권은 66개구로 31.4%를, 집권여당에 우호적인 강원·충청권은 43개구로 20.5%를 점유했다.

제헌의원 선거 때부터 이승만 집권세력과는 일정한 거리를 두었던 호남·제주권은 55개구로 26.2%를 점유하여 현역의원들을 배척하고 지역에 뿌리를 내리고 군림한 후보들을 선출했다.

아무쪼록 지역갈등이라는 업보가 우리의 후손들에게 유산으로 남겨지지 않도록 전면적인 지방행정구역 재편의 계기가 마련되고, 어떠한 정치적 상황에서도 정치인은 금도(襟度)를 지키고 언행을 경계하여 후세에 오명(汚名)으로 회자(膾炙)되지 아니하기를 바랄 뿐이다.

2023년 9월

장맹수

[제1부] 제헌의원 선거와 대한민국 정부 수립

제1장 건국의 뱃고동 제헌의원 선거
제2장 초대 대통령 선출과 조각의 비화

제1장 건국의 뱃고동 제헌의원 선거

1. 유엔의 감시하에 사상 최초의 직접선거

2. 우후죽순(雨後竹筍)처럼 정당·단체들의 난립

3. 독립촉성국민회가 돋보인 선거 결과

1. 유엔의 감시하에 사상 최초의 직접 선거

(1) 유엔 임시 조선위원단의 입국과 활동

1945년 9월 남한지역을 점령한 미국은 1947년 3월 한반도 통일에 대한 소련의 협력을 단념하고 남한 단독정부 수립의 계획을 준비하고 있다는 입장을 밝혔다.

미국 국무장관 에치슨 대리는 한국 통일문제가 난관에 봉착한 것은 소련 측이 모스크바 3상회의의 신탁통치에 반대하는 정당을 미·소 공동위원회의 협의 대상에서 제외시켜야 한다는 주장으로 통일 정부 수립이 진척(進陟)되지 못하고 있음을 미국 상원 외교위원회에 보고했다.

남한 내에서도 좌·우 합작과 미·소 공동위원회 실패로 한국 통일문제가 대두되고 한국 통일문제는 유엔으로 이관되었다.

유엔 총회에서 한국 총선거를 결의했으나 소련 측의 북한 주민들의 선거 참여에 대한 거부로 인하여 남한지역만이라도 총선거를 실시하자는 여론을 이승만 총재의 대한독립촉성국민회가 주도하여 이끌어갔다.

유엔 총회는 1947년 11월 조선총선거안, 유엔 임시 조선위원단 설치안, 정부수립 후 미·소 점령군의 철수안을 가결시켰다.

이러한 결의에 따라 유엔 임시 조선위원단이 활동을 개시했지만,

북한 지역을 관할하고 있는 소련군 사령부가 조선위원단의 입북 허가 요청을 거부하여 남북한 총선거를 집요하게 주장하는 김구와 남한만의 선거를 상정한 이승만의 대립은 불가피하게 됐다.

김구의 이상주의가 명분에서 압도했으나, 이승만의 현실주의가 실제적으로 성공할 수밖에 없었다.

3천만 겨레의 총의를 반영하여 급속한 시일 안에 총선거를 실시하자는 애국단체연합 주최로 열린 총선거 촉진국민대회가 2월 8일 서울운동장에서 수 만명이 참석한 가운데 성대하게 거행됐다.

반면 남북 정치협상, 미·소 양군 철수와 남북 총선거 주장에 합의한 민련(民聯)의 김규식과 한국독립당의 김구가 남북통일 총선거 국민대회를 개최하려 했으나, 공산당의 앞잡이라는 비난여론에 부딪쳐 의견 대립으로 무산됐다.

한국민주당은 조선인민공화국 수립을 계획하고 있는 소련의 태도가 명백한 이상 남조선 지역만의 선거실시로 통일정부 수립이 시급하다고 주장했다.

유엔 조선위원단 인도 대표인 메논은 입국이 불가능한 북조선의 의석을 유보한 채 남조선 지역만의 선거실시를 주장했다.

입법의원 43명은 가능한 지역에서의 총선거로 독립정부 수립이 급속 실현되도록 유엔 조선위원단에 요청하자는 긴급 동의안을 제출했고, 중간파인 원세훈, 김붕준, 여운홍 의원들의 의식적인 방해공작을 잠재우고 남조선 단독정부 요청안은 가결됐다.

(2) 유엔 총회에서 남조선 지역만의 단독선거 결의

유엔 소총회에서 1948년 2월 26일 조선에 전국 선거를 실시하여 정부를 수립하는 안을 찬성 31표 대 반대 2표로 가결시켰고, 기권은 1표였다.

이에 따라 국내 반향은 총선거 실시는 3천만의 기대를 달성한 것으로 총선거 준비태세를 갖추자는 결의에 찼다.

이어 유엔 소총회는 1948년 2월 유엔 조선위원단이 접근할 수 있는 지역에서 선거를 실시할 것을 결의함으로써 남조선만의 단독선거가 가시화됐다.

유엔 소총회에서의 결의 이후 제헌의원 선거일자가 5월 10일로 확정되고 단독정부 수립 계획이 추진됐다.

한국독립당 김구 위원장은 남한 단독선거는 국토 양단의 비극을 초래할 것이라고 경고하고, 유엔 조선위원단에서 남북 조선에 주둔하고 있는 미·소 양군이 철수한 후 자유선거를 실시할 것을 주장하며, '삼천만 동포에 읍고(泣告)함'이라는 남한 단독정부 수립 반대 성명을 발표했다.

김구 위원장은 입법회의 의장인 김규식과 함께 단독정부 수립은 냉전체제가 굳어져 가는 국제 환경 속에서 민족의 분단을 장기화할 위험이 내포되어 있다고 주장하고, 김일성과 김두봉에게 남북 정치 지도자간의 정치협상을 개최할 것을 제의했다.

제헌의원 선거가 두 달 남겨진 3월 김구, 김규식, 김창숙, 조성환, 홍명희 등 7인은 제헌의원 선거 불참을 선언하며 남북협상을 추진하겠다고 발표했다.

이와는 달리 이승만은 남조선 지역에서만이라도 선거를 실시하여 과도정부를 수립하여 유엔의 승인을 받아야한다며 남북협상을 반대했다.

중간 입장에 있던 한국민주당은 현실을 중시하여 이승만의 노선을 지지한다고 밝혔다.

미군의 군정장관 딘 소장은 남북협상에 대해 북행(北行)은 그들의 자유지만 정치 술책에 빠져 노예가 되지 말라고 충고했고, 이승만은 남북협상의 참여는 소련의 목적에 부응하고 추종하는 것이라고 경고했다.

미군 사령관 하지 중장은 남북협상이라는 것은 조선의 총선거를 방해하려는 소련의 간계(奸計)이고 기만책이며, 초청된 인사는 남조선을 내면할 수 없다고 비난하고, 총신거 실시만이 진징한 통일 정부 수립의 길이라는 특별 담화를 발표했다.

한국독립당과 좌익 세력인 남한노동당 등의 불참속에 남한지역에서 제헌의원 선거가 실시되었고, 선거 과정에 김구와 김규식 등 남북협상 세력이 참여하지 않은 것은 결과적으로 한국의 정당 정치에 있어서 이념 공간을 크게 좁히는 결과를 초래했다.

이승만이 혁신계열 정당·단체 및 남북협상파 인사들의 불참 속에서 구성된 제헌국회에서 초대 대통령으로 선출되면서 중간 세력이나 남북협상파와의 경쟁은 사실상 끝났으며, 이승만은 친미 노선을 더욱 강화하여 장기 집권의 기반을 마련했다.

미국 대외정책의 기조를 이룬 반공, 냉전 정책은 대한민국 정부 수립을 전후한 시기에도 계속됐으며, 미국의 이러한 정책은 한국 정부 수립과 그 후의 정당의 이념 성향에 커다란 영향을 미치게 되었다.

(3) 제헌의원 선거전의 정치적 상황과 특징

남조선 과도정부는 1948년 3월 입법의원 선거법의 일부 조항을 수정한 후 미군 군정청 군정법령 제175호로 국회의원 선거법을 공포했다.

전문 57조로 구성된 이 선거법은 자유·평등·비밀·보통선거를 원칙으로 임기 2년과 정원 200명을 규정하였으며, 선거권은 한국 국적 소지자로서 만 21세, 피선거권은 만 25세에 달한 자에게 부여하였고, 각 선거구에서 1인의 의원을 선출하는 소선거구제를 채택했다.

남조선노동당은 1948년 2월 남조선 단독선거에 반대하여 전국적인 총파업을 단행했다.

그 후 파업과 선거 방해 공작이 전개되었는데 특히 제헌의원 선거를 앞둔 4월 3일 제주도에서 좌익 주도하에 선거 방해 공작이 무장(武裝)폭동으로 나타나 군·경 및 제주도민 수만 명의 사상자가 발생했다.

제주도 북제주 갑·을구의 2개 선거구는 치안 관계상 투표율이 낮아 선거가 무효되어 1년 후인 1949년 5월 10일에 실시됐다.

제헌의원 선거의 특징은 유엔의 주관하에 미군정 당시 제정한 국회의원 선거법이 적용된 유엔이 실시한 선거였고, 유엔의 결의는 남북 총선거였으나 북조선지역은 소련군의 입국 거부로 참여할 수 없었고, 단독정부 수립을 반대하는 김구, 김규식 등 중간노선의 정치세력과 좌익계열이 선거에 불참함으로써 남조선 지역만의 민족진영 계열만의 선거가 되었다.

좌익계열에 의한 선거 방해 및 파괴 공작 행위가 극심하였으며 경찰은 향보단(鄕保團)을 조직하여 삼엄한 경계를 함으로써 이들의 방해 공작에 대비했다.

여성 후보 18명이 출마했으나 단 한 사람도 당선되지 못한 것은 남존여비(男尊女卑)의 봉건사회 잔재가 팽배함을 보여주었고, 48개나 되는 많은 정당·단체가 후보자를 내세워 선거에 참여한 것은 근대적인 정당의 뿌리가 없는 것을 증명하는 선거였다.

그나마 정당의 조직을 구비한 한국민주당이 29명의 당선자를 배출했을 뿐이다.

부정투표, 부정개표, 유권자 매수 등의 선거 타락상은 거의 보이지 않는 제헌의원 선거는 국가 정책의 기본 방향과 정부수립 후의 권력 장악세력을 결정지은 한국 최초의 국민 직접선거였다.

2. 우후죽순(雨後竹筍)처럼 정당·단체들의 난립

(1) 48개 정당·단체들이 난립한 최초의 전국적인 선거

이번 제헌의원 선거에서는 48개 정당·단체의 948명의 후보들이 난립하여 혼전을 전개했다.

입후보자의 소속은 대한독립촉성국민회가 235명으로 25%를 점유했고, 한국민주당 91명, 대동청년단 87명으로 19%를 차지했다.

대한독립촉성국민회, 한국민주당, 대동청년단, 조선민족청년단이 433명으로 전체 후보자의 45.7%를 차지하여 대종을 이뤘다.

조선민주당 등 44개 정당·소속단체 후보자는 98명에 불과했다.

후보자들의 연령은 40대가 386명으로 40.7%를, 50대가 247명으로 26.0%로 대부분을 점유하고 있으며, 20대가 18명, 70대도 8명이 입후보했다.

학력은 한문(漢文)수학 또는 소학교 졸업이 176명으로 18.6%를 차지하고 있는 반면, 대학 졸업자도 227명으로 23.9%를 점유했다.

여성 후보는 황애덕(중구), 김선(중구), 박순천(종로갑), 황현숙(동대문을), 김활란(서대문), 김선(마포), 박승호(용산) 등 18명이 출전했으나 어느 후보도 당선권에는 들지 못했다.

후보자의 직업은 농업이 377명으로 39.7%를 차지했고, 광공업이 26명, 상업 및 운수업이 86명, 언론출판업이 66명으로 다수를 차지했다.

법조인이 19명, 교육인이 18명, 목사 및 승려 등 종교인이 25명, 민주의원 및 입법의원이 36명이었다.

조선민족청년단, 대한노동총연맹, 대한독립촉성농민총연맹 등은 당선자를 배출했으나 대한독립촉성애국부인회, 대한부인회 등은 당선자를 배출하지 못했다.

더구나 단민당, 대성회, 전도회, 민족통일본부, 조선공화당, 부산 15구락부는 1명의 후보가 출전하여 당선됐으나 조선건국청년회 등 20개의 정당·단체에서 1명의 후보자가 출전하여 모두 낙선했다.

무소속으로 출전한 후보들이 417명으로 전체 후보자의 44%를 차지했고, 당선자도 85명을 배출하여 42.5%를 점유했다.

48개 정당·단체 가운데 18개 정당·단체에서는 당선자를 배출했으나, 30개 정당·단체에서는 당선자를 배출하지 못했다.

전체 총인구는 19,190,877명이고 유권자는 7,840,871명이었으며 95.5%의 유권자가 투표에 참여했다.

(2) 남로당의 반대, 협상파의 불참으로 어수선한 선거분위기

하지 미군 사령관은 중앙정부 수립을 위한 제헌의원 선거를 5월 10일 실시한다고 발표했고, 조병옥 경무부장은 선거 방해자를 처단하겠다는 담화를 발표했다.

장택상 수도경찰청장도 선거의 자유권을 확보하기 위해 경찰관은 선거에 간섭하지 말라는 고시를 발표했다.

조병옥 경무부장은 북조선 편의대에게 경찰관 등 52명이 살해되어 비상경계령을 발동했다.

김구와 김규식은 "남북 제 정당·사회단체 연석회의에서 남조선의 단정(單政)을 반대하고 미·소 양군의 철퇴에 의견이 일치했다"고 공동 발표했다.

그러나 남북협상에 참여했다 조기 귀국한 여운홍, 정운영, 김성규 등은 "남북통일을 위한 협상이 아니라 남한 단독선거를 방해하기 위한 선전장에 불과했다"고 남북협상을 폄하(貶下)했다.

하지 미군 사령관은 남북협상은 공산파 회담에 불과하므로 민중은 현혹치말라며 총선거만이 통일의 길이라는 특별성명을 발표했다.

국가 흥망의 기로인 총선거를 완수하자는 캠페인이 전개됐으며, 대한독립촉성국민회 이승만 총재는 "기만적 남북협상에 동요치 말고 총선거로 일로 매진(邁進)하자"고 호소했다.

이승만은 제헌의원 선거에 즈음하여 입후보 난립을 방지하고 건설적인 애국자를 선출하자고 권고했다.

광주와 대구 그리고 진도에서 통신망을 파괴하고 지서를 습격하는 등 선거 반대 폭동 등 연이은 좌익 세력의 테러에도 불구하고 평온하게 투표가 이뤄졌고 투표율도 95%를 상회했다.

이번 선거에서 무투표 지역구는 경기도 광주(신익희)과 가평(홍익표), 전북 정읍갑(나용균), 전남 광주(정광호)과 영암(김준연), 영광(조영규), 경북 영양(조헌영), 영덕(오택열), 영천갑(정도영), 영천을(이범교), 김천을(이병관) 등 11개 지역구이다.

애국단체연합회의 조사로 최능진 후보가 27명의 지문을 위조하여 추천장을 작성한 사실이 판명되고 최능진 후보 등록 무효와 관련하여 지역구 선거관리위원이 모두 사퇴하는 사건으로 발전했다.

최능진 후보의 등록이 선거위원회에서 말소한 사실이 발표되어 이승만 후보의 무투표 당선이 확정되고, 최능진 후보가 간첩 혐의로 구속되어 실형이 선고된 사실은 사실이 어찌되었던 씁쓸한 뒷맛을 남기는 것은 어쩔 수 없었다.

마살 미국 국무장관도 총선거의 성공을 축하하며, 민주주의 방법에 의한 정부수립 의지를 반영한 것이라고 격려했다.

미군 군정청 딘 군정장관은 선거에 반영된 애국심으로 정부수립에 매진하자고 호소하며, 군정청의 권한을 조속한 시일내에 한국정부에 이양하겠다고 다짐했다.

선거 반대 폭동은 318건에 달하고 살인 미수가 16건이나 되며, 제주도는 갑구에 양귀진, 을구에 양병직 후보들이 당선됐으나 제주도내의 폭동으로 선거 참가 인원수가 제한되어 당선무효 처리됐다.

총선거를 전후하여 남조선노동당 계열의 발악으로 습격과 폭행이 1,047건 발생했으며 살상이 846명 자행됐고 후보자도 2명(김천의 박완, 괴산의 김영규)이 희생됐다.

3. 독립촉성국민회가 돋보인 선거 결과

(1) 무소속 당선자가 85명으로 43% 점유

제헌의원 선거 당시 인구는 1,919만 877명이었고, 유권자는 784만 871명이었으며, 투표율은 96.4%로 경이적이었다.

정당·소속별 당선자는 대한독립촉성국민회가 55명으로 27.5%를 차지했고, 한국민주당이 29명, 대동청년단이 12명을 배출했다.

그리고 조선민족청년단이 6명, 대한독립촉성농민총연맹이 2명, 대한노동총연맹, 조선민주당, 대한청년단, 한국독립당, 교육협회, 단민당, 대성회, 전도회, 민족통일본부, 조선공화당, 부산15구락부에서도 1명씩 당선됐다.

무소속 당선자가 85명으로 당선자의 42.5%를 차지했다.

직업은 농업이 86명으로 대부분이었으며 법조인 4명, 교육인 5명, 입법의원 11명, 무직이 22명이었다.

연령은 40대가 78명, 50대가 58명으로 136명이 40~50대이며, 20대가 3명, 70대가 4명이었다.

학력은 한문수학 9명, 소학교 졸업이 25명이나 되며, 대학 졸업생은 74명으로 37%를 점유했다.

득표수에서는 무투표 당선자가 12명이며 1만 표 미만으로 당선된 후보가 31명이며 3만 표 이상의 득표자는 7명에 불과했다.

(2) 제헌의원 당선자 200명의 면모

대한독립촉성국민회 : 55명

◆서울(1명): 이승만(동대문갑, 국민회 총재)

◆경기(7명): 서성달(고양갑, 무직), 신익희(광주, 임정 내무부장), 이유선(부천, 상업), 신광균(개풍, 군수), 송창식(이천, 면장), 민경식(용인, 일본 중앙대졸), 김영기(안성, 경기도지사)

◆충북(2명): 정구삼(옥천, 농업), 이의상(음성, 독촉위원장)

◆충남(10명): 성낙서(대전, 도지사), 송진백(대덕, 농업), 진헌식(연기, 보성전문 교수), 유진홍(논산갑, 상업), 남궁현(부여갑, 상업), 김이수(부여을, 농업), 이종근(청양, 대청단장), 손재학(홍성, 국민운동), 김용재(당진, 곡물검사원), 이병국(천안, 국민회 군회장)

◆전북(5명): 조재면(부안, 군수), 유준상(완주갑, 면장), 정해준(금산, 국민회 부장), 진직현(임실, 변호사), 신현돈(무주, 의사)

◆전남(7명): 이남규(목포, 입법의원), 조옥현(순천을, 농업), 오석주(고흥갑, 목사), 김문평(여수갑, 군수), 송봉해(해남갑, 의사), 황두연(순천갑, 농업), 김상순(장성, 삼양사 사장)

◆경북(11명): 권병로(의성갑, 의사), 김익기(안동갑, 읍장), 오택열(영덕, 청년단장), 김철(경주갑, 교사), 이석(경주을, 신문사 사장), 정도영(영천갑, 국민회 군회장), 이범교(영천을, 중학교장), 박종환(청도, 고시위원회 과장), 장병만(칠곡, 농업), 육홍균(선산, 국민회 지부장), 한엄회(상주갑, 신문지국장)

◆경남(6명): 이주형(통영갑, 입법의원), 김태수(창원갑, 공무원), 김경도(함양, 면장), 표현태(거창, 면장), 이원홍(합천갑, 변호사), 김효석(합천을, 농업)

◆강원(6명): 최규옥(춘천, 의사), 이종순(춘성, 토목업), 원용균(횡성, 면장), 황호현(평창, 보문 합격), 최헌길(강릉을, 국민회 지부장), 김진구(삼척, 농장 경영)

◆제주(1명): 홍순령(북제주갑, 여중 교장)

| 한국민주당 : 29명 |

◆서울(4명): 윤치영(중구, 민주의원 비서국장), 이영준(동대문을, 의전 교수), 김도연(서대문, 입법의원), 김동원(용산, 상업)

◆경기(2명): 서정희(포천, 독립운동), 신현모(연백을, 출판업)

◆충북(1명); 송필만(진천, 농업)

◆전북(4명): 나용균(정읍갑, 한민당 사무국장), 김종문(정읍을, 읍장), 백관수(고창을, 동아일보 사장), 노일환(순창, 신문사 사원)

◆전남(9명): 정광호(광주, 광주시장), 서우석(곡성, 입법의원), 김종선(구례, 양조업), 김준연(영암, 신문기자), 김용현(무안갑, 농업), 장홍염(무안을, 회사원), 김상호(나주갑, 원예업), 조영규(영광, 의사), 이정래(보성, 출판업)

◆경북(5명): 최윤동(대구갑, 광복회장), 서상일(대구을, 입법의원),

백남채(대구병, 중학교장), 조헌영(영양, 약종상), 박상영(예천, 중학 교사)

◆경남(2명): 한석범(부산병, 공업), 김재학(통영갑, 회사장)

| 대동청년단 : 12명 |

◆서울(2명): 이청천(성동, 대동청년단장), 윤재욱(영등포, 의사)

◆경기(3명): 원용한(여주, 목사), 홍길선(수원갑, 회사원), 김인식(옹진을, 조도전대 졸)

◆충북(1명): 김기철(공주, 출판업)

◆충남(1명): 임석규(보령, 대청 군단장)

◆전북(1명): 백형남(익산을, 청년운동)

◆전남(1명); 이성학(해남을, 농업)

◆경북(2명); 최석홍(영주, 청년단장), 배중혁(봉화, 대동청년단 경리국장)

◆강원(1명): 원장길(강릉갑, 조선업)

| 기타 정당·단체 : 19명 |

◆조선민족청년단(6명); 홍희종(김제을, 부읍장), 이정기(남원, 회사장), 정균식(담양, 면장), 문시환(부산갑, 군수), 안준상(의령, 농업), 강욱중(함안, 변호사)

◆조선민주당(1명); 이윤영(종로갑, 조선민주당 최고위원)

◆한국독립당(1명): 오택관(옹진갑, 목사)

◆대한독촉농민총연맹(2명): 이요한(옥구, 대서사), 이석주(완주을 농업)

◆대성회(1명); 조국현(화순, 신문기자)

◆대한독촉노동총연맹(1명): 전진한(상주을, 노총위원장)

◆단민당(1명): 유성갑(고흥을, 교육자)

◆전도회(1명): 김우식(달성, 유도회장)

◆교육협회(1명): 김봉조(청송, 경북도 과장)

◆민족통일본부(1명): 김상덕(고령, 입법의원)

◆조선공화당(1명): 김약수(동래, 항일투쟁)

◆부산15구락부(1명): 강달수(하동, 중학교장)

◆대한청년단(1명); 양병직(북제주을, 농업)

무소속 : 85명

◆서울(2명); 장면(종로을, 입법의원), 김상돈(마포, 연희전문 강사)

◆경기(16명): 곽상훈(인천갑, 신문사 지국장), 조봉암(인천을, 저술업), 이성득(개성, 개성부윤), 최국현(고양을, 경향신문 차장), 김덕열(양주갑, 면장), 이진수(양주을, 약학대 이사장), 이재형(시흥, 금융조합 이사), 정준(김포, 기독청년회 총무), 윤재근(강화, 면장), 김웅권(파주, 항일운동), 조중현(장단, 채광업), 김경배(연백갑, 수리조합장), 홍익표(가평, 농업), 유래완(양평, 입법의원), 최석화(평택, 면장), 김웅진(수원을, 토건업)

◆충북(8명); 박기운(청주, 경찰관), 홍순옥(청원갑, 의사), 이만근(청원을, 경찰청 부청장), 김교현(보은, 중학교장), 박우경(영동, 공무원), 연병호(괴산, 임정요인), 유홍열(제천, 면장), 조종승(단양, 공무원)

◆충남(8명); 김명동(공주갑, 서당(書堂)선생), 신방현(공주을, 면장), 최운교(논산을, 논산군 농민회장), 이훈구(서천, 군정청 농림부장), 윤병구(예산, 농업), 이종린(서산갑, 천도교 장로), 김동준(서산을, 대한민보 사장), 서용길(아산, 대학교수)

◆전북(8명): 신성균(전주, 면장), 윤석구(군산, 입법의원), 배헌(이리, 군정청 고문), 김영동(고창갑, 회사원), 이문원(익산을, 교원), 조한백(김제갑, 신문지사장), 오기열(진안, 농업), 김봉두(장수, 건설회사 사장)

◆전남(9명): 박종남(광산, 중학교장), 김옥주(광양, 중학교사), 황병규(여수을, 어업조합장), 김중기(장흥, 교사), 차경모(강진, 농민회 서기), 이항발(나주갑, 신문사원), 이성우(함평, 신문지국장), 김장열(완도, 경찰서장), 김병회(진도, 신문기자)

◆경북(11명): 박준(군위, 통신사 사장), 정우일(의성갑, 읍장), 정현모(안동을, 회사 중역), 박순석(영일갑, 목사), 김익로(영일을, 신문지국장), 박해정(경산, 총경), 이호석(성주, 농업), 권태희(김천갑, 중학교장), 이병관(김천을, 면장), 조병한(문경, 회사 감사), 서이환(울릉, 울릉도사(島司))

◆경남(16명): 박찬현(부산정, 경찰국 과장), 권태욱(마산, 치과재료상), 이강우(진주, 교원), 황윤호(진양, 면장), 구중회(창녕, 중학교장), 박해극(밀양을, 변호사), 정진근(양산, 농업), 최봉식(울산갑, 면장), 김수선(울산을, 교원), 신상학(김해갑, 청년운동), 조규갑(김해을, 면장), 주기용(창원을, 읍장), 서순영(통영을, 법관), 이귀수(고성, 신문기자), 박윤원(남해, 기사), 강기문(산청, 회사장)

◆강원(5명): 이재학(홍천, 군수), 홍범희(원주, 사회사업), 장기영(영월, 무직), 최태규(정선, 신문기자), 김광준(울진, 경찰서장)

◆제주(1명): 오용국(남제주, 입법의원)

제2장 초대 대통령 선출과 조각(組閣)의 비화

1. 제헌국회 개원과 대한민국 헌법 제정

2. 대통령 이승만, 부통령 이시영 선출

3. 초대 국무원 조각(組閣)의 숨겨진 비화

1. 제헌국회 개원과 대한민국 헌법 제정

(1) 제헌국회 개원과 헌법 기초위원 선임

독립정부를 수립하려는 민중의 열렬한 기구(冀求)를 반영하여 1946년 12월 설치한 과도 입법의원(관선 45명, 민선 45명)이 신뢰와 기대 속에서 탄생하여 214차에 달하는 본 회의를 거쳐 유엔 감시하에 총선거 완료와 제헌국회 소집을 앞두고 5월 20일 발전적 폐원식을 거행했다.

국회 소집을 앞두고 개원 준비회의가 개최되어 서무부장(이윤영), 통신부장(김도연), 연락부장(장면)을 선임하고 신익희, 백관수, 이훈구, 김상돈, 이청천 등을 준비위원으로 선출했다.

1948년 5월 31일 국회가 역사적인 개원식을 갖고 임시의장에 최연장자인 이승만을 추천하여 이승만 임시의장의 사회로 국회의장 선거가 실시됐다.

이승만 후보가 180표를 득표하여 당선됐고, 이청천(4표), 신익희(3표), 김약수(2표), 이윤영(1표) 후보에 대한 산표도 있었다.

제1차 부의장 선거에서는 신익희(76표), 김동원(69표), 이청천(34표), 이윤영(11표), 김약수(5표), 장면(2표), 이훈구(1표) 후보가 과반에 미달하여, 2차 투표를 실시하여 신익희 후보가 116표를 득표하여 77표를 얻은 김동원 후보를 꺾고 당선됐다.

제2차 부의장 선거에서도 김동원(77표), 이청천(73표), 이윤영(38

표), 김약수(6표), 이훈구(2표), 김준연(1표), 조봉암(1표)들이 과반에 미달하여 결선 재투표를 실시하여, 김동원 후보가 101표로 95표를 득표한 이청천 후보를 꺾고 당선됐다.

국회는 헌법 기초위원에 이청천(성동), 김상덕(고령), 백관수(고창을), 이윤영(종로갑), 정도영(영천갑), 오용국(남제주), 조봉암(인천을), 김익기(안동갑), 신현돈(무주), 서성달(고양갑), 조헌영(영양), 윤석구(군산), 홍익표(가평), 서상일(대구을), 오석주(고흥갑), 김경배(연백갑), 연병호(괴산), 김준연(영암), 박해극(밀양갑), 유홍열(제천), 김옥주(광양), 구중회(창녕), 이훈구(서천), 유성갑(고흥을), 허정(부산을), 이종린(서산갑), 이강우(진주), 김광준(울진), 최규옥(춘천), 김효석(합천을) 의원을 선임했고, 위원장은 서상일, 부위원장은 이윤영이 선출됐다.

헌법기초위원회는 유진오, 고병국, 임문항, 권승열, 한근조, 노진설, 노용호, 차윤홍, 김용근, 윤길중 등 10명의 선문위원을 위촉했다.

국회는 국회 법률 기초위원에 윤치영(중구), 서정희(포천), 이유선(부천), 정구삼(옥천), 성낙서(대전), 김명동(공주갑), 배헌(이리), 김봉두(장수), 정광호(광주), 김장열(완도), 김약수(동래), 이원홍(합천갑), 최윤동(대구갑), 전진한(상주을), 장기영(영월)을 선임하여 정부조직법 등 각종 법률의 초안을 마련토록 위탁했다.

(2) 헌법을 제정하여 7월 17일 선포하여 제헌절로 기려

유진오 헌법 전문위원은 남조선 과도정부와 한국민주당의 김성수, 독립촉성국민회 신익희 등의 위촉을 받아 헌법안 기초에 착수하여 헌법의 초안을 작성했다.

헌법의 초안에는 국회의 양원제를 채택하고 정부 형태는 의원내각제를 골자로 하고 있었다.

그러나 이승만은 군소 정당의 난립과 정당의 기초가 확립되지 못한 상태에서 내각책임제는 정국의 안정을 기대하기 어렵다면서 국회를 단원제로 하고, 정부 형태를 대통령중심제로 하되 대통령은 국회에서 간접선거에 의하도록 했다.

진헌식 의원의 제의로 대통령의 국무총리 임명은 국회의 동의를 얻어야한다는 수정안이 가결됐다.

국무총리의 임명에 국회 승인을 필요로 하는 조항이 첨가되어 미국식 순수 대통령중심제가 아닌 영국과 프랑스식 의원내각적 요소를 절충한 권력구조의 헌법안이 마련됐다.

이승만 국회의장은 내각제는 찬성 못하지만 국회에서 내각제가 통과되면 추종하겠다고 발표했으나, 제2독회까지 마친 헌법안의 수정을 집요(執拗)하게 주장했고, 내각제에서의 대통령은 사양하겠다고 협박하여 대통령제 헌법을 제정토록 했다.

국가 백년대계를 창정(創定)할 헌법이 전문 10장 103조로 구성되어 기립 표결로 국회를 통과했다.

1948년 7월 17일에는 만대에 빛날 성전(聖典)인 헌법 공포식이 거행되어 제헌절로 영원토록 기념하도록 했다.

제헌국회의 개헌안에서부터 권력자의 장기 집권욕에 의해 농락되기 시작한 헌법은 이후 독재 집권 세력에 의해 숱한 상처를 입고 헌 누더기와 같은 신세가 됐다.

(3) 제헌 국회의원의 원내 활동과 분파(分派) 행동

55명의 당선자를 배출하여 국회 주도 세력으로 등장한 독립촉성국민회는 총선 이후 정당으로 발전을 부정하면서 총재(이승만), 부총재(김구), 위원장 오세창, 부위원장 신익희, 명제세, 이윤영, 이청천, 박순천 체제로 개편했다.

부서장으로는 이관훈(총무), 남송학(재정), 양우정(선전), 진헌식(조직), 안국형(문교), 이활(연락), 이성주(산업), 김일(정보), 전호엽(농민), 유화청(노동), 강인택(후생), 강낙원(청년), 황현숙(부인) 등이 활약했다.

독립촉성국민회에서도 신익희 중심의 31구락부에 남송학, 전호엽 등은 참여하였지만 파벌을 조성할 우려가 있다며 명제세, 이윤영, 양우정, 이활 등은 구락부 가담자에게 경고장을 발부해야한다고 주장했다.

남북이 통일되고 국권이 완전히 회복되기 전에는 정당을 조직할 수 없다는 이승만의 공고(鞏固)한 의사로 독립촉성국민회는 정당으로 발전하지 못하고 흩어져 소멸됐다.

국회는 문교후생(주기용), 법제사법(백관수), 내무치안(신성균), 산업노동(서상일), 재정경제(김도연), 외무국방(윤치영), 운수체신(이종린), 자격심사(이문용) 위원회를 구성하여 운영했다.

국회는 입후보 당시의 정당·단체를 벗어나 무소속 의원 중심의 61구락부와 31구락부, 한국독립당 계열의 민우구락부, 40세 이하의 청년구락부(가칭) 등이 형성되어 구락부 중심의 국회 운영으로 변질됐다.

신익희와 이청천의 31구락부와 조봉암과 최범술 등의 무소속 구락부가 국회 내에서 한민당과 더불어 3대 세력으로 활동했다.

(4) 대한민국을 수립하고 독립국가 선포식 거행

1948년 8월 15일 독립을 만방에 선포하는 독립정부 선포식에 맥아더 사령관도 참여하여 독립을 축하하고, 한국을 미국의 캘리포니아처럼 공산권의 침략으로부터 수호하겠다고 선언했다.

우리나라는 독립 선포일을 광복절로 지정하여 자손만대에 기념토록 했다.

미국은 주한미군사령부를 철폐하고 군사사절단을 신설하고서, 한국의 점령을 사실상 종료했다.

유엔 총회에서는 조선 임시위원단의 보고를 접수 승인하여 1948년 12월 12일 우리 정부가 한국에 있어서 유일한 합법정부라는 것을 선언하는 결의안을 가(可) 46표, 부(否) 6표로 통과시킴으로써 대한민국 정부를 유일한 합법정부로 승인했다.

2. 대통령 이승만, 부통령 이시영 선출

(1) 제헌국회는 절대 다수결로 대통령 이승만 선출

국회에서 대통령 선거에 즈음하여 김구와 김규식은 "남북한은 상호 경쟁적으로 국토를 분열하여 동족상잔(同族相殘)의 길로 나갈 것이므로 진정한 애국동포들과 더불어 민주적, 자주적 통일 노선을 굳게 지킬 것이다"는 성명을 발표하고 정부 참여를 거절했고, 서재필 박사는 "조선 대통령에 입후보할 의사가 없다"면서 미국 시민으로 머물 생각이라며 미국으로 환국했다.

그리하여 196명의 국회의원들이 참석한 대통령 선거에서 70 평생을 독립 운동에 비쳐온 우리 민족의 최고 영도자 이승만이 180표의 압도적 다수로 대통령에 당선됐다.

김구가 13표, 안재홍 2표, 무효표인 서재필 1표의 산표가 있었다.

이승만 대통령은 황해도 출신으로 구한말 시대 독립협회 관련으로 복역 후 도미하여 철학박사 학위를 받고 상해 임시정부 대통령 및 주미 외교위원장 등을 지냈고, 해방 이후 귀국하여 독립촉성국민회 총재, 민주의원 의장을 역임했다.

이승만 국회의장의 대통령 취임에 따라 공석이 된 국회의장에는 신익희 후보가 103표의 득표로, 김동원(56표), 이청천(7표), 김약수(2표), 서정희(3표) 후보 등을 꺾고 국회의장에 당선됐다.

국회부의장에는 제1차 투표에는 김준연 39표, 김약수 38표, 이윤영 17표, 이청천 28표 등으로 분산되고, 제2차 투표에서도 당선자를 배출하지 못하여, 결선투표에서 김약수 후보가 86표를 득표하여 74표를 득표한 김준연 후보를 꺾고 당선됐다.

(2) 한국독립당 김구를 제치고 이시영을 부통령으로

부통령에는 오세창, 이시영, 조만식, 김구 등이 거명됐으나 오세창 후보는 너무나 연령이 많고, 조만식 후보는 북한에 체제하여 정부의 기능 발휘와 월남(越南)이 어려워 반대하는 의원들이 많고, 김구 후보는 자신이 이번 정부에는 절대 참여하지 않겠다고 선언했다.

그리하여 한국민주당 상임위원회와 무소속구락부에서 이시영 옹을 추대하기로 결의하여 부통령 당선이 확실시 됐다.

부통령 선거 제1차 투표에서는 이시영 113표, 김구 65표, 조만식 10표, 오세창 5표, 장택상 3표, 서상일 1표로 3분의 2에 미급(未及)하여, 제2차 투표를 실시하여 이시영 후보가 133표를 득표하여 62표를 득표한 김구 후보를 꺾고 당선됐다.

이시영 부통령은 서울 출신으로 구한말 시대에 고등법원 판사와 법부 인사국장을 역임하고, 한일합병 후에는 만주로 건너가 독립운동을 하였고, 상해 임시정부에서 법무총장과 재무총장 등을 역임했다.

3천만 국민의 환호리(歡呼裡)에 1948년 7월 24일 정·부통령 취임식을 성대하게 거행했다.

3. 초대 국무원 조각(組閣)의 숨겨진 비화

(1) 이승만 대통령의 국무총리 지명과 인준

국회 무소속 구락부에서는 국무총리에 남북협상을 주도한 조소앙을 임명할 것을 100여 명의 서명을 받아 이승만 대통령에 제출했으나 신정부에 혼란을 줄 것이라는 우려가 많았다.

이승만 대통령이 한민당을 대표한 김성수를 제외하고 예상을 뛰어넘어 백성욱, 신흥우, 이범석, 이윤영 등을 지명할 것이라는 하마평이 나돌았다.

이승만 대통령은 남북통일을 위한 인선이라며 국무총리에 조선민주당 부위원장인 이윤영을 임명했으나 가(可) 59표, 부(否) 132표로 부결됐다.

이윤영 국무총리 후보의 낙마는 국회 내의 세력을 고려치 않고 천거했고, 이 대통령이 지명하면 인준될 것으로 과신했으며, 초당파주의에 매몰되어 사전 교섭도 없이 비밀주의에 빠져 부결됐다.

고심을 거듭한 이승만 대통령이 청산리 전투의 영웅으로 조선민족청년단을 이끌었던 이범석을 지명하고, 김성수와 조소앙에게 협조를 간절하게 부탁하여 찬성 110표, 반대 84표로 가까스로 인준을 받아내어 초대 조각에 착수할 수 있었다.

(2) 이승만 대통령이 임명한 초대내각 구성

이승만 대통령은 외무에 장택상, 내무에 윤치영, 재무에 김도연, 국방에 이범석, 문교에 안호상, 농림에 조봉암, 법무에 이인, 상공에 임영신, 교통에 민희식, 체신에 윤석구를 임명하여 조각을 완료했다.

약체 내각이라는 여론을 의식하여 무임소장관에 이윤영과 이청천을 임명하여 보강했다.

김성수 한민당수는 당초 12부 장관 중 8부 장관을, 후에는 4부 장관의 할애를 요청했으나 김도연 재무부장관이 유일하여 이승만 대통령과 한민당의 갈등을 초래했다.

당초 내무부장관에 장택상을 임명코자 했으나 미군 군정청 수도경찰청장으로 군정 연장이란 여론에 밀려 외무부장관으로 내정했던 윤치영을 임명하고, 장택상을 외무부장관에 임명하여 두 장관이 자리를 맞바꾸게 됐다.

장관 임명에서 제외됐던 경무부장 출신인 조병옥은 경찰권 이양 문제로 윤치영 내무부장관과 갈등을 빚었으며, 윤치영 내무부장관은 조병옥에게 군정 연장을 기도한 민족반역자라고 비판하여 갈등이 표면화되고 여론의 호된 비판을 받았다.

경무부장을 지내며 이승만에게 협조적이었으나 국회의 군정 관리에 대한 입각 불가론을 들어 탈락시킨 조병옥은 우방국을 순회하는 대통령 특사로 임명하여 달랬으며, 외교통인 김우평과 정일형으로 하여금 수행토록 했다.

재무에는 김성수를 임명코자 했으나 국무총리를 기대했던 김성수의 완강한 반대로 김도연에게 돌아갔고, 국방에는 광복군 사령관인 이청천을 도외시하고 광복군 지대장 출신인 이범석을 임명하여 대동청년단장인 이청천과 민족청년단을 창단했던 이범석이 영원한 갈등을 빚게 했다.

문교에는 이시영 부통령이 강력하게 추천한 정인보를 제치고 민족청년단의 창설에 공헌이 지대한 안호상을 임명했고, 이시영 부통령의 반발을 무마하기 위해 정인보를 감찰위원장에 임명했다.

농림에는 조선공산당 출신이지만 농민과 근로 대중의 권익 보호를 주장한 조봉암을 지명했고, 법무에는 미군정청 군정 시절 검찰총장을 지낸 이인을 낙점했다.

상공에는 허정이 내정된 것으로 알려졌으나 결혼까지 아니하고 미국에서 이승만을 보필했고, 대한민국의 승인을 위해 유엔에서 눈부신 활동을 벌린 임영신에게 돌아갔다.

장관 임명에서 탈락한 허정을 총무처장에 임명했으나, 허정의 간곡한 사양으로 김병연을 임명했다.

이승만 대통령은 대법원장에 김병로를 임명하고, 기획처장에 이교선을 내정했다가 이순탁으로 교체했고, 공보처장에 김동성, 법제처장에 유진오를 임명했다.

이시영 부통령은 대통령 보좌인물들이 잘못한 탓으로 조각에는 참여하지 못했다고 섭섭함을 토로했고, 국무총리 이범석도 조각 인선에서 철저하게 배제됐다.

국회의원의 겸직이 허용되어 윤치영(중구), 김도연(서대문), 조봉암(인천을), 윤석구(군산) 의원을 발탁할 수 있었다.

(3) 초대 내각 국무위원들에 대한 탄핵과 퇴진

약체내각이라는 여론에 휘청거린 초대 내각은 오랫동안 지탱하지 못했다.

현직 상공부장관으로 경북 안동 을구 보궐선거에 출전한 임영신 상공부장관이 공무원은 선거운동을 할 수 없다는 총칙 규정을 위반하고 관용차를 이용하고 경찰관을 동원한 것은 선거법 위반이라는 논란이 제기됐다.

감찰위원회는 안동 보궐선거에서 국유재산을 남용했고 뇌물을 수뢰하여 공무를 부당하게 처리한 혐의로 임영신 상공부장관의 파면을 결정했다. 이승만 대통령은 임영신 장관이 사표를 제출했으나 판결 전까지 파면을 보류했다.

검찰은 임영신 상공부장관을 독직사건으로 기소하여 면사포를 벗게 했을뿐아니라 임영신 상공부장관에게 징역 3년에 벌금 30만원을 구형했다.

국회의 반민족행위특별위원회에서는 윤석구 체신부장관과 민희식 교통부장관의 과거 행적조사에 집중했다.

윤석구 체신부장관의 친일설은 정치적 모략으로 조사 결과 밝혀졌지만 장기영으로 교체되는 수모를 겪었고, 민희식 교통부장관은 혐의 일부가 인정되어 사표를 수리했다.

양곡매입 추진 과정에서 업무상 횡령과 배임 혐의로 조봉암 농림부장관이 수사 대상에 오르자 사직했고, 유진산 도피 방조 혐의로 전진한 사회부장관도 단명(短命)장관으로 기록됐다.

수도경찰청장 시절의 고문치사 사건에 휘말린 장택상 외무부장관과 조병옥 경무부장과 경찰권 이양 문제로 이전투구를 벌였던 윤치영 내무부장관도 단명 장관으로 국무위원에서 물러났다.

이처럼 초대 내각 구성은 상처투성의 영광이었다.

[제2부] 신생 대한민국호의 안팎의 시련

제1장 남북분단의 아픔이 민중의 살상으로
제2장 제헌의원들의 방황과 국회 프락치 사건
제3장 김구 주석의 암살과 한독당 몰락
제4장 청산하지 못한 친일잔재(殘滓) 반민족행위자
제5장 중화민국이 중화인민공화국으로 탈바꿈
제6장 건국의 뱃고동이 울려 퍼지는 시대상황

제1장 남북분단의 아픔이 민중의 살상으로

1. 잠들지 않는 섬 제주, 제주 4·3 폭동

2. 국방 경비대 제14연대 여수·순천에서 반란

3. 전국 도처에서 준동(蠢動)하는 남로당의 공비

4. 인위적으로 분단된 3·8선에서의 살상과 분쟁

1. 잠들지 않는 섬 제주, 제주 4·3 폭동

(1) 미군의 철수와 이승만 타도를 외친 민중봉기

1948년 4월 3일에 발생한 민중봉기는 제주도에서 남한만의 단독정부 수립에 반대하여 일어난 무장투쟁이었다.

제주의 인민위원회 및 대중들과 경찰, 우익단체 간의 갈등이 무장봉기로 폭발하여 한라산을 근거지로 한 유격전(遊擊戰)으로 발전하여 1949년까지 계속됐다.

민중들은 미군의 즉시 철수, 망국적인 단독선거 절대 반대, 투옥 중인 애국인사들의 석방, 유엔 조선 임시위원단의 철수, 이승만 매국(賣國)도당의 타도, 경찰대와 테러집단인 서북청년단의 즉시 해체 등의 슬로건을 내걸었다.

무장봉기한 3천여 명의 유격대는 한라산의 여러 봉우리에서 일제히 올려진 봉화를 신호로 조천, 남원, 한림, 애월 등 7개 지서를 습격하고 제주검찰청, 제주경찰서 등을 습격하여 살상을 자행했다.

민중봉기라는 미명하에 4.3 폭동으로 경관이 18명, 민간인 37명이 사망하고 21명이 납치당했다.

소련의 프라우다지는 제주 폭동을 "보라! 조선 인민은 죽음으로써 단정(單政)을 반대하고 있지 않는가?"라는 선동으로 활용했다.

미군정청은 제주도 지방경비사령부를 설치하고 제5연대와 제9연대의 경비대를 배속시켜 대대적인 토벌작전을 전개했다.

토벌작전 진행 중 제9연대장 김익렬 소령과 유격대 대표 김달삼 사이에 휴전회담이 성사되어 유격대의 무장해제에 동의했으나, 경무부장 조병옥의 지시로 경찰의 기습공격으로 전투가 재개됐다.

미군정은 본격적인 토벌을 위해 여수에 주둔하고 있던 제14연대를 투입하고자 내린 출동 명령에 일부 병사들이 반란을 일으키는 여·순 반란사건의 도화선이 됐다.

유격대는 끈질긴 저항을 계속했으나 토벌군의 압도적인 우세, 지리적 고립, 병력 및 보급품의 중단 등으로 점차 세력이 약화됐으나 북제주 갑·을구는 제헌의원 선거를 치뤘으나 투표율이 저조하여 1년 후에 재선거가 실시됐다.

(2) 국방경비대는 인민군 총사령관을 사살

제주도에서 미군정청과 지방정치세력 간의 충돌은 1947년 3.1절 기념식에서 시작됐다.

좌익계열의 민족주의민주전선이 주도하여 오현중학교에서 2천여 명이 참석한 기념집회를 갖고 시가행진 도중 경찰에 의한 발포로 6명이 사망하여 미군정청과 민중 간의 갈등이 조장됐다.

제주도민들이 경찰의 무차별 발포에 항의하여 파업투쟁위원회를 결성하여 파업을 결정했고, 미군정청은 경찰을 추가 파견하고 극우단체인 서북청년단을 파견하여 탄압을 가중했다.

이에 제주도민들의 격렬한 분노를 자아냈고, 많은 중도적인 주민들까지 반미군정과 단독정부 반대 성향으로 돌아섰다.

경무부는 이제까지 폭도들의 귀순과 회오와 반성을 기다리는 소극적인 대책을 떠나 실력으로 폭도들을 진압하고 섬멸(殲滅)할 방침이라고 밝혔다.

미국은 제주도 폭동에 대해 소련의 스탈린이 총선거를 방해하기 위한 유격전술이라고 평가했다.

국방경비대 제주도 사령관 박진경 대령이 폭도들의 흉탄에 쓰러졌고, 유동열 통위부장은 폭동에 가담한 포로와 귀순자가 3,126명이라고 밝혔다.

최남수 제주도 경비대장은 2천여 명에 달하는 폭도들의 귀순은 가장이며, 정예부대는 소규모 부대로 편성하여 한라산중에 도피, 잠적하여 장기적인 항전을 기도하고 있다고 밝혔다.

1949년 6월 13일 국방부는 대정동굴에서 북한으로 도주한 김달삼에 이어 제주도 인민군 총사령관이 된 이덕구의 사살로 제주도 반란군 소탕작전은 완전 종식(終熄)됐다면서, 귀순자 3천 5백여 명도 석방했다고 발표했다.

(3) 민간인 사상자 3만 명 후유증을 남긴 제주 폭동

인민군 사령부가 설치되어 4·3 폭동이 진압된 이후에도 제주도 내에서 폭도들에 의한 경관과 양민의 살상은 지속됐다.

4·3 폭동이 6개월 지난 10월에도 중문면에 무장폭도 160명이 내습(來襲)하여 국군과 접전을 벌여 수십 명의 사상자가 발생했고, 한림면에서도 국군과 무장폭도 50여 명이 치열한 전투를 전개했다.

11월 12일 국군은 서귀포에 진입하여 방화하고 양민을 학살한 반도들의 폭동을 진압하고, 한림면 등 북제주에서 준동하는 폭도들을 완전 제압했다고 발표했다.

제주 4·3 사건 이후 폭도 검거는 977명이며, 이중 436명을 송청(送廳)했다고 제주도 토벌대장이 밝혔다.

1949년 4월에 신성모 국방부장관은 제주 사태는 거의 안정됐으며 귀순자는 선도할 방침이라고 밝혔고, 내무부장관은 군·경의 혼연한 협력으로 제주의 반도(叛徒)들의 완전 소탕으로 우렁찬 재건의 고동이 울리고 있다고 발표했다.

정부에서는 폭도 사살 8천 명, 포로 7천 명, 귀순 2천 명이며, 군·경 전사 209명, 부상 142명, 이재민 9만 명, 민간인 사상자 3만명의 희생자가 발생했다고 발표했다.

그러나, 한국 현대사의 자료에서는 살상 8만 6천 명, 방화 1만 5천 호에 달하고 7만 5천 두의 소, 2만 2천 필의 말, 2만 9천 마리의 돼지가 도살(屠殺)되고, 곡식 13만 5천 석이 소실되고 제주도민과 군인, 경찰관 10만여 명이 살상된 것으로 집계됐다.

돌과 바람과 여자가 많아 3다도(三多島)로 불리는 제주도는 시체·피와 눈물이 많은 3다도로 변하게 됐다.

좌익진영이 주도한 시위대와 진압경찰의 충돌이 좌익진영의 선동으로 주민들이 합세하자, 경찰들의 강경(强硬)진압이 제주도민과 국방군의 대결로 치달렸고, 무수한 제주도민들이 좌익폭도로 내몰려 반민족적인 폭력행위자들에 대한 발본색원(拔本塞源) 명분으로 집단학살을 당한 우리 민족사의 비극의 한 장면으로 부상했다.

2. 국방경비대 제14연대 여수·순천에서 반란

(1) 국방경비대 14연대가 여수와 순천 지역을 점령

1948년 10월 15일 국방경비대 사령부는 여수에 주둔하고 있는 14연대의 1개 대대를 제주도 4.3 폭동을 진압하기 위해 제주도로 출동시키라는 명령을 시달했다.

이날 14연대 인사계 지창수 상사는 핵심 세포들에게 비상나팔을 불고 무기고와 탄약고를 점령토록 했다.

병력을 연병장에 집결시킨 지창수 상사는 "지금 경찰이 우리한테 쳐들어온다. 경찰을 타도하자. 우리는 동족상잔의 제주도 출동을 반대한다. 우리는 조국의 염원인 남북통일을 원한다. 지금 조선인민군이 남조선 해방을 위해 38선을 넘어 남진(南進) 중에 있다. 우리는 북상(北上)하는 인민해방군으로서 행동한다"고 선동하면서, 반대한 하사관들을 즉석에서 사살했다.

또한 지창수 상사는 미제국주의 앞잡이인 장교들을 모조리 죽이라고 외쳤고, 제주도 출동 대대는 반란군으로 돌변했다.

반란군으로 돌변한 국방경비대는 여수군청에서 경찰관들과 접전을 벌이고 교동, 중앙동, 해안동 일대를 불바다로 만들었다.

장교들을 살해한 반란군들은 방어태세를 갖추지 못한 경찰들을 제압하고 여수 경찰서와 여수 군청을 장악하고서 모든 관공서를 파괴하고, 우익계 인사와 경찰관을 닥치는 대로 살상했으며, 가가호호(家家戶戶) 수색을 하여 선량한 시민들을 공포에 떨게 했다.

지창수로부터 지휘권을 인계받은 김지회 소대장은 2개 대대 병력 2천 명을 철도를 이용하여 순천에 도착하여 지방경찰과 철도경찰들과의 접전 끝에 순천을 수중에 넣었다.

여수와 순천을 장악한 반란군은 3개 부대로 재편성하여 광양, 구례, 보성 방면으로 진출하여 점령지역을 확대해나갔다.

반란군과 좌익분자들은 점령지역에서 인민재판을 개최하여 고인수 여수 경찰서장, 김영준 한민당 여수지부장, 박귀환 대동청년단 여수 지단장을 비롯하여 경찰관과 그 가족 수백 명을 무참하게 살해했다.

반란군은 순천회관에서 인민재판을 열고 갖은 악행과 만행을 저질렀다. 건물을 파괴하고 약탈을 제멋대로 했으며 인민재판소였던 순천경찰서에는 수백 명의 경찰관과 양민의 시체가 산재되었다.

반란군들은 형무소를 개방하고 집집마다 인민공화국기를 달게 하고 적기가를 부르며 시가행진을 했다.

순천에 적색분자들을 침투시킨 장본인인 순천지방검찰청 박찬길 검사는 좌익탄압에 앞장섰던 우익인사들을 인민재판을 벌여 사형선고를 내리고 즉결 처형하는 등 생사여탈권을 쥐고 마음대로 하다가 토벌대에 붙잡혀 총살당했다.

반면 순천 철도국 직원들은 반군에 가담하여 인민공화군 만세를 부르며 인공기를 휘날렸고, 남녀 학생들이 반도(叛徒)의 사주를 받아 맹목적으로 날뛰며 갖은 죄악과 만행을 저질러 시민들의 가

슴을 아프게 했다.

반란군들은 여수 시내를 장악하고 남로당원과 일부 시민들을 규합하여 순천까지 진출하여 여수·순천 일대는 반란군과 인민위원회 세력하에 들어갔고, 국방경비대의 반란이 여수, 순천 반란사건으로 잘못 알려지게 됐다.

제14연대장 오동기는 러시아 10월 혁명일을 기하여 전국적인 반란을 계획하였다가 발각되어 체포되자, 그의 동지들이 공포심을 느껴 여수에서 반란을 일으킨 것으로 알려졌다.

(2) 반란군 토벌대는 7일 만에 여수와 순천을 회복

정부는 반란군 토벌 총사령관에 송호성 준장을 임명하고 10개 대대 병력을 동원하여 22일에는 순천, 27일에는 여수를 회복했다. 진압 과정에서 쌍방 간에 격렬한 전투가 벌어져 많은 희생자가 발생했으며 민간인의 희생도 많았다.

진압군의 보복 역시 참혹했다. 진압군들은 순천읍민들을 국민학교 교정에 집결시켜 군용 팬티를 입은 자, 머리가 짧은 자, 인민재판에 참여한 자들을 골라 즉석에서 곤봉이나 개머리판으로 무참하게 때려죽였다.

개인감정이나 중상모략으로 무고한 사람들이 다수 희생됐으며, 백두산 호랑이로 이름을 알린 김종원 대대장은 일본도를 휘둘러 수많은 사람들을 참수(斬首) 즉결처분하는 솜씨를 보이기도 했다.

토벌군의 지속적인 평정(平定)작업으로 반란군에 점령당했던 여수·순천 지역은 질서를 회복하게 되었지만, 적지 않은 반란군들이 지리산으로 도주하여 유격군을 편성하여 저항전을 펼쳤다.

송호성 토벌군 사령관은 "오직 눈물밖에 없다"는 것이 제1성이었고, 반도의 수괴 송욱을 체포하여 처형했다.

사건 발생 7일 만에 여수를 회복했지만, 반란군의 퇴각 시의 방화로 2천여 호가 소실됐고 식량 등 많은 물자들이 소모됐다.

이승만 대통령도 파괴분자는 단호히 숙청하고 좌익 계열의 반란에 동요치 말라고 훈시했고, 정부는 순천, 여수는 물론 보성, 광양도 완전 회복했으며 패잔반도(敗殘叛徒)들은 소탕 중이며 포로가 1천 명이지만 4백 명의 병사가 전사(戰死)했다고 밝혔다.

여수지역 반란군 수괴는 여수여중 교장으로 밝혀졌으며, 순천에서 피살된 사람은 대한독립촉성국민회원, 대동청년단원, 경찰관과 그 가족 등 9백여 명으로 폭동가담자를 조사 중에 누구는 폭도들에게 협력하였소, 누구는 무엇을 하였소라는 사감(私感)으로 가지가지 중상과 모략이 성행했다.

 민생 문제가 심각한 처지여서 그런지 몰라도 생명보다도 재물이 더 귀중한 인상을 주었고, 부인네들은 "죽고 사는 것은 자기의 운명이니까 산 사람은 살아야지요"라고 재물 확보에 생명을 내걸었다.

온갖 만행을 저질렀던 군인들과 주도 인물들은 지리산 등으로 도피하고, 체포되어 사형언도을 받은 폭도들의 대부분은 철없는 남녀학생들이거나 봉두난발(蓬頭亂髮)의 무지몽매한 농민들이었다.

국회 조사에서 이번 사건은 군부 내의 불평분자와 공산 계열이 오랫동안 유기적인 연락으로 계획하여 추진되었고, 민주주의 대 공산주의의 충돌 사건으로 수많은 민족진영 인사들이 동서고금이 없는 처참하게 참살(慘殺)당했다.

또한 판사와 검사, 많은 중학생들도 가담했으며 일부 경찰들은 반군을 보지도 못하고 트럭에 가족을 싣고 공금을 횡령하여 도망간 사실도 있었다고 보고했다.

순천 국회의원 황두연 의원은 귀향했다가 반란군이 순천을 점령하자 친구집에 숨어있다가 토벌군에 발각되어 곤욕을 치뤘으며, 국회에서는 가담과 도피를 놓고 논쟁이 벌어졌다.

(3) 제14연대 반란사건으로 5천 5백여 명의 희생자가 발생

제14연대 반란사건으로 정부에서는 군인 141명이 사망하고 263명이 실종됐으며 391명이 반란군에 합류했다. 반란군 821명을 사살하고 2,860명을 체포했고 체포된 1,714명이 군사재판에 회부되어 866명이 사형을 선고받고 총살됐다고 발표했다.

반란사건에 대한 제2차 고등군법회의에서 458명의 폭도 가운데 중학생을 포함한 268명에 대해 사형을 언도하고 12명은 무죄석방했다.

제3차 군법회의에서 여수에서는 280명을, 순천에서는 224명에게 사형을 언도했다. 반도들은 대전에서 55명, 광주에서 46명, 순천에 73명을 총살했다.

여수·순천 동란의 피해 상황은 여수에서 469명, 순천에서 1,272명이 사망하고 부상자는 661명에 달한 것으로 발표됐다.

그러나 한국 현대사 자료에는 여·순 동란으로 사상자는 5천 5백명이고, 가옥 피해는 5,242호가 전소되고, 재산 피해는 백억여 원이며, 구호대상이 67,332명에 달했으나 그 피해액은 정확하게 조사되거나 집계되지는 아니했다.

반란군들은 마을의 구장이나 이장까지 끌고 가 이름 모를 계곡에서 집단적으로 학살했으며 순천중, 순천농림중, 순천여중 학생들도 총출동하여 집집마다 수색하여 우익 인사들을 끌어내는 데 선봉 역할을 했다.

토벌대들도 가가호호 수색을 하여 반란군에 끌려 시가행진에 참여했던 양민들까지 색출하여 처단하는 동족상잔이 이뤄진 최대의 비극 현장이었다.

(4) 잔비(殘匪)들은 지리산에 웅거하며 치안을 교란

토벌군에게 패주한 반란군들은 대부분 지리산으로 집결됐으며, 일부 반란군들은 지역의 남로당원들을 규합하여 광양의 백운산, 순천의 조계산, 영암의 월출산, 정읍의 내장산 등에 웅거하며 경찰지서, 면사무소 등을 공격하여 경찰관과 양민들을 학살하고 식량과 가축 등을 약탈했다.

전남지역은 물론 전북의 순창과 남원, 경남의 거창과 함양은 물론 경북의 성주, 고령까지도 패잔병인 잔비(殘匪)들이 출몰했다.

남로당 야산대는 1945년 해방 이후 이미 조직되었으며 오대산, 태백산, 지리산에 3개 병단(兵團)으로 나뉘었고, 14연대의 반란도 지리산의 야산대장 이현상이 유도한 것으로 알려졌다.

700명의 김지회 부대가 합류한 인민유격대 제2병단 지리산 부대는 지리산에 6연대(700명), 백운산에 7연대(250명), 조계산에 8연대(130명), 덕유산에 9연대(200명)를 배치했다.

그들은 배가 고프니 약탈을 하고 목숨을 보전하자니 양민을 살상하는 것이 유일한 일로 삼아 온 절망의 상태였으며, 김백일 중령의 지휘 아래 토벌대는 200km에 달하는 포위선을 구축하여 공비들을 압축하고 보급 루트의 봉쇄에 들어갔다.

한편 주민들도 죽창을 들고 자신들의 방어에 나섰고, 부락마다 대(竹)로 담과 같은 울타리를 만들어 부락 방위에 나섰다.

김지회의 국방경비대가 야신 유격대에 힙류한 깃은 국빙경비대 대원을 모병하는데 자격 요건을 마련하지 않고 개방하여 공산당 계열 청년들이 과거 행적을 은닉하기 위해 국방경비대에 적극 응소토록 한 미군의 정책에 문제가 있었으며, 경찰과 민족진영에서는 국방경비대를 냉안(冷眼)시했으며 빨갱이 소굴로 비난하는 계기가 마련됐다.

토벌군은 1949년 10월에는 남원군 운봉면에 집결한 김지회 반군과 접전을 벌여 대승을 거두었고, 덕유산 자락인 임실 전투에서 김지회를 사살했다.

반란군의 패잔병들이 전남 구례, 보성, 화순, 해남, 나주는 물론 전북의 고창, 정읍, 남원에 출몰하여 접전을 벌였으며, 전남 반란군의 수괴인 최현도 사살됐다.

순천 조계산 산마루에서 순직 경관 위령제에 참석하려는 이남규 전남도지사를 반란군 100여 명이 습격하여 포위했으나, 이남규 도지사 일행은 구사일생으로 포위망을 뚫고 생환했다.

지리산에 준동하고 있는 공비들은 토벌군과 영하 35도의 심산계곡에서 접전을 벌였다. 토벌군들은 육군과 공군의 입체작전으로 반란군의 본부를 소탕하고 반란군 총책임자 최덕만 등 188명을 사살했으나 우리 군경도 22명이 사망했으며 귀순자 2천 명이 넘은 전과를 올렸다.

12월 7일에도 지리산 공비토벌작전을 벌여 210명을 사살하고 귀순, 전향자가 1,500여 명이 넘는 전과를 올렸다.

12월 23일 지리산 공작대에 대한 군사재판이 개정되어 김지회 중위의 처와 문화공작대원 유진오 등의 심문이 있었고, 유진오 등 지리산 공작대 9명 전원에게 군법회의에서 사형을 언도했다.

1950년 1월 이현상 부대가 칠성골, 쑥밭골 등을 근거로 노고단과 반야봉 세석에서 최후의 발악을 했으나 반란군 294명을 사살하고 이현상까지 사살하여 이제 150명 잔도가 남은 것으로 추정됐다.

신태영 육군 총참모장은 2월 23일 공비 소탕이 거의 완료되어 국내의 치안은 경찰에 일임하고 국방에 전력을 쏟겠다고 발표했고, 공비들에 대한 군·경의 활약이 간헐적으로 보도됐으며 6.25 동란까지 이들의 내습이 계속되었다.

북한군이 지리산 지역을 점령하자 다시 이들의 천하가 됐다가, 북쪽으로 패주하지 못한 인민군 패잔병과 지역 남로당원들이 지리산에 웅거하며 이들의 준동이 1955년까지 이어졌다.

3. 전국 도처에서 준동(蠢動)하는 남로당의 공비

(1) 제헌의원 선거에 발악한 남로당과 애국총연맹 결성

민족의 지도자로 추앙받던 김구, 입법의원 의장인 김규식 등이 남한 단독정부 수립에 반대하고 남북 통일정부 수립만이 진정한 애국애족의 길이라고 제창(提唱)하여, 많은 국민들은 제헌의원 선거는 미군정에서 실시하는 민족을 분열하는 선거로 이승만을 추종하는 세력만이 찬성하여, 진정한 애국자는 선거를 단연코 반대해야 한다는 명분에 집착하여 제헌의원 선거를 반대했다.

경찰은 총선거를 방해하며 치안을 교란한 목적으로 북한산에 잠복한 인민청년군 일당 5명을 체포하고 무기와 탄환 등을 압수했다고 발표했다.

전북 전주에서는 지리산을 거점으로 게릴라 부대를 편성하여 통일정부가 실현될 때까지 투쟁을 계속하여 정부를 파괴하라는 남로당의 지령을 발견했다고 보고했다.

조병옥 경무부장은 충북 영동지구 인민공화국 중조선(中朝鮮) 구국(救國) 유격대장 이필영 등 40명과 부화뇌동한 폭도 300명을 검거했다고 발표했다.

수도경찰청은 대통령의 취임식을 전후하여 은행권에 침입한 남로당 세포조직원 50여 명을 검거했다.

조병옥 경무부장은 지하에서 국민들의 선동을 극비리에 진행하고 있는 남로당 인사 1,379명을 검거하여 226명을 검찰청에 송치했다고 밝혔다.

우리 동리(同里)의 책임은 내가 맡는다는 기조 아래 구·동의 각 지역별로 애국총연맹이 조직됐고, 문교부도 불순분자를 단호히 숙청하고 중학생 이상에 군사 훈련을 하기 위해 학도구국대를 조직키로 했다.

조병옥 경무부장은 총선거를 전후하여 남로당 계열의 발악으로 습격·폭행이 1,047건 발생했으며 846명이 살해되거나 부상을 입었다고 발표했다.

(2) 각계각층에 침투한 남조선노동당원의 검거와 척결

정부 수립 후 정부 각 부처에 침투한 남로당원 색출에 중점을 두었고, 6.25 동란 이전까지 남로당원들은 우익인사들의 테러와 방화, 약탈을 끊임없이 자행했다.

대구에서는 남로당의 지령에 의해 비밀리에 조직한 공무원 201명을 적발하여 검찰청에 이송했고, 수도경찰청은 남로당 계열의 연락원 박길연 등 70여 명을 검거했다.

이범석 국방부장관은 군부 내의 불순분자 600여 명을 색출하여 숙군(肅軍)했다고 발표했고, 서울시경은 무기 공장을 급습하여 남로당원 2백 명을 검거하여 9월 공세의 음모를 완전 봉쇄했다.

경찰청은 군경 기밀을 탐지하여 남북노동당에 제공한 혐의로 언론인 21명을 검거했고, 김태선 서울 시경국장은 중요기관에 잠입하여 기밀을 남로당에 제공한 프락치 60여 명을 검거하여 송청했다.

군경은 남로당 정치국 첩보부 평가책임자 이인준을 비롯한 일당 82명을 체포하고, 대규모 무전 시설도 압수하여 북로당과 연락선을 붕괴시켰다.

1949년 4월에도 군경은 우익인사들의 암살과 테러, 방화는 물론 여수 · 순천 사건을 배후에서 조종하며 공산당의 수괴로 암약한 남로당 조직부 책임자 이중업 등 60명을 체포했다.

경찰청은 5월에도 남로당의 지령을 받고 김일성 대학에서 교육을 받고 남하하여 정부 전복을 꿈꾸다 발각된 23명을 일망타진했다.

남한에 쿠데타를 기도한 대남공작대 196명을 군경합동수사로 일망타진하여 공산군의 난발마석 발악을 미연에 방지했다.

1949년 10월에는 이철원 공보처장은 남조선노동당, 근로인민당, 인민공화당, 민주독립당, 남조선여성동맹 등 103개 정당 · 단체를 해체하도록 시달했다.

군경은 관리들도 끼인 남로당 중앙 특수정보부원 40여 명에 대한 검거 선풍을 일으켜 일망타진했다.

서울시경은 살인, 폭동 등 무자비한 투쟁으로 치안을 교란하며 준동하고 있는 남로당, 인공당, 민애청 등 좌익 계열의 총검거에 나섰고, 서울시도 무자격이거나 불온분자 등 엉뚱한 교사들 128명을 숙청했다.

경찰청은 중요시설을 파괴하라는 지령을 받고 남하한 인민수습공작대 이은순 대장 등 6명을 체포했다.

신태영 육군 총참모장은 1950년 3월 태백산 공비토벌전에서 갖은 만행을 저질렀던 폭도의 괴수 김달삼의 사살을 확인했으며, 이호제가 지휘한 잔도는 삼척으로 패주했으나 조만간 섬멸(殲滅)하겠다고 발표했다.

서울시경은 북한노동당 남반부 정치위원회 소속 공무원도 포함된 1백여 명을 총검거하여 매국도당을 근멸(根滅)했으며, 농민당과 민주독립당에 잠입한 남로당 프락치 153명과 북조선에서 단기 훈련을 받고 남한 정부의 전복을 꿈꾸다 발각된 남로당원 23명을 일망타진했다.

1950년 4월 남한에 잔존한 공산도배들의 궤멸 직전의 발악을 시도한 남한 총책임자 김삼룡, 무장분야 책임자 이주하를 체포하여 남로당이 드디어 붕괴된 것으로 알려졌다.

소련은 북한에게 1949년 9월 말까지 남한을 침공토록 사주하고 불연하면 대여 무기를 회수하겠다고 협박한 것으로 알려졌다.

(3) 남조선노동당원들의 자수 기간을 설정하여 운영

정부는 민족 상살(傷殺)의 참화를 방지하기 위해 참회하고 돌아오라며 남로당 자수 기간을 설정했다.

자수기간 동안 서울 시내에서만 330명이 참회하고 돌아왔으며, 개과천선(改過遷善)하면 관용을 베풀겠다며 자수기간을 2주 연장했다.

남로당 전향자는 민중을 기만하여 유력자를 참살했으나 조직 대중의 이탈이 날로 증가하여 폭동은 실패했다고 고백했다.

정부는 내무부, 국방부, 법무부 3부 회의를 열고 자수한 남로당원에게는 전과(前過)를 묻지 않는다는 포용 정책을 천명했다.

다만 개과 않은 남로당원은 발본색원하여 총검속하겠다고 밝혔다.

원장길(강릉갑) 의원과 김영기(안성) 의원도 보도연맹(輔導聯盟)에 자진하여 가맹했다고 자수했다.

서울에서 야산대원으로 전향한 자수자가 2천 3백여 명이며, 남로당원 자수자는 11,124명으로 집계되어 대단한 성과를 거두었다.

전국적으로 전향자가 4만 명이 넘은 예상외의 거대한 성과로 치안 확보에 큰 자신감을 가졌다고 치안국장은 밝혔다.

(4) 도처에서 발호하는 무장공비와 소탕작전

1948년 5월 북조선 편의대에게 경찰관 등 52명이 살해되어 비상경계령이 발동됐고, 이인 검찰총장은 살상, 방화, 습격 등의 지령자를 색출하여 엄벌하라고 특별지시했다.

11월에는 대구에서 국군경비대 제6연대 병사 500여 명이 반도로 돌변하여 국군과 접전을 벌여 무장해제시켰다.

대구 시내에서 70여 명은 포로가 되었으나 왜관, 김천으로 도주하여 김천에서 20여 명이 200명의 민중 폭도와 함께 지서를 습격했으나 국군에 의해 섬멸됐다.

패잔병들은 밀양, 경산으로 도주했으나 대부분 체포됐으며 여수의 제14연대 반란과는 무관한 것으로 판명됐다.

정부에서는 학도구국대를 조직하여 중학생 이상에게 군사훈련을 시켰으며, 애국총연맹을 조직하여 향토 치안유지의 일익을 담당토록 했다.

제14연대 패잔병 50명이 일으킨 나주 폭동과 제6연대 도주병 50명이 일으킨 거창 폭동을 진압했고, 북제주에서 폭도 79명을 사살하고 오대산에서 인민군 57명을 생포했다.

1948년에도 정치적 살인사건이 937명이며, 그 중에는 510명의 좌익, 315명의 우익, 120명의 경찰관이 포함됐다.

국방부는 남로당책 박헌영의 지령을 받고 반란과 살인공작을 하고 여순사건에 무기를 제공한 이재복을 체포했고, 북부산 경찰서는 인민군 부산 총사령관 김석기를 체포했다.

경남 진주에 공산군 반도 150명이 내습하여 군경부대와 접전을 벌였고, 전남 장성과 광양에 남로당원이 주도한 폭도들이 지서를 급습하여 교전을 벌여 격퇴시켰다.

화순과 보성에 공비들이 준동하여 군경이 응전하여 격퇴했으며, 태백산 지구 공비 소탕전은 치열했다.

국군과 경찰의 협격(挾擊)으로 대부분의 반도들은 전의(戰意)를 상실하고 혼비백산(魂飛魄散)했다.

태백산에 70여 명의 공비를 지휘하며 갖은 만행을 저질러 온 김달삼 등 38명을 사살했다고 신태영 육군 총참모장은 발표하면서, 도탄에 빠진 제주와 호남지구에서 폭도 소멸에 애로가 많다며 국민들의 협조를 강조했다.

1949년 1월 한 달 동안 공비의 출몰은 1만 2천 984명으로 468건이며 277건의 교전이 있었다. 공비 813명을 사살했고 283명을 포로로 사로잡았다고 육군 당국이 발표했다.

보현산의 공비 40명, 김달삼이 지휘한 일월산 공비 50명, 백암산의 공비 30여 명이 북한으로부터의 보급이 두절하여 전의를 상실하여 속속 귀순하는 등 소탕전에 진전을 가져왔다.

1950년 들어서도 공비들의 만행은 지속됐으며 이제는 좀도둑으로 변모했지만, 남로당은 지리산, 태백산, 오대산에 야산대 특별부대를 조직하여 유격전을 펼쳤다.

경북도는 달성과 경주에서 남로당의 지령 하에 폭동, 살인, 방화, 파업을 자행하는 일당과 영천에서 열차를 습격한 일당을 체포했다.

경북의 안동, 경주, 봉화 등에 폭도들이 난입하여 봉화경찰서장이 순직하고 경주에서는 관공서 등 건물 180동이 소실됐다.

경찰은 제2의 제주도를 꿈꾸며 강화도 폭동 계획하에 소요를 일으킨 이봉규 사령관 등을 체포했으며, 국방부는 태백산 지구 전투에서 6백여 명이 귀순하고 385명을 사살했다고 발표했다.

이는 전국 각처가 평화 시대가 아닌 내전 상태임을 보여주고 있다.

4. 인위적으로 분단된 3·8선에서의 살상과 분쟁

(1) 북한인민군은 옹진반도와 연백평야를 호시탐탐 노려

1945년 2월 얄타회담에서 38도선을 경계선으로 미국군과 소련군이 점령하기로 합의하고 1945년 8월 일본이 항복하자, 소련군이 8월에 함북 청진을 거쳐 평양에 진주했고, 미국군은 9월에 인천을 거쳐 서울을 점령하여 남북의 분단이 가시화됐다.

38선은 백령도 북쪽에서 기점을 삼아 옹진반도, 연백평야를 지나 개성의 송악산, 양주의 동두천, 포천의 이동, 춘천의 신포와 소양호, 강릉의 하조대를 연결하여 경계표지가 세워졌다.

경기도 연천군과 강원도 북부 지방을 북한에 넘겨주고 황해도 옹진군과 연백군은 경기도에 편입했고, 1948년 남북의 정부가 수립될 때까지는 비교적 왕래가 자유스러웠다.

남한지역에 대한민국 정부가 수립되자 북한지역에서 공급되던 전기가 단절되고, 무연탄의 수송이 단절되었을 뿐 아니라 연백평야의 수문(水門)을 폐쇄하기 시작했다.

정부 수립 후 38선에서는 하루 평균 1건의 습격이 계속되어 왔고 800건의 치안 교란(攪亂)사건이 발생했다.

이중 400건은 시설파괴, 방화 등이었고 양민(良民)피습이 8건에 달했으며, 폭도에 가담한 양민이 3만 명이 넘는 것으로 추산됐다.

북한 인민군이 항상 군침을 삼키며 호시탐탐 노리는 곳은 눈엣가시 같던 황해도 옹진지구와 연백평야 그리고 경기도 개성시였다.

특히 북한은 황해도 관할이고 남한에서 동떨어진 옹진과 곡창지대인 연백, 그리고 송악산을 경계로 남한 관할인 개성에 대한 침입과 도발이 잦았다.

1949년 2월 북한인민군이 내습하여 연백군 백천경찰서를 불태우고 갈산지서를 습격하여 국군과 접전을 벌여 인민군 9명을 사살했으며 인민군은 퇴각했다고 발표하면서 채병덕 육군 참모장은 38선 경비는 이상 없다고 밝혔다.

5월에도 북한 인민군 2,000명이 개성을 침범하여 송악산 기슭에 진지를 구축하고 개성시를 향해 박격포와 기관총을 난사했다.

인민군의 침범으로 주민 14명이 사망하고 가옥 20호가 소실됐으며 헤아릴 수 없는 가축들이 도닌딩했다.

그 후 개성경찰서 아현지서도 공격을 받아 교통이 두절되고 주민들도 피난했다.

황해도 옹진군 교정면에도 1천 2명의 인민군이 내습하여 약탈과 방화를 일삼았으며 국군 1사단과 국사봉에서 접전을 벌였다.

1만여 명의 피난민이 산야에서 방황하거나 옹진읍으로 피난했지만, 국군의 소탕전에 주민들은 죽음을 무릅쓰고 협조했다.

가옥 120호가 불타고 적군 290명을 사살했지만, 평양에서는 옹진반도 점령 축하행렬을 벌인 것으로 알려졌다.

6월에도 북한인민군 4개 대대가 월남하여 옹진, 개성, 포천, 가평에서 국군과 교전했으며 38도 전선에서 소규모 접전은 반복됐다.

7월에는 월남인 10만이 서울 운동장에 운집하여 국토방위를 절규하는 총궐기대회를 개최했다.

1949년 10월에는 북한인민군이 옹진반도에 침입하여 은파산에서 대규모 접전을 벌여 374명의 인민군을 사살했다고 발표했다.

북한에서 발사한 삐라탄이 개성시에 투하되어 민심을 교란했는가 하면, 제2대 총선을 전후하여 북한이 연백평야의 통수(通水)를 막아 주민들을 불안에 떨게 했다.

(2) 북한군은 중부전선과 동해안에도 상습적으로 월경

해방 이후 태백산과 오대산에는 남로당 야산대 별동대가 결성되어 야음을 틈타 마을을 침입하여 살상, 방화, 노략질을 일삼아왔다.

38선을 두고 양주, 춘천, 홍천, 강릉으로 인민군의 내습이 잦아 국방군과의 접전이 벌어지지 아니한 날이 없었다.

1948년 7월에는 인민공화군 중조선 구국유격대가 사령대장 이필영 휘하에 340여 명이 결집되어 활약하다가 일망타진되기도 했다.

11월에는 춘천 지역에 내습한 인민군과 접전을 벌여 오대산 인민군 소대장 성환동 등 108명을 사살했으며, 영월로 패주한 200여 명을 추격했다.

1949년 5월에는 대규모 인민군이 춘천으로 침입하여 우리 국군 200명을 납치했다.

6월에는 인민군 200여 명이 영월 탄광을 급습하여 58명을 사살하고 21명을 생포하는 전과를 올렸다.

7월에는 인민군이 트럭 6대로 양양군 원대리를 급습하여 국군이 출동했고, 포천에도 인민군 500명의 비밀공작대가 파괴를 목적하여 침투하여 국군과 접전을 벌여 40명을 사살했다.

10월에는 북한지역인 인제에서 애국 청년들이 무장궐기하여 인민군과 접전을 벌인 것으로 알려졌다.

태백산의 유격대는 평양 강동학원 출신들이 결집되어 일월산, 청량산, 학가산, 석달산, 형제봉, 국망봉에 은거하여 게릴라 폭동을 펼쳐왔다.

춘천, 포천, 강릉, 인제 등에 때와 장소를 가리지 않고 남침한 인민군과 유격대대와 우리 국군의 교전이 끊임없이 벌어졌으며, 어선을 활용하여 침입한 양양 전투에서는 해군과 육군이 합동작전을 펼치기도 했다.

월남한 인민군 유격대원들을 포천과 춘천에서 격퇴했다. 육군 당국은 38선인 인제에 남침한 1천 명에 달하는 인민군과 대치하여 유격대장 이호제 등 246명을 사살하는 전과를 올렸다.

총선거 방해를 목적으로 인제 지구에 남침한 용봉산 전투에서 148명의 인민군을 사살하였으나 아군도 22명이 전사했다.

흥형산 전투에서도 10시간의 교전 끝에 월경한 인민군을 완전 격멸했고, 동해안 38선에도 암운이 저미(低迷)하여 경비의 강화가 시급했다.

(3) 북한인민군의 남침과 피난민 남하로 골머리

대한민국 수립 이후 1년동안 38선을 넘어 월남한 북한 동포가 18만 2천여 명이었다. 별동부대인 공산분자 1백여 명이 피난민으로 가장하여 월남하다가 적발되기도 했다.

채병덕 육군 총참모장은 인민군의 38선 남하 운운은 이적 행위라며 국군을 신뢰하라고 호소했다.

신성모 국방부장관은 38선을 시찰하고 경비가 빈약하다고 질책했다. 국방부에서는 남북전쟁 운운은 모략이며 민족정기를 위해 반민족 행위로 처단하겠다고 경고했다.

이승만 대통령도 북한의 공세에 방어 태세는 공고하다고 밝혔다.

주한 무쵸 미국대사는 국회의 미군의 주둔요청 결의에 국방 태세가 완비될 때까지 미군은 불철수할 것이라고 응낙했다.

38선 부근에서 북한 분견대가 월남하여 미군 등 5명을 살해했고, 미군이 살해된 것은 남북 분단 이후 최초이다.

개성에서 1천여 명의 피난민들도 귀환했고 춘천의 월북부대도 대부분 귀환하여 평온을 되찾았으나 38선에서는 분쟁과 살상은 끊임이 없었다.

제2장 제헌의원들의 방황과 국회 프락치 사건

1. 이합집산을 거듭하며 방황한 제헌의원들

2. 사망과 결원으로 8개 지역구에서 보궐선거

3. 국회 프락치로 13명의 의원들이 구속

1. 이합집산을 거듭하며 방황한 제헌의원들

(1) 각종 구락부가 양산되어 의원들은 왔다갔다 방황

제헌의원 선거에서는 대한독립촉성회가 55명, 한국민주당이 29명, 대동청년단이 12명, 조선민족청년단이 6명을 차지했다.

조선민주당 등 소수정당이 13명의 당선자를 배출했고, 무소속이 40%가 넘는 85명을 차지했다.

무소속 의원들이 85명이지만 순수 무소속은 10명 내외에 불과하고 남북협상과 선거참여 양면작전을 구사한 한국독립당과 중간파 진영이 30명 이상이고, 한민당과 한민당원 그리고 친한민당 의원을 규합하면 한민당 그룹은 84명에 이르고 있다.

그리하여 국회는 독립촉성국민회, 한민당, 한독당 계열의 무소속 등 3대 세력으로 균점(均霑)됐다.

정당정치가 본궤도에 오르지 않았고 경험과 훈련이 부족한 제헌국회는 신념보다는 열정에 치우친 소이(所以)겠지만 의원들이 갈피를 잡지 못한 방황과 혼란이 많았다.

이승만 정권의 수립에 지대한 영향을 미쳤던 한민당이 조각에서 소외되고 김성수의 무임소 국무위원 입각 거절로 이승만 정부와 각을 세우고 무소속이나 독촉국민회에 흩어진 동지들을 규합하여 국회의 주도 세력으로 등장했다.

이승만 대통령의 정당 설립은 시기상조(時機尙早)라는 발언으로 대한독립촉성국민회는 정당으로 발전하지 못하고 각자도생(各自圖生)에 몰두했다.

대한독립촉성국민회 출신인 신익희 의원이 이청천, 이항발, 이남규 의원 등을 규합하여 3.1구락부를 창설하자, 김규식이 주도한 민련과 김구가 주도한 한독당 계열의 김약수, 조봉암, 최범술, 김봉두 의원 등을 중심으로 무소속 구락부를 결성했다.

40세 이하의 의원들이 행동 통일운동에 나서 동성회가 결성되고, 대한독립촉성국민회를 주축으로 윤치영, 강기문의 태백구락부, 순수 무소속을 표방하는 6.1구락부도 결성됐다.

군정시절 농민부장 출신인 이훈구와 김명동 등 33명의 의원은 농우당(農友黨)을 결성하는가하면, 김구의 한독당 계열의 18명의 의원들도 동인회를 발족시켰다.

구락부의 무분별한 창설과 의원들의 이중가입으로 혼선을 빚은 국회는 이승만 대통령의 일민주의(一民主義)를 당시(黨是)로 출발한 대한국민당은 한국민주당과 합당하여 민주국민당을 창당했고, 잔존한 비합당파가 일민구락부로 발전했고, 농우당은 대한노농당으로 발전했다.

국회의 각 정파 대표와 이승만 대통령 회담에 민주국민당 지대형, 대한노농당 이훈구, 일민구락부 박준, 동성회 강욱중, 신정회 이재형, 이정회 유성갑, 무소속 곽상훈 의원등이 참석했다.

한국독립촉성국민회는 순수한 국민운동 단체로 하자는 명제세, 이윤영, 양우정, 이활 등은 국회에서 구락부를 조직하는 것을 국회 내에서 대립 관계를 조장할 우려가 있다고 경고한 반면, 신익희,

전호엽, 남송학 등은 구락부 결성을 강력하게 주장하여 한냉(寒冷) 전선이 형성됐다.

(2) 한국민주당과 대한국민당이 합당하여 민주국민당 창당

대동청년단의 조소앙, 3.1구락부의 신익희와 명제세, 무소속의 이청천, 안재홍, 박용희 등이 신당 출범을 위해 화합했으나 의견 대립으로 난관에 봉착했다.

신당운동이 좌절되자 대동청년단의 이청천, 한독당 계열의 조소앙은 한민당 김성수와 접촉하여 합당을 모색했다.

미군정과 밀착하게 된 한국민주당은 사대주의라는 비판을 받기도 했으며, 반민족행위자처벌법안 처리 과정에서 보인 미온적인 태도로 인하여 친일집단이라는 비난을 받기도 했다.

정부수립 후 권력에서 소외된 한국민주당의 이미지는 실추됐고 당세가 위축되자, 이승만의 대통령책임제에 일조했던 과거를 잊고 이승만 정권 타도를 외치게 됐다.

초대내각 조직 직후 사면초가 곤경에 빠진 이승만 대통령은 영남 출신 인사들을 망라한 태백구락부를 중심으로 여권 세력 규합에 나서 대한국민당이 발족되었다.

일민주의를 주장하고 여당(與黨)조직운동을 전개했으나 이승만 대통령의 지지를 받지 못하면서 대한국민당은 한국민주당과 공감대를 형성하게 됐다.

1949년 2월 15일 대한민국 수립에 지대한 역할을 한 한국민주당과 신익희 국회의장이 주도한 대한국민당이 민족진영 중추 정치세력의 대동단결이라는 명분하에 민주국민당을 결당했다.

민주국민당(민국당)은 김성수, 백남훈, 신익희, 지대형을 최고위원으로 선출했다.

민국당은 만민평등, 민주정치 실현, 민족의 권리 확보 등 정강정책을 발표했다. 상임 최고위원에는 지대형을 선임했다.

민국당은 동성회와 대한청년단 소속 의원 일부를 포섭하여 73명의 의원 명단을 국회에 제출했다.

민주국민당은 위원장 신익희, 부위원장 김도연과 이영준, 고문은 백남훈, 서상일, 조병옥을 선임했고 부장에는 이정래(총무), 조한백(조직), 정헌주(섭외), 소선규(의원), 나용균(정책) 등이 활동했다.

합당 반대파인 이유선, 송진백, 최헌길, 최규옥, 이요한, 진헌식, 박준 등 23명은 민주국민당을 탈당하고 일민구락부 결성의 주축으로 활동했다.

(3) 제헌의원들은 교섭단체에 2중, 3중으로 가입

국회는 민주국민당이 한때는 93명에 이르러 최대 계파로 부상했으며, 동인회와 성인회가 결합한 동성회가 56명을 규합하여 반민국당세력과 이승만 정권 옹호 세력으로 결집됐다.

민국당과 동성회의 중간세력으로 정부를 옹호하며 임영신 장관을 지지하는 이정회(以正會), 민족청년단 출신의 집합체인 청구회의 변신인 신정회(新政會)가 결성되어 시시비비를 가리는 중간집단으로 역할을 수행했다.

우왕좌왕과 이합집산을 거듭하다가 1949년 9월 12일 교섭위원회는 민주국민당(지대형) 76명, 일민구락부(원용한) 57명, 대한노농당(이훈구) 28명, 신정회(오석주) 22명, 무소속 17명으로 확정했다.

반이승만 기치를 내건 민주국민당은 지대형, 신익희, 백관수, 서우석, 신방현, 김상돈, 조국현, 김준연, 이석주, 서이환, 나용균, 최범술, 김상호, 조한백, 김상순, 정도영, 최석화, 정광호, 서성달, 이원홍, 김태수, 이정래, 송필만, 이영준, 김문평, 김진구, 권태욱, 장홍염, 최석홍, 조영규, 박상영, 정균식, 유진홍, 이범교, 홍희종, 정해준, 최윤동, 김재학, 김종문, 박해극, 최봉식, 정구삼, 한석범, 서정희, 홍순령, 진직현, 백남채, 윤재욱, 김종선, 장기영, 이만근, 박종환, 서상일, 신현모, 최국현, 홍성하, 조헌영, 김도연, 오용국, 김익기, 민경식, 이정기, 김용현, 김동원, 임석규, 원장길, 김인식, 박찬현, 김익로, 이병관, 배중혁, 이상돈, 홍길선, 허정 등이다.

이승만 아호(雅號)를 따라 결집된 일민구락부는 이종린, 신광균, 박우경, 조재면, 김봉조, 강달수, 임영신, 박순석, 정우일, 최창섭, 유홍열, 송봉해, 이유선, 박준, 진헌식, 이성학, 김경도, 황호현, 이항발, 김철, 이요한, 이병관, 권태수, 최헌길, 권병로, 원용한, 오택열, 윤치영, 황두연, 조종승, 이의상, 이성득, 이종순, 양병직, 김철, 이석, 최규옥, 이호석, 권태욱, 이범교, 서이환, 한암회, 김우식, 박해극, 조병한, 박상영, 정구삼 등이다.

농우당의 후신인 대한노농당은 이진수, 이훈구, 최운교, 김명동,

김중기, 조국현, 김교현, 김장열, 유성갑, 강선명, 허영호, 권태욱, 오택관, 오기열, 조병한, 정준, 홍순옥, 김웅권, 박우경, 김동준, 황두연, 황병규, 이성우, 이병관, 김익로, 신광균, 백형남, 조종승, 등이고, 중립적이며 중간노선을 선택한 신정회는 연병호, 이재형, 김종선, 김인식, 홍범희, 이재학, 육홍균, 윤병구, 송진백, 오석주, 원용균, 이종순, 조종승, 권태욱, 김웅권, 송창식, 이종근, 김용재, 김웅진, 조중현, 남궁현, 강선명 등이다.

이중으로 등록된 서이환, 권태욱, 박상영, 이범교, 박해극, 정구삼, 이병관, 연병호, 김웅진, 김익로 등 11명은 제외됐고, 무소속은 조봉암, 박해정, 홍익표, 윤석구, 정준, 손재학, 이인, 김광준, 성낙서, 전진한, 정진근, 이강우, 김교중, 김영기, 이윤영, 조규갑, 김교현 등 17명이다.

이중 가입자가 해결되어 민국당 70명, 일민구락부 55명, 대한노농당 25명, 신징회 20명으로 조정되있고 무소속은 구속 중인 10명의 의원을 포함하여 25명이 남게 됐다.

(4) 이승만 정부와 제헌국회의 대립과 갈등

제헌의원 선거에서 과반 의석을 목표로 했던 한국민주당은 미군정청과 밀착, 친일부역자에 대한 관용에 따른 민심이반으로 29석을 점유하여 참담한 패배감에 젖었다.

대통령중심제로 변경 등 이승만 집권에 절대적으로 공헌했지만 초대 내각에서 김도연 재무부장관을 입각시켰을 뿐 철저하게 소외된 한국민주당은 이승만 정부에 대한 견제와 갈등 조장에 나섰다.

한국민주당은 독립촉성국민회와 무소속으로 흩어져있던 동지들을 규합하여 이승만 대통령이 임명한 이윤영 국무총리 인준안을 부결시켜 이승만 정부의 출범을 삐걱거리게 했으며, 이승만 대통령의 일민주의를 추종하여 독립촉성국민회 회원과 대동청년단이 중심이 되어 신익희, 이청천 등이 주도한 대한국민당은 이승만 대통령의 전폭적인 지원을 받지 못하자, 한국민주당과 통합하여 민주국민당을 결성하게 되었고, 민주국민당은 이승만 대통령의 독주를 견제하기 위해 의원내각제 개헌을 추진하였다.

민주국민당 합당에 반대하고 탈당한 세력들이 주축이 되어 1949년 12월 재결당(再結黨)한 대한국민당이 이승만 대통령의 수족이 되어 1950년 3월 협박과 회유 등으로 의원내각제 개헌을 결단코 막아냈다.

내각책임제 개헌안은 찬성 79표, 반대 33표로 찬성표가 압도적으로 많았으나 대한국민당의 반대전략에 따라 기권이 66표로 3분의 2 찬성 요건에 미달하여 개헌안은 부결됐다.

국회는 제헌의원의 임기연장을 시도했으나 이승만 대통령의 반대 입장 표명으로 무산됐고, 이승만 대통령은 이범석 국무총리의 사표를 수리하고 이윤영 국무총리를 지명하고 인준을 기대했으나, 국회는 가(可) 68표, 부(否) 84표로 부결시켜 장군멍군식 갈등을 빚었다.

이승만 대통령은 신성모 국무총리 서리를 임명하여 국회에 통고하자, 국회는 즉일로 정부에 반송하는가 하면, 이승만 대통령은 제헌의원들의 재선을 반대하는 담화를 발표하기도 했다.

2. 사망과 결원으로 8개 지역구에서 보궐선거

(1) 네 번에 걸쳐 8개 지역구에서 의원 보충

제헌의원 보궐선거는 8개 지역구에서 실시됐다. 이승만 의원의 대통령 취임으로 1948년 10월 30일 서울 동대문 갑구에서 처음으로 보궐선거가 실시됐고, 신현돈 의원의 전북도지사, 이남규 의원의 전남도지사, 정현모 의원의 경북도지사, 문시환 의원의 경남도지사 임명에 따라 1949년 1월 13일 전북 무주, 전남 목포, 경북 안동 을구, 경남 부산 갑구에서 동시에 보궐선거가 실시됐다.

장면 의원의 주미 대사 임명과 김효석 의원의 내무부차관 임명에 따른 의원직 사퇴로 1949년 3월 30일 서울 종로 을구, 경남 합천 을구에서도 보궐선거가 실시됐다.

마지막으로 이병국 의원의 사망으로 1949년 6월 10일 충남 천안에서 보궐선거가 실시되어 김용화 후보가 당선됐으나, 대법원의 당선 무효로 재선거가 1949년 7월 23일 실시됐다.

(2) 서울 동대문 갑구 : 한국민주당의 조직과 보성전문대 교수의 명성을 살린 홍성하 후보가 패자부활전에서 양조업자인 전호엽, 독립운동가인 장연송 후보들을 꺾고 당선

지난 제헌의원 선거 때는 대한독립촉성국민회 총재인 이승만과 군정청 경무부 수사부국장인 무소속 최능진 후보가 대결을 펼쳤다.

그러나 선거관리위원회에서 최능진 후보 추천자 가운데 위조 날인된 서명자가 있다는 이유로 최능진 후보의 등록을 무효화시켜 이승만 후보의 무투표 당선을 가져왔고, 수도경찰청은 최능진 후보가 남로당원으로 반정부 활동을 펼쳤다는 혐의로 구속했다.

이승만 의원 대통령 취임에 따라 실시된 1948년 10월 30일 보궐선거에서 한국민주당 홍성하, 국민회 전호엽, 독립운동가 장연송 후보들이 3파전을 전개했다.

육영사업가인 황현숙, 대동신문 사장인 이종영, 회사 지배인인 김진영 후보들도 참전했고, 동회장인 김필진 후보는 선거운동 기간 도중에 사퇴했다.

제헌의원 선거 때 홍성하 후보는 전남 광산에서, 전호엽과 장연송, 황현숙 후보들은 서울 동대문 을구에서 낙선했다.

한국민주당의 조직과 보성전문대 교수라는 명성을 기반으로 한 홍성하 후보가 양조업자로서 재력을 구비하고 국민회에서 활동이 돋보인 전호엽, 독립운동가로서 입법의원을 지낸 장연송 후보들을 가볍게 제압하고 등원에 성공했다.

☐ 득표상황

후보자	정당	연령	주요 경력	득표 (%)
홍성하	한국민주당	51	보성전문대 교수	13,430 (30.5)
전호엽	국민회	65	양조업	9,850 (22.4)
장연송	무소속	52	독립운동,입법의원	9,200 (20.9)

이종영	무소속	49	대동신문 사장	4,800 (10.9)
김진영	무소속	41	회사원	4,350 (9.9)
황현숙(여)	무소속	48	교육사업	2,350 (5.4)
김필진	무소속	52	성북동회장	사퇴

(3) 전북 무주 : 대동청년단과 무주면민들의 전폭적인 지원으로 가까스로 당선을 일궈낸 김교중

지난 제헌의원 선거 때는 대한독립촉성국민회장과 대동청년단장을 지낸 의사 출신인 신현돈 후보가 한국민주당으로 출전한 사업가인 김용학 후보와 군수 출신인 김종남 후보들을 가볍게 제압하고 당선됐다.

신현돈 의원의 전북도지사 임명에 따라 실시된 1949년 1월 13일 보궐선거에는 무주면 출신으로 대동청년단 김교중 후보와 무풍면 출신으로 국민회의 김용환 후보의 쟁패장에 저술가인 함상훈 후보가 한국민주당 공천을 받고 출전하여 3파전을 전개했다.

공무원 출신인 김상현, 사업가 출신인 장기홍 후보들은 완주했으나 여관업을 영위한 박상식 후보는 중도에 사퇴했다.

대동청년단을 기반으로 젊은 패기를 앞세운 김교중 후보가 무주면민들의 전폭적인 지원으로 재력가인 국민회 김용환, 문필가로서의 명성과 한민당의 조직을 기반으로 선거전에 뛰어든 함상훈 후보들을 어렵게 따돌렸다.

□ 득표상황

후보자	정당	연령	주요 경력	득표 (%)
김교중	대동청년단	38	공무원	6,875 (29.8)
김용환	국민회	52	양조업	5,282 (22.9)
함상훈	한국민주당	56	신문기자	4,893 (21.2)
김상현	무소속	56	공무원	3,587 (15.6)
장기홍	무소속	49	상업	2,411 (10.5)
박상식	무소속	54	여관업	사퇴

(4) 전남 목포 : 목포 상공회의소 회두로서 재력과 지난 총선에서 낙선에 따른 동정여론으로 대법원장 출신인 김용무 후보를 73표차로 꺾어버린 강선명

지난 제헌의원 선거 때는 평양신학교 출신으로 목사인 이남규 후보가 입법의원의 경력과 대한독립촉성국민회 후보임을 내세워 목포상공회의소 회두(會頭)인 무소속 강선명 후보를 2천여 표차로 따돌리고 당선됐다.

목포 국민학교장인 김동신, 목포 토지합자회사 회두인 정영소 후보들도 선전했고, 대한노총위원장인 김유기, 목포 동연합회장인 천동환 후보들도 참전했다.

이남규 의원의 전남도지사 임명에 따라 실시된 1949년 1월 13일 보궐선거에는 지난 총선에서 차점 낙선한 강선명 후보와 전남 무

안 출신으로 대법원장을 지낸 김용무 후보가 한판승부를 펼쳤다.

목포상공회의소 회두로서 재력과 지역적 기반을 가진 강선명 후보가 대법원장으로서 명성을 가진 김용무 후보를 73표차로 아슬아슬하게 꺾고 등원에 성공했다.

□ 득표상황

후보자	정당	연령	주요 경력	득표 (%)
강선명	무소속	44	회사원	6,995 (50.3)
김용무	무소속	58	대법원장	6,922 (49.7)

(5) 경북 안동 을구: 현직 상공부장관으로 전직 외무부장관인 장택상 후보를 꺾고 당선됐으나 법정에서 부정선거 시비에 휘말린 임영신

지난 제헌의원 선거 때는 일본 조도전대 출신으로 회사 중역인 정현모 후보가 일본대 출신으로 대한독립촉성국민회로 출전한 유태하 후보를 6천표가 넘는 표차로 제압하고 당선됐다.

조선총독부에 근무했던 사법서사인 김중희 후보도 출전했다.

정현모 의원의 경북도지사 임명에 따라 실시된 1949년 1월 13일 보궐선거에는 현직 상공부장관인 임영신 후보와 전직 외무부장관인 장택상 후보가 원정 출전하여 안동읍에서 지역 기반을 다진 권중순 후보와 3파전을 전개했다.

민족청년단의 윤필영, 건국청년회의 김병동, 국민회의 권오경, 무소속의 남성민, 유진걸, 조홍로 후보들도 참전했다.

초대 내각의 외무부장관과 상공부장관들의 각축전은 전북 금산 출신인 여자국민당 임영신 후보가 인접한 수도경찰청장을 지낸 경북 칠곡 출신인 장택상 후보를 꺾고 당선됐으나, 현직 장관으로서 직분을 선거에 이용했고 기업가들로부터 선거자금을 갹출하는 등의 불법선거로 고발을 당하여 무죄의 선고를 받기는 하였지만, 장관직을 물러나는 어려움을 겪었다.

□ 득표상황

후보자	정당	연령	주요 경력	득표 (%)
임영신	여자국민당	50	상공부장관	7,263 (22.3)
권중순	무소속	49	항일운동	6,442 (19.8)
장택상	무소속	57	외무부장관	5,488 (16.9)
윤필영	민족청년단	35	회사원	4,296 (13.2)
유진걸	무소속	52	농업인	2,368 (7.3)
권오경	국민회	34	이발업	2,135 (6.6)
김병동	건국청년회	36	신문기자	1,761 (5.4)
조홍로	무소속	49	농업인	1,672 (5.1)
남성민	무소속	52	농업인	1,078 (3.3)

(6) 경남 부산 갑구 : 일본대 출신으로 대학교수인 허영호 후보가 농민회 중앙회 이사인 박수일 후보를 가볍게 제압

지난 제헌의원 선거에서는 소련 모스크바대 출신으로 경남도 상공국장을 지낸 조선민족청년단 문시환 후보가 회사장인 무소속 김형덕 후보를 가볍게 제압하고 당선됐다.

일본 명치대 출신으로 동대신동장을 지낸 대한독립노동총연맹 김춘광 후보는 완주했으나, 경남도지사와 농림부장관을 지낸 양성봉 후보는 중도에 사퇴했다.

문시환 의원의 경남도지사 임명에 따라 실시된 1949년 1월 13일 보궐선거에는 대학교 학장인 허영호 후보와 농민회 중앙회 이사인 박수일 후보가 단조롭게 맞붙었다.

일본대 출신인 허영호 후보가 한문(漢文)수학뿐인 박수일 후보를 가볍게 제압하고 뒤늦게 등원에 성공했다.

□ 득표상황

후보자	정당	연령	주요 경력	득표 (%)
허영호	무소속	49	대학 학장	11,900 (60.4)
박수일	무소속	51	농민회 중앙회이사	7,793 (39.6)

(7) 서울 종로 을구 : 명치대, 검찰총장, 법무부장관 명성으로 민국당 최고위원 백남훈, 외무부장관을 지낸 장택상 후보들을 꺾은 이인

지난 제헌의원 선거에서는 미국 맨해튼대 출신으로 입법의원을 지

낸 장면 후보가 8명의 쟁쟁한 후보들을 가볍게 제압하고 2만 3천여 표를 득표하여 당선됐다.

저술가인 최규설, 대한상공일보 직원인 이명호 후보들은 선전했으나, 조선건국청년회 오정방, 의사인 대한정의단 최성장, 한약 약종상인 성헌경, 저술가인 양재건, 회사원인 배용균과 김윤근 후보들의 득표력은 미미했다.

장면 의원의 주미대사 임명에 따라 실시된 1949년 3월 30일 보궐선거에는 검찰총장과 법무부장관을 지낸 무소속 이인, 조도전대 출신으로 민주국민당 최고위원에 선임된 백남훈, 수도경찰청장과 외무부장관을 지내고 지난 1월 경북 안동 을구 보궐선거에 출전한 장택상 후보가 재도전하여 3파전을 전개했다.

신흥대 학장인 신강회 이규창, 여총위원장인 여성단체총연맹 황애덕, 지역에서 기반을 닦은 무소속 박명환 후보들도 출전하여 후발주자 3파전을 전개했다.

일본 명치대 출신으로 법무부장관을 지낸 이인 후보가 민국당의 조직을 기반으로 추격전을 펼친 백남훈 후보를 2천여 표차로 꺾고 제헌의원에 합류했다.

백남훈 후보는 지난 총선에도 성동구에 출전하여 1만 1천여 표를 득표하여 이청천 후보에게 패배했었다.

□ 득표상황

후보자	정당	연령	주요 경력	득표 (%)
이 인	무소속	54	법무부장관	12,370 (32.2)
백남훈	민주국민당	65	민국당 최고위원	9,894 (25.7)

장택상	무소속	56	외무부장관	6,793 (17.7)
이규창	신강회	61	신흥대 학장	3,293 (8.6)
황애덕(여)	여성단체연	57	여성총연맹위원장	3,208 (8.4)
박명환	무소속	54	무직	2,858 (7.4)

(8) 경남 합천 을구: 지난 총선에서 차점 낙선한 김명수 후보와 3위로 낙선한 최창섭 후보가 재대결을 펼쳐 3위였던 최창섭 후보가 역전승을

지난 제헌의원 선거에서는 대한독립촉성회 김효석 후보가 면대항전을 펼친 선거전에서 초계면민들의 전폭적인 지원으로 어려운 승리를 엮어냈다.

용주면장 출신인 대한독립촉성국민회 김명수, 일본대 출신으로 신문기자인 최창섭, 쌍길면 대표주자인 이덕영 후보들도 당선권을 넘나들었다.

김효석 의원의 내무부차관 임명에 따라 실시된 1949년 3월 30일 보궐선거에는 지난 총선에서 낙선한 국민회 김명수 후보와 무소속 최창섭 후보가 재대결을 펼친 선거전에 군수 출신으로 대구시보 사장인 한찬석, 독립운동가로 만주일보 기자였던 이홍영, 경찰서장을 지낸 노기용, 경찰서 주임이었던 정용택 후보들도 참전했다.

지난 총선에서 대한독립촉성국민회 김명수 후보는 8,137표를, 무소속 최창섭 후보는 7,152표를 득표하였지만, 이번 총선에는 삼가

면과 용주면의 대결과 국민회의 반발 심리로 신문기자 출신인 최창섭 후보가 대승을 거두고 등원에 성공했다.

□ 득표상황

후보자	정당	연령	주요 경력	득표 (%)
최창섭	무소속	51	동아일보 기자	10,396 (36.4)
김명수	국민회	44	면장, 금융조합장	6,773 (23.7)
노기용	무소속	53	경찰서장	5,250 (18.4)
정용택	무소속	28	경찰서 주임	4,071 (14.3)
한찬석	무소속	43	군수, 신문사 사장	1,035 (3.6)
이홍영	무소속	62	만주일보 기자	1,007 (3.5)

(9) 충남 천안 : 김용화 후보의 당선무효로 재재도전 끝에 110표차로 등원에 성공한 민주국민당 이상돈

지난 제헌의원 선거에서는 10명의 주자들이 혼전을 벌여 대한독립촉성국민회 이병국 후보가 조도전대 출신인 한국민주당 이상돈 후보를 9천여 표차로 따돌리고 당선됐다.

사업가인 홍승길, 성환 농장장인 김웅각, 북경대 출신인 김용화 후보들은 중위권을 맴돌았지만, 대서업자인 한양수, 국민학교 교사였던 김민응, 대동청년단원으로 활동한 김종철, 목천면장을 지낸 이범후, 군수 경력을 지낸 이용규 후보들은 하위권에 머물렀다.

이병국 의원의 사망에 따라 실시된 보궐선거에는 한양수, 김용화,

이상돈 후보 외에 정현모, 유홍, 이헌구, 김민웅 후보들이 도전하여 김용화 후보가 당선됐다.

그러나 등록 절차가 현행법을 위반했고 투표 시간이 지켜지지 않았다는 이유로 김용화 후보의 당선이 무효화되고 재선거가 실시됐다.

1949년 7월 23일 실시한 재선거에는 당선자 김용화 후보를 제외한 여섯 후보들이 재대결을 펼쳤다.

제헌의원 선거에서 차점 낙선한 민주국민당 이상돈 후보가 서울에서 회사장으로 재력을 축적한 국민회 유홍 후보를 110표차로 꺾고 가까스로 등원에 성공했다.

정현모 후보와 이헌구 후보는 선전했지만, 한양수 후보와 김민웅 후보의 득표력은 보잘 것이 없었다.

□ 득표상황

후보자	정당	연령	주요 경력	득표 (%)
이상돈	민주국민당	38	저술가, 정치운동	17,960 (30.4)
유 홍	국민회	51	회사장	17,850 (30.3)
이헌구	무소속	54	임업개발 사장	7,842 (13.3)
정현모	무소속	59	농업	7,354 (12.5)
한양수	무소속	38	대서업	4,766 (8.1)
김민웅	무소속	40	교사	3,205 (5.4)

3. 국회 프락치로 13명의 의원들이 구속

(1) 국회 소장파 의원들의 미군 고문단 설치 반대

김약수 국회부의장은 국가의 자주성을 내세우며 미군의 철수는 찬성하되 미군 고문단 설치를 반대하는 의원이 62명이라고 발표했다.

이들은 동성회 김약수, 오택관, 신성균, 김병회, 김장열, 박문원, 배헌, 황병규, 김영기, 이진수, 김영동, 김중기 의원과 이정회 허영호, 이종순, 김교현, 윤치영, 조봉암, 강선명, 유성갑, 김웅진, 송진백, 조규갑 의원 등도 고문단 설치를 반대했다고 밝혔다.

조국현 의원 등이 서명한 일이 없다고 발표하자, 김약수 국회부의장은 62명의 의원이 아닌 6명의 의원이었다고 정정(訂正)했다.

이에 신익희 국회의장은 미군의 한국 방위를 요청하며, 미군의 군사고문단 설치를 환영하는 142명의 의원들이 서명한 성명서를 한국위원단과 미국 대사관에 수교했다.

한국 방위강화 국민대회 위원회는 미군 철퇴 요청과 미국 고문단 설치 반대와 관련하여 김약수, 노일환, 강욱중, 박윤원, 김병회, 김옥주 의원에게 경고장을 발부했다.

서울 중부경찰서는 동성회의 리더인 이문원(익산) 의원을 남로당 정해근 등과 아서원에서 화합한 혐의로 구속했고, 김태선 경찰국장은 노일환(순창), 김옥주(광양), 강욱중(함안), 김약수(동래), 김병회(진도) 의원 등 6명은 남로당과 결탁하여 대한민국 정부의 파괴를 음모했다고 발표했다.

이들은 공공연히 남로당과 결탁하여 대한민국을 전복하고 공산국가를 세우려는 의도를 가지고 북한 공산당의 지령을 받고 행동을 감행했다고 첨언(添言)했다.

육군헌병대는 국가보안법 위반 혐의로 김약수, 김옥주, 김병회, 박윤원, 강욱중, 황윤호 의원 등을 체포했다.

서울시경은 이문원, 이귀수, 최태규 의원들을 국가보안법 위반 혐의로 기소했고, 경찰은 도피 중인 서용길, 신성균 의원들도 체포령을 발동했다.

이들은 허울 좋은 자주성을 빙자(憑藉)하여 미군 철수와 미군 고문단 설치를 반대하여 국방을 위태롭게 하는 모략을 감행했을 뿐 아니라 정부 불신안도 제출했다.

서울지검은 김약수 등 10명의 의원이 남로당과 연락하여 대한민국 헌법을 무시하고 국회를 파괴하려는 죄상을 밝혀내기 위해 문초를 계속했다.

국방부는 10명의 국회의원 검거 경위와 정부의 전복을 음모한 남로당의 국회 프락치 사건 전모를 발표했다.

남로당은 미군 철퇴안이 완전 실패하자 헌법 개헌 운동을 전개하도록 지시했고, 공보처에서는 김약수 등 7명의 의원은 남로당원으로 북한의 자금과 지령을 받고 국회 파괴를 획책했다고 발표했다.

(2) 국회 프락치 사건 관련 의원들에 중형을 선고

대한민국 정부를 파괴하고 북괴 집단에 아부하여 미군의 철퇴를 부르짖고 국내 치안을 교란케 하려던 김약수 국회부의장 등 10명을 오제도 검사의 주도하에 기소했다.

서용길, 이훈구, 원용한 의원들도 추가 심문하여 기소했다.

서울시경은 월북 직전 개성 역전에서 체포한 간첩 정재한과 박헌영의 비서 정시현 등 7명을 체포하였고, 이들은 수 억원 대의 공작비를 사용하여 국회 프락치 의원들의 지원과 군경의 기밀을 탐지하여 북한의 박헌영에게 전달한 혐의로 기소됐다.

권승열 법무부장관은 김봉두 의원은 범인 은닉 혐의로, 서용길과 차경모 의원은 국회 프락치사건 관련 혐의로 체포했다고 밝혔다.

오제도 검사는 노일환과 이문원 의원들아 소장파 의원들을 선도하여 평화통일 운운하며 남로당의 지령을 실행 협력할 목적으로 미군의 철퇴를 국회에 상정시키고, 미국 고문단 설치까지 반대하여 대한민국의 전복을 기도했다고 추상(秋霜)같은 기소문을 낭독했다.

미군 철퇴 주장은 남노당의 지령에 의한 것이라며 노일환과 이문원 의원 등에 12년을 구형했다.

노일환 의원은 동료의원들에게 남로당 가입을 종용하고, 10만원씩을 주는 일은 있지만 남로당 가입은 안했다고 진술했고, 이문원 의원도 좌익 사상가인 하사복을 만난 일은 있어도 남로당에 가입한 사실은 없다고 부정했다.

노일환 의원은 강욱중, 김병회 의원들에게 돈을 준 것은 비밀공작이 아닌 우정이었다고 진술했고, 서용길 의원 등 10명의 피고들은 노일환, 이문원 의원의 지시에 맹종했을 뿐이라고 변명했지만, 법망을 벗어나지는 못했다.

이문원 의원은 가세(家勢)가 빈한하여 제헌의원 입후보 때 남로당을 이용했고, 남로당 정치자금은 소장파 친목용으로 소비했다고 자백했지만, 남로당에 이용당했을 뿐 나는 민족주의자라고 최후진술에서 밝혔다.

오제도 검사는 기소된 의원들은 평화통일 운운하며 남로당의 지령을 실행 협력할 목적하에 북한 노동당의 강령을 지지했고, 대한민국의 수립을 부정하고 미군의 철수를 국회에 상정하고 미군 고문단의 설치를 반대하는 진정서를 한국위원단에 전달했으며, 특히 그들의 접촉 인물들이 남로당원을 알면서도 그들과 협력하여 국회에서 공작을 펼쳤다고 추상같은 논고를 항소심에서도 개진했다.

법원에서 노일환과 이문원 의원에게 징역 10년을, 김약수와 박윤원 의원에게는 징역 8년을, 김옥주, 강욱중, 김병회, 황윤호 의원들에게는 징역 6년을, 최태규, 이귀수, 서용길, 배중혁, 신성균 의원 등에게는 징역 3년을 각각 선고했다.

국회 프락치 관련 의원들은 수감중 6.25 동란이 발발하여 동란 중 행방이 묘연하고 동란 이후의 행적은 찾을 길이 없었다.

국회는 김약수 국회부의장의 사표를 수리하고 민국당의 지대형을 꺾은 일민구락부 윤치영을 선출했다.

2차 투표에서는 지대형 57표, 윤치영 37표였으나 3차 투표에서 91표대 71표로 윤치영 후보가 역전승했다.

제3장 김구 주석의 암살과 한독당 몰락

1. 단독정부 수립을 반대하고 통일정부 구상

2. 떨어진 민족의 큰 별 김구 주석의 암살

3. 중간파 정당과 함께 한국독립당도 소멸

1. 단독정부 수립을 반대하고 통일정부 구상

(1) 남북통일이라는 명분을 앞세워 단독정부 수립 반대

김구는 "나는 통일된 조국을 건설하려다가 38선을 베고 쓰러질지언정 일신의 구차(苟且)한 안일을 취하여 단독정부를 세우는 데 협력하지 않겠다"고 선언하고서, 1948년 2월 10일 '삼천만 동포에게 읍고(泣告)함'이라는 성명서를 발표하고, 통일정부 수립을 위한 마지막 몸부림으로 남북협상의 길에 올랐다.

그때는 이미 남북 양쪽에 미·소의 지원 아래 정권이 들어설 준비가 되고 있어서 분단은 이미 기정사실화 되었고, 미·소 공동위원회의 결렬과 한반도 문제의 유엔 이관으로 분단 상황이 눈앞에 다가오고 있었다.

어떤 일이 있더라도 반쪽 정권을 세워서는 안 된다는 김구·김규식 등 이른바 남북협상 세력은 북한 측의 정당·사회단체 대표자 연석회의 개최 제의에 부응하여 북행길에 오르게 됐다.

이어 벌어진 김구, 김규식, 김일성, 김두봉의 '4김회담'에서 수풍 발전소의 남한 송전 계속, 연백 수리조합의 개방, 조만식 선생의 월남 허용 등을 합의하고 김구·김규식은 서울로 돌아왔다.

귀환 성명에서 김구·김규식은 남북협상회의에서 자주적, 민주적 통일조국을 건설하기 위해 남조선 단선(單選)과 단정(單政)을 반대하며 미·소 양군을 철퇴하는 데 의견을 일치하였고, 북조선 당국자도 단정(單政)은 절대 수립하지 아니하겠다고 확약했고, 조만식 선생의 남행(南行)도 약속했다고 발표했다.

그러나 미군 하지 사령관은 남북 정당·사회단체 합동회의 요청서에 대한 불찬성 성명을 발표하고 제헌의원 선거를 단행하여, 민족통일을 염원하는 겨레의 소망은 물거품이 되고 말았다.

하지 미군 사령관은 남북협상은 소련의 연막전술이며 공산 괴뢰정권 수립의 전제일 뿐이라며 총선거만이 조선을 구원하는 길이라고 거듭 밝히며, 남북협상요청서는 공산당의 진정서로 간주하고 서명(署名)정당은 공산파 일색이라고 요청서를 각하했다.

하지 미군 사령관은 남북협상은 공산파 회의에 불과하므로 총선거만이 통일의 길이므로 민중은 현혹(眩惑)치 말라고 담화했다.

언론에서도 남조선 측 발언을 봉쇄하고 통일을 위한 협상이 아니라 조만식 선생과의 면회도 거부하고 총선 방해가 목적이라고 남북협상을 비난했다.

이승만은 남북협상에 대해 기만적 협상에 동요 말고 총선거로 일로 매진(邁進)하자고 호소했다.

협상을 위해 북행을 감행했던 중간파 인사들도 남북협상에 실망하여 재추진을 단념했다고 밝혔고, 북조선에서도 헌법을 채택하여 북조선 정권의 수립에 박차를 가했다.

김구는 독립정부 수립에 즈음하여 조국의 통일과 자주독립을 위하여 노력하겠다는 민족적 양심과 동족상잔의 내전을 방지해야 되겠다는 애국애족의 열성을 가지고 나가겠다고 다짐했다.

이에 조선민주당은 남북협상은 공산파의 모략에 의한 공염불(空念佛)에 불과하며 근시안적 일부 정치인이 모략에 빠져서 굴종적 회의를 하였다는 성명을 발표했다.

(2) 김일성의 작전에 놀아난 김구와 김규식

김구·김규식·김일성·김두봉의 4자회담이 열리기 전에 지도자협의회라는 이름으로 김구, 김규식, 조소앙, 조완구, 홍명희, 김붕준, 엄항섭, 김일성, 김두봉, 최용건, 박헌영, 주영하, 허헌, 백남운 등의 15인 요인회담이 개최됐다.

이 요인회담이 해방 이후 좌우익과 중도계 인사들이 한 자리에 모여 외국군을 철수시키고 통일민족국가를 수립하고자 하는 최초이자 최후의 모임이었다.

15인 요인회담에 앞서 평양에서는 남북 정당·사회단체 대표자 합동회의가 545명이 참석하여 모란봉극장에서 개최되었으나, 이 회의는 군중대회식으로 변질되어 김구·김규식이 주장했던 남북 고위 정치협상과는 거리가 멀어져갔다.

요인회담에서는 외국군의 무조건 철수, 비밀투표에 의한 통일적인 입법기관 설치, 남한의 단전·단선을 반대하는 합의서를 채택했다.

북한은 김구·김규식의 불참 속에 제2차 남북 정당·사회단체 지도자협의회를 개최하여 남한의 총선을 규탄하면서 북쪽만의 선거에 의한 조선 최고인민회의를 창설하여 인민공화국을 선포하고,

그때까지 통용되는 태극기를 폐지하고 인공기를 제작하여 게양했다.

북한 측은 남쪽에의 송전(送電)도 중단하고 연백의 수맥(水脈)도 단절함으로써 남북의 분단은 고착되고 대결의 시대로 진입했다.

김구・김규식의 남북협상은 조선인민공화국 수립의 명분을 축적하는 데 활용되었을 뿐 소련군이 점령하고 있는 북측과의 협상은 현실을 무시한 이상이었으며 김일성에게 이용만 당한 협상이었음을 뒤늦게 깨달을 수 있었다.

이청천도 "남북협상에 의한 통일만을 부르짖고 남한정부를 인정치 않음은 망발이다"라고 김구, 김규식을 정부 수립 후 비난했다.

2. 떨어진 민족의 큰 별 김구 주석의 암살

(1) 일본인이 아닌 현역 조선인 포병 대위에게 암살

암살한다는 소문에 휩싸인 김구는 "왜놈도 나를 죽이지 못했는데 동포가 설마 나를 죽이려구"하면서 대수롭지 않게 생각하고 있다가, 1949년 6월 26일 경교장 2층 거실에서 현역 군인 안두희의 총탄을 맞고 74세를 일기로 파란 많은 일생을 마쳤다.

27년 동안이나 해외 망명정부를 이끌면서 항일투쟁의 최전선에 섰던 김구는 해방된 조국에 개인 자격으로 환국하여 통일정부 수립을 위해 많은 노력을 기울였다.

그러나 이승만의 단독정부 수립을 지켜보면서 재야에서 은둔 생활을 하게 됐다.

이승만과 김구는 동지이면서 경쟁 관계였다. 항일운동에 있어서 이승만은 외교적 방법으로 독립해야 한다는 입장인 반면, 김구는 무력을 동원해서라도 독립을 쟁취해야한다는 노선이었다.

해방 이후에도 이승만은 남한만이라도 반공 정권을 세워야한다는 입장이었고, 김구는 분단되면 전쟁을 피할 수 없으며 반드시 통일정부를 수립해야한다는 주장이었다.

이승만의 단독정부가 수립되자, 김구는 이의 참여를 거부하면서 비판자의 입장을 분명히 했다.

이승만은 대권을 장악했고 김구는 초야에 있었지만, 영향력이나 국민의 지지도에 있어서는 저울추가 평형을 지키고 있었다.

김구는 실현성 여부와는 상관없이 통일정부 수립이라는 명분과 독립운동의 정통 세력이라는 대의를 한 몸에 싣고 있었고, 이승만은 이에 대해 항상 도덕성의 콤플렉스를 느끼는 상태였다.

조국광복에 신명을 다한 노혁명가로 한독당 위원장인 김구 선생이 경교장에서 괴한의 권총피습으로 절명했다.

이승만 대통령은 열루(熱淚)로 장서(長逝)를 조상(弔喪)하며 대의를 받들어 유업을 완수하자고 조사를 했고, 각계에서 동성(同聲) 애곡(哀哭)이 있을 뿐아니라 민족의 손실로 천추의 한사(恨事)라고 애도했다.

범인을 현장에서 체포하여 조사 중이라고 밝힌 전병덕 헌병사령관은 김구 선생의 불의의 참변에 대해 주관적인 진상 판단으로 모략적 유언비어를 삼가라고 경고했다.

백범 김구 선생의 장례는 국민장으로 장지는 효창공원으로 결정했다. 한독당 조직부장 김학규는 범인 안두희가 한독당의 비밀당원임을 확인했다.

육군 본부는 살해범 안두희가 김구 선생의 정치 노선에 의심을 품고 한독당 탈당 후의 위험을 우려하여 범행했다고 발표했다.

온 겨레의 애도 가운데 치러진 영결식장의 구석구석에는 "님이여 고히 잠드소서"의 단장(斷腸)의 통곡 소리가 메아리쳤다.

구슬픈 장례 행렬을 맞아 거룩하신 발자취 길이길이 받드오리다는 연도(沿道)를 메운 시민들의 오열(嗚咽)이 가득 메워졌다.

이승만 대통령은 민족의 한이요 국가의 손(損)이라고 조사(弔辭)했고, 김규식은 영전에서 남북통일을 맹세했고, 이범석 국무총리는 성혈(聖血)은 민족의 맥관(脈管)에 흐른다라고 애도했다.

안두희는 평북 용천 출신으로 신의주 상고를 졸업하고 일본 동경 명치대 법과 3년 중퇴생이다.

용천군청 직원으로 근무하다가 해방 이후 월남하여 서북청년회 총무부장으로 활약하다가 육군사관학교에 입교했다.

포병 대위로 승진한 안두희는 북한에서 조선민주당원으로 활동했지만, 한국독립당 홍종만의 알선으로 한독당 조직부장 김학규를 면담하여 한독당 비밀당원으로 활동했다.

김구 주석과 6차례 단독 면담한 안두희는 미군 군사고문단 설치 반대와 옹진반도에 내습한 인민군 격퇴 문제에 있어서 김구 주석이 공산당의 노선과 일치되나며 논쟁을 벌였다.

안두희는 김구 주석이 "너 이놈, 너는 나에게 반동을 하느냐. 나에게 반동하면 민족의 반역이요, 국가에 대한 반역자이다"라며, 면전(面前)에 붓을 던지자 개인적인 감정이 폭발하여 권총 4발을 쏘아 암살했고, 김구 주석이 대한민국의 전복을 도모하는 등 사상 및 정치 노선에 회의심이 일어 국가백년대계를 위한 애국적인 처사였으며, 한독당을 탈당하면 테러의 위험성도 우려되어 범행했다고 진술했다.

김구 주석은 한독당 중앙집행위원회에서 "남한 정부는 가능한 지역의 선거만이라도 유엔의 위신을 보전하려고 실시하여 생긴 결과를 합리화하는 데 앞장섰고, 북한 정부는 핑계거리만 기다리고 있다가 황황급급하게 정부를 만들었다"고 남북한을 비난했다.

또한 그는 "미·소 양군이 한국으로부터 철퇴하지 아니하는 한 남북통일은 바라기 어려우므로 양군은 신속히 철퇴시켜야 하며, 일부의 비웃음거리가 되고 공염불일지라도 서울에서 남북협상이 재개되어 인민군과 국방군이 서로 뭉쳐 통일조국 건설의 결의 태세를 갖추어야한다"고 역설했다.

그러나 남북 통일정부 수립은 이상(理想)일 뿐 소련군과 미국군이 남북을 점령하고 입맛에 맞는 반쪽 정부 수립을 추진한 상황에서는 한낱 공염불에 불과했다.

(2) 배후는 영구미제가 되어 안두희의 단독범행으로

범인 안두희는 김구의 한독당이 정부를 전복하려했고 소련의 주장에 따라 미군 철수를 추진하고 있어 그 위험성이 절박했음을 느껴 살해했다고 밝히면서 끝까지 단독범행을 주장했다.

검찰은 안두희에게 총살형을 구형했으나 대법원 최종심은 종신형을 언도했다.

안두희는 군사재판에서 무기징역을 언도받았으나, 6.25 동란이 발발하자 특사로 석방되고 복권되어 육군 중령으로까지 승진함으로써 커다란 의혹을 남겼다.

뿐만아니라 예편 후에는 군납업으로 부귀와 영화를 누렸다.

범인 안두희는 평북 용천군 출신으로 육사 졸업생인 육군 대위로 한독당원이며 평소 김구와 친교가 있어 비서진이 안내하여 면담하게 됐다.

1992년 4월 안두희는 동아일보와의 인터뷰에서 배후를 밝히는 데 상당한 수준을 제공하여 장택상, 신성모, 김창룡, 전봉덕, 김태선, 장은산, 노덕술, 최운하 등이 거명됐고 홍종만, 김충일, 엄승용 등의 서북청년단의 관련성도 거론됐다.

그러나 1994년 제15대 국회에서 김구선생 암살 진상조사 특별위원회의 활동으로 안두희를 국회 증언대에 세웠으나, 말을 제대로 할 수 없는 치매(癡呆) 상태로 증언을 제대로 청취할 수 없었다.

안두희 암살에 대한 배후를 둘러싸고 줄기차게 의문이 제기되었지만, 이승만 정권 12년 동안에는 단독범행으로 축소하여 조작된 이래 진상규명이 제대로 이뤄지지 못했다.

사건 당일 서울 일원에 느닷없이 내려진 특별경계령, 사건이 나자마자 마치 기다렸다는 듯이 나타난 전병덕 헌병사령관과 헌병대원들, 한독당 내분으로 몰아붙인 이승만 대통령의 특별성명, 사건 당일 헌병사령관이 이 대통령의 심복인 전봉덕으로 교체된 것과 이승만·신성모의 석연치 않은 행적, 안두희의 초고속 승진, 사건에 관련된 김성주·장은상의 의문사 등으로 여러 가지가 의심스럽고 의문 투성이지만 밝혀진 물증은 아무것도 없었다.

3. 중간파 정당과 함께 한국독립당도 소멸

(1) 민족진영의 단결과 중간노선 정당의 몰락

여수·순천에서 국방경비대 14연대 반란사건으로 민족진영의 대동단결이 논의되어 정당운동도 한민당을 중심으로 통합공작이 활발하게 진행됐다.

한민당, 조민당, 사회당, 대한노농당, 대한국민당으로 난립된 민족진영은 단결과 방공책을 추진하기 위해 김성수, 신익희, 조소앙, 이청천, 안재홍을 중심으로 협의체 구성을 추진했다.

이들의 대부분은 민주국민당으로 통합을 이뤘으나 민주국민당이 반이승만 노선을 견지하자, 대한국민당이 재창당되고 일민구락부가 결성되어 민족진영은 양분됐다.

민주독립당수 홍명희의 북한 정권 가담으로 안재홍, 조헌식, 권영우 등 380여 명이 민주독립당을 집단 탈당했고 민주독립당은 해체됐다.

서울시경은 평양으로부터 파견되어 조국통일 민주주의 전선 총책으로 근로인민당 재건을 기도한 정백을 구속하여 기소했다.

근로인민당 장건상, 김성숙, 정백 등 간부 45명은 과거 행동에 대한 청산을 선언하고 대한민국 정부에 충성을 맹세했다.

사회민주당 등 중간파 정당 등이 대한민국에 충성을 맹세하고 전향하여 붕괴됨으로써 북한 괴뢰집단의 공세를 완전 봉쇄했다.

이철원 공보처장은 조선건국청년회, 민중당, 조선연극협회, 조선대중당, 단족(檀族)통일당 등 29개 정당·단체의 등록을 취소하여 중간파 정당들의 소멸을 재촉했다.

(2) 한국독립당은 조선국민당과 신한민족당을 흡수 합병

상해 임시정부의 법통을 이어받은 한국독립당은 위원장 김구, 부위원장 조소앙 체제를 확립하고서 안재홍이 주도한 조선국민당의 엄우룡, 백홍규, 김홍진 등이 합류했다.

이어 한국독립당은 권동진, 오세창 등이 주도한 신한민족당의 권태석, 김려식, 최익환 등을 포섭하였고 군소정파인 급진자유당, 대한독립협회, 자유동지회, 애국동지회까지 합류시켜 당세를 확장시켰다.

그러나 한국독립당은 임시정부를 중심으로 독립운동을 해오던 해외파와 국민당, 신한민족당계인 국내파 간의 정치노선 차이가 갈등을 빚었다.

한국독립당의 조완구, 조경한, 조소앙과 한국민주당의 김성수, 김병로, 김약수 간 민족진영의 대동단결이라는 명분하에 합당 교섭이 있었으나, 미군정청과 비타협적 노선을 견지하고 있는 한국독립당과 남한 단정을 추진하는 이승만 노선을 추종하고 있던 한국민주당은 합당이 이뤄질 수 없었다.

한국독립당은 미·소 공동위원회 참가 문제와 좌·우 합작위원회 문제로 분열상을 보이기 시작하여 혁신파는 신한국민당으로, 민주파는 민주독립당으로 분리독립하여 3당 합당 이전의 상태로 한국녹립당은 죽소되었다.

한국독립당은 제헌의원 선거에 불참하기로 당론을 결정함에 따라 한국독립당 소속임을 밝히고 제헌의원 선거에 출전하여 당선된 후보는 옹진갑구 오택관 후보가 유일했다.

그러나 많은 한독당원들이 무소속으로 출전하여 10여 명 이상의 후보들이 당선되어 대통령과 부통령 선거에서 김구 위원장을 적극 추천하기도 했다.

(3) 김구 주석의 암살을 계기로 한국독립당도 소멸

한독당 내 현실파는 대한민국 수립을 계기로 조소앙을 전면에 내세워 문호를 개방하여 군소단체 포섭에 나섰다.

김구는 미·소의 의도를 간파하지 못하고 외국군 철퇴로 남북통일을 이루고 평화적 협상을 기대한다고 한독당 중앙집행위원회에서 주장했다.

김구 주석의 개인적인 정치흥망을 중심으로 결집된 한독당은 조완구 부위원장, 엄항섭 상임위원의 사임으로 재편이나 영락(零落)의 기로에 놓였다.

한독당원 홍종우는 군경에 비밀당원을 두었으며 남북노동당과 연락을 가졌다고 한독당의 흑막을 폭로했다.

이어 홍종우는 내가 안두희를 비밀당원으로 추천했다고 증언했다.

한독당 김학규는 김일성을 국무총리로 옹립함을 묵인했다고, 안두희는 백범은 현 정부를 매도하여 이완용과 동일시했다고 증언하여 김구 주석을 매도했으나, 항일독립운동의 상징이며 민족의 큰 별이라는 위상에는 손상되지 않았다.

전봉덕 헌병사령관과 김태선 서울 시경국장은 한독당이 남로당 노삼국 등과 모의하여 임시정부의 법통을 주장하며 정부 전복과 군부요인 암살 음모 계획을 수립하여 10여 명을 검거했다고 발표하여 한독당의 마지막 숨통을 조여왔다.

제4장 청산하지 못한 친일 잔재(殘滓) 반민족행위자

1. 반민족행위자 처벌법 제정과 반민특위 활약

2. 이승만 대통령에 의해 좌절된 반민특위 활동

1. 반민족행위자 처벌법 제정과 반민특위 활약

(1) 국회는 서둘러 반민족행위자 처벌법을 제정

해방 이후 무엇보다 먼저 처리해야 할 민족반역자에 대한 처단 문제가 미군 군정청이 친일 세력을 군정에 활용하여 대한민국 정부 수립 이후로 미뤄졌다.

제헌국회는 해방 이전 악질적인 민족 반역 행위를 처벌할 특별법을 기초하기 위한 특별위원회 구성을 결의했다.

이승만 대통령은 탐관오리 숙청을 우선하고 친일파 처벌은 서서히 해야 한다고 주장하여 반민특위 구성을 반대했다.

그러나 여론에 못 이겨 이승만 대통령은 반민특위법에 서명하여 1948년 9월 22일 반민족행위자특별위원회법이 공포됐다.

이 법에 따라 반민족행위 특별조사위원회, 반민족행위 특별검찰부, 반민족행위 특별재판부 등이 설치됐다.

반민특위는 일제 때 일본에 협력하여 악질적으로 반민족 행위를 한 자를 특별검찰부에서 조사·기소하면 특별재판부에서 재판하도록 되어있으며 시·도 조사부 책임자까지 임명되었다.

반민특위의 위원장에는 상해 임시정부 문화부장 출신인 김상덕, 부위원장에는 김상돈이 임명되었고 조중현, 김준연, 이종순 등 8명이 조사위원으로 선출됐다.

반민족행위자는 독립운동자나 그 가족을 살상한자, 밀정 행위로 독립운동을 방해한 자, 군경으로 악질 행위를 한 자, 비행기 또는 탄약공장을 경영한 자, 언론 또는 저술을 통해 일제에 협력한 자 등 17개 유형을 나열했다.

이들 중에 일본 정부와 통모(通謀)하여 한일합방에 적극 협력한 자 등은 사형 또는 무기징역에 처하고, 일제로부터 작위를 받은 자 등은 8년 이상의 징역과 유산의 절반을 몰수한다고 규정했다.

반민특위는 반민족행위자들을 일본 정부와 통모하여 한일합방을 위해 적극적으로 협력한 자, 일제로부터 작위를 받거나 일본 국회의 의원이 된 자, 또한 일제 치하에서 고등관 이상과 관공리, 헌병, 고등계 형사들은 이 법의 공소시효가 끝날 때까지 공무원이 될 수 없다고 명문화했다.

국회에서는 장관을 비롯한 신정부 고관 급에 부일협력자가 등장하였으니 이들은 숙청할 것을 건의하자는 동의와 아울러 반민족행위처벌법을 심의 완료했다.

국회에서는 민희식 교통부장관, 윤석구 체신부장관, 임문환 상공부차관, 유진오 법제처장을 일본제국의 부역자로 규정하고 사퇴를 건의했다.

조사 결과 윤석구 장관은 증거가 불충분하여 보류하고, 민희식 장관은 허정으로, 임문환 차관은 김수학으로 10월 4일 교체됐고, 민희식 장관은 로스앤젤레스 총영사로 전임됐다.

(2) 반민족행위자 처벌특별위원회가 발족하여 활동

반민특위는 국민의 열광적인 지지를 받으면서 조사 업무를 개시하여 반민족행위자 7천 명을 파악하여 검거 활동에 나서 박흥식, 이종형, 최린, 김태석, 유철 등 친일파들을 체포했다.

반민특위는 독립선언 33인이었지만 변절하여 중추원 참의를 지낸 최린을 비롯하여 박중양 귀족원 의원, 정국은 조일신문 기자, 이원보 중추원 참의, 노덕술 고등계 형사 등도 체포했다.

반민특위는 소설가 이광수를 비롯하여 최남선, 김덕기, 김극일, 문명기, 임창수, 서영출, 남학봉 등을 체포하는 한편, 서울과 각 도에도 지부를 설치하여 조사활동을 펼쳤다.

김상돈 반민특위 부위원장은 관직의 고하를 불문하고 반민족행위자는 엄숙히 처단하겠다고 밝혔다.

고문왕 김우영은 고문치사 등 반민족 행위를 자백했고, 반민특위는 100일 동안 140명을 체포하여 35명을 기소했다.

반민특위는 변절무쌍의 배정자의 80년 평생의 죄악사를 폭로했다. 충성을 맹세하는 충맹단의 창도자 임창수, 일군 지원병의 주창자 조병상, 동성(同姓)으로 내선일체를 위한 창씨개명법의 기초자 이승우, 황국신민화 운동의 두목으로 매일신보 사장인 이성근, 스파이 양원환, 민족운동에 큰 오점을 남긴 최린 등에 대한 법정(法廷) 심리가 공개리에 진행됐다.

고종황제의 5촌 조카인 이기용 자작의 변호인의 작위를 안 받고 죽느냐, 그것을 받고 생명을 유지하느냐의 생사기로(生死岐路)의 입장에서 자작(子爵)의 작위를 받았다는 변호를 어디까지 수긍할 지는 각자의 몫일 것이다.

반민특위는 경제계의 거물인 박흥식과 김연수, 기미독립운동의 민족대표였던 최린, 학도지원병을 독려했던 이광수와 최남선, 악질적인 친일 경찰이었던 노덕술과 김태석을 기소하여 공판정에 세웠다.

박흥식은 일본군의 강요로 회사를 설립했다고 변명하고, 비행기 2대를 헌납한 문명기는 친일의 죄상을 시인했다.

최고 악질의 일본 경찰인 최연은 공판에서도 궤변을 늘어놓았다.

반민특위에 체포된 이광수는 나라를 팔아먹은 친일파와 부일한 친일파가 있다. 친일파를 넓게 정의한다면 일제 35년 동안 죽지 않고 살아남는 사람들 모두가 친일파로 보아야 한다고 역설했다.

2. 이승만 대통령에 의해 좌절된 반민특위

(1) 이승만 대통령의 혼효(混淆)와 반민특위 무장해제

이승만 대통령의 반민족행위자 처단은 신중히 하라는 교시에도 반민특위는 반민법을 첫 발동하여 박흥식을 체포하자, 이 대통령은 반민족행위자의 옥석은 혼효(混淆)하여 불가하니 신중하게 처결하고 공직자의 추방은 판결 후에 하라고 재지시했다.

이승만 대통령은 이승만 대통령과 제헌의원 선거에서 겨룬 최능진을 취조한 노덕술은 경찰의 공로자이며 치안 기술자이므로 석방하라고 요구했으나, 반민특위는 이에 굴하지 않고 배정자, 김대우, 이기용, 김정호 등을 속속 체포하여 심판대에 세웠다.

이승만 대통령은 반민특위의 특경대가 경찰들의 치안활동을 방해하고 국내 치안을 문란케 할 뿐아니라 제헌 국회의원 선거에서 이승만 대통령의 무투표 당선을 저지하기 위해 출전한 최능진을 체포하여 수사한 노덕술은 나의 철저한 추종자이고 심복을 체포한 것은 불법이라고 노발대발했다.

반민특위가 서울시경 사찰과장 최운하와 종로서 사찰주임 최웅선을 구속하자, 중부경찰서장은 무장경찰을 동원하여 반민특위경찰대를 무장해제 시킨 후 무기와 서류를 압수하고 특경대원들을 연행했다.

뿐만아니라 무장경찰들은 반민특위에 제출된 친일행위자의 비행사실을 폭로한 진정서등을 대부분 소각하고 중요한 관련서류를 압수하여 반민특위의 활동을 방해하고 사실상 와해시켰다.

국회가 이를 문제 삼자 장경근 내무부차관은 이승만 대통령의 지시에 따라 경찰들의 반민특위 습격과 특경대 연행은 자신의 지시라고 밝히는 등 오만무례함을 보였다.

이에 국회는 각료들의 총퇴진을 결의하고 불응 시엔 법안 심의를 거부하겠다고 밝혔다.

이와같이 이승만 대통령의 비호 아래 경찰이 반민특위를 습격하여 반민특위 활동은 사실상 중단되고 친일파 청산이라는 반민특위의 활동은 좌절됐다.

그리고 특위 활동을 저지하기 위한 음모가 경찰 내부에서 진행되어 특위 활동에 앞장선 위원들을 제거하고자 음모를 꾸몄다.

그리하여 이승만 정부의 비협조와 친일파들의 방해로 반민특위는 온갖 위협에 직면하게 됐고, 이승만 정부는 반민특위 활동에 앞장선 소장파 국회의원 13명을 남로당 프락치 사건으로 옭아매어 모두 구속됐다.

(2) 국회에서의 반민법 논란과 흐지부지된 반민법 처벌

이승만 대통령은 좌익분자들이 살인, 방화를 저지르는 상황에서 경험있는 경찰들은 체포하는 것은 부당하다는 특별담화를 발표하고, 반민특위 활동을 비난하면서 반민특위법 개정을 요구했다.

일제의 주구(走狗) 노릇을 하던 반민족 악질분자들에 당한 능욕과 굴욕은 뼈에 사무쳤던 만큼 이승만 대통령의 반민특위법 개정 움직임으로 친일반민행위자를 처단치 않고 옹호하는 것은 민족정기와 분노를 잠재울 수가 없었다.

사실 이승만 대통령의 반민족행위는 혼효(混淆)하여 옥석을 가리기 어려우므로 국가가 반석 위에 올라선 기초가 확립한 후에 반민족 행위를 처단하자는 시기상조론에, 정준 의원은 "반민법에 관한 대통령의 담화는 부당하므로 이를 취소할 것을 요청한다"는 결의문을 제안하여 대통령과 국회의 대립상을 노정했다.

마침내 이승만 정부와 친일 세력은 반민특위법을 개정하여 2년간의 공소시효를 6개월로 단축시켜 1949년 8월 말일로 특위 활동을 종료토록 하여 사실상 특위 활동을 봉쇄시키고 말았다.

이에 김상덕 위원장을 비롯한 특위재판관, 김준연 의원 등 특위 조사위원, 검찰관이 집단으로 사임하여 반민특위 활동은 종언을 고하게 되었다.

이렇듯 친일파와 친일 잔재의 처리 문제는 청산하지 못한 과제로 남겨져 북조선에서 친일파 숙청을 그들의 업적으로 찬양하는 계기가 만들어졌다.

검찰관들의 사표는 수리되지 않았으나 김상덕 위원장의 사표가 수리되고 검찰총장을 지낸 이인 위원장으로 교체됐다.

국회에서 서우석, 박순석, 조국현 의원들은 반민족행위자를 장기간 구금하여 사회에 공포와 불안을 주는 것보다 거물 위주로 극죄자만을 급속한 시일 내로 처단하고 경죄자는 개과천선시켜 국가에 충성을 맹세케 하는 것이 당연한 정책이라고 설파하기도 했다.

더구나 박해극 의원은 지금은 식별하기 곤란한 친일파라는 막연한 잣대로 반민법을 운용해서는 안된다는 지적도 있었다.

(3) 조기 종결된 반민법과 영구미제인 반민족행위자 처벌

3천만의 주시하에 개막된 반민족행위자 재판에서 나라를 팔고 욕된 부와 권세 앞에 무릎을 굽혀 항쟁하던 애국투사를 일제에 제물로 올리던 인물들을 처단하는 시작은 창대(暢大)했다.

그러나 반민특위 위원들이 반민법을 집행한 가운데 헌법에 대치되는 행위를 하여 치안에 동요가 있게 되었다는 명분을 빌려 조사위원의 명령으로 죄 없는 관민을 잡아가두고 심문하는 특경대를 조직한 것은 위법한 행동이므로 특경대를 해산시키고 불법행위자를 엄벌하고 징치((懲治)하라는 이승만 대통령의 하명(下命)으로 반민특위는 종말을 향해 달려갈 수밖에 없었다.

반면 이승만 정권은 반공주의를 앞세워 좌익 활동을 하거나 좌익 활동을 하다가 그만둔 사람들을 강제적으로 국민보도연맹에 황순원, 정지용 문필가 등 30만 명을 가입시켜 이들 가운데 대부분은 6.25 전쟁 초기에 군경에 집단 학살당하도록 했다.

국무총리를 지낸 이범석을 제치고 부통령에 당선된 함태영 심계원장은 반민특위 간부들이 국고금 94만원을 횡령한 독직(瀆職)사건을 적발하여 변상 판정함으로써 반민특위의 마지막 숨통을 조였다.

반민특위는 김연수에게 사회사업으로 다면적인 공헌을 고려하여 무죄를 언도했다. 김연수에 이어 박흥식, 최린 등의 보석에 불만을 갖고 반민특위 노일환 특검 등이 총사직했다.

반민특위는 박흥식에게도 무죄를 선고하여 방면함으로 수감자는 김우영, 김대형, 오세준, 김영택, 이준성, 김원 등이 보석되어 사형을 구형 받은 피고인은 1명뿐이다.

반민특위의 조사 건수는 682건이며 체포가 305건, 검찰 송치는 559건이었지만 기소 221건이며 재판을 종결한 것은 38건에 불과했다.

반민특위 이인 위원장은 반민특위에서 조사 완료는 3분의 1에 불과하다면서 국회 내에는 반민해당자는 없다고 밝혔다.

반민특위가 취급한 683건의 반민특위 사건 중 실형을 선고한 것은 12건에 지나지 않았으며 실형을 선고받은 친일파들도 1950년 3월 형집행정지로 모두 풀려났다.

반민특위는 업무 최종 단계에서 미체포자는 115명에 달했다. 반민특위는 343일간 단기에 반민족행위자 공소시효가 종결되어 소기의 목적을 완수했으며 이인 위원장은 일벌백계에 민족정기를 잡았다고 위안했다.

민족의 정기를 바로잡자, 과거의 반민족 친일분자들을 숙청하자며 궐기한 반민족행위자 처벌은 이승만 대통령의 비협조에 일본제국의 고등계 형사들의 방해공작으로 용두사미로 종결됐다.

이승만 대통령의 지시로 경찰들이 반민특위를 습격하여 모든 서류를 압수하고 특경대원들을 체포하여 반민특위를 사실상 와해시키고, 이에 부응하여 국회에서도 2년간 존속하기로 명기한 반민특위 활동을 10개월로 단축하는 반민법 개정안을 의결하여 반민특위의 종말을 재촉했다.

그리하여 일군에 아부하여 치부하거나 문필로 일황(日皇)에 충성을 다한 자들이 다시 활보할 수 있게 되고, 생존을 위해 일본제국에 아부했던 자들도 민족주의자라는 탈을 뒤집어쓰고 대한민국 정부의 요직을 차지했다.

그리고 반민행위자의 간악한 죄악과 그릇된 사상이 아직도 우리민족의 가슴에 남아 천추의 한으로 남겨진 것이다.

제5장 중화민국이 중화인민공화국으로 탈바꿈

1. 전쟁과 선린이 교차한 대중국의 역사적 고찰

2. 오락가락하고 갈피를 잡지 못한 미국의 중국정책

3. 광대한 중국대륙을 모택동에 넘겨준 장개석

4. 모택동의 승리가 김일성의 남조선 침공으로

1. 전쟁과 선린이 교차한 대중국의 역사적 고찰

(1) 중국은 백제와 고구려를 멸망시키고 한반도를 지배코자

한국, 중국, 일본 세 나라의 지리적 관계는 역사 전개에 중대한 영향을 미쳐왔다.

한국은 일본문화의 영향을 받은 것이 거의 없으나, 일본은 한국문화를 젖줄로 하여 성장한 것이 근대 이전의 기본적인 한·일관계였다.

한국과 중국의 선진문화에 대해 항상 갈증을 느껴온 일본은 평상시에는 사신 파견을 통해 문물을 수입하고, 힘이 모아지면 무력으로 한반도를 정복하여 그 갈증을 일거에 풀려고 하였다.

역사적으로 언제나 중국과 국경을 접하고 있는 한국은 춘추전국시대 이후로 중국문화의 영향을 많이 받으면서 점차 중국과 같은 한자(漢字)문화권으로 변모했다.

그러나 중국의 막강한 영향에도 불구하고 한국(韓國)문화는 중국과 다른 독자성을 유지했다.

한국인은 하늘을 숭배하는 경천(敬天) 신앙이 강하여 중국과도 다르나 중국의 음양오행(陰陽五行) 사상을 깊이 받아들였다.

전설상으로 한국의 역사는 4,300여 년으로 되어있으나, 2천 년은 기원전 역사이고 2천 년은 기원후의 역사로 나뉘고 있다.

고조선은 중국에서 망명해온 동이(東夷)계 주민과 문화를 흡수하면서 철기문화를 꽃피우며 강성하다가 중국 전국지대 7웅(七雄)인 연(燕)나라의 위만이 1천 명의 망명자들을 이끌고 고조선의 준왕(準王)을 축출하고 위만조선을 건국했다.

위만에게 나라를 빼앗긴 준왕은 남쪽 진국(辰國)으로 내려가 한왕(韓王)이 되었다.

한나라의 무제는 위만조선을 기원전 108년에 멸망시키고 낙랑, 진번, 임둔, 현토 등 4개군(郡)을 설치하여 한반도 북부를 통치했다고 중국의 역사서에 기록되어 있다.

중국의 남조(송·제·양·진)와 북조(북위·동위·서위·북제·북주) 시대에도 위나라가 고구려를 침범하여 전쟁의 와중에서 헤매었지만, 중국을 통일시킨 수나라의 문제가 고구려를 침범하여 청천강(살수)에서 을지문덕이 대파했고, 양제가 백만의 대군을 거느리고 고구려를 침범했으나 패배하여 국력이 크게 약화되어 당나라로 교체됐다.

당나라의 태종도 30만의 대군을 이끌고 고구려를 쳐들어왔으나 안시성 전투에서 양만춘 장군에게 패배했다.

고구려의 침범을 호시탐탐 노리던 당나라는 신라와 연합하여 고구려와 동맹관계인 백제를 침공하여 당나라의 소정방, 신라의 김유신이 백제의 계백을 물리치고 백제를 660년에 멸망시켰다.

1950년대에는 우리나라 국정교과서에서는 백제를 멸망시킨 김유신 장군을 이순신 장군을 제치고 삼국통일을 이룩한 민족적 영웅으로 추앙했다.

백제를 멸망시킨 나·당 연합군은 668년에 당나라의 설인귀, 신라의 김인문이 평양성을 점령하여 고구려를 멸망시켰다.

신라의 후예인 김부식이 저술한 삼국사기에서는 백제의 멸망은 의자왕의 폭정과 향락으로, 고구려의 멸망은 연개소문 아들들의 권력쟁탈전에서 비롯되었다고 기술되었지만, 백제는 나·당 연합군의 군세(軍勢)에 밀려, 고구려는 오랫동안 당나라와의 전쟁에서 빚어진 국력의 소진에서 원인을 찾아야 할 것이다.

백제와 고구려를 멸망시킨 당나라는 평양에 안동도호부를, 부여에 웅진도독부를, 경주에 계림도독부를 설치하여 직접 통치하고자 했으나, 신라가 반발하여 무력으로 당나라의 남진을 경기도 양주에서 물리치고 평양과 원산을 경계로 한반도 남부를 차지하고, 고구려의 후예인 대조영이 발해를 건국하여 남북조 시대가 형성됐다.

(2) 조선은 임진왜란, 병자호란을 거쳐 청의 속국으로 전락

당나라의 국력이 소진되어 5대 10국의 혼란과 북방 민족인 거란족인 요나라와 여진족의 금나라가 중국의 동북쪽을 지배하고 송나라가 남쪽을 지배하던 혼란기에는 중국과 우리나라는 평화를 유지했고, 신라가 후삼국 시대를 거쳐 고려가 성립될 때까지 중국의 영향력은 미미했다.

만주의 서북부에 웅거하던 거란족이 부족을 통일하고 993년에 소손녕이 수십만의 대군을 이끌고 고려를 침입하여 서희의 외교활동으로 의주, 철산, 구성 등 강동 6주를 회복했으나 1010년에서 요나라의 성종이 40만 대군을 이끌고 개경을 함락하여 고려 현종은 전라도 나주로 피난했다.

소배압이 10만 대군을 거느리고 1018년 3차 침입에는 강감찬 장군이 귀주에서 물리쳐 중국 남부의 송, 북부의 요와 정립(鼎立)관계가 형성되어 평화가 유지됐다.

두만강 연안에 살던 여진족의 아골타가 거란족을 물리치고 중국 북부를 점령하고 금나라를 건립하자, 지금까지 조공국이었던 여진족의 금나라와 형제지맹(兄弟之盟)을 맺고 굴욕적인 평화시대가 계속됐다.

유목민인 몽고족이 칭기스칸이라는 영웅을 탄생시켜 여진족의 금나라와 한족의 송나라를 멸망시키고 중국을 통일하고서 1931년부터 고려를 침입하여 40년간 끈질긴 항쟁을 벌였으나 굴복하여 원나라의 사위 나라인 부마국(駙馬國)이 되어 겨우 나라를 연명할 수 있었다.

원나라를 몽고지방으로 축출하고 중국 본토를 회복한 명나라가 군신(君臣)관계를 주장하자 친원파인 최영 등이 요동정벌을 주장했고 이에 순응했던 이성계가 위화도에서 회군하여 최영과 우왕을 척살(刺殺)하고 역성혁명에 성공하여 1392년 5백 년의 고려를 멸망시키고 이성계의 조선을 개국했다.

조선은 명나라와 군신(君臣)관계를 맺고 조공국으로서 여진족을 물리치고 4군과 6진을 개척하여 압록강과 두만강 이남의 조선왕국을 유지토록 했다.

백여 년간에 걸친 전국시대의 혼란이 도요토미 히데요시에 수습되자 도요토미는 지방세력가인 다이묘(大名)들의 관심을 밖으로 분출시키고 동아시아의 지배자가 되고자 조선을 침략했다.

일본의 침략을 명나라의 도움과 도요토미의 사망으로 가까스로 일본군을 물리친 조선은 국가 운영이 마비(痲痺)상태에 빠졌고, 왜란이 끝난지 50년이 지난 후에도 인구는 전쟁 전의 절반 수준인 150만 명에 지나지 아니했다.

모화사상(慕華思想)에 젖은 서인들이 명나라를 배신하고 폐모살제(廢母殺帝)한 광해군을 몰아내고 대북파를 모두 처형한 인조반정에 성공하여 중국 동북부를 통일한 여진족인 금나라를 적대하고 국력이 쇠잔하여 멸망 직전의 명나라에 의지하는 외교정책의 대우(大愚)를 저질렀다.

금의 태종은 1627년 3만 명을 이끌고 황해도 평산까지 침입했으나 조선과 형제지국(兄弟之國)의 화평계약을 체결했으나, 조선이 고집스럽게 명나라 지원에 매달리자 1936년 10만 명의 군대를 이끌고 질풍같이 쳐내려와 남한산성을 포위하자 인조는 삼전도(松坡)에 나와 군신관계를 맺은 병자호란으로 청의 속국이 됐다.

청에 인질로 잡혀갔다 돌아온 봉림대군이 왕위에 올라 청나라를 공격하는 북벌론을 수립했으나 실행에 옮기지 못하여 베트남과 같이 청의 2대 조공국으로 전락했을 뿐이다.

(3) 중공은 전범(戰犯)국가이지만 2대 교역국으로 부상

19세기 중엽 영국, 프랑스, 미국 등 서양 선박들이 출몰하여 해로(海路)를 측량하면서 조선의 정세를 탐지하는 일이 빈번해지자,

조선은 이들 서양 선박을 이양선(異樣船)이라 부르며 경계를 하다가 프랑스 함대를 물리친 병인양요(1866년), 미국의 군함을 물리친 신미양요(1871년)을 겪으며 양이침범(洋夷侵犯), 비전즉화(非戰則和), 주화매국(主和賣國)이라는 척화비(斥和碑)를 세우고 항전의 결의를 높였다.

척화정책을 펴오던 대원군이 물러나고 고종과 명성황후가 권력을 장악하자 1875년 중무장한 일본의 군함 운양호의 강화도 침범을 계기로 일본과 병자수호조약을 체결하자, 종주국인 청나라는 이홍장이 주도하여 미국, 프랑스, 영국, 러시아 등과 통상조약을 체결토록 했다.

개화(開化)정책에 대한 위정척사파들의 반발로 임오군란이 일어나 대원군이 재집권하자, 청나라는 원세개를 파견하여 대원군을 청나라로 납치하고 고종의 친정체제를 복구시키고, 서울 용산에 군대를 상주시켜 조선의 내정과 외교에 깊이 관여했다.

1860년 민중 종교로 창도된 동학이 교주 최제우가 혹세무민(惑世誣民)의 죄로 처형된 것을 계기로 교세를 넓혀온 동학은 1894년 농민전쟁을 일으켜 전라도 지방을 지배하자, 동학교도의 토벌을 명분으로 청군과 일본군이 파견됐다.

충남 아산만에서 일본군의 선제공격으로 시작된 청·일 전쟁은 병력이 우세한 일본이 승리하여 시모노세키에서 조약을 맺고 청의 요동반도와 대만을 일본에 할양했다.

일본과의 전쟁에서 패배한 청나라는 조선의 지배를 할 수 없게 됐고, 조선은 청나라 속국의 굴레에서 벗어날 수 있었다.

조선이 일본에 합병되자 수많은 우국지사들이 만주를 비롯한 중국의 여러 곳으로 망명했으며, 1919년 기미독립선언 이후 만주에서는 독립군이 신민부, 정의부, 참의부를 결성하여 무장투쟁을 벌였고 상해에서는 임시정부가 수립됐다.

1931년 만주사변을 일으켜 일본은 괴뢰국인 만주국을 수립하여 만주를 지배했고, 1937년 노구교사건을 일으켜 중국을 침략하는 명분을 살려 중국을 공격하여 중국의 수도 남경을 점령하고 중국의 절반에 가까운 동부 지역을 지배하게 됐다.

이에 상해 임시정부는 중국 정부를 따라 중경(重慶)으로 이동했으며, 제2차 세계대전이 종결되자 미국이 일본을 점령하고, 중국은 장개석의 국부군과 모택동의 공산군의 대결장으로 변모했고, 조선은 38선 이북은 소련군이, 이남은 미국군이 진주하여 점령했다.

1949년 모택동의 공산군이 장개석의 국부군을 대만으로 축출하고 중화인민공화국을 수립하고, 1950년 한국의 남북전쟁에서는 모택동은 도요토미가 다이묘(大名)를 억압하기 위해 조선을 침략했듯이 많은 군벌들의 불만을 잠재우기 위해 100만 명의 장정을 한국전쟁에 소모품으로 파견했다.

죽(竹)의 장막 속에서 허덕이던 중공은 1990년대 미국과 수교를 맺고 중국을 축출하고 유엔의 상임이사국이 되어 국제사회에 등장했고, 소비에트 연방공화국이 22개국으로 해체되어 쇠락의 길로 접어들자 급속하게 발전하여 세계 경제 2대 강국으로 부상했다.

우리나라와도 1990년대 후반에 수교되어 일본을 제치고 2대 교역국으로 발전했으며, 체제는 다를지언정 경제적 동반자로서의 관계가 유지되어야 하는 숙명에 놓여있게 됐다.

2. 오락가락하고 갈피를 잡지 못한 미국의 중국정책

(1) 얄타 비밀협정으로 소련의 극동 침략을 초래

루즈벨트 대통령은 소련이 만주와 조선을 약취하고 중국을 공산화 하려는 스탈린의 의도를 간파하지 못하고, 일본의 패망 직전에 소련의 대일본 선전포고를 극동 진출의 간계를 모른 채 승인했다.

병중에 있는 루즈벨트 대통령은 소련 연방의 우크라이나와 백러시아의 유엔 가입도 동의했다.

또한 만주의 여순과 대련의 지배권을 소련에게 주었고, 만주 철도 부설권에 대한 우선권도 주었다.

미국의 마샬 장군 등도 일본의 저항력을 오산(誤算)하여 일본을 격파하려면 공산군의 원조 없이는 안 된다고 생각했고, 스탈린의 요구를 여하한 대가라도 지불할 것을 주장했다. 이것이 극동의 비극적인 현 정세를 결과할 기초가 됐다.

유엔사회경제이사회 의장 임어당은 얄타회담에서 미국이 소련의 만주 진출을 허용하지 않았느냐면서 중국의 공산당 세력은 머지않아 미국의 안전에 대하여 일본 이상의 위협이 될 것이라고 경고하면서, 중국의 적화(赤化)는 미국을 위협한다며 미국의 가장(假裝) 민주주의자들을 비난했다.

또한 중국의 현재의 참상(慘狀)에 대한 일부 책임이 미국에 있으며, 미국이 행동으로 장개석 총통을 도와야할 시기라고 역설했다.

얄타회담에서 미국이 소련의 만주 진출을 허용했기 때문에 소련은 일본의 우수한 무기를 중공군에 제공하여 국부군에 연전연승할 수 있는 기반이 마련됐다면서, 중국 공산당을 민주적이라며 농업개혁 주의자라고 갈채(喝采)를 보낸 것은 정신에 이상이 있는 미국 지식인들이라고 비난했다.

만일 미국이 그의 무지와 무능력으로 말미암아 극동을 방기(放棄)한다면 이것은 중대한 과실이며 그 화는 미국의 차기 세대에 부과될 것이며, 소련의 지령을 받은 공산세력은 중국뿐만 아니라 아세아 전역에서 마수(魔手)를 펼칠 것이라 경고했다.

미국의 반공정책이 투철했더라면 소련이 1억 2천만 명의 동구라파인을 지배하지 못하게 할 수도 있었을 것이고, 중국에 대한 공산주의의 위협을 제거할 극동정책도 수립할 수 있었을 것이다.

극동아시아 지역의 모든 비극의 연유는 얄타협정에 내포되어 있고, 소련의 만주 점령의 묵인은 만주 적화를 촉진했으며, 중공군이 만주에서 확고한 지반을 닦을 때까지 소련군이 철수를 천연(遷延)했고 결과적으로 중국과 북조선, 북베트남의 공산화를 가져왔다.

(2) 미국의 수수방관이 중국대륙을 통째로 공산당에게

미국은 마샬 국무장관을 에치슨으로 교체했다. 에치슨은 공산당을 비롯한 중국의 모든 정당이 참가한 공정한 중앙정부를 통하여 경제원조를 하여야한다면서, 장개석 정부의 지원보다 중국의 군대통일만을 강조했다.

에치슨 국무장관은 중국을 원조하면 내란을 조장하게 되고 군수물자는 거개가 중공군이 이용하고 있다고 대중국정책을 천명했다.

미국의 대중국 정책은 공화당은 군사원조를 주장하여 장개석 국민당 정부의 중국 지배를 주장한 반면, 민주당은 국부군과 공산군의 교섭과 타협으로 국공(國共)의 통일정부를 기대하는 상반된 정책을 주장했다.

전문가들은 미국이 일본의 원활한 통치만을 우선시하고 일본 방위에 전념하면서 중국을 도외시한 것은 경솔한 정책이라고 비난했다.

미국 하원은 대중국원조자금 4억 6천 3백만 불을 가결하여 경제재건에 활용되기를 기대했다.

미국의 대중국 원조 조사위원단이 중국 부흥 계획을 조사하고 대중국원조비 4억 6천 불의 소비 방법을 강구하기 위해 홍콩을 출발했지만, 미국의 원조는 소련의 물심양면의 적극적인 중공군 지원에 비해 사소(些少)했으며 방공의 방파제를 구축하는데 불충분했다.

화북에서 국부군과 공산군이 일진일퇴 치열한 격전을 벌이는 상황에서 장개석 총통 부인 송미령 여사는 공산당은 중국과 미국의 적이라며 미국의 지지와 지원을 호소했다.

미국이 유럽의 재건에 몰두하고 있는 동안 공산 세력은 극동으로 진출했고, 마샬 미국 국무장관의 국공 평화교섭 주선은 결과적으로 왜소한 중공군을 강화시키는 결과를 가져왔다.

미국은 유럽중심주의에 빠져 중국을 등한시했고, 미국 국민들의 부담을 줄이기 위해 중국을 포기하고 방공선을 일본, 필리핀을 연결하는 선으로 후퇴했다.

중공의 승리가 예상되자 미국은 영사관 잔치(殘置)를 기도하고 영국은 친선관계 수립에 노력했다.

반면 중공은 영국에게 홍콩과 구룡반도 반환을 요구하며 비난했고, 영국은 중국의 내정에는 불간섭하지만 홍콩의 방위에만 전념했다.

맥아더 사령부에서는 중국이 소련의 세력권하에 있는 불가피한 상황에서는 국공(國共)의 연정 수립은 어렵다고 전망했고, 중국은 미국이 제3차 대전을 두려워하고 중국의 사태를 비탄하면서 수수방관(袖手傍觀) 하고있음을 경고했다.

전문가들은 미국의 적극적이고 결정적인 원조가 제공되면 사태의 호전 가능성이 있다고 주장했지만, 트루먼 대통령은 전문가들의 의견을 외면했고, 미국 정부는 국부군을 원조하면 중공군의 패멸(敗滅)은 가능하지만 전쟁을 야기할 수 있다는 백서를 발표했다.

맥아더의 전범재판은 일본의 통치를 위해 천황을 전범에서 제외하고 천황의 친족으로 30만영의 남경 대학살의 1급 전범도 기소 조차 아니하고 방면했다

1920년대 만주는 전 세계 콩 생산의 60%를 차지했고, 석탄과 철강의 매장량이 20억 톤이 넘는 자원의 보고였다.

장개석도"공산비적들의 장비, 전투력, 경험은 우리에 비해 보잘 것 없다. 군사물자 공급과 보급도 우리가 10배 앞선다. 세계역사상 국민당처럼 노후하고 얼 빠지고 기율이 엉망이고 옳고 그름의 기준을 상실한 정당은 없다. 국민당처럼 썩어빠진 혁명정당은 없

었다"고 개탄했으며 1949년 8월 미국은 원조중단을 선언했다.

일본의 항복선언이 있자 연안에 웅크리고 있던 모택동은 임표를 만주에 급파하여 소련군과 협력하여 관동군을 격파하고 만주를 장악하도록 지시했다.

3. 광대한 중국대륙을 모택동에 넘겨준 장개석

(1) 만주에서 패전이 화북과 화남으로 번져

길림의 국부군 제6군이 반란을 일으켜 중공군에 항복하고, 중공군은 장춘의 국부군 제7군과 충돌했으며, 공격이 치열하고 신속함에 따라 국부군이 도처에서 고전을 면치 못했다.

만주에서 국부군과 중공군의 대결에서 패배한 국부군 10만명은 장춘에서 철수하여 봉천에 집결했다.

봉천에서 국부군과 공산군 40만 명이 격렬한 전투를 벌여 봉천이 공산군에 점령됐고, 국부군 20만은 항복하거나 전멸 위기에 봉착했다.

부작의 장군 휘하의 국부군 30만명이 완전 궤멸되어 임표 휘하의 공산군에 편입됐다.

국부군의 만주상실에 따라 중국의 내전이 악화됐고 만주를 석권한 중공군은 작전의 중점을 화북과 화중으로 옮겼다.

중공군의 연승과 국부군의 연패는 국민당 정부 관리와 국부군의 부패로 인한 민심의 이탈과 무상토지 분배 등 토지혁명을 필두로 중공군의 교묘한 선전전술이 결합된 결과이며, 미국의 군사와 경제원조가 있었음에도 미국의 미온적인 정책이 빚은 결과도 있었다.

미국은 국부군이 만주를 상실해도 장개석 정권에 대한 지지는 불변이라고 밝혔고, 장개석은 대통령 취임식에서 공산주의 박멸을 위한 가장 효과적인 방법은 정부 내의 부패 및 비능률을 일소할 것을 맹세했다.

장개석 총통은 쌍십절 연설에서 황화강 이북의 공산군을 격멸하지 못하고 제남까지 공산군에 내어준 실패를 인정하고 장기전을 강조했다.

중공군이 남경에 진격하고 정부의 기관이 남경을 철퇴하여 중국의 평화 실현정책은 막연할 것으로 전망됐다.

국부군의 남경 철퇴는 청천벽력으로 남경의 혼란은 극심했으며, 공산군은 상해와 항주 진격에 나섰다.

미국은 공산주의자를 포섭한 연립정부를 수립하고 장개석 총통의 은퇴를 기대했으며, 손과가 신징부를 조직할 경우 남경과 양자강 이남 지역 지배를 상정하기도 했다.

국부군이 상해에서 철퇴하는 급변한 상황에서 일본의 맥아더 사령관은 일본의 방위책 강구에만 집중했다.

상해에 도착한 장개석 총통은 중공은 일본제국의 과오를 반복하고 있으며 최후까지 투쟁하겠다는 특별성명을 발표했다.

뉴욕타임즈는 베를린 봉쇄에 따른 위기로 독일에 세계의 관심이 집중되고 있지만, 그보다 더 광범하고 치열하고 결정적인 전선(戰線)이 아시아에서 전개되고 있다고 평가했다.

국부군은 공산군과의 접전에서 패퇴하여 중경에서 곤명으로 천도했고, 중공군이 광동에 입성하여 홍콩 접경에 중공기가 나부끼며

영국군과 전시 태세에 진입했다.

중공군이 해남도를 침공하여 공방전이 치열했으며 중공군이 교두보를 확보하여 해남도가 풍전등화의 위기에 봉착했고, 국부군과 공산군이 주산열도에서도 공방전이 치열하게 전개됐다. 국민정부는 중경과 연락이 두절되자 성도에 전시 임시수도를 선포했다.

이와같이 국부군은 도처에서 연전연패의 늪 속에 빠졌고, 소련의 대폭적인 군사 지원과 일본군의 무기를 활용한 모택동의 공산군은 연승연승하며 중국대륙을 석권했다.

(2) 실익 없는 국공 평화회담으로 장개석 총통 사임

북평에서 국부군과 공산군이 평화교섭회담을 개최했다. 모택동이 국부군의 이양을 요구하자 이종인은 일축하여 국공회담에 암운이 떠돌았다.

만주와 양자강 이북지역을 석권하고 광동 공략에 나선 공산군의 항복 요구에 국부군은 화평만을 주장하여 실현성은 희박하나 차라리 양자강을 사이에 두고 남북을 나눠 통치하고 평화를 추구하는 회담이 성사되었더라면, 한국전쟁은 결코 일어나지 않았을 것이다.

공산군이 만주와 화북지방을 점거한 상황에서 애치슨 미국 국무장관은 중국 인민은 전란의 피로로 여하한 대가를 치르더라도 화평을 얻고자 희원(希願)이 충만하고 있으며, 국부군에 대한 군수물자 지원은 내란과 중국 인민의 고통만을 연장시키고 미국에 대한 원한을 조장시키는 일이라고 언급하면서 대중국 원조를 의회에 요청하는 이중적인 태도를 보였다.

북평에서 국부군과 공산군이 치열한 전투 중인 중국은 옹문호 내각이 붕괴되고 손과 내각이 들어섰으나 행정원장 장군과 장치중은 신내각에 참여하기로 약속했다.

손과 행정원장은 중공과의 타협에 의한 화평을 도모할 의사가 있다고 밝혔다.

중국 정부는 대중공군 항전 강화로 전면적 붕괴의 회피를 기도하면서 실현성이 희박한 중공 평화 교섭에 기대를 걸고 있다.

장개석 총통의 대만 이거설과 조만간 하야설이 농후했다. 장개석 총통은 중공에 화평을 제의하고 실현이 되면 하야하겠다고 1949년 신년사에서 밝혔다.

장개석 총통이 평화와 정전을 염원하며 드디어 하야하고 1월 13일 부총통 이종인에게 전권을 위양하고 고향인 절강성으로 낙향했다.

이종인은 손과 내각을 유임시키고 중국의 재건을 위해 단결하라고 국민에 호소했다. 그리고 화평특사를 연안의 모택동에게 파견했다.

회담에서 공산군은 화남 전체의 개방을 요구했고, 불응 시에는 양자강 도강을 결행하겠다고 경고했다. 그러나 중국 정부는 중공의 요구를 거부하여 중국의 내전은 불가피했다.

화평교섭이 결렬되자 전 중공군이 공격을 개시했고, 국부군은 최후의 1인까지 항전하자고 호소했다.

모택동은 화평교섭이 결렬되었으니 공산군은 전 전선에서 진격을 개시하여 전 중국을 해방시키고 전쟁범죄자 장개석 총통을 체포하라고 전투 명령을 시달했다.

국부군이 남경을 포기하자, 공산군이 남경역에 도달하여 약탈을 자행했다. 중공군은 항복을 권고한 상황에서 국부군은 상해의 도심을 요새화하고 사수를 결의했다.

이제 국부군은 복건성, 강서성, 호북성, 운남성, 광동성만을 사수하고 있으며 호남성 장사 부근에서 공산군과 국부군의 대격전이 펼쳐졌다.

(4) 중국대륙을 모택동에 넘겨주고 대만에 영주한 장개석

모택동은 중국을 통일한 영웅이다. 청나라가 무너지자 중국대륙은 각 성은 지방군벌 손아귀에 들어가 주나라가 멸망한 5백년 동안 계속된 춘추전국시대처럼 혼란에 빠졌다.

모택동은 주덕, 팽덕회, 임표, 주은래 같은 인물들과 자본주의마저 부정하고 노동자와 농민의 사회주의국가를 세우려고 했다.

그러나 그 길은 요원하고 험난했다.

1911년 10월 10일 호북성 무한에서 손문이 주도한 신해혁명이 일어났다. 손문은 청 황제를 내쫓고 민주공화국을 세우는 조건으로 대총통 자리를 원세개에게 물려줬다.

1912년 청의 선통제가 물러나자 원세개는 새 황제로 군림했다.

손문이 국민당을 조직하여 광동정부를 수립하고 진독수의 공산당 호남성 지부를 결성한 모택동 세력은 제1차 국공합작을 이뤄 황포

군관학교를 설립했다.

군관학교 교장은 장개석, 정치주임은 주은래가 취임했고 손문이 죽자 러시아는 장개석에게 총사령관직을 위탁했다.

1927년 장개석이 친위쿠데타를 일으켜 사회주의자를 제거하고 공산당원들을 학살하여 22년간 공산군과의 대결이 펼쳐졌다.

같은 해 남창에서 하룡과 엽정이 봉기하여 정강산에서 중국 최초의 홍군(紅軍)이 창설되고 소비에트 정부가 수립됐다.

1928년 주덕의 주도하에 강서성, 호남성, 복건성에 소비에트가 수립되고 이립삼이 상해에 본부를 두고 중국 공산당 주석에 취임하여 본격적인 국공내전이 발발했으며 장개석의 국부군이 10만 명이었지만 홍군은 4만 명에 불과했다.

1931년 일본이 만주사변을 일으키자 제2차 국공합작이 이뤄져 30만 명의 국부군과 3만 명의 홍군이 남경으로 회군했다.

1934년 국부군 18만 명의 홍군에 대한 초토화 작전이 전개되자 9만 명의 홍군은 승리의 대장정(大長程)에 올랐으며 귀주성, 운남성을 거쳐 사천성에 이르는 1만 km를 걸어 368일간의 숨바꼭질로 1만 명이 살아남았다.

"땅을 경작하는 농민에게"라는 공산당 강령을 내세운 홍군은 "가난한 사람의 군대"로 탈바꿈했다.

국부군은 열배가 넘는 병력과 각종 신무기를 총동원하고도 홍군 섬멸에 실패했고, 섬서성, 감숙성, 산서성에 거대한 소비에트에 결성했다.

이는 "빈대 잡으려다 초가삼간을 불태우는" 지방 민병대가 농민을 착취하는 폭력집단으로 변모하여 실인심했기 때문이다.

홍군은 농민의 정치적 지지를 얻었고 유격전술을 펼쳐 "억압자를 때려잡는 인민의 주먹"으로 솟아올랐다.

특히 두려움을 모르는 붉은 악마인 꼬마 빨갱이라는 소년 선봉대가 4만 명에 달하고 1936년에는 소비에트 지구에 9백만 명이 거주했다.

일본이 만주사변을 일으켜 내몽고까지 마수를 뻗치자 "내전을 중지하고 일본과 싸우자", "중국 사람끼리 싸워서는 안 된다", "우리의 힘으로 빼앗긴 국토를 되찾자"는 명분으로 동북군 사령관 장학량의 주선으로 1936년 서안에서 국공합작(國共合作)이 복구됐다.

드디어 동북군 13만, 서북군 4만, 홍군 9만 등 26만의 항일연합군이 편성됐다.

장개석은 동북군의 배신행위를 눈치 채고 장학량의 권한을 박탈할 작정이었으나 장학량이 장개석 총통을 체포하는 서안사변이 발생했다.

1937년 노구교사건을 빌미로 중일전쟁이 발발하자 홍군은 제8호군으로 받아들이고 신 4군을 편성하여 점(도시)와 선(철도와 도로)을 점령하며 홍군유격대는 온존했다.

일본군에 연이어 패전만을 거듭한 국민당 정부는 인민들로부터 신뢰를 잃어갔다.

제2차 대전이 끝난 1945년에는 홍군은 90만 명의 병력과 7백만 명의 민병대는 물론 120만 명의 당원을 확보했다.

화북과 만주를 놓고 국민당과 공산당의 전면전이 불가피했고 인민의 신뢰를 받은 공산군은 연전연승하고 인민의 신뢰라고는 한 톨도 남아있지 아니한 국부군의 연패는 어쩌면 당연한 것이었다.

남경의 전장(戰場)화로 중국정부는 광동성으로 천도하고 장개석 총통은 대만에 안착한 것으로 알려졌다. 중경이 함락되자 국부군은 결국 대륙을 이탈하고 장개석은 대만에서 총통에 복귀했다.

공산군이 상해를 접수하고 장개석 총통은 국부군과 함께 대만으로 이동하여 연락이 두절됐다.

장개석 총통은 건강을 회복하여 대만의 고옹에 체제하며 대만을 최후의 보루로 요새화했고, 중공은 소련의 사주를 받아 공격을 하고 있으나 자유를 위해 항일정신으로 최후까지 반공투쟁을 하겠다고 선언했다.

호남성에서 되킥하여 대민으로 쫓겨 온 장개석 총통은 태평양 연맹 구축을 주창한 이승만 대통령과 반공단결과 아세아 평화보장을 희구하고자 서울을 찾아들었다.

이승만 대통령은 한중은 형제지국으로 평화달성에 공동병진하자고 치사했다.

1949년 9월 23일 모택동은 중화인민공화국을 선포하자 소련은 기다렸다는 듯이 중공 정부를 승인했고 12월에는 연합국의 일원이었던 영국마저 중화민국과 국교를 단절하고 중공을 승인했다.

4. 모택동의 승리가 김일성의 남조선 침공으로

(1) 모택동 중화인민공화국 선포와 영국의 중공 승인

만주 상실에 따른 중국 내전의 악화된 중국의 위기에서 트루먼 대통령의 당선으로 대중(對中)정책이 결여됐다.

한국의 장래가 중국의 운명에 중대한 영향을 미쳤으며 만주는 일본이 남겨놓은 병기창(兵器廠)이었다.

왜소한 공산군은 내전이 발발(勃發)한지 2년 만에 공산군의 독특한 침투력으로 만주와 화북의 거점을 장중에 넣었다.

국부군의 부패에 따른 민심의 이반, 토지혁명 등을 비롯한 교묘한 중공군의 선전, 미국의 지원에도 불구하고 항상 열등한 지위로 전락했다.

장개석 정권이 몰락하면 미국도 책임을 분담하게 되겠지만 미국이 장개석의 몰락을 희망하고 있는 것 아닌가하는 의아심을 갖게 됐다.

송미령 여사의 호소는 실패하여 미국의 중국정책은 미온적이고 방관적인 태도를 벗어나지 못했다.

중국 전문가들은 만주와 화북에서의 패전으로 장개석 총통이 은퇴하면 공산당과 연립정부를 형성할 가능성과 장개석 총통이 반공투쟁을 전개하여 양자강 이남지역이라도 확보하는 두 가지 방안을 전망했다.

모택동은 중간 노선은 환상이라고 중공의 대외정책에 대한 성명을 발표했다. 모택동은 중화인민공화국 수립을 선포하고 소련진영과 단결을 선언했다.

영국은 중공을 승인하면서 국민정부에게 국교 단절을 통보했다. 아울러 미국과 영국의 협조에는 균열이 발생했다.

중국은 소련의 중공 원조를 유엔에 정식적으로 제소했다. 소련은 중공 정부를 승인하고 중국 정부와 단교를 통보했다. 중국도 소련과 단교를 선언했다.

미국 국무장관은 대만의 중요성을 고려하여 중공의 승인은 시기상조라고 밝혔다.

모택동은 손문이 신해혁명을 일으켜 청나라를 전복한 10월 1일에 중화인민공화국 수립을 선포했다.

에치슨 미국 국무장관은 아세아 제국이 소련의 침략과 영토 확장의 통로를 형성하고 있어 군사적, 경제적 원조를 공여하겠으나 자조하는 민족에게만 집중적으로 지원하겠으며, 중공이 일정한 규칙만 준수한다면 통상을 계속할 용의가 있다고 언급했다.

(2) 미국은 북한의 남침을 방관하고 유도했는가

미국이 북대서양조약기구 결성에 주력하는 동안 소련은 극동으로 진출할 수 있었다.

우유부단인 트루먼보다 공산당의 중국 제패(制霸)는 미국의 무위책(無爲策)에 기인했다는 뉴욕 주지사인 듀이가 당선되었더라면 중국의 사태는 호전되었을 것이다.

중국을 구원하는 길은 10억 불의 군사원조와 맥아더나 웨드마이어 장군을 고문으로 중국에 파견한 것이다.

미국의 극동정책은 일본에 중점을 두고 한국이나 중국은 항상 2차적인 문제로 취급하여왔다.

과중한 부담을 피하기 위해 중국을 포기하고 방공선을 대륙에서 열도로 물러서는 계획이 수립됐다.

미국의 국무성과 국방성의 극동방위선은 알류산열도, 일본, 대만, 필리핀의 전선에 의견이 일치되어 한국이 제외되었음을 공포하여 북괴의 남한 침략의 명분을 제공했다.

1949년 미군이 500명의 고문단만 잔류시키고 4년간의 점령을 종언하고 한국위원회의 감시하에 최후의 철퇴를 완료했다.

신성모 국방부장관은 미군 철퇴는 소련 정부의 모략이며 국군 장비는 충분하여 괴뢰군 격파엔 자신이 만만하다고 밝혔다.

무쵸 주한 미국 대사는 전쟁설은 신경과민이며 남한의 방위 능력은 충분하다고 오판(誤判)했다.

미국의 대소냉전을 위한 전비가 150억 불 중 한국, 일본, 중국에는 2억불을 계산했을 뿐이다.

중국 진립부 무임소 장관은 중공이 중국을 제패하면 미국은 냉전에서 패배하여 혹독한 대가를 치르게 됨으로 미국의 적극적인 원조를 호소했지만 미국은 냉소적이었다.

극동의 모든 비극의 연유는 얄타협정에 내포하여 일주일간의 대일 참전으로 엄청난 대가를 얻은 소련은 그들이 점령한 지역은 적화의 대상으로 삼아 위성국화했다.

소련은 공산군이 만주에서 확실한 기반을 닦을 때까지 철퇴를 지연했고 미국의 미온적인 원조로는 중국을 내전과 경제 몰락의 와중에서 구출하기는 역부족이었다.

미국의 그리스와 터키에 대한 막대한 금액의 원조와 마샬 플랜으로 서유럽 복구로 사기가 저하된 국부군의 정신력을 고취하여 공산군과 대적하는 것뿐이다.

그러나 국무장관 마샬과 트루먼 대통령은 중국을 사실상 포기하는 정책으로 한국의 동란을 물론 베트남의 공산화, 버마의 친중공정권 출현 등 막대한 대가를 치르게 됐디.

소련은 9월말까지 남한을 침공하지 않으면 대여했던 무기를 회수하겠다고 남침을 사주했다고 알려졌고, 김효석 내무부장관은 9월 공세설을 봉쇄하겠다고 발표했다.

중국대륙을 모택동 공산세력에게 통째로 넘겨준 것은 근본적인 동기는 소련의 적극적인 원조와 미국의 미온적인 정책 탓이었다.

중공은 만주에 거주한 한국인 공산군 10만 명을 북한에 송환하여 남침의 기반을 확보토록 했다.

(3) 북한의 평화공세에 놀아난 이승만 정부

북한 괴뢰정권은 화평통일만을 제안하여 평화가 올 수 있다는 민심의 교란작전도 감행했다. 여기에 미군 고문단장 로버쓰 준장은 한국군은 우수하다는 공개서한도 발송했다.

한미친선 유대를 강화하기 위해 미국의 달레스 전 국무장관이 방한하여 38선을 시찰했다.

이승만 대통령은 연내로 통일을 성취하겠다고 광주에서 연설했고 이북 동포의 애국적 요구의 기대에 부응코자 북벌(北伐)않고 통일하겠다고 선언했다.

또한 이승만 대통령은 38선의 철폐는 시일 문제이며 자력으로 국토 통일을 이루겠다고 큰소리쳤고, 남북통일 추진을 위해 20만 예비군을 확보했다고 발표했다.

이승만 대통령은 당면한 2대 과제는 남북통일과 산업부흥이라고 제시했고, 남북통일의 실현을 세계 여론에 호소하고 미국의 군경원의 통과를 확신한다고 밝혔다.

미국의 하원 대한 경제원조 1억 5천만 달러를 승인하면서 용공정권 수립 시는 원조를 즉시 중지한다는 규정을 추가했다.

이승만 대통령은 평북 강계 인민병사에 유폐중인 조만식과 남로당 총책으로 체포된 김삼룡·이주하를 교환하자는 북한의 제안을 수락했다.

20일 여현역에서 교환이 실시되어 조만식 선생의 월남행이 실현될 것을 기대했다.

이승만 대통령은 조만식-김삼룡·이주하의 교환을 촉구하는 성명을 발표하여 북한에 최후통첩했다.

북한 측이 제안에 불응하여 조만식 선생의 월남은 기대하기 어렵게 됐다고 보도했다.

유엔 한국위원회는 대북회담을 평양방송에 회답하고 북한대표와 접촉하여 회담을 갖기로 했다.

유엔 한국위원단에게 화평선언서를 전달하고 회견한 후 남한으로 월경하여 온 북한대표 3명을 억류했다.

유엔 한국위원단은 북한대표와의 접촉은 인정하며 그들에게 평화통일 열망을 호소했을 뿐 북괴의 제의와는 무관했다고 해명했다.

북한의 이인규, 김태홍, 김재창 등은 북한의 모략선전과 딴판으로 대한민국은 자유의 나라라며 귀순했다고 발표했다.

고등군법회의에서는 거물 여간첩 김수임에게 사형이 언도됐다.

분골쇄신 조국과 민족을 위하여 싸우다 쓰러진 1,658주의 영령의 명복을 비는 제3회 합동추도식이 서울운동장에 집행됐다.

북한 괴뢰군이 돌연 남침을 기도하여 38선 전역에 비상사태를 선포했고 정예의 국군 장병이 적을 추격 중이라고 보도했다.

시내 민심을 지극히 평온하고 군경을 신뢰하여 경거망동하거나 동요하지 말 것을 방송했다.

국군이 반격전을 전개하여 해주시를 완전 점령하고 대한해협의 적군의 함선을 격파했으며 북괴군의 임진강 도하도 실패하여 후퇴를 개시했다고 보도했다.

유엔 안보리에서는 긴급회의를 개최하여 북한을 침략자로 결의하고 트루먼 대통령은 맥아더 사령관에게 대한 무기의 직송을 지령했다.

이승만 정부는 전화(戰禍)를 입은 동포와 피난민 구호대책에 만전을 기하고 있으며 후방 치안은 철통같다고 선전했다.

제6장 건국의 뱃고동이 울려 퍼지는 시대 상황

1. 대한민국의 신생 정부가 출범한 1948년

2. 소련군에 이어 미국군도 철수한 1949년

3. 김일성의 침공으로 전국이 초토화된 1950년

1. 대한민국의 신생 정부가 출범한 1948년

(1) 사상 최초의 제헌의원 선거 실시

◆5/1 여운형, 정운영, 김성규 등 남북협상단 2백여 명이 귀환하여 기자회담 "남북통일을 위한 협상이 아니라 남한 단독선거를 방해하기 위한 선전장에 불과했다"고

◆5/1 조병옥 경무부장은 북조선 편의대에게 경찰관 등 52명이 살해되었다며 비상경계령을 발동

◆5/2 제헌의원 후보 2명(김천의 박완, 괴산의 김영규)이 피살됐지만, 국가 흥망의 기로인 제헌의원 선거 완수하자는 캠페인 전개

◆5/3 하지 미군 사령관은 남북협상은 공산파 회담에 불과하므로 민중은 현혹치 말라며 총선거만이 통일의 길이라는 특별성명 발표

◆5/6 영국 베빈 외상은 "소련의 세계적화를 배격하고 견실한 서구건설이 긴요하다"고 천명

◆5/7 김구와 김규식이 귀환하여 공동발표 "남북 제 정당·사회단체 연석회의에서 남조선의 단정과 단선을 반대하며 미·소 양군의 철퇴에 의견이 일치했다"고, 최동오, 이극로, 홍명희, 장건상 등은 고향 방문차 북조선에 잔류

◆5/8 이승만은 "기만적 남북협상에 동요치 말고 총선거로 일로 매진하자"고 호소

◆5/9 이승만의 무투표 당선토록 국회의원 선거위원회는 추천인 27명의 지문을 위조 날인한 최능진의 후보의 등록을 취소

◆5/10 대구, 광주, 진도에 선거 반대 폭동, 그러나 대부분 평온리에 제헌의원 선거 투표 종료, 제주도 폭동으로 북제주 갑구와 을구는 당선무효하고 재선거 실시토록 결정

◆5/12 김구, 김규식, 김일성, 김두봉 4자회담의 언약에도 불구하고 북조선의 남조선 송전(送電) 중단을 통보

◆5/18 총선거 전후를 기한 남로당 계열의 발악으로 습격·폭행 1,047건이 발생하여 살상 846명

◆5/20 제헌의원 선거 결과 독립촉성국민회 55명, 한민당 29명, 대한청년단 12명, 기타 정당·단체 16명, 무소속 85명 당선

◆5/21 장택상 수도경찰청장은 향보단(鄕保團)의 업적은 혁혁하며 더욱 겸양하라고 경고

◆5/22 "남북이 통일되고 완전히 국권이 회복되기 전에는 신당을 조직할 수 없다"는 이승만의 공고(鞏固)한 의사로 독립촉성국민회의 신당 구상은 와해 위기

◆5/23 만주 동포 1천여 명이 인천에 입항하고 의정부, 주문진, 춘천으로 북한 동포 3만 5천 명이 월남

◆5/27 이인 검찰총장은 살상, 방화, 습격 등의 지령자를 색출하여 엄벌하라고 특별 지시

◆5/30 독립 완수에 공헌한 민주의원 해산식 거행, 이승만, 오세창, 백남훈, 백관수, 장면, 백상규 등 참석

(2) 제헌국회가 개원되고 대한민국 정부 수립

◆5/31 역사적인 제헌국회 개원, 의장 이승만, 부의장 신익회와 김동원 선출

◆6/2 북한의 단수(斷水)로 연백평야 고갈, 그러나 연평도 조기잡이가 활발하여 물경 4백만 관을 어획

◆6/5 헌법과 정부조직법안 기초위원장에 서상일 선임하고 유진오, 노진설, 권승열, 한근조, 윤길중 등 전문위원 선정

◆6/8 이승만은 사상과 행동 통일을 강조하며 내각제는 찬성 못하지만 국회에서 통과되면 추종하겠다고 밝혀

◆6/11 독립촉성국민회원의 삼일 구락부 가입을 두고 신익희, 남송학과 명제세, 이윤영, 양우정, 이활이 대립

◆6/12 신익희, 이청천 등의 삼일 구락부와 최범술, 조봉암 등의 무소속 구락부가 국회 내에서 활동

◆6/17 국회는 문교후생(주기용), 법제사법(백관수), 내무치안(신성균), 산업노농(서상일), 재정경제(김도연), 외무국방(윤치영), 운수체신(이종린), 자격심사(이문용)위원회 구성・운영

◆6/20 흥사단계 독립협회의 최고 정치지도자의 추대에 대해 서재필은 정치 혼란을 초래할 뿐이라며 거절

◆6/21 런던 올림픽 참가선수단 69명의 필승불패를 기원하는 환송식을 서울역에서 개최

◆6/24 내각책임제의 헌법 초안을 이승만 의장의 주장에 따라 대

통령중심제와의 절충안을 채택

◆7/3 헌법 조항의 국민(권승열)과 인민(유진오)의 문구 대결에서 87표 대 32표로 국민이 승리

◆7/6 서재필은 대통령 후보 의사가 없으며 미국 시민으로 머물 생각이라고 발표하고 도미

◆7/8 진헌식 의원의 제의로 대통령의 국무총리 임명은 국회의 동의를 얻어야한다는 수정안이 가결

◆7/8 조병옥 경무부장은 제헌의원 선거를 전후하여 인민유격대 간부 등 3백여 명을 검거했다고 발표

◆7/13 국가 백년대계를 창정(創定)할 헌법 10장 103조 국회 통과, 기립 표결에서 이문원 의원만 독좌(獨坐)

◆7/17 민대에 빛날 성전인 헌법 공포식 거행, 정무차관제 사제한 정부조직법도 통과

◆7/20 김구, 김규식은 "남북한은 상호 경쟁적으로 국토를 분열하여 동족상잔의 길로 나갈 것이므로 진정한 애국동포들과 더불어 민주적, 자주적 통일 노선을 굳게 지킬 것이다"는 성명을 발표

◆7/21 대통령에 당선된 이승만은 "남북통일과 국권 회복에 매진하겠다"고 선언, 2차 투표에서 부통령에 혁명투사 이시영 당선

◆7/24 국무총리에 김성수(한민당), 조소앙(무소속)과 백성욱, 신흥우, 이범석, 이윤영 등이 거명

◆7/27 수도경찰청 수사국장 노덕술이 혐의자를 고문치사하고 한강에 시체를 방기(放棄)하여 체포령이 발동했으나 도주

◆7/28 남북통일을 위한 인선이라며 국무총리에 이윤영 지명, 국회는 가(可) 59표, 부(否) 132표로 부결시켜

◆8/2 국무총리에 이범석 지명, 김성수와 조소앙의 협조로 찬성 110표, 반대 84표로 인준, 이범석 총리는 민족단결의 구현과 생산재건의 매진을 다짐

◆8/4 재무 김도연, 농림 조봉암, 법무 이인, 교통 민희식, 외무 장택상, 내무 윤치영, 사회 전진한, 문교 안호상, 상공 임영신, 체신 윤석구, 국방 이범석으로 조각 완결

◆8/5 국회의장에 신익희, 부의장에 김약수 선출

◆8/6 대법원장 김병로, 기획처장 이순탁, 공보처장 김동성, 법제처장 유진오, 총무처장에 김병연 임명, 김활란과 조병옥은 구미순회특사에 발령

◆8/8 약체내각이라는 규탄에 김성수(한민당), 이윤영(조민당), 이청천(대청)을 무임소 국무위원 교섭을 벌였으나 무산

◆8/12 불란서 파리 유엔총회에 장면, 장기영, 김활란 대표 파견키로 결정

◆8/13 무임소 국무위원에 이청천과 이윤영 임명

◆8/14 민련(民聯)은 북한정권 참여 관련으로 홍명희, 이극로, 김일청, 여운홍 등을 정권(停權)조치

◆8/15 완전 독립을 만방에 선포하는 독립정부 선포식 거행, 맥아더 사령관도 참석하여 독립 성업(聖業) 완성을 축하

(3) 국군 제14연대 반란으로 여수와 순천이 생지옥으로

◆8/20 국회는 정부 내의 부일(附日)협력자를 심사 적발하여 이들의 숙청을 대통령에 건의할 특별위원회를 구성

◆8/21 교원 부족과 시설 미비로 10만 적령 아동이 방황, 3부제 수업도 진행하고 있으나 의무교육의 전도(前途)는 요원

◆8/24 국회는 윤석구 체신부장관, 민희식 교통부장관, 유진오 법제처장, 임문환 상공부차관 등 4인을 친일분자로 숙청을 건의

◆8/25 미국은 주한미군사령부를 철폐하고 군사사절단으로 대체하고 한국 점령 종료, 무쵸 대사 임명

◆8/31 조병옥 경무부장과 윤치영 내무장관의 갈등과 상호 비방으로 경찰 이양이 지연되고 말썽을 피워

◆9/1 가탄(可嘆)할 정치적 살인사건이 금년 들어 937명 발생, 이 중에는 112명의 경찰관이 포함

◆9/2 중국 공산군과 조선 공산군이 상호군사원조계약 체결

◆9/7 중국의 장개석 총통이 김구와 김규식에게 합작하여 공산 세력의 박멸(撲滅)에 노력해줄 것을 종용

◆9/8 국회는 반민족행위처단법안을 의결했지만, 이승만 대통령은 공포 반대를 언명

◆9/9 얄타 비밀회담에서 미국 루즈벨트 대통령이 소련 스탈린에게 조선 인민이 자치정부를 수립할 능력이 있을 때까지 25~30년 동안 신탁통치하자고 제의했다는 비사(秘史)가 보도

◆9/11 김태선 수도경찰청장은 악질적인 경찰관을 철저히 숙청하겠다고 밝혀

◆9/15 이승만 대통령은 탐관오리 숙청은 단행하되, 친일파 처리는 서서히 처리하자고 제의

◆9/16 충남 조치원역에서 열차 충돌로 미군 103명과 한국인 23명 사상, 사고 현장은 생지옥

◆9/12 소련군은 북한에서 철퇴를 발표하며 미국군도 남한에서 동시 철퇴를 제의, 이승만 대통령은 미군의 철퇴는 당연사라고 밝혀

◆9/23 우여곡절 끝에 반민족행위특별법 발효, 이승만 대통령은 부일자(附日者) 처단은 상조(尙早)라고 반대

◆9/24 안재홍, 조헌식 등 380여 명이 민주독립당(당수 홍명희)을 탈당하여 민주독립당은 소멸할 위기

◆9/28 이승만 대통령이 개과천선(改過遷善)하라며 사면령 발동, 석방되거나 감형받은 자가 1만여 명에 달해

◆10/5 윤석구 체신부장관은 부일혐의가 무고로 밝혀졌고, 이청천 무임소장관 사표 수리에 이어 민희식 교통장관을 허정으로 교체

◆10/7 요정 폐업 후 각 처의 사찰이 먹자판 노자판인 환락가로 돌변, 염불과 권주가가 교향(交響)를 이뤄

◆10/9 대일배상 요구자료 완성, 무효채권 59억 9천 만원, 해방 직후 남발 지폐 7천 만원등 60억 6천 만원

◆10/12 이청천은 "통일만 부르짖고 남한 정부를 시인치 않음은 망발이다"라고 김구와 김규식을 비난

◆10/14 서울역전에 걸인 무료숙박소 설치, 매일 수백 명 수용되어 활용

◆10/21 이승만, 맥아더 동경회담에서 한국의 안전이 미국의 안전이라고 공동 발표

◆10/22 육군 제14연대 반란, 반군이 여수와 순천 점령코 양민과 경찰관을 학살, 이범석 국방부장관은 반도를 포위, 소탕하겠다고

◆10/23 제14연대 반란 소요는 최능진의 혁명의용군 사건의 여파인 듯, 경관 등 피살자 900여 명을 넘어

◆10/24 여수와 순천은 탈환했으나 보성, 광양에 반란군 600여 명 잔류, 반군 600여 명을 소탕하여 반군(叛軍)은 지리멸렬

◆10/30 죽음의 도시로 생지옥의 여수와 순천, 반도들이 전 시가에 방화, 초연 속에 복구 활발

(4) 3년간 월남한 북한 동포가 250만 명을 넘어

◆11/3 대구의 제6연대에서도 일부 군인들이 반란을 일으켰으나 곧 진압, 반란군 일부는 밀양과 진천에서 준동

◆11/10 북한의 해주, 함흥 등 8개 도시에서 15만 군중이 참가한 폭동 발생, 6천여 명 피살설 파다, 1년간 월남한 동포가 18만 2천여 명

◆11/11 중국의 임어당은 중국의 적화(赤化)는 미국을 위협한다며 미국의 가장(假裝) 자유주의자들을 비난

◆11/11 학도구국대를 조직하여 중학생 이상에 군사훈련, 지역별로 애국총연맹 조직으로 동리 치안 유지

◆11/14 일본 전범 재판에서 동조(東條) 등 7명을 교수형, 일본의 침략 원흉들을 단죄

◆11/20 국회는 국방이 완비될 때까지 미군의 주둔을 요청하는 결의안과 국가보안법을 가결

◆11/27 여수·순천 반란 사건에 대한 군법회의에서 사형 316명, 무기징역 158명 언도

◆11/28 3년간 월남한 동포 250만 명이 넘어 주택난이 날로 심각

◆11/30 오대산 인민군 57명 생포, 북제주 폭도 79명 사살, 나주 무장반도 50명 사살, 영월·정선의 공비 58명 사살, 200명의 인민군 추적 중이라고 발표

◆12/1 중국군의 위기는 미국의 원조를 능가하는 소련의 적극적인 군원(軍援)이며 미국의 방공선이 중국보다 일본에 치중

◆12/4 채병덕 육군 참모장은 북한군의 남하(南下)운운은 이적 행위라며 국군을 신뢰하라고 성명

◆12/4 천연두가 창궐(猖獗)하여 40%의 사망률을 나타냈고, 15세 이하는 종두(種痘)접종하라고 권고

◆12/5 반민특위재판장에 김병로, 검찰부장에 권승열 당선

◆12/8 서울시 유령인구 특별조사에서 16만 명 적발

◆12/9 장면 대표는 유엔 정치위원회에서 북한 선거의 비합리성을

폭로하고, 한국의 승인은 통일을 촉진한다며 사자후(獅子吼)

◆12/14 유엔 총회에서 대한민국을 승인(48표 대 6표로), 3천만 감격 더욱 고조되어 민족통일에로 매진하자고 다짐

◆12/15 유엔 가입을 신청, 장면은 유엔 헌장의 의무 수락 각서 제출, 소련의 거부권 행사로 좌절

◆12/17 중국 공산군 양자강 도하(渡河) 성공하여 남경 위협, 송미령의 군원(軍援) 호소는 실패하여 미국의 정책은 방관적 태도

◆12/18 여수·순천 동란 피해 상황은 사망 2,133명, 부상자 661명, 주택 2,146채 파손

◆12/19 여러 청년 단체를 대한청년단으로 통합하고 이승만 대통령을 총재로 추대

◆12/25 청년단체 통합과정에서 유진신 체포 방해 등 혐의로 전진한, 윤치영 장관이 신성모, 이윤영으로 교체

◆12/26 대한독립촉성국민회가 국민회로 개칭되고 김성수, 신익희, 이청천, 조소앙, 안재홍 등이 민족진영 협의체 구성

2. 소련군에 이어 미국군도 철수한 1949년

(1) 미소양군의 철수를 감시할 유엔 조선위원단 활동

◆1/4 소련군은 북한에서 철수 완료, 미국군은 대한민국의 보위(保衛)가 안전할 때까지 불철수 천명

◆1/5 미국에 이어 중국도 대한민국을 정식 승인, 대표부를 대표 대사로 승격

◆1/6 이승만 대통령은 민족청년단을 해산하여 대한청년단에 합류하라고 훈령, 지리산의 공비들은 좀도둑으로 변모하여 만행 지속

◆1/9 공산당을 비롯한 중국의 모든 정당이 참가한 공정한 중앙정부를 지원해야한다는 에치슨이 마국의 국무장관에 취임

◆1/10 이승만 대통령은 "38선은 미구(未久)에 철폐되니 공산독재와 싸워라"고 북한 동포들을 격려

◆1/14 학생 풍기가 타락 일로, 마약 중독자 15만 명을 돌파

◆1/15 이승만 대통령은 반민족 행위자의 옥석은 혼효(混淆)하여 불가하니 공직 추방은 판결 후에 하도록 훈시

◆1/18 김구는 외국군 철수로 남북통일을 이룩하는 평화적 협상을 기대한다고 밝혀

◆1/20 반민족행위자 특별조사위원회는 매일신보 사장 이성근, 자

작(子爵) 이기용을 최초로 검거

◆1/22 여·순 반란사건 등으로 전남지역에서 사망 5,520명, 부상 5,447명, 주택 피해 13,696채

◆1/23 이종인에게 정권 이양하고 장개석 총통 하야, 이종인은 중국의 재건에 단결하자고 호소

◆1/26 반민특위에서 경성방직 사장 김연수, 중추원 참의 이원보와 김영우, 고등계 형사 노덕술과 하판락 등 구속

◆1/27 독립촉성국민회원들이 주축인 대한국민당과 한국민주당이 합당하여 민주국민당으로 변신

◆1/29 독립촉성국민회 개편, 총재엔 이승만, 최고위원에 오세창, 명제세, 신익희, 이윤영, 지대형, 배은희 선임

◆2/1 유엔 한국위원단 업무 개시, 중국(유이민), 불린시(고스로), 시리아(무길), 인도(싱), 필리핀(루나), 호주, 엘사바도르 등 7개국이 위원국이며 소련과 우크라이나는 불참

◆2/5 채병덕 참모총장은 백천경찰서가 피습됐으나 38선 경비에 이상 없다면서 전남지역 계엄령도 해제

◆2/8 국회는 외국군 철수결의안을 부결시키고, 이승만 대통령은 미군의 철병 운운은 시기상조라고 밝혀

◆2/9 반민특위에서 이광수, 최남선을 체포

◆2/11 듀이 뉴욕 주지사는 공산당의 중국 제패(制霸)는 미국의 무위책(無爲策)에 기인했다고 비판

◆2/13 남북통일을 알선하고 외국군 철퇴를 감시할 유엔 한국위원단 제1차 회의 개최, 철의 장막 38선을 타도하자는 백만의 함성으로 한국위원단 환영대회 성황

◆2/15 민주국민당이 창당되어 김성수, 신익희, 지청천, 백남훈 최고위원 선출

◆2/18 반민특위 김상돈 의원은 이승만 대통령이 노덕술을 석방하라고 지시하였다고 폭로하여 물의

◆2/21 이승만 대통령의 권유로 조봉암 농림부장관 사임 수락, 후임에 이종현 임명

◆2/24 윤보선 서울시장은 149만 2천 명에게 매일 양곡 3합 배급을 실시하겠다고 중대 언명

◆2/29 테스 제24군사령관 고문은 미국의 루즈벨트 대통령이 소련의 역사적 야심을 알지 못하고 38선 이북의 분할 점령을 요구하여 한국은 성냥을 기다리는 화로(火爐)격으로 한국 내전이 예견된다고 설파

◆3/1 기미독립운동으로 2만 2천여 명이 살상됐고 33인 중 최린, 박희도, 김창준등은 변절

◆3/4 도지사는 도, 시, 읍, 면의원의 간접선거로, 서울특별시장과 시, 읍, 면장은 주민들이 직접선거하도록 지방자치법 개정

◆3/8 전재민의 일소 차원에서 서울시내 전체 걸인(乞人)을 수용하여 생업과 숙소를 항구 제공키로

◆3/9 전국 250만 명의 학도들이 호국단을 결성하여 "백두산정에

태극기를 꽂자"며 궐기

◆3/12 정부조직법 개정안을 의결하여 사회부에서 보건부를 독립

◆3/22 한국동란을 대비 못한 무능한 정부의 표상(表象)으로 세계적인 항해사인 신성모를 국방부장관에 임명

◆3/25 연간 8천만불 교역키로 한일통상협정 합의

◆3/29 3천만 주시리에 반민족행위자 재판 개막, 바로 잡힐 겨레의 정기, 엄정한 단죄를 기대, 이기용과 박흥식 출정

◆4/5 감찰위원회는 수뢰로 공무 부당처리, 선거에 국유재산 남용 혐의로 임영신 상공부장관을 파면 결정

◆4/6 북대서양조약(NATO)을 서구 12개국 외상이 조인, 최대의 군사동맹으로 공동방위를 맹세

(2) 반도(叛徒)사령관 이덕구 사살로 제주도에 평화가

◆4/10 소련의 거부권 행사로 한국의 유엔 가입안 부결, 그러나 한국의 국제적 지위는 부동

◆4/10 수도여단 김창룡 소령이 여·순 반란사건 수괴로 암약한 이종업 등 60명 체포

◆4/13 고양군의 숭인면, 은평면, 독도면과 시흥군의 구로리, 도림리 등 3천 3백여 만평(坪)을 서울시에 편입

◆4/16 이승만 대통령은 반민특위 특경대를 해산하고, 감찰위원회

에서의 파면권을 정지시켜

◆4/18 애치슨 미국 국무장관은 중국을 원조하면 중국의 내란을 조장하고 군수 물자는 거개(擧皆)가 중국 공산당이 이용하고 있다고 천명

◆4/20 신성모 국방부장관은 미국군 철수시기를 협의 중이며, 국방군 지위는 공고하여 미국군 철수해도 후려(後慮) 없다고 밝혀

◆4/22 박홍식, 김갑순, 최린 등의 보석에 불만을 품고 반민특위 특검부 총사직

◆4/23 중국 국부군과 공산군의 화평교섭 결렬, 전국에서 중공군이 공격 개시하여 내전 격렬

◆4/23 학도호국단 결성으로 기존의 학생 단체는 해산, 4만 학도는 국토방위에 총궐기

◆4/25 피폐(疲弊)일로의 농촌경제, 농민은 부채만 누적, 다각적인 재건책이 긴급 요망

◆4/26 이승만 대통령은 38선 철폐는 시간문제이며 자력으로 국토 통일이 가능하다고 담화, 이응준 총참모장도 대북 방비는 염려 없다고 응답

◆5/3 금년도 정부예산액의 세출 총액은 2,119여 억원이며, 국방비는 60% 수준인 1,364억 원

◆5/7 개성에 북한군 2천여 명이 침입, 춘천에서 국군 2백 명이 집단 월북

◆5/12 충남 계룡산은 신화경(神話境), 종교 종파만 30여 종이 상

존(尙存)

◆5/13 국회는 민주국민당이 93명으로 최대 계파, 동인회와 성인회가 통합하여 37명이 소속된 동성회, 일민구락부가 떨어져 나간 28명의 이정회(以正會)가 정립

◆5/15 무쵸 주한 미국 대사는 전쟁설은 신경과민이며 남한의 방위 능력은 충분하다고 역설

◆5/20 국가보안법 위반 혐의로 이문원, 최태규 의원 등 검거, 국회 프락치 사건 시동

◆5/21 유엔 한국위원단은 북한과의 접촉 희망서를 김일성에게 전달했으나 거절당함

◆5/22 결핵 보균자 200만 명으로 국민 보건에 적신호, 국제보건기구에 협조 요청

◆5/25 정부 전복을 꿈꾸다 발각된 남한노동당 23명 일망타진, 이들은 북한에서 단기간 훈련받고 월남

◆5/28 북한군이 황해도 옹진에 내습, 약탈과 방화를 자행하여 양민가옥 120호 소실

◆6/1 신성모 국방부장관은 미군 철퇴설은 소련의 노략이며, 국군 장비는 충분하여 북한군 격파엔 자신이 만만하다고

◆6/5 가공할 간염 디스토마가 낙동강변에 만연, 감염자가 무려 50여 만 명

◆6/7 기소된 임영신 상공부장관 후임에 윤보선, 서울시장엔 이기붕, 법무부장관도 이인을 권승열로, 최초의 보건부장관에 구영숙

임명

◆6/10 이덕구 반도(叛徒)사령관 사살로 제주도 반란소탕전은 완전 종결됐다고 국방부 발표

◆6/16 남한의 총인구는 2천 18만 4천 명이며 서울시는 1백 44만 6천 명, 경남이 3백 13만 5천 명으로 시·도 중 최다

(3) 김구 주석 피살과 남로당 국회 프락치 의원들 검거

◆6/18 북한군 4개 대대가 침입하여 옹진에서 교전, 38선 전역에서 소규모의 접전 반복

◆6/20 미군 고문단 설치 반대는 허울 좋은 자주성을 빙자하여 국방을 위태화하는 모략이라며 62명의 의원들이 성토운동 전개

◆6/23 군사고문단 설치 반대한 김병회, 김옥주, 박윤원, 강욱중, 황윤호, 노일환 의원들을 국가보안법 위반 혐의로 검거

◆6/24 김태선 경찰국장은 김병회 등 6 명의 의원들은 남로당과 결탁하여 대한민국 정부 파괴를 음모했다고 발표

◆6/27 김구 피습 절명, 범인 육군 대위 안두희는 육군에서 수감, 겨레 총의의 국민장으로 결정

◆6/29 미국군 철수 완료하여 47개월의 한국 점령을 종지부, 다만 500명의 군사고문단은 잔류

◆7/1 유엔 씽 한국위원단장은 소련군의 철병 감시 위해 입북을

요청했으나 북한 당국이 거절

◆7/1 월남한 이북 출신 10만 명이 모여 국토방위를 절규한 총궐기대회 개최

◆7/3 김약수 국회부의장 사표 수리, 지대형을 물리치고 윤치영을 국회 부의장으로 선출

◆7/7 8월 말로 공소시효 완료하는 반민법 개정안 의결, 검찰관 등은 사표 제출

◆7/8 이승만 대통령은 동아시아의 방공태세 확립을 위해 태평양동맹 제창, 기필코 대일 배상도 관철하겠다고 공약

◆7/9 공산군이 트럭 60대로 강원도 양양을 기습, 원대리에서 국방군과 치열하게 교전

◆7/14 대한원조 1억 5천만 불을 미국 상원에서 가결, 쿠바와 도미니카도 대한민국을 승인

◆7/15 암초에 걸친 한일통상, 품질조악(粗惡)을 트집 잡아 산적한 우리나라 해태(海苔) 수입을 거절

◆7/13 지난 1년 동안 공산계열의 망동(妄動)으로 치안 교란 800건 발생

◆7/18 국회는 민주국민당(백관수), 일민구락부(윤치영), 동성회(오택관), 신정회(오석주), 이정회(허영호), 대한노농당(이훈구), 동지회(이윤영), 무소속구락부(이인) 등이 활동

◆7/21 안두희는 김구 선생의 정치 노선에 의구심을 품고 범행했으며 한독당 탈당 후의 위험도 우려됐다고 진술

◆7/28 중국 장개석 총통 내한, 아시아의 평화 보장을 희구, 한중은 형제지국으로 평화 달성에 공동병진(竝進)하자고 서약

◆7/28 나병(癩病)환자가 전국적으로 4만 명, 격리 수용은 1만 명에 불과, 치료 대책은 막연

◆8/8 장개석 총통 내한, 경남 진해에서 이승만 대통령과 태평양 동맹 의견 교환, 극동의 방공태세 공고화

◆8/12 김효석 내무부장관은 각지의 소요는 불원간 진정시키고, 언론인 탄압 않겠다고 언명

◆8/14 북한의 강원도 인제에서 애국 청년들이 무장 봉기, 서울시 경찰국 청내에서 경감이 남로당원에게 피살

◆8/17 차경모와 배중혁 등 5명의 의원을 국회 프락치 사건 관련 혐의로 추가 구속

◆8/20 한격만 검사는 임영신 전 상공부장관에게 징역 3년, 벌금 30만원 구형

◆8/27 반민특위 간부들이 국고금 94억 원 횡령을 심계원에서 적발하여 반민특위 존폐위기

◆9/1 반민족행위자 공소시효 종결, 반민특위도 343일 간의 족적(足跡) 마감

◆9/2 장면 주미대사는 트루먼 대통령에게 북한의 공격에 대비하여 무기 원조 시급을 호소

◆9/4 소련이 북한에게 남한 침공을 사주(使嗾), 불연(不然)이면 대여 무기를 회수하겠다고 협박

(4) 인민군의 모택동이 중화인민공화국 수립 선포

◆9/5 밀주(密酒)가 범람하여 1년간 2만 5천여 건 적발, 도처에서 성행하여 엄벌주의로 대처

◆9/7 인왕산 기슭에 유맥(油脈)을 우물 파다가 발견, 공업시험소에서 분석 중

◆9/8 뇌염이 전국에 만연, 248명 사망, DDT 15톤 입하, 국민학교 휴교 조치

◆9/9 유엔 한국위원회는 통일의 장벽은 소련에 있으며 남북통일 문제는 미·소에 반환하겠다고 밝혀

◆9/10 만주의 한인 공산군 10만 명을 공산군 협약에 따라 북한에 송환

◆9/12 국회 교섭단체는 민국당 74명, 일민구락부 47명, 대한노농당 28명, 신정회 22명으로 균점(均霑)

◆8/16 전국 뇌염환자 발생 2,948명 중 사망은 859명으로 운동장 사용도 금지

◆9/21 조병옥 유엔 대표는 한국은 공산과 자유진영 투쟁의 축도로서 한국위원단의 강화와 군사고문단 파견을 유엔총회에 요청

◆9/23 에치슨 미국 국무장관은 통일을 촉구하고 내전을 방지하기 위해 한국위원회 권한 확대를 역설

◆9/23 모택동은 중화인민공화국을 선포하고 소련의 공산진영과 단결을 도모하겠다고 선언

◆9/24 이승만 대통령은 반관반민의 국민회를 조직하여 공산당 도량(跳梁)을 봉쇄하고 국민 총력으로 난국 타개를 기대

◆9/27 뇌염이 아직 미식(未熄) 상태, 사망자는 1천 8백여 명, 국민학교 일제히 휴교

◆9/28 해외 이민 실시 결정, 내년에 3천명 남아메리카에 보내기로 합의

◆9/29 서울시내 거리의 낙천공(樂天公)인 거지 5천 명을 7개소에 강제 수용키로 결정

◆9/30 김효석 내무부장관은 남로당을 탈퇴하고 전향한 자유주의자는 보호하겠다고 밝혀

◆10/1 유엔 전원위원회에서 한국 대표 초청은 가결하고 북한 대표 초청은 부결

◆10/2 김 총경 살해범 지리산 공작대 9명 전원에게 총살형 언도

◆10/5 유엔 총회에서 한국위원회 존치안을 가결, 남북의 사태 발전을 감시하고 통일의 장애 제거책을 강구하도록 결의

◆10/5 모택동은 정부 조각을 완료하고 중공 정권 선포식 거행, 소련은 국민정부와 단교하고 중공 정부를 승인

◆10/7 인천 앞바다에서 강화도 연락선인 평해호가 전복하여 96명은 구조됐으나 1백여 명은 익사

◆10/14 팽창하는 남한 인구는 2천 18만 8천 641명이며, 서울은 144만 8천 19명으로 조사

◆10/19 이철원 공보처장은 남로당, 근로인민당 등 133개 정당·단체의 정리를 발표

◆10/20 추곡 수매가 결정, 벼 가마 당 3천원, 보상 물자로 광목 한 마(碼)씩 추가

◆10/22 남로당은 지리산, 태백산, 오대산에 야산대 병단(兵團)을 4년 전 조직하여 유격전 펼쳐

◆10/26 민족 살상의 참화를 방지하기 위해 남로당원 자수 주간을 설정, 참회하고 돌아오라고 호소

◆10/27 경남 경찰서 폭도 토벌전 전개, 은파산에서 공비 374명 사살하여 섬멸

◆11/6 유엔 정치위원회에서 한국의 유엔 가입을 재심하기로 의결, 거부권 방지책도 채택

◆11/9 남로당원들의 자수가 서울시에서 4천 명 돌파, 유격대원들도 3천 3백여 명 자수

◆11/10 공비 소탕전 완수 위해 각 부에서 긴축 전략으로 60억 원을 유용하여 추가 배정

◆11/12 의원들의 임기 연장에 대해 이승만 대통령은 반대하며, 치안 불안 운운은 기우(杞憂)라고 밝혀

◆11/18 국회 프락치 사건 공판 개정, 남로당의 지령 실천 혐의에 대해 피고들은 남로당 가입 안 했다고 발뺌

◆11/21 매신(賣身)은 호구 궁여책으로 사창(私娼)은 날로 증가, 하루벌이 3천원, 취업알선 등 선도책 시급

◆11/23 귀속재산처리법 의결, 이의자(異意者)에겐 제소권 부여하고 공정 처리를 위해 관리위원회 설치

◆11/27 권승렬 법무부장관은 자수한 남로당원에게는 전과를 묻지 않겠다고 포용정책으로 개과천선(改過遷善) 기대

◆12/2 남로당 전향자 4만 명으로 예상외의 거대한 성과로 치안 확보에 큰 자신

◆12/4 의료균등은 공염불, 개업의의 6할이 서울에 집중, 농촌엔 5백 명에 불과

◆12/6 조국 방위 일선에 나서기 위한 국군을 양성하기 위해 징병검사 실시

◆12/7 국방 강화에 충당하기 위해 백억 원 건국공채(建國公債) 발행, 각 호에 1천 원씩 배당, 5년 후에 상환

◆12/9 영국은 중공을 승인, 미국은 중공 승인은 시기상조라며 불승인, 장개석은 대만에서 최후 항전

◆12/9 태백산부대는 남한 침공의 전초지, 공비는 강동학원 출신들이며 산적(山賊)으로 전락

◆12/15 국부군 방위의 최후 간성(干城)인 대만의 방위 태세는 만전, 장개석 총통은 중공군 격퇴를 자신

◆12/15 철의 장막 속의 북한은 무서운 암흑정치 자행, 국민은 궁핍에 허덕이는 비참한 생활 중

◆12/17 침략에 대비한 군비를 확장키 위해 미국 군용기 10대 구입 결정

◆12/20 헌병은 군인과 군속만 수사, 일반인의 긴급구속은 불가토록 수사 한계법 공포

◆12/24 일민구락부, 신정회, 대한노농당 등이 대동단결하여 대한국민당을 결성하기로 합의했으나 많은 의원이 이탈

◆12/27 북한의 파괴 전술을 증오하여 근로인민당 정백 등은 한국에 충성 맹세

◆12/28 인도네시아 독립, 3백 년의 네덜란드 지배 종언, 스카르노 대통령 취임

◆ 12/30 법무부는 좌익의 완전소탕, 오리(汚吏) 숙청, 모리(謀利) 단속을 3대 목표로 설정

3. 김일성의 남한 침공으로 초토화된 1950년

(1) 내각책임제 개헌안 공방을 두고 국회·정부 대립

◆1/4 지리산 반도(叛徒) 본부 소멸, 총책임자 최덕만 사살, 50명은 아사(餓死) 직전에 포로로

◆1/7 최초의 고등고시 행정·사법 양과에 1천여 명이 응시, 청운의 희망을 품고 홍일점이 이채

◆1/8 영국은 중국과 국교 단절하고 중공 승인, 대만은 반공 전초기지로 부상

◆1/11 대망의 의무교육 신학기부터 실시, 교사(校舍)는 부족하나 2부제 등 실시

◆1/14 백반(白飯) 판매와 떡·엿 제조를 엄금하고 쌀의 대량판매도 제한하는 절미(節米)운동 철저 지시

◆1/18 경비와 사료난으로 창경원에 위기가 도래, 열대식물은 고사하고 동물은 아사 상태

◆1/19 국민 여론에 추종하여 의원들의 임기 연장을 포기, 잔여 임기 동안 입법에 정진하기로 결의

◆1/21 미국 하원은 대한경제원조 6천만 불 지출을 부결, 미국 당국은 긴급조치 강구 중

◆1/24 국회는 반공투쟁에 지장이 있다며 원조 재고를 요청하는 서한을 송한(送翰)

◆1/26 문교부에서 앞으로 상용(常用)될 한자를 1,271자(字)로 결정하여 고시

◆1/28 한미 군원(軍援) 쌍무협정과 군사고문단 설치협정이 체결되고 상호방위원조법도 발효

◆1/28 내각책임제 개헌안을 79명의 의원의 서명을 받아 제의, 대통령은 반대, 국회의장은 찬성 의견 표명

◆1/30 헌법위원회 법안의 가결로 탄핵심판법 통과, 탄핵심판위원장은 부통령으로 규정

◆2/2 재일교포들 등록을 대부분 거부, 일본인들의 학대는 극심하고 공산당 모략으로 한국에 대한 인식은 박약

◆2/5 한일어업 구획분규 잠정적으로 합의, 맥아더선은 단호히 수호하되 영해 침범 시에만 나포(拿捕)토록

◆2/6 지난 1년 동안 수입은 140억 원, 수출은 겨우 88억 원, 수입 초과 52억 원

◆2/7 이승만 대통령은 개헌안을 공고하면서 국가 기본을 공고히 하기 위해 반대 입장을 표명

◆2/9 유엔 한국위원회는 군사 충돌 감시와 통일 수단 강구의 분과위원회를 설치

◆2/11 미국 하원은 대한 경제원조안을 240표 대 134표로 재의결, 이승만 대통령은 대한 우의는 불변이라고 담화

◆2/12 검찰은 남로당의 정치자금을 소장파 친목용으로 소비했다며 국회 프락치 사건 관련자 15명에게 징역형 구형

◆2/13 음력 구정(舊正)의 폐지 운동은 공염불, 돌고 도는 떡방아 등 과세(過歲) 풍경은 완연

◆2/18 이승만과 맥아더 비밀회담, 한일관계 개선 합의, 재일거류민단대회에도 참석

◆2/18 신익희 국회의장은 개헌이 정권욕 운운은 모략이며, 이승만 대통령이 종신대통령 되기를 희망한다고 피력

◆2/20 개헌반대 궐기대회와 반대 벽보 부착에 대해 백성욱 내무부장관은 개헌에 대한 찬반 의사표시는 자유라고 옹호

◆2/21 대한민국 전복을 기도하고 월남한 인민공작대원 일당을 체포, 장총 등 다량의 무기도 압수

◆2/23 신태영 육군 총참모장은 공비 소탕은 거의 완료되어 국군은 국방에 전력하겠다고 선언

◆2/24 생활개선 운동 전개, 고급 요정을 폐지하고 무주일(無酒日)을 제정하며 음주량도 제한

◆2/27 1천표에 20만원으로 판에 박힌 부정 득표비를 요구하는 선거 브로커 등장하여 입후보 희망자들 당황

◆3/4 남한에 쿠데타 기도한 대남공작대 196명 일망타진하여 적색의 단말마적 발악 미연 방지

◆3/5 매주 수요일은 술과 고기가 없는 날로 결정하여 실시

◆3/8 신도성 위원은 현행 헌법은 전자성(專恣性)을 내포하여 개헌만이 유일한 시정 방도이며, 만신창이의 행정실태 치유책은 개헌뿐이라고 역설

◆3/10 서상일 의원 외 79명의 연명으로 내각책임제 개헌안 상정

◆3/12 개헌안 조속한 표결을 봉쇄, 토론은 갈수록 백열화, 찬반 격론으로 난투, 노호의 수라극 벌려

◆3/15 내각책임제 개헌안 부결, 찬성 79표 대 반대 33표, 기권 66표로

◆3/15 이승만 대통령은 '대통령은 직접선거와 상하 양원제 창설 개헌을 요망한다'고 담화

(2) 제2대 국회의원 선거와 북한 인민군의 남침

◆3/15 국회 프락치 사건 관련자 노일환과 이문원에 징역 10년 선고, 김약수 의원 등에게도 유죄 선고하자 피고들은 숙연

◆3/16 에치슨 미국 국무장관은 소련과 중공의 아시아 침략을 불허하기 위해 미국은 군사와 경제원조를 추진하겠다고 선언

◆3/19 이승만 대통령은 벌거벗은 금수강산(錦繡江山)에 나무 심어 복리 이룩하자고 호소

◆3/30 태백산 공비 토벌전에서 괴수 김달삼 사살 확인, 잔도(殘徒)들은 삼척으로 도주

◆4/1 총책 김삼룡을 체포하여 남로당 드디어 붕괴, 무장 책임자 이주하도 함께 체포

◆4/2 공무원 4만 명 감원 단행, 퇴직 위로금은 3개월 월급뿐

◆4/3 이승만 대통령의 총선 연기에 물의(物議) 분분, 국회 각 파는 책임 전가에 급급, 국정에도 지장 막대

◆4/4 이범석 국무총리 사표 수리설, 신성모 국방부장관, 신흥우 주일대사, 백성욱 내무부장관이 하마평에

◆4/7 이윤영 국무총리 인준안 부결, 가(可) 68표 대 부(否) 84표로, 의원 임기 연장 책동도 좌절

◆4/7 역사적인 농지개혁 착수, 전 농가의 3분의 2에 해당하는 155만 호에 분배

◆4/9 귀속재산 불하 업무 개시, 무주택자에 우선권을 부여, 대금은 15년간 분납(分納)토록, 왕궁 재산도 국유화

◆4/11 이범석 국무총리 집무 계속, 국회의원 104명이 연서로 후임 국무총리에 조병옥 추천

◆4/14 전국에 56개 고교 설치 결정, 모집 인원 6천 6백 명, 초급대학도 7개교를 신설

◆4/16 단기(檀紀) 4283년도 예산액은 995억 원을 제출하고, 중앙선거위원 노진설, 최두선 등 9명 임명

◆4/21 보스턴 마라톤 대회에서 함기용, 송길윤, 최윤칠 선수들이 금, 은, 동메달을 싹쓸이

◆4/22 신성모 국무총리서리 임명, 신성모 서리는 선거의 자유 분위기 조성을 천명, 국회는 당일로 정부에 반송

◆4/24 문맹퇴치운동을 340만 문맹자를 대상으로 전개, 문교부는 5개년 계획 수립

◆4/29 북한군 중위 이건순이 기관포를 장착한 소련제 전투기를 몰고 월남하여 귀순

◆4/30 이승만 대통령은 군·경·관공리가 선거 간섭 때는 엄벌하여 자유 분위기를 절대 보장하겠다고 특별담화

◆5/7 총선 입후보 2,225명, 중간파가 진출하여 후보 난립으로 혼선 예상, 유권자는 908만 4천여 명

◆5/11 총선에서 연고(緣故)투표는 민주발전의 암이라고 규탄, 중간파 진출에 주목

◆5/12 제헌의원 21명 불출마하고 구금자 13명을 제외하고 80%인 164명이 입후보

◆5/13 이승만 대통령은 북한이 남침에 분망(奔忙)하므로 미국의 군원(軍援)이 시급하다고 기자회견

◆5/16 김법린 감찰위원은 선거 치안은 만족하나 공무원의 선거 간섭은 극심하다고 평가

◆5/18 이승만 대통령은 국민은 모략에 기만(欺瞞)되지 말고 정치적 색태(色態)를 잘 분별하라고 특별훈시

◆5/20 유엔 한국위원회 씽 대표는 한국위원회의 월북 제의 회신을 고대한다며 북한에 통일을 호소

◆5/20 이승만 대통령은 선거방해를 음모한 가장 중간파를 경계하라며 민보단(民堡團)은 선거 후에 해산하겠다고 약속

◆5/21 북한에서 수문(水門)을 열어 38선을 남하한 물이 연백평야에 출렁출렁

◆5/26 북로당 남반부 정치위원 등 1백여 명 검거, 공작비만 수억 원이며 순금 무전기 등 압수

◆5/27 이승만 대통령은 중간파 피선은 위험하니 과거 행적을 고려한 후 애국자에게 투표하라고 교서 배포

◆5/28 남로당 프락치 사건 일단락, 북한 정권과 관련한 153명을 검거, 반역자를 방조한 중간파도 단호히 처단

◆5/30 제2대 국회의원 선거, 노진설 중앙선거위원장은 무기권(無棄權)으로 민주 선양을 호소

◆6/1 제2대 총선에서 무소속 단연 우세, 신인 진출도 주목, 제3세력 진영도 출현 전망

◆6/5 외상 비료 50억 원 방출, 영세 농가에 빚 걱정 말고 농사만 잘 짓자며 격려하여 서광(曙光)이

◆6/7 중간파 귀추가 주목되나 김규식은 신당 출현은 요원(遼遠)할 것이라고 전망

◆6/10 미국 국무성은 미국의 극동방위선은 한반도를 제외하고 알류산 열도 - 일본 - 대만 - 필리핀이라고 발표

◆6/11 미국 트루먼 대통령은 자유국가 간의 공동행동을 강화하는 것이 반공평화 확보에의 길이라며 군사적 안전을 보장한다고 천명

◆6/12 유엔 한국위 대표는 여현역 구내에서 북한대표와 1시간 동안 회담, 북한은 평화통일론 제의, 북한대표는 월경하다가 체포

◆6/16 거물 여간첩 김수임 군사재판, 가공할 매국(賣國)행위 혐의로 사형 선고

◆6/17 북한이 조만식과 김삼룡·이주하와의 교환을 제의하자 이승만 대통령은 이를 수락

◆6/20 제2대 국회 개원, 의장에는 신익희, 부의장에는 장택상과 조봉암 당선

◆6/26 북괴군 돌연 남침을 기도, 38선 전역에 비상사태 선언, 정예 국군은 북한군에 대한 반격전 전개, 시내 민심은 평온

◆6/27 이승만 대통령은 은밀하게 열차로 수원으로 피신하고 새벽에 한강 인도교를 폭파

[제3부] 2천여 명의 후보들이 운집한 제2대 총선

제1장 임기연장론을 잠재우고 선거 강행
제2장 무소속이 60%를 점령한 제2대 국회

제1장 임기연장론을 잠재우고 선거 강행

1. 제2대 총선을 앞둔 정국(政局) 상황

2. 제2대 총선에 2,225명의 후보들이 난립

1. 제2대 총선을 앞둔 정국(政局) 상황

(1) 임기연장론을 잠재우고 제2대 총선을 실시

일민구락부 이항발, 김태수 의원들은 치안 문제가 중대 위기에 처한 상황에서 선거 비용을 절약하여 국토 통일에 주력하기 위해 대통령 임기와 동일하게 하려는 의도에서 제헌의원들의 임기 연장을 주장했다.

내각책임제 개헌안이 부결되자 대한국민당은 제헌의원 임기연장안과 대통령직선제, 국회 양원제를 골자로 하는 헌법개정안에 대한 서명운동을 전개했다.

새로운 개헌안과 병행하여 임기 연장 획책을 위해 대한국민당 의원들의 암약(暗躍)이 활발했다.

국회의원 80여 명은 국회의원의 임기 2년 연장안을 본회의에 상정시키고자 시도하고 있으나, 서명의원들마저 나는 모른다고 부정하는 것은 양심의 가책에 의한 고민의 부정이라는 쑥덕공론이 나돌았다.

정부는 의원 임기 연장을 위해 헌법을 개정할 복안이 없다고 밝혔고, 제헌의원 임기 연장에 관한 개헌 문제는 국민들의 여론과 의원들의 체면에 비추어 각 정파 합동회의에서 제안하지 않기로 의견 일치를 보았다.

이시영 부통령은 임기 연장은 신중하게 검토하여 제안하라고 조언했고, 임기연장은 여론엔 마이동풍이며 반대 가장코 공작을 계속하는 것은 독재의 맹아(萌芽)라고 규탄했다.

김태선 서울 시경국장은 남로당이 배후에서 준동하고 있기에 의원들의 임기 연장을 반대하고 있다고 발표했고, 전국 애국단체연합회에서는 임기연장 반대를 결의하고 건의서를 채택했다.

이승만 대통령은 선거에 치안 운운은 기우이며 임기연장은 민의로 결정할 일이라고, 신익희 국회의장은 임기연장설은 무소(霧消)했다고 대립했지만, 제헌의원 2년 임기연장은 사실상 물거품됐다.

5월 이내에 총선거를 실시하겠다고 언약했던 이승만 대통령이 신년도 예산안 통과가 지연됨으로 부득이 총선거를 11월로 연기하겠다는 공한을 국회에 제출했다.

드디어 이승만 대통령은 1950년 5월 31일로 임기가 만료되는 제헌의원 임기를 6개월 연장하고 제2대 총선을 11월 말에 실시한다 계획을 발표했다.

이에 민주국민당이 강하게 반발하는 등 정국이 위기 상태에 이르자, 유엔 임시한국위원단은 선거의 연기는 대의정치의 원칙에 반하고 정치적 분쟁은 공산 세력에 이용당할 수 있다고 경고했다.

미국 정부도 5월로 예정된 총선거를 실시하지 않는다면 대한(對韓) 군사와 경제원조를 재고하겠다는 요지의 각서를 보내옴에 따라, 정부는 선거일 연기 결정을 번복(飜覆)하여 5월중에 제2대 총선을 실시하겠다고 발표했다.

결국 이승만 대통령이 5월 30일 제2대 총선을 실시한다는 성명을 발표하여 갈등이 종결됐다.

(2) 내각책임제 개헌안 논란과 3분의 2 미달로 부결

민주국민당에 의한 내각책임제 개헌안 제출 움직임이 가시화됨에 따라 이승만 대통령은 개헌안 반대 의사를 표명했다.

내각책임제 개헌이 추진되고 있는 상황에 대하여 이승만 대통령은 애국애족하는 현명한 의원 여러분이 깊이 생각하여 주기 바란다는 특별담화를 발표했다.

그럼에도 민주국민당이 일부 의원들을 포섭하여 서상일 의원 외 78명 의원 서명으로 내각책임제 개헌안을 국회에 제출했다.

민주국민당은 이번 개헌운동이 정권야욕에서 나온 것이며 임기연장을 가장한 술책이라는 평가는 부당하며, 정부의 국회의원 입후보를 연고지에 한한다는 선거법 개정안은 국회의원과 지방의원을 구별치 못한 모독이라고 주장했다.

내각책임제 개헌안이 국회에 제출되자 이승만 대통령은 정부를 동요케 말라면서 국회의원 200명 전부가 찬성한다 하더라도 대통령을 사임하고서라도 야인으로 나서서 끝까지 싸우겠다고 철석같은 반대 결의를 재표명했다.

신익희 국회의장은 정변 빈번론은 기우에 불과하며 거국일치 내각의 목적하에서 내각책임제 개헌안을 절대 찬성한다는 담화를 발표하면서, 개헌안의 목적이 정권욕 운운한 것은 모략이라고 거듭 주장하며, 이승만 대통령의 종신 취임을 희망한다고 밝혔다.

개헌안에 대해 국민회와 대한청년단에서는 반대 입장을 천명한 가운데 민주국민당을 제외한 일민구락부, 신정회, 대한국민당은 반대 세력 규합 중으로 찬성과 반대가 팽패한 상태였다.

내각책임제 개헌안이 제출되자 이승만 대통령을 추종하며 개헌안에 반대하는 의원들이 일민구락부, 신정회 등을 이탈하여 대한국민당에 집결됐다.

내각책임제 개헌안에 대한 찬반 격론을 벌인 대한국민당과 민주국민당이 당운(黨運)을 걸고 한판승부를 펼쳤다.

1948년 11월 30일 창단된 대한국민당은 여당 조직운동을 전개한 바 있으나, 이승만 대통령의 후원을 받지 못하여 소기의 성과를 거두지 못하자 한국민주당과의 합당을 결행하게 됐다.

그러나 합당반대파는 합당에 참여하지 않고 잔류하여 겨우 명맥만을 유지하여 왔다.

내각책임제 개헌을 주도한 민주국민당의 독주에 대항하기 위해 대한국민당 재결성을 도모하여 일민구락부, 신정회, 대한노농당, 무소속 일부 의원들의 호응을 얻어 개헌반대파의 결집체인 대한국민당을 재창당했다.

개헌안 공고에 즈음하여 이승만 대통령은 국가의 기반을 공고히 하기 위해 반대하고 있지만, 개헌은 민의에 따라 결정할 문제라는 입장을 밝혔다.

개헌안 서명 의원 79명의 소속은 민주국민당 47명, 대한국민당 13명, 일민구락부 6명, 무소속 13명이며, 김효석 내무부장관의 경질에 따라 일민구락부 소속 의원 중 찬성론자가 급증한 것으로 알려졌다.

대한국민당, 국민회, 대한청년단으로 구성된 애국단체연합회가 개헌반대 총궐기대회를 개최하고 "개헌 음모를 가장하여 민의라고 참칭(僭稱)하는 정상배를 부시자", "정권욕과 임기연장을 기초로 한 흉보(兇譜) 개헌안을 철저 분쇄하자", "개헌을 구실로 민중을 기만하여 총선거에 기반을 세우려는 징심배를 타도하자"는 벽보 부착에 대해 백성욱 내무부장관은 시종 개헌안의 찬성과 반대는 자유라는 모호(模糊)한 입장만을 국회에서 밝혔다.

이철원 공보처장은 만약 개헌이 통과되면 미국의 대한경제원조가 단절되리라면서 개헌은 천부당만부당한 것이라며 반대 논리를 열거하여 발표했다.

공보처장의 발언에 대해 주한 경제협조처장 번즈는 미국은 모든 나라들이 정치 형태를 자유롭게 결정하는 것을 존중하며 개헌과 경제원조는 무관함을 주장하며 대통령에 항의서한을 발송했다.

개헌 냉전이 드디어 열전화하여 국회 개원 이래 초유의 불상사인 난투와 노호(怒號)의 수라극이 펼쳐졌다.

이러한 와중에 대한국민당 김수선, 백형남, 조재면, 손재형 의원들이 개헌 반대 결의에 불만을 품고 대한국민당을 탈당했다.

내각책임제 개헌안에 대한 표결 결과 재석 의원 179명 가운데 찬성 79표, 반대 33표, 기권 66표로 3분의 2 미달로 부결됐다.

내각제 개헌안을 부결시키기 위해 급조된 대한국민당은 개헌안을 부결시키는 데 성공을 거두었다.

이에 이승만 대통령은 대통령의 직접선거와 상하 양원제 창설을 요망하는 담화를 발표했다.

개헌안의 찬성과 반대는 모두 일리가 있다는 양시론(兩是論)을 주장했던 이범석 국무총리는 찬성과 반대 모두 당당했다는 담화를 발표했다.

대한국민당은 기권은 보다 강력한 반대표라고 주장한 반면, 개헌안 찬성론자인 신익희 국회의장은 대통령도 어차피 개헌을 찬성한 것 같다며 기권한 66명의 의원에 대해 유감을 표명했다.

(3) 대통령과 국회의 대립과 불신의 골은 점점 깊어져

이승만 대통령은 이범석 국무총리의 사표를 수리하고 후임 총리의 인준을 요청할 것이며 후임 총리 물망에는 신성모 국방부장관, 신흥우 주일대사, 백성욱 내무부장관이 거명됐다.

그러나 이승만 대통령은 후임 총리에 이윤영 사회부장관을 임명하고 국회에 인준을 요청했다.

국회는 국무총리 인준에 대한 무기명 투표에서 가(可) 68표, 부(否) 84표, 기권 3표로 인준을 부결했다.

이윤영 장관은 1948년 초대 국무총리 인준에도 실패하고, 두 번째 인준 실패라는 오명을 받게 됐다.

국회는 국회의원 104명의 연서로 후임 국무총리에 조병옥을 천거했다.

이에 이승만 대통령은 사직한 이범석 국무총리로 하여금 총리직을 수행토록 하였고 국회는 이는 부당하다고 지적했다.

이범석 국무총리가 무능을 자책하며 총리직을 사임하자, 이승만 대통령은 무(無)총리제 즉 총리서리제를 선언했다.

이승만 대통령은 이윤영 총리 인준 반대를 사고(事故)로 인정하여 신성모 국방부장관을 총리서리로 임명하여 국회에 통고하자, 국회는 부당하다며 즉일로 통고문을 정부에 반려하여 정부와 국회의 대립이 깊어만 갔다.

국무총리를 임명하지 않고 총리서리체제를 유지하면서 제2대 총선이 실시됐고, 제2대 국회가 개원되자마자 6.25 동란이 터져 부산 임시수도에서 뒤늦은 1951년 장면 주미대사를 국무총리에 임명하여 인준을 받았다.

2. 제2대 총선에 2,225명의 후보들이 난립

(1) 후보들의 정당·소속과 직업·학력

제2대 총선 입후보자 2,209명의 정당·소속 단체는 무소속 후보가 1,513명으로 68.5%를 차지했고, 대한국민당이 165명, 민주국민당이 154명으로 양대 정당의 위용을 자랑했다.

독립촉성국민회의 후신인 국민회가 115명, 조선민족청년단, 대동청년단 등 40개의 청년단체가 이승만 대통령의 지시에 따라 통합된 대한청년단이 60명, 대한노동총연맹이 41명, 상해 임시정부 내무부장인 조소앙이 창당한 사회당이 28명의 후보들을 추천했다.

39명의 현역의원의 모임인 일민구락부가 19명을, 대한노농당이 20명, 김구 주석이 창당한 한국독립당이 13명, 원세훈이 결성한 민족자주연맹이 10명의 후보들을 배출했다.

유도회, 조선민주당, 대한부인회, 대한농민총연맹, 불교위원회, 독로당, 재일동포거류민단, 여자국민당, 대한민농당, 신생회, 정경연구회 등은 복수의 후보가 출전했지만 대동청년단, 삼로당, 신강회, 우국노인회, 반공연맹, 삼일혁명동지회, 천도교, 대한의열단, 신사회, 천주교총연맹, 신문기자협회, 농민회, 대한기독교침례회, 선량동지회, 노농청년연맹, 기독교청년회, 민보단, 애국단체연맹 등은 나홀로 출전했다.

후보들의 직업은 농업 804명으로 단연 수위를 차지하고 회사원이 233명, 상업 및 운수업이 171명, 언론출판업이 109명으로 대종(大宗)을 이루었다.

법조인(85명), 교육자(71명), 제헌의원(112명)도 많은 편이며 종교인(32명), 광공업(72명)도 다수였다.

후보자의 연령은 40대가 805명, 50대가 564명으로 대부분을 차지하고 있지만, 20대 후보자도 86명(3.9%), 70대 후보자도 16명(0.8%)이었다.

후보자의 학력은 한문(漢文)수학이 120명, 소학교 졸업이 268명으로 388명(17.5%)의 후보가 저학력자였으며, 대학 졸업자는 636명으로 28.8% 수준이었다.

(2) 2천여 명의 후보들이 난립한 배경과 연유

이번 선거에는 제헌의원들에 대한 막연한 불평을 규합한 지반을 토대로 하여 당적을 가진 사람들이 출마전에 탈당을 하고 무소속으로 나온 사람들이 많은 것이 특색이다.

후보들의 난립은 문중(門中)주의에서만 기인된 것이 아니라 씨족주의에서도 믿을 만한 사람을 세우자와 씨족 관념이 강하여 누구의 문중에서 출마하니 우리 종중(宗中)에서도 출마해야 한다는 대립 관념이 입후보 양산(量産)을 가져왔다.

기성 세력에 대한 불신과 반발이 무소속 후보와 중간파 후보들의 배출에 박차를 가했던 것이다.

제헌의원에 대한 비판과 계룡산록에서 은둔한 사람들의 나도 그만큼 하리라는 막연한 자존심인 자기와의 비중을 고려하여 너도나도 우후죽순처럼 출현했다.

세상을 집안에서 개탄하고 공론만 하다가 생활의 새로운 토대를 마련하고자 점잖은 직업, 소위 어른 행세에 필요한 직업이라는 점에서 입후보가 샘솟은 셈이다.

국가의 장래를 위해서 견마지로(犬馬之勞)를 다하려는 그들의 열정과 포부와 경륜을 부정하려는 것은 아니지만, 제헌의원에 대한 불평은 그들의 각오를 촉구했고 새로운 삶에 대한 정열은 국가 경륜에 대한 청신(淸新)의 기를 불어넣은 것이다.

국회의원에 설혹 당선되지 못한다하여도 불원(不遠)하여 실현될 지방의원에 입후보하기 위해 준비운동 차 출마하기도 했다.

또한 강적을 물리치기 위하거나 표를 분신시키기 위해, 깅직의 측근을 감언(甘言)으로 책략 선동하여 입후보하게 한 측면도 있었다.

국가 재정은 빈약한 데도 불구하고 과대한 국회의원의 보수는 이번 총선에서 입후보 난립의 한 요인으로도 작용했다.

(3) 선거구를 200개구에서 210개구로 10개구를 증설

국회의원 선거법이 가결되어 연고지 입후보가 철폐되고 선거구가 200개에서 210개 선거구로 증설됐다.

전국의 모든 시·군·구에서 1명의 의원을 선출하되 인구가 10만

명을 넘어서는 경우에는 갑·을구로 분구하는 제헌의원 선거구에서 인구의 증가에 따라 10개구를 증설한 것이다.

서울은 동대문 갑, 을구를 동대문으로 통합하되 미아리, 안암동, 성북동 등을 묶어 성북구를 신설하고 중구, 용산구, 성동구, 영등포구, 서대문구, 마포구를 갑·을구로 분구하여 6개구를 증설했다.

경기도는 고양 갑·을구를 통합하되 인천 갑·을구를 갑·을·병구로 증설하고 화성 갑·을구에서 수원시를 신설하여 1개구를 증설했다.

전남도는 광산구를 갑·을구로 분구하여 1개구를 증설하고, 경북도는 영일 갑·을구에서 포항시를 신설하여 1개구를 증설했다.

경남도도 부산 갑·을·병·정을 갑·을·병·정·무로 조정하여 1개구를 증설했다.

그리하여 서울 16개구, 경기 30개구, 전남 30개구, 경북 34개, 경남 31개구로 조정되고 충북 12개구, 충남 19개구, 전북 22개구, 강원 12개구, 제주 3개구는 종전의 선거구를 유지했다.

(4) 선거사범에 대한 단속과 이승만 대통령의 교시

이승만 대통령은 총선거에 즈음하여 국민은 모략에 기만되지 말고 정치적 색태(色態)를 잘 분별하라고 특별 교시(敎示)함으로써 남로당 계열이나 중간파의 진출을 경계했다.

이승만 대통령은 선거방해를 음모하는 가장(假裝) 중간파를 경계하자면서 민보단의 해산은 총선 후에 결행하겠다고 약속했고, 애국 동포는 공산분자들의 음모에 속지 말고 진정으로 애국성심을 가지고 우리의 민주 정부를 공고화하려는 애국자에게 투표하여주기를 호소했다.

이승만 대통령은 투표일에 즈음하여 남북협상에 참여한 중간파 후보들의 피선은 위험하니 과거의 행적을 고려하고서 투표하라고 거듭 강조했다.

노진설 중앙선거위원장도 무기권(無棄權)으로 민주주의를 선양하자고 호소했고, 언론에서는 한 표 한 표에 신중을 기해 선거로 국가의 기초를 확보할 수 있도록 진정한 애국자를 선출하자고 계도(啓導)했다.

정부는 군·검·경 합동으로 대한민국 정부를 전복(顚覆)하고 남조선 노동당 재건의 공작을 감행한 북조선노동당 남한부 정치위원 1백여 명을 검거했다고 발표했다.

그들은 공작비로 3만 8천불과 1억 원을 활용했으며 협상파 입후보자들을 포섭하여 선거비를 지급코자 했고, 이들로부터 순금과 무전기 등을 다량으로 압수했다.

김태선 치안국장은 반역자들을 방조한 중간파 후보들은 이번 총선거에서 단호히 처단하자고 앵무새처럼 호소했다.

선거의 자유분위기를 흐리는 자들을 단속하기 위해 검찰은 경찰을 독려하여 선거사범들을 속속 적발하고 공무원의 선거 간섭을 단속하기에 감시반을 전국에 파견했다.

선거사범은 114명에 불과했으나 입후보자 12명이 구속됐다.

(5) 총선을 전후한 낙수(落穗)와 기호 1번 후보의 당선

7월 1일부터 시행되는 예산안이 60억 원 삭감됐지만 통과되자 정부는 총선거일을 5월 30일로 공고했고, 이시영 부통령은 총선거로 국정을 쇄신하자는 소신을 피력했고, 백성욱 내무부장관은 경찰관들의 선거간섭을 엄금(嚴禁)한다는 담화를 발표했다.

이번 선거는 제헌의원 선거를 보이콧했던 남북협상에 참여한 중간파 정당들이 입후보하여 전 선거구에 평균 10여 명의 후보들의 난립이 예상되고, 민주국민당과 대한국민당이 단일 후보를 내세워 현 정부에 대한 반대와 옹호의 입장을 견지하며 한판 승부를 펼칠 것으로 예상됐다.

한국청년단에서는 청년단 공인 후보자에 투표하지 않으면 엄벌하겠다고 청년단원에 협박 시달한 것으로 물의를 빚었다.

충남·전북·전남에서는 당나라 세력을 끌어들여 동족인 백제를 멸망케 한 김유신 장군은 동족상잔(相殘)의 장본인이라고 중간파 후보들은 기성 세력들을 공격하는 데 활용했다.

새로운 후보자들은 제헌의원들을 이구동성으로 벙어리 의원이니, 귀머거리 의원이니 온갖 험구와 악선전으로 비난했다.

신익희 국회의장은 추천서 도용(盜用)은 유감스러운 일이나 선거에 지장이 막대하므로 지방 공무원들의 이동은 불가하다고 주장한 반면, 백성욱 내무부장관은 정기 승진에 따른 인사일 뿐이라고 공무원 이동을 반박했다.

선거 경기는 막걸리 타령이 있었을 뿐이다. 문중의 입김이 세고 일가(一家)라는 입장에서 표 쏠림은 확실하지만 "할아버지 떡도 커야 사 먹는다"는 속담처럼 선물공세와 막걸리공세가 문중표를 분산시켰다.

이번 선거에서 소요되는 광목이 팔만 마(碼)로 1만 6천 명의 의복을 만들 수 있는 양이고, 광고(廣告)로 소요되는 종이를 깔아 놓으면 6천㎢에 해당하는 어마어마한 면적을 차지하게 될 것이라고 선거 비용을 우려했다.

이번 선거에 불출마한 제헌의원들은 구속 중인 13명을 비롯하여 민주국민당의 이만근, 원장길, 김용현, 장기영, 허정, 최봉식, 임석규, 김교현, 박해극, 김종문 의원, 대한국민당의 송봉해, 김영기, 박준, 김웅권 의원, 일민구락부의 안준상, 구중회, 정구삼, 손재학, 조재면, 이윤영, 이범교 의원 등 21명이다.

성북구 정견발표회장에서 조소앙 후보는 연설 말미에 "대한민국은 일조일석에 이루어진 것 아니고 수십 년간의 국내외 투쟁의 결정인 것이니 오늘 우리는 대한민국 창조자에 대하여 만세를 불러야 한다"고 주장하며 다 같이 만세를 부르자, 청중들이 찬반으로 갈려 난투극이 벌어지고 청중들이 뿔뿔이 흩어지는 불상사가 있었다.

동아일보에서는 '깨끗한 한 표 명랑한 정치', '투표하자 기다리자 통일의 그날', '잊지 말자 총선거 내지말자 기권자', '남북통일은 5.30 총선거로', '기권은 거룩한 권리의 포기', '귀중한 한 표를 바른 사람에게' 등의 표어를 게재하여 계몽운동을 펼쳤다.

전국 210개 지역구에서 지역구별 평균 10명 이상의 후보들이 난립하다보니 기호 1번의 추첨을 받은 후보자가 당선되는 행운을 잡아 전국에서 물경(勿驚) 91개 지역구에서 당선되어 기호 1번 당선율은 43.3%를 기록했다.

서울에서 정일형(중구을), 박순천(종로갑), 오하영(종로을), 장연송(동대문), 조소앙(성북), 지청천(성동갑), 김용우(서대문갑), 윤기섭(서대문을), 오성환(마포갑), 이종현(마포을), 황성수(용산갑), 남송학(용산을) 후보 등 12명이고, 경기도에서 이용설(인천갑), 곽상훈(인천을), 조봉암(인천병), 김동성(개성), 홍길선(수원), 최국현(고양), 신익희(광주), 조시원(양주갑), 이진수(양주을), 윤성순(포천), 홍익표(가평), 여운홍(양평), 김의준(여주), 유기수(용인), 이교선(안성), 안재홍(평택), 이재형(시흥), 이교승(김포), 윤재근(강화), 이동환(파주), 백상규(장단), 신광균(개풍), 김경배(연백갑), 김태희(연백을), 오의관(옹진을) 후보 등 25명이 기호 1번이다.

충북에서 최면수(보은), 이충환(진천), 조대연(충주), 한필수(제천), 조종승(단양) 후보들이 기호 1번이고, 충남에서 김종열(대전), 김종회(대덕), 박충식(공주갑), 김명동(공주을), 김헌식(논산갑), 윤담(논산을), 이석기(부여갑), 이상철(청양), 이종린(서산갑), 안만복(서산을), 구을회(당진), 이규갑(아산), 김용화(천안) 후보 등이 당선되어 충청권에서 18명이 당선됐다.

전북에서 김준희(진안), 김상현(무주), 엄병학(임실), 최병주(부안) 후보와 전남에서 임기봉(목포), 김홍용(담양), 조순(곡성), 이판열(구례), 박팔봉(고흥갑), 박민기(화순), 윤영선(해남갑), 박기배(해남을), 김종순(나주갑), 조병문(진도), 김정기(승주), 김용무(무안갑), 장홍염(무안을) 후보 등 17명이다.

경북에서는 김봉조(청송) 후보가 유일하고 경남에서 장건상(부산을), 유덕천(진주), 양우정(함안), 오위영(울산갑), 김택천(울산을), 김범부(동래), 최원호(김해갑), 김봉재(창원을), 김정실(고성) 후보 등 10명뿐이다.

강원도에서 박승하(춘성), 이재학(홍천), 안상한(횡성), 윤길중(원주), 태완선(영월), 이종욱(평창), 이종영(정선), 박세동(강릉갑), 임용순(삼척) 후보 등 9명이다.

제2장 무소속이 60%를 점령한 제2대 국회

1. 제헌의원과 정당 후보들이 참패한 총선

2. 제2대 총선에서 당선된 영광의 얼굴들

1. 제헌의원들과 정당 후보들이 참패한 총선

(1) 제헌의원 112명이 출전하여 31명만 귀환

제2대 총선 선거결과 정당·단체별 의석수 분포는 집권여당을 표방한 대한국민당 24석, 야당을 표방한 민주국민당이 24석에 머물렀고, 국민회 14석, 대한청년단 10석, 대한노총총연맹 3석, 일민구락부 3석, 사회당 2석이었다.

민족자주연맹, 대한부인회, 여자국민당, 불교위원회, 대한농민총연맹이 1석을 차지했을 뿐 무소속 후보들이 126석을 차지했다.

선거전의 의석 분포는 대한국민당 71석, 민주국민당 59석, 일민구락부 38석이었다.

대한국민당은 165명을 공천하여 24석을, 민주국민당은 154명을 공천하여 24석을, 일민구락부는 19명의 현역의원이 출전하여 3석을 건져 올렸을 뿐이었다.

이와같이 정당이나 단체의 공천을 받거나 소속임을 표방하고 출전한 후보들이 696명에 달했으나 겨우 84석에 머물렀다.

특히 제헌의원 112명이 출전하여 31명이 당선되어 현역의원의 이점을 안고도 당선율은 27.6%에 불과했으며, 제헌의원 200명 가운데서 생환자는 31명으로 생환율은 15.5%에 머물렀다.

제헌의원으로 국회에서 내노라고 활보했던 대한국민당 최고위원인 윤치영(중구갑), 내각책임제 개헌을 주도했던 서상일(대구을) 뿐만 아니라 이영준(동대문), 김도연(서대문갑), 김덕열(양주갑), 서정희(포천), 김준연(영암), 백관수(고창을) 의원들이 낙선했다.

조봉암(인천병), 이재형(시흥), 이재학(홍천) 의원들이 대한국민당으로, 지청천(성동갑), 신익희(광주), 장홍염(무안을) 의원들이 민주국민당으로, 신광균(개풍), 서이환(울릉), 이종린(서산갑) 의원들이 일민구락부로, 곽상훈(인천을), 홍익표(가평), 김익기(안동을), 조헌영(영양), 김익로(영일을), 김광준(울진) 의원들이 무소속으로 당선됐을 뿐이다.

(2) 당선자들의 직업과 연령 그리고 학력

당선자 210명의 직업은 현역의원 등 다양하며 농업이 63명으로 30%를 차지하고 있고, 제헌의원도 31명으로 15%를 점유하고 있다.

변호사 등 법조인이 12명이며 목사, 승려 등 종교인도 4명이며, 회사장 등 중소기업인들도 22명이나 당선됐다.

당선자의 연령은 40대가 85명으로 40%가 넘고, 50대가 35명으로 대부분을 차지하고 있다. 20대 당선자도 4명이며 60대도 20명이며 70대 당선자도 1명 있다.

학력은 한문(漢文)수학, 소학교 졸업, 중학교 중퇴생이 17명으로 8.1%에 달하고, 대학 졸업자가 83명으로 44% 이상으로 비교적 학력이 높은 편이다.

득표수에서는 6천 표 미만의 득표로 당선된 후보가 33명에 달하고, 3만 표 이상을 득표하고 당선된 후보는 1명에 불과했다.

1만 표를 전후하여 60명이 당선되어 평균적으로 1만 표를 득표하여 당선됐다.

(3) 제3세력의 등장과 국회의장 선출의 갈등

전국의 최고득표자는 성북의 조소앙 후보로 3만 4천 315표를 득표했고, 최소 득표는 선거 관련 자료의 유실로 밝혀지지 않았다.

교섭단체 등록을 앞두고 무소속 의원 포섭 작전이 치열했다. 이승만 대통령도 직선제 개헌과 정국 안정을 바라며 중간 우파와의 협력을 기대했다.

소소앙, 오하영, 안재홍, 이규갑 의원들과 김규식 입법의회 의장이 주도한 민련 출신인 원세훈, 윤기섭, 장건상, 여운홍, 장연송 의원들의 동향이 주목되는 가운데 대한국민당, 민주국민당, 무소속 3파간에 국회의장과 부의장 쟁취 공작을 활발하게 전개했다.

제2대 국회는 5월 19일 개원하여 국회의장에는 민국당 신익희 의원을 선출하고, 부의장은 대한국민당의 조봉암 의원과 무소속 김동원 의원을 선출했다.

개원하자마자 6.25 동란이 발발하여 많은 의원들이 월북하거나 납북됐으며 대부분 부산의 경남도청에서 의정 생활을 보냈으며 발췌개헌안의 찬성자라는 오명은 어쩔 수 없었다.

2. 제2대 총선에서 당선된 영광의 얼굴들

대한국민당 : 24명

◆서울(2명): 오성환(마포갑, 민족대표 대의원), 남송학(용산을, 국민회 재정부장)

◆경기(6명): 조봉암(인천병, 농림부장관), 이진수(양주을, 제헌의원), 김웅진(화성을, 제헌의원), 이재형(시흥, 제헌의원), 윤재근(강화, 제헌의원), 김경배(연백갑, 제헌의원)

◆충북(3명): 최면수(보은, 의병대 참모), 연병호(괴산, 제헌의원), 조종승(단양, 제헌의원)

◆충남(3명): 김명동(공주을, 제헌의원), 이규갑(아산, 목사), 김용화(천안, 제헌의원)

◆전북(1명): 엄병학(임실, 사법서사)

◆전남(2명): 유인곤(영암, 회사원), 황병규(여천, 제헌의원)

◆경북(3명): 우문(김천, 토목업), 육홍균(선산, 제헌의원), 박영출(의성갑, 교육자)

◆강원(3명): 박세동(강릉갑, 한청 강릉군단장), 최헌길(강릉을, 제헌의원), 이재학(홍천, 제헌의원)

민주국민당 : 24명

◆서울(2명): 지청천(성동갑, 대청단장), 임흥순(성동을, 성동구 동 연합회장)

◆경기(3명): 홍길선(수원, 제헌의원), 최국현(고양, 제헌의원), 신익희(광주, 제헌의원)

◆충북(2명): 신각휴(옥천, 중앙농회 위원), 성득환(영동, 은행원)

◆충남(1명): 박충식(공주갑, 회사중역)

◆전북(3명); 변광호(군산, 회사원), 소선규(익산갑, 서울시부시장), 윤택중(익산을, 전북도 교육국장)

◆전남(9명): 김양수(순천, 삼일신문 주필), 고영완(장흥, 장흥군수), 양병일(강진, 변호사), 윤영선(해남갑, 광주시장), 김용무(무안갑, 대법원장), 장홍염(무안을, 제헌의원), 서상국(나주을, 교원), 이판열(구례, 중학교장), 정남국(완도, 일본대 중퇴)

◆경북(2명): 김시현(안동갑, 임정요원), 곽태진(고령, 양조업)

◆경남(1명): 최원호(김해갑, 경남도 국장)

국민회 : 14명

◆서울(1명): 유홍(영등포을, 삼화피혁 사장)

◆충남(3명); 윤담(논산을, 양조업), 구덕환(서천, 의사), 박철규(예산, 경기도 과장)

◆전북(1명): 김준희(진안, 양조업)

◆전남(3명): 정순조(광산갑, 금융조합 이사), 정인식(광산을, 지산 면장), 김낙오(보성, 어민조합장)

◆경북(1명): 백남식(상주을, 금융조합장)

◆경남(2명): 이상경(하동, 수리조합 이사), 박정규(함양, 농업)

◆강원(2명): 이종영(정선, 대동신문 사장), 이종욱(평창, 월정사 주지)

◆제주(1명): 김인선(북제주갑, 청년운동)

| 대한청년단 : 10명 |

◆전남(3명): 서상덕(나주을, 한청 면단장), 정헌조(영광, 면서기), 조순(곡성, 회사장)

◆경북(4명): 김판석(포항, 한청 포항시단장), 이협우(경주을, 농민회 기수), 이호근(예천, 한청 예천군단장), 김정식(영주, 후생회 이사장)

◆경남(2명): 최성웅(밀양갑, 신문지국장), 김병진(창원갑, 교원)

| 기타 정당·단체: 12명 |

◆대한노동총연맹(3명): 조광섭(영등포갑, 노동운동가), 김택술(정읍을, 전북도 과장), 임기봉(목포, 목사)

◆일민구락부(3명): 신광균(개풍, 제헌의원), 이종린(서산갑, 제헌의원), 서이환(울릉, 제헌의원)

◆사회당(2명): 조소앙(성북, 임정 외교부장), 조시원(양주갑, 국민의회 대의원)

◆민족자주연맹(1명): 원세훈(중구갑, 입법의원, 임정요원)

◆대한부인회(1명): 박순천(종로갑, 감찰위원회 위원)

◆불교(1명): 박성하(대구을, 불국사 총무국장)

◆여자국민당(1명): 임영신(금산, 제헌의원)

무소속 : 126명

◆서울(7명): 정일형(중구을, 유엔총회대표), 오하영(종로을, 독립선언 33인), 장연송(동대문, 입법의원), 김용우(서대문갑, 주택영단 이사장), 윤기섭(서대문을, 입법의원), 이종현(마포을, 강원도지사, 농림부장관), 황성수(용산갑, 외교부 정보국장)

◆경기(19명): 이용설(인천갑, 과도정부 보건후생부장), 곽상훈(인천을, 제헌의원), 김동성(개성, 공보처장), 윤성순(포천, 경기도 광공국장), 홍익표(가평, 제헌의원), 여운홍(양평, 입법의원), 김의준(여주, 서울지법 판사), 이종성(이천, 검찰총장), 유기수(용인, 회사원), 이교선(안성, 식량영단 이사장), 안재홍(평택, 민정장관), 김인태(화성갑, 군수), 박제환(부천, 수련 경기도지부장), 이교승(김포, 김포면장), 이동환(파주, 파주군수), 백상규(장단, 보성전문 교수), 김태희(연백을, 면장), 서범석(옹진갑, 신문기자), 오의관

(옹진을, 면장)

◆충북(7명): 민영복(청주, 청주부윤), 이도영(청원갑, 경방 공장장), 곽의영(청원을, 군수), 이충환(진천, 국민일보 편집국장), 이학림(음성, 회사원), 조대연(충주, 면장), 한필수(제천, 제천읍장)

◆충남(11명): 김종열(대전, 대전지법 판사), 김종회(대덕, 한청 대덕군단장), 이긍종(연기, 상공일보 사장), 김헌식(논산갑, 논산읍 소방서장), 이석기(부여갑, 서울시부시장), 이종순(부여을, 홍성군수), 김영선(보령, 전남도 과장), 이상철(청양, 신문사 부사장), 유승준(홍성, 문교부 과장), 안만복(서산을, 인제면장), 구을회(당진, 국정회 위원)

◆전북(15명): 박정근(전주, 금강전구 사장), 이춘기(이리, 화성 농장장), 박양재(완주갑, 금융조합 이사), 박영래(완주을, 면장), 김상현(무주, 상공장려관장), 김우성(장수, 면장), 조정훈(남원, 대한청년단장), 김정두(순창, 대한청년단장), 신석빈(정읍갑, 전북도 내무국장), 김수학(고창갑, 상공부차관), 신용욱(고창을, 대한항공 사장), 최병주(부안, 대법관), 송방용(김제갑, 전북도 노동지도관), 최윤호(김제을, 국민회 지부장), 지연해(옥구, 옥구군수)

◆전남(12명): 박철웅(광주, 조선대학장), 정재완(여수, 전남도 과장), 박민기(화순, 국민회 회원), 박기배(해남을, 농장경영), 김종순(나주갑, 변호사), 변진갑(장성, 장성읍장), 김홍용(담양, 면장), 엄상섭(광양, 변호사), 박팔봉(고흥갑, 신문지국장), 서민호(고흥을, 전남도지사), 조병문(진도, 진도군수), 김정기(승주, 목포부윤)

◆경북(22명): 조경규(대구갑, 의사), 이갑성(대구병, 입법의원), 권오훈(달성, 독촉국민회 요원), 박만원(군위, 은행지점장), 권병로

(의성을, 제헌의원), 김익기(안동을, 제헌의원), 조헌영(영양, 제헌의원), 김봉조(청송, 제헌의원), 한국원(영덕, 의사), 최원수(영일갑, 영일군수), 김익로(영일을, 제헌의원), 안용대(경주갑, 군수), 권중돈(영천갑, 경북도 노동국장), 조규설(영천을, 식량영단 이사장), 방만수(경산, 경위), 김준태(청도, 변호사), 배상연(성주, 은행 감사), 장택상(칠곡, 외무부장관), 여영복(금릉, 면장), 박성우(상주갑, 농민회 중앙위원), 양재하(문경, 신문사 사장), 정문흠(봉화, 노총 봉화군부위원장)

◆경남(27명): 김지태(부산갑, 부산일보 사장), 장건상(부산을, 임정 국무위원), 김칠성(부산병, 경제연구소장), 정기원(부산정, 프린스턴대 교수), 최원봉(부산무, 국방부 과장), 권태욱(마산, 제헌의원), 유덕천(진주, 진양군수), 하만복(진양, 입법의원), 이시목(의령, 신문사 논설위원), 양우정(함안, 국민회 선전부장), 신용훈(창녕, 회사원), 김형덕(밀양을, 남선고무 사장), 서장수(양산, 방호대 편대장), 오위영(울산갑, 은행장), 김택천(울산을, 울산읍장), 김법부(동래, 전문대 교수), 이종수(김해을, 농업), 김봉재(창원을, 금융조합장), 서상호(통영갑, 은행취체역), 이채오(통영을, 회사원), 김정실(고성, 단국대학장), 정헌주(사천, 여중교장), 조주영(남해, 경무부 총무국장), 이병홍(산청, 반민특위 부장), 신중목(거창, 입법의원), 노기용(합천갑, 군수), 김명수(합천을, 면장, 금융조합장)

◆강원(7명): 홍창섭(춘천, 춘천시장), 박승하(춘성, 청년운동), 임용순(삼척, 경찰관), 김광준(울진, 제헌의원), 태완선(영월, 석탄공사 이사), 안상한(횡성, 부산수대 교수), 윤길중(원주, 국회 법제조사국장)

◆제주(2명): 강창용(북제주을, 금조 전무), 강경옥(남제주, 회사장)

[제4부] 지역구별 불꽃 튀는 격전의 현장들

제1장 수도권 : 무소속 당선자가 56.5%를 점유
제2장 영남권 : 66개 지역구로 점유율은 31.4%
제3장 강원·충청권 : 43개 지역구로 20.5% 점유
제4장 호남·제주권 : 55개 지역구로 26.2% 점유

제1장 수도권 : 무소속 당선자가 56.5%를 점유

1. 476명의 후보들이 출전하여 열전을 전개

2. 수도권 46개 지역구 불꽃 튀는 격전의 현장으로

1. 476명의 후보들이 출전하여 열전을 전개

(1) 당선자 46명 중 무소속 후보가 56.5% 차지

10개 선거구를 가진 서울은 동대문 을구 지역이 성북구로 신설되면서 동대문 갑·을구가 통합되고 중구, 성동, 서대문, 마포, 용산, 영등포 선거구가 갑·을구로 분구되어 16개구 체제가 됐다.

29개 선거구를 가진 경기도는 인천의 갑·을구를 갑·을·병구로 조정하고, 수원읍이 수원시로 승격되어 2개구가 증설됐으나, 고양 갑·을구를 통합하여 30개구 체제가 됐다.

그리하여 수도권은 46개 선거구를 가지게 되어 전국 210개 선거구의 21.9%를 점유하게 됐다.

당선자 46명의 정당이나 소속단체는 대한국민당(국민당) 8명, 민주국민당(민국당) 5명, 사회당 2명, 기타 단체 소속이 5명이며, 무소속 후보가 26명으로 절반이 넘었다.

대한국민당은 오성환(마포갑), 남송학(용산을), 조봉암(인천병), 이진수(양주을), 김웅진(화성을), 이재형(시흥), 윤재근(강화), 김경배(연백갑) 후보 등 8명이고, 민국당은 지청천(성동갑), 임흥순(성동을), 홍길선(수원), 최국현(고양), 신익희(광주) 후보 등 5명이다.

사회당은 조소앙(성북), 조시원(양주갑) 후보 등 2명이고, 기타 단체·정당은 민족자주연맹 원세훈(중구갑), 대한부인회 박순천(종로갑), 대한노동총연맹 조광섭(영등포갑), 일민구락부 신광균(개풍), 국민회 유홍(영등포을) 후보 등 5명이다.

무소속으로 당선을 일궈낸 후보들은 정일형(중구을), 오하영(종로을), 장연송(동대문), 김용우(서대문갑), 윤기섭(서대문을), 이종현(마포을), 황성수(용산갑), 이용설(인천갑), 곽상훈(인천을), 김동성(개성), 윤성순(포천), 홍익표(가평), 여운홍(양평), 김의준(여주), 이종성(여천), 유기수(용인), 이교선(안성), 안재홍(평택), 김인태(화성갑), 박제환(부천), 정준(김포), 이동환(파주), 백상규(장단), 김태희(연백을), 서범석(옹진갑), 오의관(옹진을) 등이다.

(2) 제헌의원의 귀환율은 35%를 밑돌고

수도권은 서울이 10개구, 경기도가 29개구로 제헌의원 39명이 탄생했다.

이승만 의원의 대통령 취임에 의한 보궐선거에서는 홍성하 후보가, 장면 의원의 주미대사 영전으로 실시된 보궐선거에서는 이인 후보가 당선되어 의원직을 승계했다.

39명의 의원 중 이윤영(중구), 서성달(고양갑), 김영기(안성), 김웅권(파주) 의원들은 출전을 포기했고, 이청천(성동), 곽상훈(인천을), 조봉암(인천병), 홍길선(수원), 최국현(고양), 신익희(광주), 이진수(양주을), 홍익표(가평), 김웅진(화성을), 이재형(시흥), 윤재근(강화), 신광균(개풍), 김경배(연백갑) 의원 등 13명만 당선되었을 뿐 22명의 의원들은 추풍낙엽처럼 낙선했다.

이인, 윤치영, 홍성하, 이영준, 김도연, 김상돈, 김동원, 윤재욱, 이성득, 김덕열, 서정희, 유래완, 원용한, 송창식, 민경식, 최석화, 이유선, 정준, 조중현, 신현모, 오택관, 김인식 의원들이 불귀(不歸)의 객이 됐다.

그리하여 제헌의원의 귀환율은 33.3%였다. 전남 광주에서 무투표 당선된 정광호 의원은 고향인 양주 을구로 지역구를 옮겨 출전하여 낙선했다.

지난 제헌의원 선거에서 낙선했지만 박순천(종로갑), 장연송(동대문), 오성환(마포갑), 남송학(용산을), 조광섭(영등포갑), 유홍(영등포을), 유기수(용인), 김태희(연백을), 서범석(옹진갑), 오의관(옹진을) 후보들은 이번 총선에서는 당선되는 오뚝이 기질을 발휘했다.

(3) 1만 표 미만의 득표로 25명의 후보들이 당선

서울의 16개구에는 162명의 후보들이 출전했고, 경기도의 30개구에는 314명이 출전하여 476명의 후보들이 난립되어 평균 경쟁률은 10.3대 1을 기록했다.

후보들이 난립하다보니 10% 득표율로 당선되는 현상이 속출했으며, 1만 표의 득표에도 실패했지만 당선되는 많은 행운아들을 만들어냈다.

1만 표 미만의 당선자들은 곽상훈(인천을, 9,959표), 이교선(안성,

9,767표), 오성환(마포갑, 9,630표), 이용설(인천갑, 9,032표), 박제환(부천, 8,804표), 조광섭(영등포갑, 8,770표), 신광균(개풍, 8,733표), 유기수(용인, 8,649표), 이종현(마포을, 8,242표), 서범석(옹진갑, 7,997표), 유홍(영등포을, 7,627표), 김인태(화성갑, 7,479표), 남송학(용산갑, 7,361표), 김태희(연백을, 7,332표), 김웅진(화성을, 6,992표), 최국현(고양, 6,274표), 윤성순(포천, 6,008표), 여운홍(양평, 5,868표), 홍길선(수원, 5,450표), 이종성(인천, 5,376표), 조시원(양주갑, 5,311표), 이진수(양주을, 5,097표), 홍익표(가평, 4,554표), 이동환(파주, 4,436표), 백상규(장단, 4,315표) 등 25명이다.

반면 2만 표 이상을 득표한 후보들은 오하영(종로을, 21,199표), 조소앙(성북, 34,035표), 신익희(광주, 29,525표) 후보들뿐이다.

2. 수도권 46개 지역구 불꽃 튀는 격전의 현장으로

| 서울특별시 |

〈중구 갑〉 이승만 정부에 대한 거부감 등이 발동하여 중간파로서 입법의원인 원세훈 후보가 초대 내무부장관을 지낸 윤치영 현역의원을 격파

갑구와 을구가 통합된 지난 제헌의원 선거에서는 민주의원 비서국장을 지낸 한국민주당 윤치영 후보가 중구 동연합회 회장인 박정근, 병원장인 백인제, 변호사 이봉구 후보 등을 제치고 당선됐다.

갑·을구로 분구된 이번 총선에는 북경대 출신으로 입법의원을 지낸 민족자주연맹(민련) 원세훈 후보와 제헌의원으로 초대 내무부장관을 지낸 국민당 윤치영, 독립운동을 펼쳤던 민국당 안동원 후보들이 3파전을 전개했다.

일본 중앙대 출신인 변호사 신태악, 지난 총선에도 출전했던 김선 후보들도 출전했다.

이승만 정부에 대한 거부감이 선거전에 반영되어 민족자주연맹 소속의 원세훈 후보가 미국 아메리칸대 출신으로 이승만 대통령의 총애를 받은 윤치영 현역의원을 2,370표차라는 비교적 큰 표차로 따돌리고 등원에 성공했다.

□ 득표상황

후보자	정당	연령	주요 경력	득표 (%)
원세훈	민족자주련	62	입법의원, 북경대	11,608 (45.1)
윤치영	대한국민당	53	제헌의원(공주 갑)	9,238 (35.9)
안동원	민주국민당	61	상공업, 독립운동	4,917 (19.1)
김노겸	무소속	44	회사원	
신태악	무소속	47	변호사, 일본중앙대	
이기남	무소속	48	사범대 이사	
최성두	무소속	42	상업, 음악가	
김선(여)	무소속	49	중졸	
이창근	무소속	41	출판업	

〈중구 을〉 유엔총회 대표라는 명성으로 월남한 북한 동포들의 민심을 휘어잡아 지역구의 새로운 주인이 된 정일형

이번 총선에서 신설된 이 지역구는 미국 뚜루대 출신으로 유엔 파리총회에 한국 대표로 참석했던 무소속 정일형, 명치대 출신으로 사회사업을 펼친 노총의 김헌, 청년운동을 펼친 대한청년단(한청) 문봉제 후보들이 경쟁을 벌였다.

회사원인 민국당 김을길, 임시정부 요인으로 한국독립당(한독당)

핵심이었던 민족자주연맹 최동오, 의사 출신으로 지난 총선에서는 조선민주당으로 출전한 무소속 석리경 후보들도 출전했다.

국제한국협회 이사인 정일형 후보가 월남한 이북 동포들의 민심을 휘어잡아 상해 임정요인으로 활약한 최동오, 사회사업가인 김헌 후보들을 큰 표차로 따돌리고 지역구의 주인 자리를 선점했다.

□ 득표상황

후보자	정당	연령	주요 경력	득표 (%)
정일형	무소속	47	UN총회 한국 대표	11,982 (51.5)
김 헌	노동총연맹	39	사회사업가, 명치대	6,535 (28.1)
문봉제	대한청년단	35	무직	4,735 (20.4)
김을길	민주국민당	46	회사원	
조상열	무소속	27	공제회 회장	
석리경	무소속	37	의사	
심상문	무소속	45	동회장	
최동오	민족자주연	57	임시정부 요원	
나창묵	무소속	44	무직	

〈종로 갑〉 지난 선거에서 당선된 조선민주당 이윤영 의원의 출전 포기로 제헌의원 선거에서 차점 낙선의 동정여론을 일으켜 국회 등원에 성공한 박순천

지난 제헌의원 선거에서는 한국민주당(한민당) 김성수 총무가 조만식 선생의 분신인 조선민주당 이윤영 후보의 당선을 위해 불출마를 선언하고 이윤영 후보를 지원했고, 이윤영 후보는 부인신문사 사장으로 독립촉성애국부인회 박순천, 청년운동가인 독립청년단 서상천, 변호사인 자주독립당 최진 후보 등을 꺾고 당선됐다.

이번 총선에서 이윤영 후보가 출전을 포기하자, 지난 총선에서 차점 낙선한 대한부인회 박순천 후보가 출전하여 대한변호사회 회장으로 활약하고 있는 무소속 장후영 후보와 한판 승부를 벌였다.

종로구청장을 지낸 민국당 김진용, 의사인 무소속 오일승, 지난 총선에는 자주독립당으로 출전했던 민국당 최진, 한의사로 지난 총선에도 출전했던 오삼식 후보들도 출전했다.

일본여자대학 출신으로 지난 총선에서 차점 낙선한 동정여론을 불러일으킨 박순천 후보가 변호사 회장의 명성을 발판으로 추격전을 전개한 장후영 후보를 2,039표차로 따돌리고 등원에 성공했다.

□ 득표상황

후보자	정당	연령	주요 경력	득표 (%)
박순천	대한부인회	51	대한여자청년단장	11,251 (55.0)
장후영	무소속	42	대한변호사협회장	9,212 (45.0)
김진용	민주국민당	57	종로구청장, 교원	
유석현	무소속	50	합동통신 취체역	
김영주	대한노농당	62	무직	
오일승	무소속	47	의사	
최 진	민주국민당	73	변호사	

이성혁	무소속	52	회사원	
원달호	대한국민당	57	정경연구회	
김재선	무소속	55	계몽사업	
문용채	삼민당	35	상업	사퇴
오삼식	무소속	61	한의사	

〈종로 을〉 기미독립선언 33인이라는 명성으로 민국당 최고위원 백남훈 후보를 3연속 패배로 몰아넣고 당선된 오하영

지난 제헌의원 선거에서는 입법의원 의원인 장면 후보가 저술가인 최규설, 의사인 대한정의단 최성장 후보들을 가볍게 제압하고 국회에 등원했다.

장면 의원의 주미 대사 임명에 따라 실시된 보궐선거에서 초대 법무부장관을 지낸 이인 후보가 조도전대 출신인 민주국민당 백남훈, 수도경찰청장 출신으로 외무부장관을 지낸 장택상 후보들을 꺾고 당선되어 의원직을 이어갔다.

이번 총선에서는 원래의 주인이었던 장면, 승계한 이인 의원이 출전을 포기하고 지난 보궐선거에서 차점 낙선한 민국당 백남훈이 당선을 향해 질주하자, 기미독립선언 33인 중 1명으로 정치대학장인 오하영 후보가 무소속으로 출전하여 제동을 걸고 나섰다.

의사 출신인 백준관 후보와 재일교포 거류민단에서 활동했던 이희원 후보들도 얼굴을 내밀었다.

70대의 고령임에도 불구하고 독립운동가로서의 명성을 발판으로 오하영 후보가 민국당 최고위원에 선임된 백남훈 후보를 6,189표 차로 대파했다.

일본 조도전대 출신인 백남훈 후보는 제헌의원 선거에서는 성동에서 이청천 후보에게, 종로을 보궐선거에서는 이인 후보에게, 이번 총선에서는 오하영 후보에게 패배하여 3년 동안 3연속 패배라는 수모(受侮)를 겪게 됐다.

□ 득표상황

후보자	정당	연령	주요 경력	득표 (%)
오하영	무소속	70	독립선언 33인	21,199 (58.5)
백남훈	민주국민당	64	조도전대, 최고위원	15,010 (41.5)
백준관	무소속	46	의사	
이희원	재일교포단	31	거류민단 간부	

〈동대문〉 제헌의원 선거와 보궐선거의 패배를 딛고 이영준 의원을 꺾고 설욕전에서 승리한 무소속 장연송

지난 제헌의원 선거 때는 갑·을구로 분구됐다. 갑구에서는 이승만 후보가 무투표 당선됐으나 대통령 취임으로 보궐선거가 실시됐고, 보궐선거에서 보성전문대 교수인 한민당 홍성하 후보가 입법의원인 무소속 장연송, 양조업자인 전호엽 후보들을 꺾고 뒤늦게 등원했다.

을구에서는 세브란스의전 교수인 이영준 후보가 민주의원 의원인 장연송, 회사원인 전호엽, 민주의원 의원인 조선국민당 황현숙 후보들을 꺾고 당선됐다.

이번 총선에서는 지난 총선에서 당선된 이영준, 낙선한 장연송과 전호엽 후보들이 재격돌을 펼쳤다.

미군 군정청 체신부 차장을 지낸 대한국민당 백홍균, 회사원인 무소속 장이석 후보들도 출전했다.

일본대 출신으로 입법의원, 한민당 중앙위원을 지낸 장연송 후보는 지난 총선에서는 의사인 이영준 후보에게 3,689 표차로 패배했고, 이승만 의원의 대통령 취임으로 실시된 보궐선거에서도 출전하여 4,230표차로 연패했다.

보궐선거에서 기반을 구축한 갑구 지역에서 우세한 것을 활용한 장연송 후보가 이번 총선에서는 대승을 거두고 2전3기를 이뤄냈다.

사회부 노동국장 출신인 전호엽 후보는 제헌의원 선거에서 7,738표를 득표하여 3위를 차지했지만, 지난 보궐선거에서 국민회 소속으로 9,830표로 차점 낙선한 저력으로 이번 총선에서 2위를 차지했다.

동장 출신인 김진영 후보와 한민당 중앙위원 출신인 이혁 후보의 선전이 돋보였다.

□ 득표상황

후보자	정당	연령	주요 경력	득표 (%)
장연송	무소속	49	입법의원, 일본대	15,074 (36.4)

전호엽	무소속	50	사회부 노동국장	8,349 (20.2)
이영준	민주국민당	55	제헌의원(동대문 을)	7,388 (17.9)
김진영	무소속	44	동장, 신설동	5,475 (13.2)
이 혁	무소속	44	한민당 중앙위원	5,107 (12.3)
박용직	무소속	39	무직	
백홍균	대한국민당	49	군정청 체신부 차장	
고윤원	무소속	56	농업인, 휘경동	
장이석	무소속	45	회사원, 전농동	
우갑린	노동총연맹	41	회사원, 전농동	
방한경	무소속	50	농업인, 청량리	
황중극	무소속	63	창신동 회장	
김응충	무소속	39	중졸, 전농동	

〈성북〉 김구 주석 암살이후 상해임시정부의 상징으로 출전하여 경무부장 출신인 민국당 조병옥 후보를 대파한 조소앙

이번 총선에서 신설된 이 지역구는 일본 명치대 출신으로 상해임시정부 외교부장을 지내고 한독당 부위원장으로 활약한 사회당 조소앙 후보와 군정청 경무부장을 지낸 민국당 조병옥 후보가 한판 승부를 벌였다.

상해임시정부 대의원을 지낸 노동총연맹(노총) 서성달, 청년운동을 펼친 한청 유화청 후보들도 출전했다.

유한사 사장인 황치종 후보와 패기가 넘친 유만석 후보들은 사퇴했지만, 세화피복사 사장인 노상기, 회사원인 김한천 후보들은 완주했다.

김구 주석의 암살 이후 상해임시정부를 대표하는 상징을 지닌 조소앙 후보가 한민당의 후신인 민국당의 조병옥 후보를 대파한 것은 인물 평가보다는 민심의 동향을 보여주고 있었다.

□ 득표상황

후보자	정당	연령	주요 경력	득표 (%)
조소앙	사회당	63	임정 외교부장	34,035 (66.6)
조병옥	민주국민당	56	군정청 경무부장	13,498 (26.4)
서성달	노동총연맹	61	제헌의원(고양 갑)	1,413 (2.8)
노상기	무소속	45	세화피복 사장	920 (1.8)
김한천	무소속	44	회사원, 정릉동	750 (1.5)
유화청	대한청년단	36	청년운동, 돈암동	480 (0.9)
유만석	무소속	33	중졸, 우이동	사퇴
황치종	무소속	44	유항사 사장	사퇴

〈성동 갑〉 예상을 뒤엎고 독립운동가인 민족자주연맹 김명준 후보에게 아찔한 승리를 거두고 2연승한 지청천

갑구와 을구가 통합된 지난 제헌의원 선거에서는 청산리 전투에서 명성을 남긴 이청천 후보가 대동청년단원들의 열렬한 선거운동으로 조도전대 출신인 백남훈 후보에게 압승을 거두고 국회에 등원했다.

지난 총선에서 압승을 거둔 이청천 의원은 지청천으로 성(性)씨를 바꿔 출전하여 독주체제를 갖추었다.

지청천 의원은 일본 육사 출신으로 대동청년단장을 거쳐 민국당 최고위원으로 선임되어 야권의 대표주자로 떠올랐다.

실업가인 무소속 이백규, 독립운동가로 알려진 민족자주연맹 김명준, 신문기자인 허범극, 남경 금릉대학 출신인 조민당 선우훈, 상공부 배정과장을 지낸 무소속 석의증, 성동구 동연합회 부위원장인 대한노총 유종남, 공무원과 신문기자 등 다채로운 경력을 가진 한민당 최요한, 단국대 이사장인 무소속 장형 후보들도 도전해 보았으나 역부족이었다.

세상을 뒤엎고 민국당 최고위원으로 헌역의원인 지청천 후보가 독립운동가인 김명준 후보에게 1,882표차로 아찔한 승리를 거두었다.

☐ 득표상황

후보자	정당	연령	주요 경력	득표 (%)
지청천	민주국민당	63	제헌의원(성동)	10,551 (28.3)
김명준	민족자주연	61	독립운동, 신당동	8,669 (23.3)
선우훈	조선민주당	38	대광중 이사, 출판업	4,130 (11.1)
이규동	무소속	61	중구 성정동	3,095 (8.3)
장 형	무소속	62	단국대 이사장	2,818 (7.6)
유종남	노동총연맹	42	회사원, 신당동	2,458 (6.6)
이백규	무소속	44	실업가, 신당동	1,452 (3.9)

석의증	무소속	44	상공부 배정과장	1,174 (3.2)
김호규	노동총연맹	52	회사원, 숭인동	928 (2.5)
이만규	대한노농당	56	무직, 원효로	686 (1.8)
최약한	한국민주당	42	공무원, 신문기자	369 (1.0)
정종세	무소속	35	제약업, 신당동	520 (1.4)
김성률	무소속	34	공업, 신당동	216 (0.6)
허범극	무소속	44	신문기자, 회사원	165 (0.4)

〈성동 을〉 성동구 동연합회장 출신으로 동회장, 대구지방 행정처장, 숙명여대 교수들을 꺾어버린 민주국민당 임흥순

지청천 의원이 갑구를 선택하여 신설구가 된 이 지역구는 성북구 동연합회장인 민국당 임흥순 후보와 농민회 감찰위원을 지낸 국민회 진영하 후보들이 한판 승부를 벌였다.

조도전대 수료생으로 농림부 농지관리과장, 숙명여대 교수인 김형규 후보와 일본 동경대 출신으로 대구지방 행정청장을 지낸 권희창 후보들이 무소속으로 출전하여 추격전을 전개했다.

성동구 동연합회장을 지낸 기반을 활용한 민국당 임흥순 후보가 신문사 사장인 유재균 후보의 국민회 출전으로 침체된 분위기를 극복하지 못한 국민회 진영하 후보를 5천여 표차로 꺾고 국회에 등원했다.

□ 득표상황

후보자	정당	연령	주요 경력	득표 (%)
임흥순	민주국민당	56	성북구 동연합회장	14,250 (42.0)
진영하	국민회	59	농민회 감찰위원	9,124 (26.9)
김형규	무소속	52	농림부 과장, 교수	4,350 (12.8)
권희창	무소속	43	대구지방 행정청장	3,454 (10.2)
김종현	무소속	55	농업인, 모진동	1,762 (5.2)
유재균	국민회	52	신문사 사장, 성수동	997 (2.9)

〈서대문 갑〉 초대 재무부장관으로 승승장구했으나 30대 패기의 김용우 후보에게 일격을 맞고 쓰러진 민국당 김도연

갑·을구가 통합된 세헌의원 선서에서는 서울시 입법의원에 낙선된 김도연 박사가 이화여대 총장인 김활란 박사와 독립운동가인 안동원, 한국마사회장을 지낸 나명균 후보들을 큰 표차로 따돌리고 당선됐다.

김도연 의원이 갑구를 선택하여 재당선을 향해 질주하자, 미국 남가주대 출신으로 주택영단 이사장을 지낸 김용우 후보가 도전장을 내밀었다.

출판인인 김윤하, 언론인인 이창섭, 변호사인 권혁영, 신문기자인 한오혁 후보들도 출전했으나 양 거두에 가려 빛을 발휘하지 못했다.

김도연 의원은 초대 재무부장관에 임명되어 승승장구했으나 이승만 정부 각료에 대한 거부감, 30대의 패기에 넘친 추격, 독주체제로 인한 방심 등이 패배로 연결되어 의외의 일격을 맞고 힘없이 주저앉았다.

□ 득표상황

후보자	정당	연령	주요 경력	득표 (%)
김용우	무소속	39	주택영단 이사장	15,649 (50.2)
김도연	민주국민당	57	제헌의원(서대문)	12,887 (41.3)
김윤하	무소속	31	출판인	2,640 (8.5)
이창섭	무소속	50	언론인	사퇴
권혁영	무소속	71	변호사	사퇴
한오혁	무소속	39	신문기자, 대현동	사퇴

〈서대문 을〉 신흥무관학교 교관 출신으로 입법의원을 지낸 무소속 윤기섭 후보가 신설 지역구를 선점

김도연 의원의 갑구 선택으로 신설구가 된 이 지역구는 신흥무관학교 교관 출신으로 입법의원을 지낸 윤기섭 후보가 김도연 의원의 조직을 인수받아 철옹성을 구축했다.

중학교장과 YMCA 총무를 지낸 신흥우 후보와 연세대 교수로서 대한금융연합회장, 기획처장을 지낸 이순탁 후보가 추격전을 전개했으나 무위에 그쳤다.

체육신문 사장인 무소속 김은배, 저술가로 흥신사 사장인 민국당 오성환, 동국대 교수인 무소속 박충진, 미주대 출신으로 소청국장을 지낸 무소속 이주연, 약종상인 국민당 함승영, 목사인 조민당 최상은, 청년운동을 펼친 국민당 선우기성, 농민계몽연맹 이사장인 이동우, 미국 아이오와 주립대 출신으로 민주의원 의원을 지낸 김여식 후보들도 무소속으로 출전했다.

□ 득표상황

후보자	정당	연령	주요 경력	득표 (%)
윤기섭	무소속	63	입법의원, 불광동	11,674 (36.7)
신흥우	무소속	66	YMCA 총무	6,547 (20.6)
이순탁	무소속	53	기획처장, 연대 교수	6,119 (19.2)
박충진	무소속	45	동국대 교수	1,975 (6.2)
황대귈	무소속	50	공립통신 출판국장	1,630 (5.1)
선우기성	대한국민당	42	국민당 선전부장	974 (3.1)
이주연	무소속	66	소청국장, 미주대	676 (2.1)
김은배	무소속	39	체육신문 사장	522 (1.6)
함승영	대한국민당	49	약종상, 당주동	514 (1.6)
최생준	무소속	53	동회장, 영등포동	425 (1.3)
오성환	민주국민당	42	흥신사 사장, 저술가	418 (1.3)
이동우	무소속	43	농민계몽 이사장	376 (1.2)
최상은	조선민주당	47	목사	
김현구	무소속	33	교사, 남가좌동	
김여식	무소속	61	민주의원, 오하이오대	

〈마포 갑〉 지난 총선에서는 7,118표로 3위를 차지했지만, 현역의원에 대한 반발 심리를 타고 설욕에 성공한 오성환

갑구와 을구가 병합된 제헌의원 선거에서는 카이젤 수염으로 유명한 김상돈 후보가 청년운동을 펼친 유진산 후보를 제압하고 등원에 성공했다.

민주의원 의원을 지낸 김선, 회사원인 오성환, 변호사인 심상필, 저술가인 오재균, 사업가인 전명진, 목사인 백영엽 후보 등 13명이 출전했었다.

갑구와 을구로 분구된 이번 총선에서도 갑구에 11명, 을구에 16명이 출사표를 내어 27명의 후보들이 난립했다.

이번 총선에는 지난 총선에서 맞붙었던 오성환, 김상돈, 이성근, 최순택, 강병학 후보들이 재격돌을 펼쳤다.

동경대 중퇴생으로 동장과 민족대표대회 대의원을 지낸 국민당 오성환 후보가 현역의원은 무조건 배제한다는 민심의 동향으로 현역의원인 민국당 김상돈 후보를 꺾고 설욕전을 승리를 장식했다.

지난 총선에서 오성환 후보는 7,159표를 득표하여 3위를 차지하며 12,897표차로 김상돈 후보에게 패배했지만, 이번 총선에서는 4,288표차로 되갚아주었다.

토건업자인 무소속 이성근, 변호사인 이봉구, 교수 출신인 이재갑, 출판사 사장인 강병학, 회사원인 강일매 후보들도 선전했다.

오성환, 이재갑, 배상규, 허찬 후보는 국민당으로 김상돈 후보는 유일하게 민국당으로 출전했고, 여섯 명의 후보들은 무소속으로 출전했다.

□ 득표상황

후보자	정당	연령	주요 경력	득표 (%)
오성환	대한국민당	46	공덕동 회장	9,630 (23.8)
김상돈	민주국민당	50	제헌의원(마포)	5,342 (13.2)
이성근	무소속	49	토건업, 아현동	4,406 (10.9)
이봉구	무소속	58	변호사	3,902 (9.6)
이재갑	대한국민당	62	신문기자, 교수	3,860 (9.5)
강병학	무소속	31	출판업, 아현동	3,735 (9.2)
강일매	무소속	45	회사원	3,257 (8.6)
이강훈	무소속	48	회사원	2,247 (5.6)
최순택	무소속	43	저술가, 아현동	1,867 (4.6)
허 찬	대한국민당	58	대서사, 아현동	1,535 (3.8)
배상규	대한국민당	50	공업, 공덕동	691 (1.7)

〈마포 을〉 16명이 난립한 선거전에서 강원도지사와 농림부장관 경력을 내세워 승리를 낚아챈 이종현

김상돈 의원이 갑구에 출전하여 신설구가 된 이 지역구는 강원도지사와 농림부장관을 지낸 이종현 후보가 선점하자, 우편국장 출

신으로 신수동 회장으로 기반을 닦은 국민회 함두영, 사업으로 지역 기반을 구축한 이정안, 한성학원 이사장인 김주익 후보들이 제동을 걸었다.

사회사업으로 터전을 마련한 이종연, 변호사로 지명도를 높인 심상붕, 사업가인 사회당 한장경, 대졸인 무소속 이용직 후보들도 참전했다.

농림부장관을 지낸 경력과 지명도를 내세운 이종현 후보가 국민회의 조직과 동회장의 기반으로 추격한 함두영 후보를 1,670표차로 어렵게 꺾고 등원에 성공했다.

□ 득표상황

후보자	정당	연령	주요 경력	득표 (%)
이종현	무소속	57	농림부장관	8,242 (25.1)
함두영	국민회	47	동회장, 우편국장	6,572 (20.0)
이정안	무소속	39	상업인, 도화동	4,297 (13.1)
김주익	무소속	52	한성학원 이사장	3,703 (11.3)
이종연	무소속	35	사회사업가	2,351 (7.2)
한증희	무소속	45	은행원, 염리동	1,999 (6.1)
이용직	무소속	49	대졸, 익선동	1,553 (4.7)
김두식	무소속	35	중졸, 상업, 도화동	1,027 (3.1)
정이형	무소속	47	중졸, 마포동	780 (2.4)
구자흥	무소속	42	중졸, 공업, 도화동	471 (1.4)
서상거	무소속	29	소졸, 대흥동	436 (1.3)
장석화	무소속	39	중졸, 공덕동	389 (1.2)

심상붕	무소속	45	변호사, 대흥동	357 (1.1)
한장경	사회당	37	공업, 용강동	280 (0.9)
고윤명	무소속	47	상업, 북아현동	213 (0.6)
강직모	무소속	35	상업, 도화동	170 (0.5)

〈용산 갑〉 외무부 정보국장을 지낸 경력과 기독교인들의 지지로 현역의원을 꺾어버린 무소속 황성수

지난 제헌의원 선거에서는 갑·을구가 통합된 용산구에서 사업가인 김동원 후보가 인쇄업자인 남송학, 서북협회 회원인 고병남, 입법의원인 박승호 후보들을 꺾고 당선됐다.

김동원 의원이 을구를 선택하여 무주공산인 이 지역구에는 이승만 의원의 대통령 취임에 따른 동대문 보궐선거에서 당선된 홍성하 후보가 민국당으로 출전하자, 일본 동북제국대 출신으로 외무부 정보국장을 지낸 황성수 후보가 출전하여 한판 승부를 벌였다.

노동운동을 펼쳐 기반을 구축한 노총의 주종필, 광산업자로 노농당으로 출전한 임봉길 후보들도 추격전을 전개했다.

9명의 후보들이 난립한 선거전에서 신학대학 출신으로 기독교인들의 지지를 받은 황성수 후보가 보성전문대 교수로 현역의원인 홍성하 후보를 꺾고 국회에 등원했다.

□ 득표상황

후보자	정당	연령	주요 경력	득표 (%)
황성수	무소속	34	외무부 정보국장	13,239 (43.1)
홍성하	민주국민당	53	제헌의원(동대문)	9,467 (30.8)
주종필	노동총연맹	41	노동운동	6,647 (21.7)
임봉길	대한노농당	46	회사원, 청파동	1,357 (4.4)
나재하	무소속	65	회사원	
김용길	무소속	51	광업	
문무술	무소속	63	무직	
주운성	무소속	44	저술업	
김 찬	무소속	57	저술업	

〈용산 을〉 국민회 재정부장 경력과 국민당원들의 지지로 현역의원 김동원 후보와의 설욕전에서 승리한 남송학

지난 총선에서 맞붙어 19,183표를 득표하여 당선된 김동원 후보와 13,466표를 득표하여 낙선한 남송학 후보의 재대결장에 12명의 후보들이 등록하여 난타전을 전개했다.

신학교 출신으로 회사장인 대한노농당(노농당) 장예학, 제재업으로 기반을 구축한 민국당 강성진, 출판업자인 노농당 김상덕, 독립운동가로 알려진 무소속 명제세, 의사로 인술을 베푼 무소속 신학진, 의사 출신으로 조민당 공천을 받은 최윤서, 서울대 총장을 지낸 무소속 이춘호, 사회사업가로 명망을 높인 국민당 김성주 후보들도 출전했다.

대한독립촉성국민회 재정부장을 지낸 남송학 후보가 국민당의 지원을 받아 사회사업가인 국민당 김성주, 독립운동가인 무소속 명제세, 현역의원인 민국당 김동원 후보들을 제치고 국회에 입성했다.

국민당 후보간의 쟁패전에서 남송학 후보가 김성주 후보에게 725표 앞섰다.

□ 득표상황

후보자	정당	연령	주요 경력	득표 (%)
남송학	대한국민당	48	국민회 재정부장	7,361 (38.1)
김성주	대한국민당	33	사회사업가, 을지로	6,636 (34.4)
명제세	무소속	66	독립운동, 명륜동	5,202 (26.9)
김형표	무소속	53	회사원, 남영동	120 (0.6)
장예학	대한노농당	60	회시장, 남영동	
김동원	민주국민당	67	제헌의원(용산)	
문대동	무소속	32	대졸, 후암동	
강성진	민주국민당	35	제제업, 수성동	
김상덕	대한노농당	43	출판업, 용산동	
신학진	무소속	40	의사, 미아동	
이화창	무소속	56	한문수료, 한강로	
최윤서	조선민주당	47	의사, 한강로	
이춘호	무소속	58	서울대 총장	
박건웅	민족자주련	46	무직, 묵정동	

〈영등포 갑〉 지난 총선에서는 2,409표차로 낙선했지만, 노총의 지원으로 646표차로 현역의원을 꺾어버린 조광섭

단일구였던 지난 제헌의원 선거에서는 의사 출신인 윤재욱 후보가 회사원인 조광섭, 국민회 활동을 펼친 유홍 후보들을 제압하고 당선됐다.

지난 총선에서 대결을 펼친 조광섭, 윤재욱 후보가 재대결을 펼친 상황에서 교사와 교수를 거쳐 회사를 운영하고 있는 이강현 후보가 등장하여 3파전을 전개했다.

양조업자인 국민회 백우영 후보와 신문업을 영위하고 있는 무소속 강석천 후보들도 출전했다.

지난 총선에서 2,409표차로 석패한 조광섭 후보가 대한노총 영등포구 위원장의 활동으로 노조원들의 적극적인 지원을 받아 이번 총선에서는 현역의원인 윤재욱 후보를 646표차로 꺾고 설욕했다.

□ 득표상황

후보자	정당	연령	주요 경력	득표 (%)
조광섭	노동총연맹	39	노총 영등포위원장	8,770 (32.8)
이강현	무소속	64	교수, 회사장	8,432 (31.5)
윤재욱	대한국민당	41	제헌의원(영등포)	8,124 (30.3)
강석천	무소속	47	신문업, 신도림동	1,450 (5.4)
백우영	국민회	46	양조업, 도림동	

〈영등포 을〉 지난 총선에서 석패한 동정여론, 국민회원들의 열렬한 지지로 재기(再起)에 성공한 국민회 유홍

지난 총선에서 11,772표를 득표하여 3위로 낙선한 국민회 유홍 후보가 일찍부터 분구된 이 지역구에 터전을 잡아 당선을 향해 달려가자, 10명의 후보들이 벌떼처럼 등록하여 저지에 나섰다.

농민들의 지지를 받은 농민총연맹(농총)의 노재철, 토건업으로 기반을 구축한 무소속 오승근, 직물 공장을 운영하며 국민당의 지원을 받은 유린, 지역토박이로 지역에서 명망이 높은 무소속 엄우룡 후보들이 나름대로 선전했다.

경성공고 출신으로 삼화피혁 사장이 되어 국민회 활동을 활발히 전개한 유홍 후보가 지난 총선에서 석패(惜敗)한 동정여론과 국민회원들의 지지로 재기에 성공했다.

□ 득표상황

후보자	정당	연령	주요 경력	득표 (%)
유 홍	국민회	52	삼화피혁 사장	7,627 (33.7)
엄우룡	무소속	50	무직	4,687 (20.7)
유 린	무소속	53	직물공업	4,214 (18.6)
노재철	농민총연맹	42	직공, 신도림동	3,395 (15.0)
이기환	무소속	42	토건업, 영등포본동	2,691 (11.9)
장건삼	무소속	31	무직, 신도림동	

김명회	무소속	46	회사원, 도림동	
김한규	대한노농당	47	회사원, 노량진동	
오승근	대한국민당	41	변호사	
김병섭	조선민주당	41	사회사업가	
박병찬	무소속	50	상업	

경기도

<인천 갑> 과도정부 시절 후생부장으로의 명망, 세브란스의전 학장으로의 덕망으로 국회 등원에 성공한 이용설

지난 제헌의원 선거에서는 경성공고 중퇴생으로 신문사 지국장으로 활동한 곽상훈 후보가 경성법전 출신으로 입법의원을 지낸 양제박 후보를 예상을 뒤엎고 큰 표차로 따돌렸다.

인천의 갑·을구가 갑·을·병구로 조정되면서 곽상훈 의원이 을구를 선택함에 따라 신설구가 된 이 지역구에는 미국 시카고대 출신으로 과도정부 시절 후생부장과 세브란스의전 학장을 지낸 무소속 이용설, 보통문관시험에 합격하여 공무원 생활을 한 무소속 표양문, 신문기자 출신인 민국당 함효영, 반공연맹 인천시위원장으로 지난 총선에도 출전했던 무소속 정해궁 후보들이 4파전을 전개했다.

세브란스 의학전문대 학장 출신으로 과도정부에서 후생부장으로의 명성을 날린 이용설 후보가 인천에 뿌리를 내리고 지역 기반을 다진 표양문, 함효영, 정해궁 후보들을 어렵게 따돌리고 등원에 성공했다.

□ 득표상황

후보자	정당	연령	주요 경력	득표 (%)
이용설	무소속	55	세브란스의전 학장	9,032 (30.0)
표양문	무소속	44	공무원	8,578 (28.5)
함효영	민주국민당	46	회사전무, 신문기자	7,193 (23.9)
정해궁	무소속	54	반공연맹 인천위원장	5,341 (17.7)

〈인천 을〉 경성공고 중퇴생이지만 신문사 지국장 출신으로 쟁쟁한 후보들을 세압하고 새선(再選)고시를 점령한 곽상훈

지난 제헌의원 선거에서 인천 갑구에서 당선된 곽상훈 후보가 현역의원에 대한 불신을 잠재우고 조선차량 전무 출신인 무소속 김성근 후보를 2,090표차로 꺾고 재선의원이 됐다.

회사장으로 국민당 소속으로 출전한 김성국, 변호사로서 민국당 소속으로 출전한 방준경 후보들이 맹렬하게 추격했으며, 입법의원을 지낸 사업가로서 인천시 고문으로 활동한 무소속 하상훈 후보의 선전도 돋보였다.

그러나 일본대 출신으로 검사, 판사를 거쳐 변호사로 활동하고 있는 무소속 김무영, 노동운동을 활발하게 전개한 노총의 박경용 후

보들의 득표력은 보잘것 없었다.

□ 득표상황

후보자	정당	연령	주요 경력	득표 (%)
곽상훈	무소속	53	제헌의원(인천 갑)	9,957 (31.9)
김선근	무소속	47	조선차량 전무	7,867 (25.2)
김성국	대한국민당	53	회사장, 율목동	4,714 (15.1)
방준경	민주국민당	46	변호사, 경동	3,795 (12.2)
하상훈	무소속	60	입법의원, 연평동	3,007 (9.6)
김무영	무소속	52	판검사, 내동	1,062 (3.4)
박경용	노동총연맹	36	노동운동, 율목동	826 (2.6)

〈인천 병〉 모스크바대 출신으로 농림부장관에 발탁된 인물론을 내세워 너무나 쉽게 재선고지에 오른 국민당 조봉암

지난 제헌의원 선거 때 인천 을구에서는 모스크바대 출신인 조봉암 후보가 회사 중역인 김석기, 입법의원 출신인 하상훈, 인천시장을 지낸 임홍재 후보들을 꺾고 당선됐다.

초대 농림부장관에 발탁된 조봉암 후보에게 지난 제헌의원 선거에서 대결을 펼쳤던 하상훈 후보는 을구로 옮겼지만, 김석기와 임홍재 후보들이 재도전했다.

숙명여대 부학장을 지낸 김영배, 회사원으로 민국당 공천을 받은

이필상, 노동운동을 펼쳐 노총 추천을 받은 유경원 후보들을 비롯하여 12명의 후보들이 난립됐다.

농림부장관을 지낸 경력을 내세우고 국민당원들의 지원을 받은 조봉암 후보가 대승을 거두고 재선의원이 됐다.

지난 총선에서 15,827표를 득표하여 1,793표차로 조봉암 후보에게 석패했던 김석기 후보는 이번 총선에서는 6,481표의 득표에 머물러 연패의 늪에 빠졌다.

지난 총선에서 3,806표 득표에 머물렀던 임홍재 후보는 이번 총선에서는 4,248표로 득표율이 소폭 신장했다.

□ 득표상황

후보자	정당	연령	주요 경력	득표 (%)
조봉암	대한국민당	52	제헌의원(인천 을)	14,095 (42.8)
김석기	무소속	52	회사 중역, 부평동	6,481 (19.7)
임홍재	무소속	50	인천시장, 신문사장	4,248 (12.9)
김영배	무소속	53	숙명여대 부학장	2,732 (8.3)
유경원	노동총연맹	40	노동운동, 창영동	1,247 (3.8)
이필상	민주국민당	45	회사원, 송림동	1,146 (3.5)
조윤수	무소속	39	농업, 송현동	855 (2.6)
최익환	무소속	52	중졸, 도화동	826 (2.5)
이종모	무소속	36	회사원, 인현동	551 (1.7)
이열헌	무소속	52	중졸, 송림동	395 (1.2)
김태훈	무소속	57	농업인, 주산동	394
김영일	대한청년단	32	중졸, 내동	기권

〈개성〉 공보처장을 지내고 합동통신 사장으로 활약한 무소속 김동성 후보가 이성득 일민구락부 현역의원을 꺾고 당선

지난 제헌의원 선거에서는 인삼 경작으로 기반을 구축한 이성득 후보가 입법의원으로 활동한 이종근, 오랫동안 교원 생활을 한 김성찬 후보들을 꺾고 당선됐다.

이번 총선에서는 미국 오하이오 주립대 출신으로 공보처장, 합동통신 사장을 역임한 김동성 후보가 일민구락부 소속인 이성득 현역의원을 제압하고 금 배지를 인계받았다.

회사원인 국민회 김학형, 회사장인 무소속 민관식, 농업인인 한국독립당(한독당) 안광모 후보들도 출전했다.

□ 득표상황

후보자	정당	연령	주요 경력	득표 (%)
김동성	무소속	61	공보처장	14,638 (100.0)
이성득	일민구락부	51	제헌의원(개성)	
김학형	국민회	51	회사원	
곽인영	무소속	47	회사원	
민관식	무소속	32	회사장	
안광모	한국독립당	44	농업인	
문통주	무소속	36	직물제조업	

〈수원〉 지난 제헌의원 선거에서 승리한 여세를 타고, 수원농대 교수인 국민당 윤태중 후보를 480표차로 꺾은 홍길선

수원읍의 시 승격으로 독립선거구가 된 이번 총선에선 수원 금융조합장 출신으로 제헌의원 선거에선 화성 갑구에서 당선된 홍길선 후보가 재선고지를 점령하기 위한 철옹성을 구축했다.

일본제국대 출신으로 수원농대 교수인 국민당 윤태중, 일본 조도전대 출신으로 태고토건 사장인 윤긍열, 의사로서 인술로 지역 기반을 다진 진두일, 수원읍장을 지낸 조용구, 일본제국대 출신으로 목사인 정등운 후보들이 홍길선 후보의 철옹성 돌파에 나섰다.

현역의원의 이점을 살리고 민국당의 조직을 구축한 홍길선 후보가 국민당원들의 열렬한 지지를 받은 수원농대 교수인 윤태중 후보를 480표차로 어렵게 꺾고 재선고지를 점령했다.

□ 득표상황

후보자	정당	연령	주요 경력	득표 (%)
홍길선	민주국민당	45	제헌의원(화성갑)	5,450 (24.4)
윤태중	대한국민당	62	수원농대 교수	4,970 (22.2)
유긍열	무소속	41	태고토건 사장	3,700 (16.6)
진두일	무소속	53	의사, 매산로	2,716 (12.2)
정등운	노동총연맹	50	목사, 일본제국대	1,700 (7.6)

홍수환	무소속	44	회사원, 매산로	1,508 (6.7)
차재화	무소속	41	회사원, 팔달로	978 (4.4)
조용구	무소속	43	수원읍장, 교동	731 (3.3)
이희영	무소속	30	출판업, 교동	598 (2.7)

〈고양〉 지난 제헌의원 선거에서 당선된 최국현 후보가 원창식, 김성숙, 정장해 후보들을 꺾고 재선고지를 점령

지난 제헌의원 선거에서는 갑·을구로 분구되어 갑구에서는 무명의 서성달 후보가 대동청년단 비서장인 선우기성, 변호사인 곽명덕, 의사인 김호철 후보들을 꺾고 당선됐고, 을구에서는 경향신문 사무차장인 최국현 후보가 대동청년단 부단장인 이성주, 사업가인 이삼득, 현대일보 지국장인 유홍종 후보들을 꺾고 제헌의원이 됐다.

갑구와 을구가 통합된 이번 총선에선 갑구에서 당선된 서성달 의원은 서울로 지역구를 옮겨갔고, 을구에서 당선된 최국현 후보가 12명의 후보들을 꺾고 재선의원 반열에 올랐다.

지난 총선에도 출전했던 국민당 원창식, 독립운동가로 명망을 얻은 민련 김성숙, 의사로 신망을 얻은 무소속 김성섭, 목사로서 기독교인들의 지지를 듬뿍 받은 오인환, 벽제면장을 지낸 한영수, 노총위원장을 지낸 농민총연맹의 채규환, 원당면장 출신으로 민국당 추천을 받은 권태겸, 고양군수를 지낸 정장해 후보들이 우후죽

순처럼 출전했으나 최국현 후보의 적수가 되지 못했다.

□ 득표상황

후보자	정당	연령	주요 경력	득표 (%)
최국현	민주국민당	50	제헌의원(고양 을)	6,274 (100.0)
원창식	대한국민당	48	회사원, 금포면	
김성숙	민족자주련	52	불교, 지도면	
김성섭	무소속	40	의사, 전문대	
오인환	무소속	51	목사, 중면	
한영수	무소속	48	면장, 벽제면	
채규환	농민총연맹	54	노총위원장, 벽제면	
이재덕	유도회	62	한문수학, 서울시	
성낙진	무소속	39	회사원, 벽제면	
유광열	무소속	51	언론인, 서울시	
오세덕	무소속	53	토건업, 세관 직원	
권태겸	민주국민당	63	면장, 원당면	
정장해	무소속	36	군수, 서울시	

〈광주〉 국회의장이라는 위명(偉名)을 내세워 77.9%의 득표율로 재선의원 고지에 오른 민국당 신익희

지난 제헌의원 선거에서는 상해임시정부 내무부장을 지낸 신익희

후보가 입법의원 의장이라는 경력으로 무투표 당선됐다.

이번 총선에도 일본 조도전대 출신으로 국회의장을 지낸 신익희 후보가 민국당 추천으로 재선 고지 점령을 선언하자, 목사 출신으로 공민학교 교장인 이강목, 호서대 출신으로 회사원인 강태연, 국민회를 업고 나온 안재정, 의학도 출신으로 유도회 소속인 이창선 후보 등이 출전했다.

국회의장으로 민국당 대표인 신익희 후보에게 도전하는 것은 계란으로 바위치기일 뿐이었다.

□ 득표상황

후보자	정당	연령	주요 경력	득표 (%)
신익희	민주국민당	59	제헌의원(광주)	29,525 (77.9)
강태연	무소속	48	회사장, 서울시	3,605 (9.5)
이강목	무소속	29	공민학교장, 목사	3,050 (8.0)
김낙규	무소속	57	회사장, 경찰관	493 (1.3)
안재정	국민회	48	상업, 도천면	471 (1.2)
선정식	무소속	63	경찰관, 실촌면	446 (1.2)
이창선	유도회	63	의생, 동부면	330 (0.9)
구성서	무소속	56	여중 교사	사퇴

〈양주 갑〉 사회당 조시원 후보가 현역의원인 김덕열, 법무부 장관이었던 이인, 조선일보 사장인 방응모 후보들을 제압

지난 제헌의원 선거에서는 주내면장을 지낸 김덕열 후보가 청년운동가 정동호, 목사 신공숙, 회사장 유남수, 병원장 김형태 후보들을 꺾고 당선됐다.

이번 총선에는 국민의회 대의원 출신으로 사회당 선전부장을 지낸 조시원 후보가 검찰총장, 법무부장관을 지낸 이인 의원과 이 지역구에서 당선된 김덕열 의원 등 현역의원 2명을 꺾고 당선됐다.

조선일보 사장인 방응모 후보의 낙선도 예상 밖이지만 면장 출신인 편무림, 양주군수를 지낸 김정제, 청년운동을 펼쳐 노총, 농총의 추천을 받은 정동호, 학교장을 지낸 박점성, 신문사 주필인 장희문 후보들도 낙선자 대열에 합류했다.

□ 득표상황

후보자	정당	연령	주요 경력	득표 (%)
조시원	사회당	48	국민의회 대의원	5,311 (100.0)
이 인	대한국민당	53	제헌의원(보궐, 종로)	
방응모	무소속	66	조선일보 사장	
편무림	무소속	42	구장(區長), 의정부읍	
김덕열	대한국민당	40	제헌의원(양주 갑)	
이승일	무소속	32	회사원	
윤병호	무소속	72	회사원	
김정제	무소속	37	양주군수, 경찰관	
최병호	무소속	61	농업인	
정동호	노총, 농총	53	청년운동, 의정부읍	

최형우	무소속	45	무직
서형덕	무소속	41	회사원, 서울시
박점성	대한청년단	43	학교장, 농업
장희문	무소속	42	신문사 주필

〈양주 을〉 서울 약학대학장인 이진수 후보가 김산, 남궁현, 김종규, 정광호, 정현모, 강승구 등 기라성 같은 후보들을 꺾고 재선의원 고지를 점령

지난 제헌의원 선거에서는 서울약학대 이사장인 이진수 후보가 한민당 청년부장 김산, 극동기업 사장인 남궁련 후보들을 제압하고 국회 등원에 성공했다.

이번 총선에서도 일본대 출신으로 지역 기반을 공고화한 이진수 후보가 16명이나 난립한 후보들을 어렵게 따돌리고 재선의원 고지에 올랐다.

양조장을 운영하는 신성희, 한의사인 홍종기, 목사로서 지난 총선에도 출전했던 김산, 양주군수를 지낸 김종규, 대학총장을 지낸 이홍학, 철공소 사장인 홍봉기, 전남 광주(光州)에서 무투표 당선된 정광호 제헌의원, 대학교수 출신으로 부인회 소속인 박봉애, 경북도지사를 지낸 정현모, 지난 총선에도 출전했던 해운공사 사장인 남궁련, 대동청년단장을 지낸 강승구 후보 등 기라성 같은 후보들이 출전하여 고배를 마셨다.

□ 득표상황

후보자	정당	연령	주요 경력	득표 (%)
이진수	대한국민당	52	제헌의원(양주 을)	5,097 (100.0)
신성희	무소속	57	양조장 사장	
홍종기	무소속	64	한의사, 구리면	
김 산	민주국민당	52	문화학원장, 목사	
김종규	무소속	46	양주군수, 서울시	
이홍학	무소속	42	대학 총장, 제와업	
홍일표	무소속	61	농업인	
홍봉기	무소속	40	철공소 사장, 서울시	
이기연	무소속	58	농업인	
이면환	국민회	50	농업인	
정광호	민주국민당	55	제헌의원(광주)	
박봉애(여)	부인회	42	대학교수	
이재만	3.1 동지회	54	항일투쟁	
정현모	무소속	57	경북도지사,제헌의원	
남궁련	무소속	34	해운공사 사장	
김조경	무소속	25	교원, 서울시	
강승구	무소속	47	청년단장, 와부면	

〈포천〉 철학박사 출신으로 상공부 광공국장 경력을 내세워 현역의원 등 기라성 같은 후보들을 꺾어버린 무소속 윤성순

지난 제헌의원 선거에서는 70세가 넘는 고령에도 불구하고 독립운동에 몸 바친 경력을 내세운 서정희 후보가 평화일보 지국장인 이해진, 가산면장 출신인 이희종, 포천면장 출신인 윤주순, 입법의원을 지낸 문진교 후보들을 꺾고 제헌의원이 됐다.

이번 총선에는 미국 아메리칸대 출신으로 상공부 광공국장을 지낸 윤성순 후보가 출전하여 서정희 현역의원 등 기라성 같은 19명의 후보들을 꺾고 국회에 등원했다.

중학교 교장을 지낸 이범영, 청년운동을 펼치고 국민회 중앙회에서 활동한 이활, 입법의원 출신으로 지난 총선에도 출전했던 문진교, 중학교 교사였던 김대언과 이규웅, 판사 출신인 김윤수, 신흥대 대학원장을 지낸 이규창, 유도회 추천을 받은 이용호, 지난 총선에도 출전했던 한의사 이동백, 사회당 공천을 받은 김중민, 민국당 소속으로 출전한 장석화 후보들도 출전했다.

□ 득표상황

후보자	정당	연령	주요 경력	득표 (%)
윤성순	무소속	52	상공부 광공국장	6,008 (25.8)
이범영	무소속	64	중학교장, 가산면	4,144 (17.8)
이 활	국민회	43	청년운동, 서울시	3,604 (15.5)
서정희	민주국민당	73	제헌의원(포천)	2,080 (8.9)
김윤수	무소속	36	판사	2,023 (8.7)
이규창	신강회	60	신흥대학원장	1,234 (5.3)
이규웅	무소속	35	중학교사, 가산면	1,097 (4.7)
이동백	무소속	47	한의사, 포천면	942 (4.1)
문진교	국민회	37	입법의원, 포천면	851 (3.7)

이용호	유도회	54	농업인, 포천면	453 (2.0)
김대언	무소속	34	중학교사, 군내면	428 (1.8)
이종협	국민회	62	약종업, 소흘면	390 (1.7)
이사윤	무소속	54	저술가, 군내면	
신응호	무소속	29	농업인	
정흥용	무소속	57	무직	
이기춘	무소속	48	농업인	
이기인	무소속	31	농업인	
권일중	무소속	46	대학교수	
김중민	사회당	42	무직	
장석화	민주국민당	47	농업인	

〈가평〉 14명의 후보들이 홍익표 후보의 재선 저지에 나섰으나 추격에 머물러 홍익표 의원의 재선을 바라만 볼 수밖에

경성제대 출신으로 지난 총선에서 무투표 당선된 홍익표 후보가 재선 고지를 향해 달려가자 14명의 후보들이 벌떼처럼 모여들어 저지에 나섰다.

회사 중역인 원세영, 역장과 면장을 지낸 조용석, 가평군수를 지낸 이윤세, 항일운동을 펼친 만화보 사장인 신숙, 가평면장을 지낸 대한청년단 김규명, 일본 경찰 출신으로 면장을 지낸 박영수, 교사 출신으로 양조업자인 김종관, 중학교 교장을 지낸 구동환,

청년운동을 펼치다 면장을 지낸 최승덕, 국민회 소속으로 출전한 한도문 등 14명의 후보들이 도전장을 내밀었다.

역장과 면장을 지낸 조용석, 사업가로 성공한 원세영 후보들이 턱 밑까지 추격했으나 홍익표 후보의 재선을 막아내지는 못했다.

□ 득표상황

후보자	정당	연령	주요 경력	득표 (%)
홍익표	무소속	40	제헌의원(가평)	4,554 (19.5)
조용석	무소속	51	역장, 면장	3,922 (16.8)
원세영	무소속	31	회사 중역, 서울시	3,258 (14.0)
최승덕	무소속	35	면장, 가평면	2,093 (9.0)
김종관	무소속	27	양조업, 교사	1,988 (8.5)
신 숙	무소속	64	항일운동, 화보사장	1,220 (5.2)
장희중	무소속	27	경찰관, 강화군	1,063 (4.6)
박영수	무소속	51	면장, 가평면	983 (4.2)
김규명	대한청년단	34	면장, 가평면	896 (3.9)
이윤세	무소속	53	군수, 서울시	856 (3.7)
구동환	무소속	47	중학교장, 설악면	778 (3.3)
우제하	무소속	29	회사원, 은행원	683 (2.9)
김억배	무소속	34	회사원, 서울시	491 (2.1)
이순학	무소속	36	소방관, 외서면	463 (2.0)
한도문	국민회	52	군청 직원, 대구시	195 (0.4)

<양평> 입법의원 출신으로 지난 총선에서 맞붙었던 유래완, 양남환, 구필회 후보들을 꺾은 입법의원 출신인 여운홍

지난 제헌의원 선거에서는 입법의원 출신인 유래완 후보가 운전수인 양남환, 양평면장을 지낸 이장섭, 의사 출신인 구필회, 목사 출신인 장세환 후보들을 꺾고 당선됐다.

이번 총선에서는 미국 유스트대 출신으로 과도정부 시절 입법의원을 지내고 사회민주당수를 지낸 여운홍 후보가 혜성처럼 등장하여 유래완 현역의원 등을 꺾고 국회에 등원했다.

지난 총선에도 출전했던 국민회 양남환, 의사 출신인 국민당 구필회, 조합감사인 이중세 후보들을 비롯하여 중앙극장 사장으로 충남도지사 비서를 지낸 강대성, 경찰관 출신인 천세기, 목사인 반병섭, 은행원 출신인 윤기학, 현대사조 연맹위원장으로 노총의 홍헌원 후보들이 새롭게 도전했다.

무소속 강대성, 국민회 양남환, 경찰관 천세기, 목사인 반병섭 후보들이 당선권을 넘나들었으나 입법의원 출신으로 사회민주당수를 지낸 여운홍 후보의 적수가 되지 못했다.

□ 득표상황

후보자	정당	연령	주요 경력	득표 (%)
여운홍	무소속	59	입법의원, 사민당수	5,868 (20.0)
강대성	무소속	37	충남도지사 비서	4,254 (14.5)
양남환	국민회	37	회사원, 용문면	3,954 (13.5)
천세기	무소속	29	경찰관, 지제면	3,297 (11.3)

반병섭	무소속	26	목사, 강산면	2,756 (9.4)
이중세	무소속	52	조합 감사, 서종면	2,499 (8.5)
윤기학	무소속	46	은행원, 강산면	2,377 (8.1)
구필회	대한국민당	45	의사, 양평면	2,024 (6.9)
권병연	대한국민당	53	체육회 부회장	1,340 (4.6)
오호영	무소속	34	약종상, 용문면	906 (3.1)
윤강섭	무소속	43	농업인, 강산면	
홍헌원	노동총연맹	33	현대사조 위원장	
유래완	대한국민당	60	제헌의원(양평)	
이만종	무소속	36	경찰관	취소

〈여주〉 명치대 출신으로 서울지법 판사를 지낸 김의준 후보가 지난 총선에서 당선된 원용한 후보를 꺾고 의원직을 승계

지난 제헌의원 선거에서는 당선권에 진입한 구종일 후보의 사퇴로 70세가 넘는 고령이지만 기독교인들의 지원으로 원용한 후보가 당선을 일궈냈다.

이번 총선에서는 일본 명치대 출신으로 서울지법 판사를 지낸 김의준 후보가 혜성처럼 등장하여 지난 총선에서 당선된 일민구락부 원용한 후보를 가볍게 제치고 국회에 등원했다.

대한청년단 여주군단장을 지낸 한청 오덕섭, 지난 총선에서 당선된 일민구락부 원용한, 북내면의 대표주자인 원도희 후보들은 추

격전을 전개했으나, 조림업자로 경북도청 직원이었던 임용상, 임시정부 시절 조사위원으로 활동했던 이종택, 신문지국장인 여자국민당 강신상 후보들은 하위권을 맴돌았다.

□ 득표상황

후보자	정당	연령	주요 경력	득표 (%)
김의준	무소속	42	판사, 명치대	15,978 (58.0)
오덕섭	대한청년단	42	한청 여주군단장	4,176 (15.1)
원용한	일민구락부	74	제헌의원(여주)	4,094 (14.8)
원도희	무소속	61	농업인, 북내면	4,086 (14.8)
이종택	무소속	37	임정 조사위원	1,793 (6.5)
강신상(여)	여자국민당	32	신문업, 서울시	1,362 (4.9)
임용상	무소속	61	경북도 서기, 조림업	1,083 (3.9)

〈이천〉 대법관, 검찰총장 출신으로 국민당 현역의원을 205 표차로 꺾고 의원 배지를 인계받은 이종성

지난 제헌의원 선거에서는 호법면장 출신인 송창식 후보가 이천읍 출신들과 장호원읍 출신들의 이전투구를 즐기며 당선되는 영예를 누렸다.

이번 총선에서는 검찰총장과 대법관을 지낸 이종성 후보가 출전하여 지난 총선에서 당선된 송창식 의원과 일진일퇴의 혈전을 전개했다.

일본대 출신으로 노동당 최고위원을 지낸 주태도, 국민회 이천군 지부 사무국장을 지낸 유태석, 북경대 출신으로 광복군 정훈(正訓) 주임을 지낸 강기봉, 소방대장 출신인 박준배, 동경제대 출신으로 군정시절 고문관을 지낸 최하영, 신흥사관학교 출신으로 광복군 부관을 지낸 유남수, 주택영단 직원으로 국회 의사과장을 지낸 박업채 후보들이 출전했다.

검찰총장 출신인 이종성, 현역의원인 대한국민당 송창식, 군정 고문관인 최하영 후보의 3파전은 이종성 후보가 송창식 의원을 205 표차로 꺾고서 마감됐다.

□ 득표상황

후보자	정당	연령	주요 경력	득표 (%)
이종성	무소속	61	대법관, 검찰총장	5,367 (19.5)
송창식	대한국민당	51	제헌의원(이천)	5,162 (18.7)
최하영	무소속	41	군정 고문관, 동경대	4,965 (18.0)
최병희	국민회	50	농업인, 이천읍	4,365 (15.8)
박준배	무소속	48	소방대장, 장호원읍	1,700 (6.2)
주태도	대한노농당	45	당 최고위원, 부발면	1,600 (5.8)
박업채	무소속	48	국회 의사과장	1,500 (5.4)
신철회	무소속	36	농업인, 백사면	1,100 (4.0)
유태석	무소속	51	군청 서기, 이천읍	803 (2.9)
강기봉	무소속	49	광복군 정훈주임	600 (2.2)
유남수	무소속	46	광복군 부관	400 (1.5)
채용환	무소속	30	교원, 서울시	

〈용인〉 지난 총선에서 낙선하고 와신상담하며 동정여론을 일으켜 71표차의 아찔한 승리를 엮어낸 무소속 유기수

지난 제헌의원 선거에서는 일본 중앙대 출신으로 여흥 민씨 문중들의 집중적인 지원을 받은 20대의 민경식 후보가 유기수, 박영조 후보들과의 3파전을 승리로 장식했다.

이번 총선에서는 지난 총선에서 승패가 엇갈렸던 민경식 후보와 유기수 후보가 재결투를 벌였다.

이 결투를 참관하기 위해 국무총리 비서실장을 지낸 목성표, 의사로서 지역 기반을 다진 정기섭, 신문기자인 구철회, 원삼면장을 지낸 신용철 후보들이 출전했다.

지난 총선에서 낙선하고 와신상담하며 동정여론을 불러 일으킨 유기수 후보가 국무총리 비서실장을 지낸 목성표 후보를 71표차로 꺾은 아슬아슬한 승리를 엮어냈다.

민국당으로 출전한 민경식 의원은 신문기자인 구철회, 원삼면장인 신용철 후보에게 3위, 4위 자리마저 내어주고 5위로 주저앉았다.

□ 득표상황

후보자	정당	연령	주요 경력	득표 (%)
유기수	무소속	48	회사원, 서울시	8,649 (22.7)
목성표	무소속	32	국무총리 비서실장	8,578 (22.5)
구철회	무소속	36	신문기자, 서울시	6,758 (17.7)

신용철	무소속	39	면장, 원삼면	5,243 (13.8)
민경식	민주국민당	30	제헌의원(용인)	4,451 (11.7)
정기섭	무소속	48	의사, 서울시	2,276 (6.0)
장기용	무소속	34	대졸, 남서면	1,789 (4.7)
최인술	무소속	26	중졸, 용인면	382 (1.0)

<안성> 컬럼비아대 출신으로 식량영단 이사장 직함으로 등원에 성공한 이교선 후보는 상공부장관에 발탁

지난 제헌의원 선거에서는 경기도지사를 지낸 김영기 후보가 금융조합 서기 출신인 김노묵, 공무원 출신인 이인섭 후보들을 가볍게 제치고 국회에 입성했다.

이번 총선에서는 김영기 의원이 불출마를 선언하자, 지난 총선에서 낙선한 김노묵과 박주병 후보들을 비롯하여 16명의 후보들이 대나무 숲처럼 죽립(竹立)했다.

미국 컬럼비아대 출신으로 식량영단 이사장을 지낸 이교선, 방위군 대령 출신으로 한청 안성군단장을 지낸 이상은, 71세의 고령인 유진영, 의사 출신으로 국민당으로 출전한 이상열, 이시영 부통령 비서를 지낸 오재영, 안성읍장을 지낸 국민당 윤진영, 교원 출신인 민국당 김준배, 15년 동안 미양면장을 지낸 허용 후보들이 출전했다.

식량영단 이사장 출신인 이교선 후보와 보개면에서 덕망을 쌓은 유상준 후보의 혈투로 전개된 선거전은 이교선 후보가 767표차로 낙승함으로 마감됐다.

□ 득표상황

후보자	정당	연령	주요 경력	득표 (%)
이교선	무소속	47	식량영단 이사장	9,767 (25.1)
유상준	무소속	34	대졸, 보개면	9,000 (23.2)
유진영	무소속	71	농업인, 안성읍	3,000 (7.1)
이선섭	무소속	47	공무원, 미양면	2,900 (7.5)
이상은	무소속	36	한청단장, 방위군	2,300 (5.9)
김노묵	무소속	53	금융조합 서기	2,000 (5.1)
이상열	대한국민당	45	의사, 안성읍	2,000 (5.1)
윤진영	대한국민당	51	읍장, 안성읍	1,500 (3.9)
양철호	노동총연맹	37	공무원, 일죽면	1,500 (3.9)
박한주	무소속	31	회사원, 삼죽면	1,000 (2.6)
김철수	무소속	51	구장(區長), 안성읍	800 (2.1)
오재영	무소속	31	이시영 부통령 비서	800 (2.1)
허 용	무소속	56	면장, 미양면	700 (1.8)
김준배	민주국민당	43	교원, 안성읍	600 (1.5)
박주병	무소속	53	농업인, 안성읍	500 (1.3)
최창혁	민주국민당	55	신문기자, 삼죽면	500 (1.3)

〈평택〉 민정장관, 국민당 당수 경력을 내세우고 지난 총선에

출전하여 당락(當落)한 후보들을 모두 가볍게 제친 안재홍

지난 제헌의원 선거에서는 포승면장 출신인 최석화 후보가 평택군수 출신인 최명환 후보를 780표차로 꺾고 국회에 등원했고, 평택수리조합장 출신인 황경수 후보가 지켜봤다.

이번 총선에서는 지난 총선에서 대결을 펼쳐 1위, 2위, 3위를 한 최석화, 최명환, 황경수 후보들이 재대결을 펼쳤다.

이번 총선에선 일본 조도전대 출신으로 미군 군정시절 민정장관을 지낸 안재홍 후보가 출전하여 지난 총선에 출전하여 당락을 맛보았던 최석화, 최명환, 황경수 후보들을 가볍게 제압했다.

천도교 대종사인 이병헌, 평택군수를 지낸 장범교, 독촉국민회 진위면 위원장을 지낸 양재현, 민족시보 사장인 최규설, 의사 출신인 이익호, 오성면장을 지낸 김대경 후보들도 출전했다.

남한의 단독정부 수립에 반대하여 지난 제헌의원 선거에 불참한 안재홍 후보가 국민당 당수 경력을 내세우고 이번 총선에 출전하여 대승을 거두고 등원에 성공했다.

□ 득표상황

후보자	정당	연령	주요 경력	득표 (%)
안재홍	무소속	59	민정장관, 조도전대	14,549 (97.0)
김대경	우국노인회	69	면장, 오성면	452 (3.0)
최석화	민주국민당	39	제헌의원(평택)	
황경수	무소속	45	회사원, 평택읍	

최명환	무소속	67	중학교장, 군수	
이병헌	무소속	55	천도교 대종사	
장범교	무소속	43	군수, 평택읍	
양재현	무소속	34	국민회 진위위원장	
최규설	반공연맹	44	민족시보 사장	
이익호	대한국민당	52	의사, 현덕면	

〈화성 갑〉 홍길선 의원의 수원시 진출에 힘입어 이승재, 나창근 후보들을 따돌리고 국회 등원에 성공한 김인태

지난 제헌의원 선거에서는 수원읍이 수원군에 포함되어 수원 갑·을구로 분구됐으며 수원 갑구에서는 청년운동을 펼친 홍길선 후보가 의사 출신인 권태동 후보를 큰 표차로 꺾고 제헌의원에 당선됐다.

홍길선 의원이 이번 총선에서는 수원읍이 승격한 수원시에 출전하여 무주공산이 된 이 지역구에는 지난 총선에서 낙선한 김구배 후보를 비롯한 9명의 후보들이 용쟁호투를 벌였다.

천일제염업으로 기반을 잡은 대한청년단 나창근, 회사원 출신인 사회당 이왕래, 팔탄면장을 지낸 무소속 이승재, 수원군 산업과장을 지낸 무소속 김인태 후보들이 선두권을 형성했다.

방직공장을 운영한 한영만, 금융조합 직원이었던 최홍식 후보들도 선전했으나, 수원군수를 지내고 신문사 지사장을 지낸 민태정 후보는 부진을 면치 못했다.

수원군청 재직시부터 반월면을 주축으로 기반을 구축한 김인태 후보가 청년단원의 지지에 고무된 나창근, 팔탄면민들의 전폭적인 지지를 받은 이승재 후보들을 어렵게 따돌리고 국회에 등원했다.

□ 득표상황

후보자	정당	연령	주요 경력	득표 (%)
김인태	무소속	46	수원군 산업과장	7,479 (29.0)
이승재	무소속	46	면장, 팔탄면	5,444 (21.1)
나창근	대한청년단	40	천일제염업, 서울시	4,378 (17.0)
이왕래	사회당	51	회사원, 서울시	3,153 (1.2)
최홍식	무소속	53	금융조합원, 송산면	1,982 (7.7)
한영만	무소속	38	방직업, 서울시	1,291 (5.0)
홍록후	무소속	43	농업인, 남양면	741 (2.9)
김구배	무소속	46	회사원, 일왕면	726 (2.8)
민태정	무소속	40	군수, 신문지사장	591 (2.3)

〈화성 을〉 토건업으로 기반을 구축한 김웅진 후보가 면장 출신인 최병국, 최상헌, 김헌봉, 박규서 후보들을 어렵게 꺾고 재선의원 고지를 점령

지난 제헌의원 선거에서는 토건업으로 기반을 구축한 김웅진 후보가 청년운동을 펼치며 남양 홍씨 문중들의 지원을 받은 홍수환 후보를 어렵게 따돌리고 국회 등원에 성공했다.

이번 총선에서도 안용면민들의 전폭적인 지지를 받은 국민당 김웅진 후보가 오산면장 출신인 최병국, 봉담면장 출신인 최상헌 후보들을 어렵게 꺾고 재선의원 고지를 점령했다.

정남면장을 지낸 김헌봉, 장안면의 대표주자로 출전한 서태원, 동탄면장을 지낸 박규서, 노조원의 지원을 기대한 대한노동당 김만길 후보들도 출전했다.

오산면장 최병국, 정남면장 김헌봉, 동탄면장 박규서, 봉담면장 최상헌 후보들은 면민들의 전폭적인 지원 속에 출전했으나 현역의원의 옹벽을 넘어서지 못했다.

□ 득표상황

후보자	정당	연령	주요 경력	득표 (%)
김웅진	대한국민당	44	제헌의원(수원 을)	6,992 (16.5)
최병국	무소속	58	면장, 오산면	5,778 (13.7)
최상헌	무소속	43	면장, 봉담면	5,608 (13.3)
김헌봉	무소속	58	면장, 정남면	4,486 (10.6)
박규서	무소속	54	면장, 동탄면	4,143 (9.8)
서태원	무소속	26	농업인, 장안면	3,960 (9.4)
장주석	무소속	45	농업인, 우정면	2,130 (5.0)
김만길	대한노농당	38	상업인, 안룡면	1,693 (4.0)

〈시흥〉 신동면장 출신인 이영섭 후보를 지난 총선에 이어 이번 총선에서도 꺾고 재선의원이 된 국민당 이재형

지난 제헌의원 선거에서는 일본 유학파로 금융조합 이사인 이재형 후보가 신동면장 출신인 이영섭 후보와 수암면장 출신인 유지연 후보들을 꺾고 당선됐다.

이번 총선에서도 국민당 공천을 받은 이재형 후보가 신동면장을 지낸 이영섭 후보를 2,089표차로 다시 한번 따돌리고 재선의원이 됐다.

방직공장 공장장을 지낸 김규설, 청년운동을 펼친 한청 양서홍, 목사로 기독교인들의 지원을 기대한 김상기 후보들도 출전했다.

□ 득표상황

후보자	정당	연령	주요 경력	득표 (%)
이재형	대한국민당	35	제헌의원(시흥)	12,148 (31.4)
이영섭	무소속	51	면장, 신동면	10,059 (26.0)
김규설	무소속	43	공장장, 동면	7,520 (19.5)
양서홍	대한청년단	41	교원	6,855 (17.7)
김상기	무소속	50	목사, 수암면	2,062 (5.3)

〈부천〉 수리조합연맹 경기도지부장 출신으로 전격 출전하여

지난 총선에서 1위와 2위 후보들을 격파한 박제환

지난 제헌의원 선거에서는 사업가로 기반을 구축한 이유선 후보가 약종상인 전종남, 소사에서 배 밭을 갖고 있는 김현호 후보들을 가볍게 제치고 의정 단상에 올랐다.

이번 총선에서는 동지대 출신으로 수리조합연맹 경기도지부장 출신인 박제환 후보가 출전하여, 지난 총선에서 1위와 2위의 성적을 낸 이유선, 전종남 후보들과 3파전을 전개했다.

여중 교사였던 김수천, 농과대 출신 농부인 장정근, 의사 출신인 석보경, 속기(速記) 전수학교 교장인 박송 후보들도 출전했다.

소사읍 출신들인 전종남, 박제환, 이유선 후보의 3파전은 박제환 후보가 전종남 후보를 804표차로 꺾고 새로운 주인이 됐으며, 전종남 후보는 지난 총선에 이어 연속 차점 낙선한 불운한 후보자가 됐다.

□ 득표상황

후보자	정당	연령	주요 경력	득표 (%)
박제환	무소속	46	수련 경기도지부장	8,804 (27.7)
전종남	무소속	60	회사원, 소사읍	8,000 (25.2)
이유선	국민회	48	제헌의원(부천)	7,500 (23.6)
김수천	무소속	33	여중 교사, 인천시	4,150 (13.1)
장정근	무소속	57	농업인, 소사읍	1,500 (4.7)
석보경	무소속	31	의사, 소사읍	1,200 (3.8)

| 박 송 | 무소속 | 41 | 속기전문학교 교장 | 600 (1.9) |

〈김포〉 20년 교사생활을 한 김포면장 출신으로 현역의원인 정준 후보를 꺾고 금 배지를 인계받은 이교승

지난 제헌의원 선거에서는 전국 기독청년회 총무로 활동한 정준 후보가 기독교인들의 전폭적인 지원을 받아 대한청년단 김포군단장을 지낸 이장화 후보와 조선민족청년단 김포군단장을 지낸 정장해 후보들을 가볍게 제치고 제헌의원이 됐다.

이번 총선에서는 검단면 출신으로 20년 동안 교원 생활을 하고 김포면장을 지낸 이교승 후보가 출전하여 현역의원인 정준 후보와 쌍벽을 이뤘다.

회사원인 심하택, 공무원 출신인 심현대, 지난 총선에도 출전했던 임성구, 국민당 추천을 받은 김송묵 후보들은 세 자릿수 득표율을 올렸으나, 국민회 추천으로 출전한 최병학, 12년 동안 교원 생활을 한 김춘원, 저술가로 알려진 서달, 경찰관 출신인 문광일 후보들의 득표력은 미미했다.

이번 총선에서 경기도는 기호 1번의 후보들이 대부분 당선되어, 기호 1번이 이교승 후보에게도 당선으로 이어지지 않았느냐는 의아심을 갖게도 했다.

경기도 30개 선거구에서 기호 1번을 받지 아니하고도 당선된 후보는 이종성(이천), 김웅진(화성을), 박제환(부천), 서범석(옹진갑)

후보 등 4명에 불과했기 때문이다.

□ 득표상황

후보자	정당	연령	주요 경력	득표 (%)
이교승	무소속	61	김포면장, 교원	13,356 (40.0)
정 준	무소속	36	제헌의원(김포)	8,392 (25.2)
김송묵	대한국민당	32	교원, 양서면	3,441 (10.3)
심하택	무소속	55	회사원, 김포면	2,089 (6.3)
심현대	무소속	43	공무원, 양서면	1,895 (5.7)
임성구	무소속	57	면서기, 양촌면	1,149 (3.4)
김춘원	무소속	50	교원, 하성면	821 (2.5)
문광일	무소속	41	경찰관, 양서면	821 (2.5)
최병학	국민회	55	농업인, 대곶면	729 (2.2)
서 달	무소속	47	지술가, 시울시	667 (2.0)

〈강화〉 화도면민과 파평 윤씨 문중 표에 힘입어 당선된 윤재근 후보가 윤일상 후보를 꺾고 재선의원 고지를 점령

지난 제헌의원 선거에서는 화도면장 출신인 윤재근 후보가 지역에 뿌리를 내려 군정청 기획처 물가국장을 지낸 박장순, 명치대 출신으로 직물조합장을 지낸 송은경 후보들을 대파하고 국회 등원에 성공했다.

이번 총선에서도 현역의원 이점을 살린 국민당 윤재근 후보가 중학 교사 출신으로 양도면의회 의장으로 활약하며 양도면민들의 기대를 흠뻑 받은 국민회 윤일상 후보와 한판 승부를 벌여 158표차로 진땀승을 거두고 재선의원이 됐다.

지난 총선에서 파평 윤씨 문중 표 결집으로 아쉽게 낙선한 박장순, 강화 금융조합 이사로 활동한 조정룡, 국민회 지부장과 직물조합장을 지낸 대한청년단 송정헌 후보들도 선전했다.

□ 득표상황

후보자	정당	연령	주요 경력	득표 (%)
윤재근	대한국민당	41	제헌의원(강화)	11,812 (29.5)
윤일상	국민회	43	면의회 의장, 양도면	11,654 (29.1)
조정룡	무소속	44	금융조합 이사	6,637 (16.6)
송정헌	대한청년단	45	직물조합장	3,015 (7.5)
최영일	무소속	39	대졸, 서울시	2,957 (7.4)
박장순	무소속	63	기획국 물가국장	2,627 (6.6)
장대진	무소속	52	통계관, 강화면	835 (2.1)
김복일	무소속	42	농업인, 강화면	473 (1.2)
권충일	무소속	46	인천신문 사장	사퇴

〈파주〉 김웅권 의원의 불출마로 14명 후보들이 난립한 백병전에서 어렵게 승리한 파주군수 출신인 이동환

지난 제헌의원 선거에서는 독립운동가로 명성을 날린 김웅권 후보가 대한청년단 파주군단장을 지낸 원용득, 수리면장을 지낸 김동규 후보들을 가볍게 제압하고 등원에 성공했다.

그러나 이번 총선에서는 김웅권 의원이 출전을 포기하자 지난 총선에서 낙선한 우종봉, 노규창 후보들을 비롯한 14명의 주자들이 난립했다.

파주군수를 지낸 이동환, 금융조합 서기를 거쳐 회사 중역으로 성장한 이명규, 지난 총선에도 출전했던 우종봉, 대한농민회 총무과장 출신으로 국민당 공천으로 출전한 김영기 후보들이 선두권을 형성했다.

경찰관 출신인 황옥, 서울대학 이사를 지낸 이의식, 광탄면의 대표주자인 심상격, 교하면의 대표주자인 정운탁, 경성전기 직원으로 노총의 공천으로 출전한 정대천 후보들이 중위권을 형성했다.

의사 출신인 윤치형, 한청의 공천을 받은 구자경, 국민당 파주군 위원장을 지낸 노규창 후보들은 예상을 뒤엎고 부진했다.

14명의 주자들이 나름대로 당선권을 향해 달려간 선거전은 3천표 이상을 득표한 7명의 주자들이 당선권을 넘나들었으며, 파주군수를 지낸 이동환 후보가 11.8%인 4,436표를 득표하며 당선되는 행운아가 됐다.

□ 득표상황

후보자	정당	연령	주요 경력	득표 (%)
이동환	무소속	44	파주군수, 임진면	4,436 (11.8)
이명규	무소속	41	금융조합 서기	4,134 (11.0)

김영기	대한국민당	54	대한농민회 총무과장	4,113 (10.9)
우종봉	무소속	37	군수, 아동면	3,714 (9.9)
정운탁	무소속	48	농업인, 교하면	3,258 (8.7)
심상격	무소속	61	한문수학, 광탄면	3,125 (8.3)
정대천	노동총연맹	40	경전 사원, 서울시	3,018 (8.0)
이의식	무소속	52	서울대 이사, 사울시	2,398 (6.4)
황 옥	민주국민당	62	경찰관, 서울시	2,395 (6.4)
최성면	무소속	40	농업인, 아동면	1,666 (4.4)
윤치형	무소속	53	의사, 서울시	1,660 (4.4)
유극노	무소속	50	조합 이사, 서울시	1,314 (3.5)
노규창	대한국민당	50	군당위원장, 아동면	1,223 (3.3)
구자경	대한청년단	44	농업인, 탄현면	1,108 (3.0)

〈장단〉 보성전문대 교수, 대한적십사 부총재로 지난 총선에 출전했던 5명의 후보들을 제압한 백상규

지난 제헌의원 선거에서는 13명의 주자들이 난립하여 채광업자인 조중현 후보가 의사 출신인 윤만중, 사업가인 변종식, 농업인인 김치권 후보들과의 올망졸망 득표 경쟁에서 16.7%인 2,792표를 득표하여 당선됐다.

이번 총선에서는 지난 총선에서 1위, 2위, 3위, 4위를 한 조중현, 윤만중, 변종식, 김치권 후보들이 재격돌을 벌였다.

국민당 소속으로 출전한 한정열, 무소속으로 출전한 전면규, 지난 총선에서 출전했다 사퇴한 남상필 후보도 재출격했다.

미국 브라운대 출신으로 보성전문대 교수로서 적십자사 부총재를 지낸 백상규 후보가 명성을 밑천으로 혜성처럼 나타나 소지역에서 군림하는 후보들을 모두 잠재우고 새로운 주인으로 등장했다.

□ 득표상황

후보자	정당	연령	주요 경력	득표 (%)
백상규	무소속	69	보성전문대 교수	4,315 (100.0)
김치권	무소속	42	농업인	
윤만중	무소속	38	의사	
한정열	대한국민당	39	정치인	
조중현	대한국민당	55	제헌의원(장단)	
변종식	무소속	36	무직	
전면규	무소속	51	무직	
남상필	무소속	46	무직	

〈개풍〉 개풍군수를 지낸 신광균 후보가 지난 총선에 이어 이번 총선에도 당선되어 재선의원으로 발돋움

지난 제헌의원 선거에서는 개풍군수를 지낸 신광균 후보가 농업인들인 장세의, 유래환, 김두권 후보들을 제치고 큰 표차로 당선됐

다.

이번 총선에서도 일민구락부에 가입한 신광균 후보가 지난 총선에서 꺾었던 장세의 후보를 비롯하여 국민회 소속의 장범수, 청년운동가인 유일우, 한청 소속의 김철주, 광산업자인 이상철, 민국당 소속의 이종근 후보들을 꺾고 재선의원이 됐다.

□ 득표상황

후보자	정당	연령	주요 경력	득표 (%)
신광균	일민구락부	53	제헌의원(개풍)	8,733 (100.0)
장세의	무소속	36	청년운동	
장범수	무소속	64	국민회 지부장	
유일우	무소속	36	사회사업가	
김철주	대한청년단	40	사회사업가	
이상철	무소속	38	광업	
이종근	민주국민당	55	농업인	

〈연백 갑〉 연백군수와 연백 수리조합장을 지낸 김경배 후보가 언론인으로 명성을 날린 함상훈 후보를 연거푸 꺾고 재선의원 반열에

지난 제헌의원 선거에서는 연백 수리조합장으로 지역 기반을 다진 김경배 후보가 언론인, 저술인으로 명성을 쌓은 함상훈 후보를 꺾

고 국회에 등원했다.

이번 총선에서도 연백군수, 연백 수리조합장을 지낸 김경배 후보가 언론인으로 명성을 날린 함상훈 후보를 또 다시 꺾고 재선의원이 됐다.

지난 총선에서는 두 후보가 진검승부를 펼쳤지만, 이번 선거에는 두 후보 이외에도 10명 후보들이 난립하여 격전을 벌였다.

변호사 출신인 강거복, 사업가인 홍용환, 도정업자인 정연순, 중앙대 교수인 조규동, 광산업자인 황인섭 후보들도 출전했다.

□ 득표상황

후보자	정당	연령	주요 경력	득표 (%)
김경배	대한국민당	55	제헌의원(연백 갑)	18,442 (100.0)
함상훈	대한국민당	46	저술가	
강거복	무소속	50	변호사	
홍용환	무소속	33	상업인	
정연순	무소속	54	정미업	
김영호	무소속	37	무직	
민병세	무소속	60	농업인	
김세민	무소속	32	무직	
조규동	무소속	30	중앙대 교수	
황인섭	무소속	26	광업	
이도순	무소속	39	무직	
박연의	무소속	58	농업	

〈연백 을〉 지난 총선에서 낙선한 김태희 후보가 5명의 후보들이 출전하여 자중지란을 일으킨 민주국민당 신현모 후보에게 설욕하고 의원직을 승계

지난 제헌의원 선거에서 한민당 중앙상무위원을 지낸 무소속 신현모 후보가 지역에 뿌리를 내리고 기반을 구축한 약종상 김태희, 사업가 박창빈, 도정업자 방치현, 광산업자 최재석 후보들을 가볍게 제치고 당선됐다.

이번 총선에서는 지난 총선에서 승패가 엇갈렸던 신현모, 김태희, 박창빈, 차연홍 후보들이 재격돌을 벌였다.

18명의 후보들이 난립된 선거전에서 약종상으로 면장을 지낸 김태희 후보가 지난 총선에서는 9,360표차로 낙선한 설움을 딛고 와신상담하여, 민국당 소속으로 재선고지를 향해 달리는 신현모 후보를 어렵게 꺾고 금 배지를 인계받았다.

도정업자인 송선일, 민국당 소속의 김광수, 과수원을 운영한 한청의 이영춘, 의사 출신인 정우진, 국민당 소속으로 의사인 최중립, 민국당 선전부장 출신인 조경호, 연백 수리조합장을 지낸 민국당 정찬선, 수산업자인 민국당 안길모, 사회사업가인 정순원 후보들도 출전했다.

국민당과 국민회는 1명이 출전했지만 한청은 2명이고 민국당은 현역의원인 신현모 후보를 비롯하여 5명이 출전하여 자중지란을 일으켰다.

□ 득표상황

후보자	정당	연령	주요 경력	득표 (%)
김태희	무소속	51	면장, 제약업	7,332 (100.0)
차연홍	대한청년단	38	농업인	
송선일	무소속	48	정미업	
김광수	민주국민당	41	농업인	
변재호	무소속	33	농업인	
이영춘	대한청년단	46	과수원	
이성규	무소속	58	회사원	
정우진	무소속	56	의사	
최중집	대한국민당	28	의사	
신현모	민주국민당	56	제헌의원(연백 을)	
박창빈	국민회	60	상업인	
조경호	민주국민당	44	민국당 선전부장	
김병하	무소속	45	농업인	
정찬선	민주국민당	58	수리조합장	
민병근	무소속	38	회사원	
안길모	민주국민당	46	수산업	
김성훈	무소속	50	회사원	
최순원	무소속	36	사회사업가	

〈옹진 갑〉 지난 총선에서 1,738표로 낙선한 서범석 후보가

국민당 오택관 제헌의원을 꺾고 재기에 성공

지난 제헌의원 선거에서는 평양신학교 출신 목사로서 기독교인들의 전폭적인 지원을 받은 오택관 후보가 북경대 중퇴생인 서범석 후보를 꺾고 당선되어 한독당 후보로 유일한 당선자가 됐다.

이번 총선에서는 지난 총선에서 당선된 오택관 후보와 차점 낙선한 서범석 후보가 재대결을 펼쳤다.

북경대 중퇴생이지만 신문기자와 고려광업 이사인 서범석 후보가 지난 총선에서는 1,738표차로 낙선했지만, 이번 총선에서는 현역 의원인 국민당 오택관 후보를 꺾고 설욕에 성공했다.

회사원인 장백, 조민당의 허강, 염전업을 영위한 김경환, 사회사업가인 허황룡 후보들도 참전했다.

□ 득표상황

후보자	정당	연령	주요 경력	득표 (%)
서범석	무소속	48	신문기자, 북경대	7,997 (100.0)
도인권	무소속	70	목사	
장 백	무소속	42	회사원	
허 강	조선민주당	38	무직	
김경환	무소속	47	염전업	
오택관	대한국민당	62	제헌의원(옹진 갑)	
표무영	대한국민당	32	농업인	
허황룡	무소속	27	사회사업가	

〈옹진 을〉 지난 총선에서 3,485표차로 낙선한 설움을 딛고 이번 총선에서 설욕전을 승리로 장식한 오의관

지난 제헌의원 선거에서는 대동청년단 서북지부 사무처장 출신인 김인식 후보가 도정업자인 오의관, 운수업자인 심상익, 신문업자인 이운, 수산업자인 김덕규 후보들을 꺾고 국회에 등원했다.

이번 총선에서는 지난 총선에서 함께 뛰었던 김인식, 오의관, 심상익, 이운 후보들이 재격돌했다.

도정업자로서 면장을 지내고 어업조합연합회 기수인 오의관 후보가 운수업자인 심상익, 현역의원인 김인식, 수산업자인 이봉수, 신문업자인 국민당 이운 후보들을 꺾고 당선의 기쁨을 맛보았다.

지난 총선에서 당선된 김인식 후보와 낙선한 오의관 후보의 표차는 3,485표였다.

□ 득표상황

후보자	정당	연령	주요 경력	득표 (%)
오의관	무소속	42	정미업, 면장	10,832 (100.0)
심상익	무소속	32	운수업	
김인식	무소속	39	제헌의원(옹진 을)	
이봉수	무소속	39	수산업	
박형일	무소속	29	교사	

이 운	대한국민당	59	신문업	

제2장 영남권 : 66개 지역구로 점유율은 31.4%

1. 733명의 후보들이 출전하여 열전을 전개

2. 영남권 66개 지역구 불꽃 튀는 격전의 현장으로

1. 733명의 후보들이 출전하여 열전을 전개

(1) 당선자 66명 중 무소속 후보가 74.2% 차지

33개의 지역구를 거느린 경북은 포항시와 김천시가 신설되었으나 김천 갑구와 김천 을구가 김천시와 금릉군으로 개편되어 1개 구가 증설되어 34개 체제가 됐고, 경남도 부산 무구가 증설되어 31개구에서 32개 체제가 됐다.

그리하여 66개 지역구로 전국 210구의 31.4%를 차지했다.

경북의 34개구에는 358명이, 경남의 32개구에는 375명의 후보자들이 난립하여 733명의 후보들이 열전을 펼치게 되었으며, 선거구당 평균 후보자들은 11.1명이었다.

당선자 66명의 정당이나 소속단체는 한청이 6명으로 가장 많고, 국민당 3명, 민국당 3명, 국민회 3명이고 일민구락부와 불교가 각각 1명으로 49명이 무소속 후보들이다.

한청은 김판석(포항), 이협우(경주을), 이호근(예천), 김정식(영주), 최성웅(밀양갑), 김병진(창원갑)후보 등 6명이고, 민국당은 김시현(안동갑), 곽태진(고령), 최원호(김해갑) 후보 등 3명이며, 국민회는 백남식(상주을), 이상경(하동), 박정규(함양) 후보 등 3명이다.

국민당은 박영출(의성갑), 육홍균(선산), 우문(김천) 후보 등 3명이고, 소수 정당이나 단체로는 일민구락부 서이환(울릉), 불교 박성하(대구을) 후보 등이다.

조경규(대구갑), 이갑성(대구병), 권오훈(달성), 박만원(군위), 권병로(의성을), 김익기(안동을), 조헌영(영양), 김봉조(청송), 한국원(영덕), 최원수(영일갑), 김익로(영일을), 안용대(경주갑), 권중돈(영천갑), 조규설(영천을), 방만수(경산), 김준태(청도), 배상연(성주), 장택상(칠곡), 여영복(금릉), 박성우(상주갑), 양재하(문경), 정문흠(봉화), 김지태(부산갑), 장건상(부산을), 김칠성(부산병), 정기원(부산정), 최원봉(부산무), 권태욱(마산), 유덕천(진주), 하만복(진양), 이시목(의령), 양우정(함안), 신용훈(창녕), 김형덕(밀양을), 서장주(양산), 오위영(울산갑), 김택천(울산을), 김범부(동래), 이종수(김해을), 김봉재(창원을), 서상호(통영갑), 이채오(통영을), 김정실(고성), 정헌주(사천), 조주영(남해), 이병홍(산청), 신중목(거창), 노기용(합천갑), 김명수(합천을) 후보들은 무소속으로 당선됐다.

(2) 제헌의원 귀환율은 12%를 밑돌고

영남권은 경북이 33개구, 경남이 31개구로 64명의 제헌의원이 탄생했다.

정현모 의원의 경북도지사 임명으로 안동 을구에서 보궐선거가 실시되어 임영신 초대 상공부장관이 장택상 초대 외무부장관 등을 꺾고 당선됐고, 문시환 의원의 경남도지사 임명에 따라 부산 갑구에서 보궐선거가 실시되어 허영호 후보가 박수일 후보를 꺾고 당선됐다.

김효석 의원의 내무부차관 임명에 따라 실시된 보궐선거에서는 동아일보에 근무한 최창섭 후보가 면장 출신인 김명수, 경찰서장 출신인 노기용 후보들을 꺾고 당선되어 67명의 후보들이 의정 단상에 올랐다.

경북권에서 박준(군위), 임영신(안동을), 이범교(영천을), 이병관(김천을), 한암회(상주갑), 전진한(상주을), 배중혁(봉화) 의원들이 불출마했으며 임영신, 전진한 의원들은 지역을 벗어나 전북, 부산에서 출전했다.

경북에서 권병로(의성을), 김익기(안동을), 김봉조(청송), 조헌영(영양), 김익로(영일을), 서이환(울릉), 육홍균(성산) 의원만 재당선 되었을 뿐 최윤동(대구갑), 서상일(대구을), 백남채(대구병), 박순석(포항), 권태희(김천), 김우식(달성), 정우일(의성갑), 오택열(영덕), 김철(경주갑), 이석(경주을), 정도영(영천갑), 박해정(경산), 박종환(청도), 김상덕(고령), 이호석(성주), 장병만(칠곡), 조병한(문경), 박상영(예천), 최석홍(영주) 의원들은 모두 낙선했다.

경남에서도 허정(부산을), 황윤호(진양), 안준상(의령), 강욱중(함안), 구중회(창녕), 박해극(밀양을), 최봉식(울산갑), 김약수(동래), 주금용(창원을), 이귀수(고성), 박윤원(남해) 의원들은 불출마하고 김효석(부산갑), 문시환(부산갑), 허영호(부산갑), 전진한(부산을), 박찬현(부산병), 한석범(부산병), 이강우(진주), 이주형(밀양갑), 신상학(김해갑), 정진근(양산), 최봉식(울산갑), 김수선(울산을), 조규갑(김해을), 김태수(창원갑), 김재학(통영갑), 서순영(통영을), 최범술(사천), 강달수(하동), 김경도(함양), 강기문(산청), 표현태(거창), 이원홍(합천갑), 최창섭(합천을) 의원들은 무더기로 낙선했다.

그리하여 권태욱(마산) 의원만 유일하게 귀환하여 영남권에서 귀환한 의원은 8명에 불과하여 귀환율은 11.9%에 불과했다.

그러나 지난 제헌의원 선거에서는 낙선했지만 경북의 조경규(대구갑), 박성하(대구을), 권오훈(달성), 최원수(영일갑), 곽태진(고령), 이호근(예천), 김정식(영주), 정문흠(봉화) 후보와 경남의 유덕천(진주), 하만복(진양), 이시목(의령), 최원호(김해갑), 김병진(창원갑), 정헌주(사천), 이상경(하동), 이병홍(산청), 신중목(거창), 김명수(합천을) 후보들은 재기의 날개를 펼쳤다.

(3) 1만 표 미만을 득표하고도 47명의 후보들이 당선

지난 제헌의원 선거에서는 무투표 당선이 상당했으나 이번 총선에서는 무투표 당선 사례는 없었고, 선거구당 평균 10여명의 후보들이 난립되다 보니 20% 미만의 득표율과 1만 표 미만을 득표하고도 당선자가 속출했다.

20% 미만의 득표율로 당선된 후보들은 양우정(함안, 19.9%), 김준태(청도, 19.8%), 박정규(함양, 19.8%), 조주영(남해, 19.7%), 여영복(금릉, 19.2%), 김봉재(창원을, 19.1%), 이병홍(산청, 18.8%), 정헌주(사천, 18.7%), 이종수(김해을, 18.7%), 신용훈(창녕, 18.5%), 김병진(창원갑, 18.2%), 권오훈(달성, 18.1%), 권병로(의성을, 18.0%), 이상경(하동, 17.3%), 백남식(상주을, 17.1%), 김판석(포항, 16.8%), 이협우(경주을, 16.7%), 권태욱(마산, 16.4%), 양재하(문경, 15.9%), 이호근(예천, 14.6%), 박만원(군위, 14.6%), 박영출(의성갑, 14.4%), 배상연(성주, 11.9%) 후보 등이다.

1만 표 미만을 득표하고도 당선된 후보들은 경북에서 여영복(금릉, 9,905표), 김시현(안동갑, 9,508표), 박성하(대구을, 8,967표), 육홍균(선산, 8,724표), 조경규(대구갑, 8,335표), 이갑성(대구병, 8,263표), 우문(김천, 8,176표), 권오훈(달성, 8,172표), 김준태(청도, 8,050표), 최원수(영일갑, 7,970표), 이호근(예천, 7,928표), 이협우(경주을, 7,825표), 권중돈(영천갑, 7,329표), 한국원(영덕, 7,184표), 백남식(상주을, 7,015표), 김익로(영일을, 6,988표), 양재하(문경, 6,824표), 김봉조(청송, 6,197표), 권병로(의성을, 6,126표), 박영출(의성갑, 5,168표), 배상연(성주, 4,916표), 박만원(군위, 3,939표), 김판석(포항, 3,157표), 서이환(울릉, 2,220표), 경남에서도 신용훈(창녕, 9,779표), 김명수(합천을, 9,752표), 김칠성(부산병, 9,727표), 정기원(부산정, 8,945표), 정헌주(사천, 8,912표), 양우정(함안, 8,801표), 이채오(통영을, 8,796표), 김택천(울산을, 8,780표), 조주영(남해, 8,635표), 유덕천(진주, 8,474표), 이상경(하동, 8,282표), 박정규(함양, 8,226표), 최성웅(밀양갑, 8,168표), 김봉재(창원을, 7,971표), 최원호(김해갑, 7,585표), 최원봉(부산무, 7,445표), 노기용(합천갑, 7,321표), 김범부(동래, 7,281표), 이병홍(산청, 7,143표), 김병진(창원갑, 6,541표), 이종수(김해을, 6,102표), 권태욱(마산, 5,499표), 서장수(양산, 5,340표) 후보 등 47명에 달했다.

반면 2만 표 이상을 득표한 후보들은 장택상(칠곡, 21,407표), 장건상(부산을, 26,720표), 신중목(거창, 23,561표) 후보 등 3명에 불과했다.

2. 영남권 66개 지역구 불꽃 튀는 격전의 현장으로

경상북도

<대구 갑> 지난 총선에서 낙선한 조경규 후보가 최윤동, 서동진, 최희송 등 쟁쟁한 후보들을 물리치고 재기에 성공

지난 제헌의원 선거에서는 중국 육사 출신으로 광복운동을 활발하게 펼친 한국민주당 최윤동 후보가 병원장 출신으로 청년운동을 펼친 대동청년단 조경규, 동북수산 사장인 김영호, 병원장인 김성국, 여의사인 김선인 후보들을 제치고 국회에 등원했다.

이번 총선에서는 지난 선거에서 승패가 엇갈렸던 민주국민당 최윤동 후보와 조경규 후보가 재격돌을 펼친 상황에서 14명의 후보들이 등록하여 16명의 후보들이 혼전을 전개했다.

경북도지사를 지낸 최희송, 변호사인 이응수, 양조장을 운영하고 있는 장영모, 구세병원장인 이재영, 경북후생회 회장인 서동진, 대학교수인 이병주, 신문사 지국장인 구입본, 한약 무역상인 방한상, 과수원을 경영하는 이팔수 후보 등 쟁쟁한 후보들이 참전했다.

엎치락뒤치락하던 선거전은 민국당 후보들이 2명 출전하여 분산된 틈새를 지난 총선에서 낙선한 조경규 후보가 비집고 들어가 설욕전에서 승리하는 기쁨을 누렸다.

□ 득표상황

후보자	정당	연령	주요 경력	득표 (%)
조경규	무소속	46	의사, 신문사 사장	8,335 (24.0)
서동진	무소속	51	경북후생회 회장	6,512 (18.8)
최희송	무소속	57	경북도지사	6,354 (18.3)
장영모	무소속	44	경북중 장학회장	2,458 (7.1)
최윤동	민주국민당	54	제헌의원(대구 갑)	2,052 (5.9)
이응수	무소속	37	변호사, 대학강사	1,952 (5.6)
권헌길	무소속	59	대한잠사회 회장	1,502 (4.3)
이재영	민주국민당	62	구세병의원 원장	1,265 (3.0)
김한용	무소속	44	한청 동인동단장	925 (2.7)
김성국	무소속	60	민국당 시당위원장	829 (2.4)
이병주	무소속	35	대학 교수	741 (2.1)
엄익재	무소속	35	철공소 경영	347 (1.0)
방한상	독립노동당	50	한약 무역상	501 (1.4)
이팔수	무소속	38	과수원 경영	408 (1.2)
김종열	무소속	32	신문사 주간	286 (0.8)
구입본	무소속	51	신문사 지국장	255 (0.7)

〈대구 을〉 지난 총선에서 3위로 낙선한 박성하 후보가 서상일 의원을 46표차로 꺾고 재기에 성공하여 의원직을 승계

지난 제헌의원 선거에서는 진보 진영 거두로 성장한 서상일 후보가 한민당 소속으로 출전하여 의사 출신인 손인식, 상공인협회장인 박성하 후보들을 꺾고 제헌의원이 됐다.

이번 총선에는 지난 총선에서 맞붙었던 서상일, 손인식, 박성하 후보 이외에도 경북문화협회장인 독립노농당 최영호, 노총 대구연맹 감찰위원장인 채수한, 제련회사 취체역인 무소속 김종원, 경북석유 취체역이자 회장인 무소속 김중학 후보들이 새롭게 출전했다.

지난 총선에서 3위로 낙선한 박성하 후보가 경북 불교교무원 총무국장임을 활용하여 불도들의 민심을 결집시켜 기독교 청년회장인 손인도, 국회에서 산업위원장으로 선임된 민국당 서상일 후보들을 어렵게 제압하고 국회 등원에 성공했다.

불교도인 박성하 후보와 서상일 의원의 표차는 불과 46표였다.

□ 득표상황

후보자	정당	연령	주요 경력	득표 (%)
박성하	불교	43	불교교무원 총무국장	8,967 (27.9)
서상일	민주국민당	65	제헌의원(대구 을)	8,921 (27.7)
손인도	대한국민당	57	기독교 청년회장	5,658 (17.6)
김중학	대한국민당	48	경북석유 회장	3,166 (9.8)
채수한	노농총연맹	27	노총 감찰위원장	2,854 (8.9)
최영호	독립노농당	40	신문사 경영	1,496 (4.7)
김종원	무소속	72	회사원	1,097 (3.4)

<대구 병> 기미독립선언 33인이라는 위명(偉名)으로 지난 총선에 출전했던 후보들을 제압하고 당선된 이갑성

지난 제헌의원 선거에서는 중학교 교장 출신으로 입법의원인 백남채 후보가 대구시의회 의원인 이우줄, 고교 교사였던 김용한 후보들을 제치고 등원했다.

이번 총선에서는 지난 총선에서 자웅을 겨뤘던 백남채, 이우줄, 김용한 후보 이외도 15명의 후보들이 새롭게 참전하여 18명의 후보들이 난전을 전개했다.

일본대 출신으로 양조장을 경영하고 있는 서진수, 경북중학 교사였던 최영조, 대구 수리조합 이사로 활약한 조병관, 민주국민당 중앙위원인 우근호, 경찰청 5관구 총무과장인 조태영, 대구대학장을 지낸 조용기, 대서업자로 남산동회장을 지낸 도경훈, 교육사업에 전념한 유시태, 농림부 농정국장을 지낸 강진국, 기미독립선언 33인으로 입법의원을 지낸 이갑성, 대구실업 학원장인 서만준 후보들이 새롭게 출전했다.

독립선언 33인이라는 권위와 입법의원이라는 경력을 내세운 이갑성 후보가 지난 총선에 출전하여 차점 낙선한 이우줄 후보를 큰 표차로 따돌리고 등원에 성공했다.

기독교 장로 출신인 백남채 의원은 중위권으로 밀려났고, 지난 총선에 출전했던 김용한 후보는 하위권을 맴돌았다.

□ 득표상황

후보자	정당	연령	주요 경력	득표 (%)

이갑성	무소속	62	기미독립선언 33인	8,263 (23.2)
이우줄	무소속	38	사회사업, 학교이사	5,141 (14.4)
조용기	노동총연맹	48	대구대학장	4,222 (11.8)
조태영	무소속	40	경찰청 총무과장	4,056 (11.4)
백남채	민주국민당	64	제헌의원(대구 병)	2,779 (7.8)
서병무	무소속	56	회사중역	1,780 (5.0)
서진수	무소속	48	양조업, 일본대	1,368 (3.8)
전병희	무소속	34	성인교육회 이사	1,263 (3.5)
조병관	무소속	44	대구수리조합 이사	1,123 (3.1)
도경훈	무소속	54	동회장, 남산동	1,086 (3.0)
주학진	무소속	51	회사장	974 (2.7)
강진국	무소속	47	농림부 농정국장	850 (2.4)
우근호	무소속	53	민국당 중앙위원	795 (2.2)
김용한	무소속	41	중학교사	728 (2.0)
유시태	민주국민당	60	교육사업, 봉산동	459 (1.3)
최영조	무소속	40	경북중 교사	438 (1.2)
박상학	무소속	61	한문 사숙(私塾)	325 (0.9)
서만준	무소속	53	대구실업학원장	53 (0.2)

〈포항〉 청년운동을 펼친 한청 포항시단장인 김판석 후보가 영일 갑구에서 당선된 박순석 제헌의원을 꺾어

포항읍이 포항시로 승격되면서 신설된 이 지역구는 지난 제헌의원 선거에서 영일 갑구에 출전한 박순석, 최이봉 후보와 영일 을구에 출전한 박동주 후보들이 출전했다.

포항중학 교감이었던 최준봉, 한청 포항시단장으로 활약한 김판석, 포항전매서장을 지낸 김민돈, 대한노총 해상연맹 소속의 김일조, 포항소방서장을 지낸 강청석, 제염업자로서 포항시 교육위원회 부위원장인 배수인, 범아상사 취체역인 이병곤 후보 등 10명의 후보들이 새롭게 출전하여 13명이 난전을 벌였다.

청년운동을 활발하게 펼친 한청의 김판석 후보가 영일 갑구에서 당선된 제헌의원 박순석, 포항소방서장 출신인 강청석 후보들과의 3파전에서 승리하여 국회에 등원했다.

지난 총선에도 출전했던 대구신문 지국장인 최이봉, 제염업으로 기반을 구축한 배수인, 해상노조원들의 지지를 얻은 김일조 후보들도 당선권을 넘나들었다.

☐ 득표상황

후보자	정당	연령	주요 경력	득표 (%)
김판석	대한청년단	30	한청 포항시단장	3,157 (16.8)
강청석	무소속	45	포항 소방서장	2,671 (14.2)
박순석	무소속	47	제헌의원(영일 갑)	2,465 (13.2)
배수인	무소속	46	제염업, 교육위원회	1,905 (10.2)
김일조	노총해상련	42	한국공론사 취체역	1,717 (9.2)
최이봉	무소속	33	신문사 지국장	1,391 (7.4)
최준봉	무소속	31	포항중 교감	970 (5.2)

변석화(여)	무소속	41	의사, 포항중 강사	957 (5.1)
이병곤	무소속	48	회사 취체역	909 (4.8)
김민돈	대한청년단	43	포항 전매서장	807 (4.3)
박동주	국민회	54	농민회 간부	756 (4.0)
백홍기	무소속	28	신정회 조직 담당	753 (4.0)
황갑이	무소속	40	농업, 상원동	296 (1.6)

〈김천〉 토건업을 바탕으로 구축한 기반을 활용하여 당선이 예상된 정열모, 권태희 후보들을 꺾어버린 국민당 우문

김천읍이 김천시로 승격되어 신설된 이 지역구는 지난 제헌의원 선거에서 김천 갑구에서 당선된 권태희, 축산조합중앙회 이사인 이병관, 서울 명성여고 교무주임인 우문, 일본 중앙대 출신으로 전재민(戰災民)협회 김천지부장인 이돈근, 홍익대학장인 정열모 후보들이 5파전을 전개했다.

국민당의 추천을 받은 우문과 정열모 후보들의 경쟁에서 토목 건설로 지역 기반을 다진 우문 후보가 정열모 후보에게 승리한 여세를 몰아 권태희 현역의원까지 제압하는 이변을 연출했다.

국민당이란 정당의 바람과 재력으로 당선권에 진입한 권태희와 정열모 후보들을 꺾은 밑거름이 됐다.

☐ 득표상황

후보자	정당	연령	주요 경력	득표 (%)
우 문	대한국민당	48	명성여고 교무주임	8,176 (48.6)
정열모	대한국민당	56	홍익대학장	2,943 (17.5)
이병관	무소속	43	축산조합 이사	2,804 (16.7)
권태희	무소속	44	제헌의원(김천 갑)	1,994 (11.8)
이돈근	무소속	54	전재민협회 지부장	913 (5.4)

〈달성〉 청년운동을 펼친 경력과 지난 총선에서 낙선에 대한 동정여론으로 재기(再起)에 성공한 권오훈

지난 제헌의원 선거에서는 전도회 소속의 김우식 후보가 청년운동을 펼친 권오훈 후보를 예상을 뒤엎고 935표차로 꺾은 이변을 일으켰다.

회사 중역인 박노익, 약종상인 김태주 후보들도 선전했다.

이번 총선에서는 지난 총선에서 대결을 펼쳤던 김우식, 권오훈, 박노익 후보들이 재대결을 펼친 격전장에 16명의 새로운 출전자들이 등록하여 19 명의 후보들이 난타전을 전개했다.

지난 총선에서 아쉽게 낙선한 권오훈 후보가 석패에 대한 동정여론, 호국단 부사령관으로의 활약 등이 돋보여 난타전에서 승리를 이끌어냈다.

일민구락부 소속의 제헌의원인 김우식, 농촌경제연구회장인 김찬

기, 고려화재 상무로 재도전한 박노익, 대륜중학 교사인 이정우, 신문기자 출신으로 대학교수인 이인세 후보들도 당선권을 넘나들며 선전했다.

□ 득표상황

후보자	정당	연령	주요 경력	득표 (%)
권오훈	무소속	39	독촉 충남부위원장	8,172 (18.1)
김찬기	무소속	61	농촌경제연구회장	5,021 (11.1)
박노익	유도회	63	고려화재 상무	4,346 (3.0)
이인세	대한국민당	32	대학교수, 기자	3,346 (7.4)
양기식	무소속	33	부면장, 대구시	3,081 (6.8)
김우식	일민구락부	61	제헌의원(달성)	3,077 (6.8)
이정우	무소속	50	대륜중 교사	3,033 (6.7)
배동갑	민주국민당	59	동회장, 동촌면	2,559 (5.7)
조기승	무소속	38	농업인, 월배면	2,091 (4.6)
박성현	대한청년단	41	청년회장, 동촌면	2,074 (4.6)
유근수	대한청년단	30	동림문예동지회장	1,825 (4.0)
김명조	무소속	61	한의사, 구지면	1,637 (3.6)
강문휘	조선민주당	33	의사, 동촌면	1,448 (3.2)
박 황	무소속	61	하빈고 후원회장	1,384 (3.1)
허 예	무소속	55	교원, 서울시	1,384 (3.1)
구자운	무소속	42	신문사 운영국장	1,226 (2.7)
김준영	무소속	61	현풍향교 위원장	1,147 (2.5)
김두권	무소속	50	회사원, 월배면	1,062 (2.3)
김우만	무소속	48	교육가, 대구시	358 (0.8)

〈군위〉 18 명의 후보들이 난립하는 혼전에서 15% 득표율인 3,939표 득표로 당선을 일궈낸 박만원

지난 제헌의원 선거에서는 일본대 출신으로 통신사 사장, 서울소비조합 이사장인 박준 후보가 한민당 소속의 박두인, 양조업자인 배인재, 일본 명치대 출신인 이상택 후보들을 어렵게 꺾고 국회 등원에 성공했다.

박준 의원이 출전을 포기한 이번 총선에서는 지난 총선에서 낙선한 박두인, 이상택 후보들을 포함하여 18 명의 후보들이 출전하여 혼전을 전개했다.

한문수학 농업인인 홍일흠, 경성제대 출신으로 은행지점장인 박만원, 대한교육연합회 이사인 사공환, 공업신문 취체역인 이순 후보들이 선두권에 진입했다.

군위군 농민회 총대 이상택, 경찰관 출신인 장우환, 민국당 중앙집행위원인 박두인, 경주 성결교회 목사인 천서봉, 군위중 학부형 회장인 김상필 후보들도 추격전을 전개했다.

은행지점장으로서의 재력을 활용한 박만원 후보가 15% 득표율에도 미치지 못한 3,939표로 당선되는 행운을 잡았다.

☐ 득표상황

후보자	정당	연령	주요 경력	득표 (%)
박만원	무소속	38	은행지점장, 대구시	3,939 (14.6)
이 순	무소속	49	공업신문 취체역	2,660 (9.9)
사공환	무소속	50	대한교육연합 이사	2,496 (9.3)
홍일흠	무소속	55	한학 사숙, 군위면	2,339 (8.7)
이상택	무소속	44	농민회 총대	1,870 (6.9)
장우환	무소속	38	경찰관, 대구시	1,703 (6.3)
박두인	민주국민당	62	한문 사숙, 우보면	1,686 (6.3)
김상필	민주국민당	40	회사원, 군위면	1,571 (5.8)
천서봉	무소속	47	성결교회 목사	1,437 (5.3)
이원호	무소속	45	혁명연맹 감찰위원	1,198 (4.4)
최두경	무소속	50	군수, 군위면	1,120 (4.2)
은두기	무소속	50	회사장, 소보면	1,079 (4.0)
이태룡	무소속	37	회사원, 안계면	1,023 (3.8)
정대린	무소속	27	회사원, 의흥면	873 (3.2)
유세형	무소속	31	국민학교장	786 (2.9)
문명호	무소속	58	대한국권회 이사	545 (2.0)
이영우	무소속	50	산성면장	471 (1.8)
박천우	무소속	35	경찰관, 우보면	130 (0.5)

〈의성 갑〉 교육자로서 재력을 겸비하여 지난 총선에서 당선된 정우일 후보 등을 어렵게 꺾어버린 국민당 박영출

지난 제헌의원 선거에서는 의성읍장을 지낸 정우일 후보가 기독교인들의 지지를 받아 입법의원인 김돈, 상해 화북대 교수인 이순, 신문지국장인 오윤근 후보들을 제치고 등원에 성공했다.

이번 총선에서는 지난 총선에서 대결을 펼쳤던 정우일, 김돈, 오윤근 후보들을 비롯하여 14명의 후보들이 등록하여 난전을 벌였다.

제헌의원인 정우일, 대구대 후원회원인 박대환, 입법의원 출신으로 홍진사 사장인 김돈, 경북맹아원 원장인 오기수, 농민회 의성군 총대인 김규만, 기독교 장로인 권중수, 숭덕공업사 사장인 박영출, 부산세관 총무과장을 지낸 박노수, 동아일보 의성지국장인 오윤근, 의성군수를 지낸 신기훈 후보들이 두각을 나타냈다.

교육가로서 재력을 겸비한 박영출 후보가 국민당원들의 지지를 받아 14.4%의 득표율로 농민회 총대인 한청 김규만 후보를 393표차로 꺾고 국회에 등원하는 행운을 잡았다.

청년운동가로 활약한 한청 소속으로 김규만, 오기수, 권중수 후보들이 출전하여 한청 지지자들을 분산시키는 호기(好機)를 박영출 후보가 잡은 결과이기도 하다.

□ 득표상황

후보자	정당	연령	주요 경력	득표 (%)
박영출	대한국민당	43	숭덕공업사 사장	5,168 (14.4)
김규만	대한청년단	46	농민회 의성군 총대	4,776 (13.3)
신기훈	무소속	42	군수, 의성면	4,501 (12.6)
박노수	정경연구회	44	부산세관 총무과장	4,133 (11.5)
오기수	대한청년단	59	경북맹아원 원장	3,995 (11.1)

박대환	무소속	62	농업인, 춘산면	3,384 (9.4)
오윤근	민주국민당	46	동아일보 지국장	2,550 (7.1)
김 돈	무소속	64	입법의원, 회사장	1,802 (5.0)
정우일	대한국민당	53	제헌의원(의성 갑)	1,542 (4.3)
신홍기	무소속	56	한문수학, 금성면	1,314 (3.7)
권중수	대한청년단	55	기독교 장로, 금성면	1,040 (2.9)
김충한	무소속	68	목사, 의성읍	830 (2.3)
유정훈	무소속	63	독촉 위원장, 사곡면	620 (1.7)
오동근	무소속	46	국민회 선전부장	227 (0.6)

〈의성 을〉 지난 총선에서 승패가 엇갈렸던 권병로와 박영교 후보들의 재대결에서 또 다시 승리를 쟁취한 권병로

지난 제헌의원 선거에서는 의사 출신인 권병로 후보가 면장 출신인 박영교, 회사 중역인 김상봉, 도정업자인 허호일 후보들을 꺾고 당선됐다.

이번 총선에서는 지난 총선에서 2,117표차로 승패가 엇갈렸던 권병로 후보와 박영교 후보가 재대결을 펼쳤다.

대학 강사인 김제우, 포항 관재소장을 지낸 이철희, 회사 중역인 김진환, 신문사 부사장인 박석홍, 미군에서 공군 중위였던 정운수 후보들이 새롭게 출전했다.

엎치락뒤치락 혼전을 전개한 선거전은 안동 권씨 문중 표를 결집시킨 권병로 후보가 안계면장과 의성 금융조합 이사로 활약한 박영교 후보를 또 다시 울리고 재선의원 고지를 점령했다.

회사 중역으로 경북 육상연맹 부회장으로 활약한 김진환 후보의 선전이 돋보였다.

□ 득표상황

후보자	정당	연령	주요 경력	득표 (%)
권병로	무소속	48	제헌의원(의성 을)	6,126 (18.0)
김진환	무소속	41	회사중역, 대구시	5,431 (16.0)
박영교	무소속	45	금융조합원, 안계면	5,181 (15.3)
정운수	무소속	43	미군 공군 중위	4,921 (14.5)
박석홍	독립노동당	55	신문사 부사장	4,212 (12.4)
김제우	무소속	55	대학 강사, 서울시	3,456 (10.2)
이철희	민주국민당	43	포항 관재소장	2,777 (8.2)
오상환	무소속	26	문화연구소 주간	1,136 (3.3)
김응도	민주국민당	54	중학교 학부형회장	727 (2.1)

〈안동 갑〉 상해임시정부 요원으로 독립운동가라는 명망으로 지난 총선에서 차점 낙선한 권중순을 꺾은 민국당 김사현

지난 제헌의원 선거에서는 안동읍장 출신인 김익기 후보가 일본

명치대 출신으로 국민회 안동지부장을 지낸 권중순 후보를 3천여 표차로 꺾고 당선됐다.

당선된 김익기 의원이 안동 을구로 옮겨간 이 지역구에는 차점 낙선한 권중순 후보가 철옹성을 구축하고 당선을 향해 질주했다.

이에 안동여중 교사인 권오연, 안동 금융조합 감사인 윤태혁, 상해임시정부 요원으로 동양공과대 학장인 김시현, 보후면장을 지낸 강철희, 회사원인 윤필영, 국회 통신사 이사인 김태룡, 신문사 지국장인 오성, 안동읍장을 지낸 박종완 후보 등이 출전했다.

독립운동가라는 명망과 민국당원들의 지원을 받은 김시현 후보가 권중순 후보와 혈투를 전개하다가 안동 권씨 문중들의 결집을 기대한 권중순 후보를 1,082표차로 꺾고 등원에 성공했다.

한청을 기반으로 한 윤필영 후보와 윤태혁 후보, 국민당의 지원을 받은 강철희 후보들도 선전했다.

□ 득표상황

후보자	정당	연령	주요 경력	득표 (%)
김시현	민주국민당	69	동양공과대 학장	9,508 (23.7)
권중순	무소속	50	정경연구소 간사	8,426 (21.0)
윤필영	대한청년단	36	회사원, 안동읍	5,520 (13.7)
강철희	대한국민당	54	면장, 북후면	5,364 (13,4)
윤태혁	대한청년단	40	금융조합원, 풍산면	5,105 (12.7)
박종완	무소속	41	안동읍장	1,639 (4.1)
오 성	무소속	26	신문사 지국장	1,577 (3.9)
김태룡	무소속	35	국회 통신사 이사	1,502 (3.7)

| 권오연 | 무소속 | 37 | 안동여중 교사 | 1,062 (3.2) |
| 이 령 | 독립노농당 | 27 | 경제학 전공 | 460 (1.1) |

〈안동 을〉 안동 갑구에서 안동 을구로 옮겼으나 안동 김씨 문중들의 집중지원으로 재선의원 고지에 오른 김익기

지난 제헌의원 선거에서는 일본 조도전대 출신으로 회사 중역인 정현모 후보가 일본대 출신인 유태하, 명치대 출신인 김중희 후보들을 꺾고 당선됐으나 경북도지사에 임명되어 보궐선거가 실시됐다.

보궐선거에서는 초대 상공부장관을 지낸 임영신 후보가 초대 외무부장관을 지낸 장택상, 안동 갑구에서 차점 낙선한 권중순 후보들을 꺾고 뒤늦게 국회에 등원했다.

정현모, 임영신 의원들이 불참한 이번 선거전에는 지난 제헌의원 선거에서 안동 갑구에서 당선된 김익기 후보가 지역구를 옮겨 출전하자, 덕대목재 사장인 김두화, 명치대 출신으로 사법서사인 김중희, 양조장 사장인 정휘양, 노농당의 유림 후보들이 출전했다.

안동 김씨 문중들의 집중지원과 현역의원의 이점을 살린 김익기 후보가 지역에 뿌리가 깊지 아니한 유림 후보를 3천여 표차로 따돌리고 재선의원 반열에 올랐다.

지난 총선에도 출전했던 김중희 후보는 2천여 표 득표를 맴돌았다.

□ 득표상황

후보자	정당	연령	주요 경력	득표 (%)
김익기	무소속	35	제헌의원(안동 갑)	13,066 (43.1)
유 림	독립노농당	53	대졸, 서울시	9,438 (31.2)
정휘양	대한청년단	40	양조업, 임하면	3,397 (11.2)
김중희	민주국민당	55	명치대, 사법서사	2,667 (8.8)
김두화	무소속	45	덕대목재 사장	1,724 (5.7)

〈청송〉 지난 총선에서 김봉조와 윤용구 후보의 표차가 7,842표였으나 이번 총선에서는 1,752표차로 좁혀져

지난 제헌의원 선거에서는 경북도 학무과장을 지낸 김봉조 후보가 대동청년단 청송군단장을 지낸 윤용구, 대한독립촉성국민회 청송지부장을 지낸 심운섭 후보들을 격파하고 제헌의원에 당선됐다.

지난 총선에서 당선된 김봉조 후보와 차점 낙선한 윤용구 후보가 재대결한 선거전에 국민회 활동을 펼친 조용소, 서울 동서병원장인 권용준, 서울전지 사장인 심의열, 회사 중역인 신수대, 의사인 윤병덕 후보들이 새롭게 뛰어들었다.

지난 총선에서 김봉조와 윤용구 후보의 표차는 7,842표차로 승패가 엇갈렸으나, 이번 총선에서는 1,752표차로 표차로 간격이 좁혀졌다. 이는 지난 총선에서는 3파전이었으나 이번 총선에서는 8명의 군웅들이 할거한 탓이었다.

□ 득표상황

후보자	정당	연령	주요 경력	득표 (%)
김봉조	무소속	46	제헌의원(청송)	6,197 (23.6)
윤용구	대한청년단	35	한청 청송군단장	4,445 (16.9)
조용소	국민회	35	정치운동, 안덕면	3,695 (14.0)
권용준	무소속	53	병원장, 서울시	3,680 (14.0)
황세영	무소속	44	농민회 위원, 안덕면	2,822 (10.7)
윤병덕	무소속	45	의사, 청송면	1,976 (7.5)
신수대	무소속	36	회사 중역, 서울시	1,866 (7.1)
심의열	무소속	56	서울전지 회장	1,637 (5.2)

〈영양〉 지난 총선에는 무투표 당선된 조헌영 후보가 이번 총선에서도 도전자들을 가볍게 제압하고 재선에 성공

지난 제헌의원 선거에서는 한민당 지방부장 출신인 조헌영 후보가 단독 출전하여 무투표 당선됐다.

이번 총선에선 재출전한 조헌영 후보에게 한약종상으로 민국당 부위원장으로 활동한 권영우, 동해무역 사장인 이갑호 후보들이 도전장을 내밀었다.

일본 조도전대 출신인 조헌영 후보가 현역의원의 이점을 내세워 포항에 거주하고 있는 이갑호, 대구에 거주하고 있는 권영우 후보

들을 가볍게 제치고 재선의원이 됐다.

□ 득표상황

후보자	정당	연령	주요 경력	득표 (%)
조헌영	무소속	50	제헌의원(영양)	10,140 (59.6)
이갑호	무소속	36	회사장, 포항시	4,790 (28.2)
권영우	민주국민당	39	한약종상, 대구시	2,076 (12.2)

〈영덕〉 경북의사회 회장으로서의 명망으로 비행사인 김영수, 현역의원인 오택열 후보들을 가볍게 제압한 한국원

지난 제헌의원 선거에서는 광산업으로 기반을 구축한 오택열 후보가 대동청년단 영덕군단장으로 단독 출마하여 무투표 당선됐다.

이번 총선에는 오택열 의원에게 8명의 후보들이 야멸차게 도전장을 내밀었다.

육군 소위 출신으로 한청 소속의 서호, 민국당 집행위원인 박상호, 영덕군 농민회 회장인 김중한, 재일한국인 거류민단원인 김구연, 목사인 김응조, 변호사인 박치호, 의사인 한국원, 비행학교장인 김영수 후보들이 도전했다.

경북도 의사회장으로 활동하고 있는 한국원 후보가 비행사로서 대한항공협회 이사인 김영수, 변호사로서 지역 기반을 다진 박치호, 농민회 회장인 김중한, 현역의원인 오택열 후보와의 5파전에서 가

까스로 승리를 거두고 등원에 성공했다.

□ 득표상황

후보자	정당	연령	주요 경력	득표 (%)
한국원	무소속	44	경북 의사회장	7,184 (20.7)
김영수	무소속	43	대한항공협회 이사	6,155 (17.7)
박치호	무소속	53	변호사, 영덕면	5,813 (16.7)
김중한	민주국민당	42	농민회 회장, 영덕면	4,412 (12.7)
오택열	국민회	52	제헌의원(영덕)	4,075 (11.7)
박상호	민주국민당	32	민국당 집행위원	2,312 (6.7)
김응조	무소속	54	목사, 서울시	2,307 (6.6)
김구연	재일교포단	46	문화출판사 사장	1,489 (4.3)
서 호	대한청년단	54	육군 소위, 영덕면	999 (2.9)

〈영일 갑〉 지난 총선에서는 4위에 머물렀지만 3위였던 최태능 후보를 꺾고 등원에 성공한 영일군수 출신인 최원수

지난 제헌의원 선거에서는 목사인 박순석 후보가 한국나일론 회장인 이원만, 영일군수를 지낸 최원수, 흥해중 재단이사장인 최태능 후보들을 기독교인들의 전폭적인 지원으로 제압하고 국회에 등원했다.

박순석 의원이 신설된 포항으로 옮겨간 이번 선거에는 지난 총선

에서 낙선한 최태능 후보와 최원수 후보가 혈투를 전개했다.

상업일보 경북지사장인 김두수, 포항중학 교사였던 김용규, 국민회 활동을 펼친 이은우, 청년운동을 펼친 최홍준, 수리조합장인 박권조, 흥해중 이사장을 지낸 이홍규 후보들도 출전했다.

경주 최씨 문중내의 경쟁에서 영일군수 출신으로 포항신문 사장으로 있는 최원수 후보가 흥해중 이사장으로 활동한 최태능 후보를 1,752표차 꺾고 국회에 등원했다.

지난 총선에서는 최태능 후보는 8,208표를 득표하여 5,879표를 득표한 최원수 후보를 2,229표 앞섰으나, 포항시의 신설로 인한 지역변동이 승패를 엇갈리게 했다.

□ 득표상황

후보자	정당	연령	주요 경력	득표 (%)
최원수	무소속	39	군수, 신문사 사장	7,970 (22.8)
이은우	무소속	58	국민회, 기계면	6,285 (18.0)
최태능	무소속	42	흥해중 이사장	6,218 (17.8)
최홍준	대한청년단	31	흥해중 강사, 흥해면	4,457 (12.7)
박권조	무소속	52	수리조합장, 대구시	4,350 (12.4)
김용규	무소속	29	포항중 교사, 청하면	2,087 (6.0)
이홍규	무소속	57	흥해중 이사장	2,057 (5.9)
김두수	노동총연맹	36	상업일보 지사장	1,556 (4.4)

〈영일 을〉 일본 입명관대 출신으로 지난 총선에서 중도 사

퇴한 하태환 후보를 꺾고 재선의원이 된 김익로

지난 제헌의원 선거에서는 하태환 후보의 사퇴에 힘입어 신문사 지국장인 김익로 후보가 청년운동을 펼친 김판석, 공무원 출신인 박동주 후보들을 꺾고 등원에 성공했다.

김익로 의원이 재선을 선언한 선거전에 지난 총선에는 중도 사퇴한 하태환, 판사 출신 변호사인 서연순, 부산산업공사 사장인 김헌수, 육군 소위 출신인 최장수, 목재상으로 동회장을 지낸 정원영 후보 등이 뛰어들었다.

현역의원으로 영일면에 기반을 구축한 김익로 후보가 일본 입명관대 출신으로 영일군 학도애국단장으로 활동한 하태환 후보를 888표차로 꺾고 재선의원이 됐다.

변호사인 서연순, 청년운동을 펼친 대한청년단 최장수 후보들도 선전했다.

□ 득표상황

후보자	정당	연령	주요 경력	득표 (%)
김익로	무소속	46	제헌의원(영일 을)	6,988 (20.8)
하태환	무소속	38	학도호국단장	6,100 (18.2)
서연순	무소속	45	판사, 지행면	5,334 (15.9)
최장수	대한청년단	35	육군 소위, 구룡포읍	5,209 (15.5)
김헌수	무소속	44	부산산업 사장	4,431 (13.2)
장도수	무소속	44	농업인, 지행면	2,873 (8.6)

박광윤	무소속	40	영일국교 후원회장	1,499 (4.5)
정원영	무소속	36	동회장, 연일면	1,151 (3.4)

〈경주 갑〉 현역의원에 대한 불신이 팽배하여 김철 의원은 초반에 무너지고, 국민운동으로 지역 기반을 다진 안용대 후보가 분황사 주지 최현순 후보를 꺾고 당선

지난 제헌의원 선거에서는 교사 출신으로 신문기자인 김철 후보가 목사인 이춘중, 사업가인 이상희, 신문사 지국장인 우용근 후보들을 꺾고 당선됐다.

이번 총선에서는 김철 의원의 재선고지 점령을 저지하기 위해 11명 후보들이 출전했다.

교통부 해사국장을 지낸 강학부, 일본대 출신인 안용대, 문화중 교장인 허면, 경주읍장을 지낸 최병량, 변호사로 국민회 중앙상무위원인 김주경, 감포읍장을 지낸 박수생, 경주 분황사 주지인 최현순, 신문기자인 임진규, 경주중학 교사인 김영락 후보들이 당선권을 향해 질주했다.

현역의원인 김철 의원이 제헌의원들의 민심이반으로 당선권에서 멀어지고 일본대 출신으로 국민운동을 펼쳐 지역 기반을 다진 안용대 후보가 분황사 주지로 불교 신도들의 전폭적인 지지를 받은 최현순 후보를 5천여 표차로 꺾고 국회에 등원했다.

□ 득표상황

후보자	정당	연령	주요 경력	득표 (%)
안용대	무소속	38	일본대, 경주읍	12,720 (31.5)
최현순	국민회	53	분황사 주지	7,521 (18.6)
김영락	무소속	40	경주중 교사, 외동면	4,388 (8.7)
김 철	일민구락부	53	제헌의원(경주 갑)	2,829 (7.0)
허 면	무소속	35	문화중학 교장	2,785 (6.9)
박수생	무소속	41	감포읍장	2,502 (6.2)
강학부	무소속	35	교통부 해사국장	1,872 (4.6)
김종선	국민회	39	금융조합, 감포읍	1,818 (4.5)
김주경	무소속	47	변호사, 경주읍	1,759 (4.4)
최병량	무소속	52	경주읍장, 원예업	1,032 (2.6)
임진규	무소속	40	신문기자, 경주읍	861 (2.1)
이승태	무소속	54	양조업, 감포읍	273 (0.7)

〈경주 을〉 청년운동을 펼친 29세의 이협우 후보가 대한청년단의 지원으로 기라성 같은 후보들을 잠재우고 등원에 성공

지난 제헌의원 선거에서 서면 출신과 강서면 출신들의 대결이 벌어져 안강 농림중 교장으로 젊은 패기를 내세운 이석 후보가 사업가인 한상진 후보를 꺾고 당선됐다.

이석 의원이 재선을 노린 이번 총선에는 16명의 후보들이 출전하

여 난타전을 전개했다.

지난 총선에서 승패가 엇갈렸던 이석과 한상진 후보들을 비롯하여 사법서사 출신으로 지난 총선에서는 중도 사퇴한 이대곤, 경주제일교회 목사인 박래승, 경주군수를 지낸 최식, 강동면장을 지낸 손석호, 동아일보 지국장인 정진구, 농민회 기수인 이협우, 강동면장 출신인 손학익, 국민교 교원인 최범수, 대구대 재단 감사인 한상진, 국민당 중앙집행위원인 김재섭, 경주군 후생회장인 정병한 후보들이 출전했다.

현역의원에 대한 불신으로 이석 의원은 일찍부터 당선권에서 멀어지고 사법서사인 이대곤, 청년운동을 전개한 한청의 이협우, 국민당 중앙집행위원인 김재섭 후보들의 3파전이 전개됐다.

청년층의 적극적인 지지로 29세 약관인 이협우 후보가 기라성같은 후보들을 잠재우고 등원에 성공했다.

□ 득표상황

후보자	정당	연령	주요 경력	득표 (%)
이협우	대한청년단	29	농민회 기수, 내남면	7,825 (16.7)
이대곤	무소속	51	사법서사, 서면	4,696 (10.0)
김재섭	무소속	61	국민당 중앙위원	4,670 (9.9)
박래승	대한국민당	56	목사, 경주읍	3,923 (8.3)
한상진	대한국민당	59	대구대 재단 감사	3,870 (8.2)
손석호	국민회	50	강동면장	3,382 (7.2)
최범수	민주국민당	51	국교 교사, 서면	3,237 (6.9)
정병한	무소속	59	경주 후생회장	2,321 (4.9)

이석관	무소속	29	광업협회 이사	2,197 (4.7)
손학익	일민구락부	43	강동면장	2,062 (4.4)
최 식	무소속	43	군수, 경주읍	1,998 (4.2)
박화준	국민회	57	고분(古墳)보존 촉탁	1,760 (3.7)
최상호	민주국민당	48	농림부 기사	1,539 (3.3)
이 석	일민구락부	44	제헌의원(경주 을)	1,476 (3.1)
김병준	민주국민당	26	학생연맹 지부장	1,211 (2.6)
정진구	무소속	43	동아일보 지국장	958 (2.0)

〈영천 갑〉 경북도 노동국장을 지낸 경력을 내세워 정도영 현역의원이 영천 을구로 옮겨간 지역구를 차지한 권중돈

지난 제헌의원 선거에서는 중졸로서 대한독립촉성국민회 지회장으로 활약한 정도영 후보가 무투표 당선됐다.

정도영 의원이 영천 을구로 옮겨간 이번 총선에서는 국민당 중앙 집행위원인 한윤덕, 대한무술회 부회장인 김상도, 은해사 주지인 차응준, 교장 출신인 한청의 이학문, 경북도 노동국장을 지낸 권중돈, 국회통신 경북총국 이사인 최효경, 영천군 축산조합장인 장암권, 경북 물자조합 이사장인 하명룡 후보들이 출전했다.

일본 조도전대 출신으로 경북도 노동국장을 지낸 경력을 내세운 권중돈 후보가 국민당 중앙 집행위원인 한윤덕, 국회통신 이사인 최효경 후보들을 꺾고 국회 등원에 성공했다.

□ 득표상황

후보자	정당	연령	주요 경력	득표 (%)
권중돈	무소속	37	경북도 노동국장	7,239 (25.4)
최효경	무소속	46	국회통신 이사	5,318 (18.4)
김상도	무소속	37	무술회 부회장	4,573 (15.8)
한윤덕	대한국민당	45	국민당 중앙위원	4,484 (15.5)
하명룡	무소속	47	물자조합 이사장	2,577 (8.9)
차응준	불교	56	은해사 주지	2,058 (7.1)
장암권	무소속	47	영천군 축산조합장	1,433 (5.0)
이학문	대한청년단	50	교장, 청통면	1,125 (3.9)

〈영천 을〉 대한식량영단 부이사장이라는 직함으로 현역의원과 영천읍장 출신들을 꺾어버린 조규설

지난 제헌의원 선거에서는 중졸이지만 의사 면허를 받은 이범교 후보가 대한독립촉성국민회 지원으로 무투표 당선됐다.

이범교 의원이 불출마하자 갑구에서 무투표 당선된 정도영 의원이 지역구를 옮겨 재선고지 점령을 노리자, 대한식량영단 부이사장인 조규설 후보가 저지에 나섰다.

영천읍장을 지낸 이정재, 국민당 경북도 부위원장인 정종신, 영천 금융조합 감사인 유인만 후보들도 출전했다.

조규설 후보가 대한식량영단 부이사장이라는 직함으로 영천읍장을 지낸 이정재, 현역의원인 정도영 후보들을 큰 표차로 제압하고 새로운 지역구의 주인이 됐다.

□ 득표상황

후보자	정당	연령	주요 경력	득표 (%)
조규설	무소속	39	식량영단 부이사장	11,039 (36.1)
정도영	대한국민당	51	제헌의원(영천 갑)	7,974 (26.1)
이정재	무소속	32	영천읍장	5,930 (19.4)
유인만	무소속	48	금융조합 감사	2,924 (9.6)
정종신	대한국민당	37	경북도당 부위원장	2,741 (9.0)

〈경산〉 경위로 지서장 출신인 방만수 후보가 경찰서장 출신으로 현역의원인 박해정 후보를 꺾은 이변을 연출

지난 제헌의원 선거에서는 경찰서장 출신인 박해정 후보가 경산군수를 지낸 김용규, 고산면장을 지낸 장용환 후보들을 꺾고 당선됐다.

이번 총선에서는 지난 총선에서 당선된 박해정, 차점 낙선한 장용환 후보들이 재격돌한 상황에서 경위 출신인 방만수, 노총 대구지구 부위원장인 김도원 후보들이 혜성처럼 등장했다.

연합신문 조사실장을 지낸 김순교, 대학교수인 장기원, 경산면장

을 지낸 이종봉, 의사인 박원득 후보들도 출전했다.

소지역주의가 선거판을 휘어잡은 상황에서 압량면들의 전폭적인 지지를 받은 방민수 후보가 경찰서장 출신인 현역의원인 박해정 후보를 2,179표차로 꺾은 경위가 총경을 이겨낸 이변(異變)을 만들어냈다.

□ 득표상황

후보자	정당	연령	주요 경력	득표 (%)
방만수	무소속	30	경위, 압량면	11,954 (25.2)
박해정	무소속	35	제헌의원(경산)	9,785 (20.6)
김도원	무소속	36	노총 대구 부위원장	9,221 (19.4)
장용환	무소속	40	안심면장, 고산면	6,700 (14.1)
이종봉	무소속	46	경산면장	3,545 (7.5)
김순교	무소속	29	연합신문 조사실장	2,043 (4.3)
장기원	독립노동당	51	대학교수, 대구시	1,743 (3.7)
정조섭	무소속	53	일본 경찰, 대구시	1,317 (2.8)
박원득	대한국민당	43	의사, 경산면	1,201 (2.5)

<청도> 변호사로서 지역기반을 구축하여 일본 조도전대 출신으로 설욕전을 전개한 최태욱 후보를 또 다시 울린 김준태

지난 제헌의원 선거에서는 군정청 중앙인사처 고시과장을 지낸 박

종환 후보가 한국민주당 박종림 후보가 지켜본 가운데 경주 최씨 문중들의 지원을 받은 군정청 물가행정처장을 지낸 최태욱 후보를 누르고 국회에 등원했다.

이번 총선에서는 지난 총선에서 승패가 엇갈렸던 박종환, 최태능, 박종림 후보들이 재대결을 벌이자 9명의 새로운 후보들이 참전하여 가세했다.

조선교육협회 간사를 지낸 이정희, 치과의사인 박응달, 검사 출신 변호사인 김준태, 목사인 정희섭, 사법서사인 임희수, 상공부 가공과장을 지낸 이양춘, 상공부 행정관을 지낸 서영락, 명치대 출신으로 신문사 편집국장을 지낸 박봉현 후보들이 새롭게 출전했다.

당선자를 예측할 수 없는 난전(亂戰)에서 검사로 활약하다 변호사로 지지기반을 구축한 김준태 후보가 일본 조도전대 출신으로 지난 총선에서 패배를 설욕하고자 분투한 최태욱 후보를 2,250표차로 꺾고 등원에 성공했다.

□ 득표상황

후보자	정당	연령	주요 경력	득표 (%)
김준태	무소속	36	검사, 변호사, 청도읍	8,050 (19.8)
최태욱	무소속	59	금융연합회 회장	5,790 (14.2)
박봉현	무소속	45	신문사 편집국장	4,206 (10.3)
이정희	무소속	70	조선교육협회 간사	3,934 (9.7)
박종환	민주국민당	42	제헌의원(청도)	3,866 (9.5)
임희수	무소속	52	사법서사, 청도읍	3,720 (9.1)
이양춘	무소속	49	상공부 가공과장	2,996 (7.4)

정희섭	무소속	47	목사, 청도읍	2,766 (6.8)
박응달	무소속	35	치과의사, 부산시	1,586 (3.9)
예준해	무소속	36	상업, 화양면	1,472 (3.6)
박종림	민주국민당	50	농업, 청도읍	1,168 (2.9)
서영락	무소속	34	상공부 행정관	1,152 (2.8)

<고령> 지난 총선에서는 김상덕 후보에게 5,494표차로 패배했지만, 이번 총선에서는 2,558표차로 되갚아준 곽태진

지난 제헌의원 선거에서는 중학교 교장 출신으로 입법의원을 지낸 김상덕 후보가 우곡면장을 지낸 한국민주당 곽태진, 목사 출신인 예수교장로회 김상근 후보들을 꺾고 제헌의원이 됐다.

이번 총선에서는 지난 총선에서 승패가 엇갈린 김상덕 후보와 곽태진 후보가 재대결을 펼쳤다.

목사인 김상근 후보는 출전을 포기했으나, 고려중학 후원회장인 정춘택, 대성중학교장을 지낸 홍재영 후보들이 새롭게 참전했다.

민국당 경북도당 사무국장을 지낸 곽태진 후보가 양조장 운영으로 인한 풍부한 자금을 활용하여 반민특위 위원장으로 활약한 김상덕 제헌의원을 꺾고 지난 총선에서의 패배를 설욕했다.

지난 총선에서 두 후보의 표차는 5,494표였으며, 이번 선거에서는 2,558표차로 승패가 엇갈렸다.

□ 득표상황

후보자	정당	연령	주요 경력	득표 (%)
곽태진	민주국민당	34	양조업, 대구시	10,456 (41.3)
정춘택	대한농민회	47	고령중 후원회장	7,898 (31.2)
김상덕	민주국민당	60	제헌의원(고령)	5,733 (22.6)
홍재영	유도회	62	대성중 교장	1,234 (4.9)

<성주> 18명의 후보들이 혼전을 벌인 선거전에서 성주면민들의 지원을 받은 배상연 후보가 11.9%의 전국 최소 득표율인 4,916표로 당선

지난 제헌의원 선거에서는 농업인인 이호석 후보가 대동청년단을 업고 기독교인들의 지지를 기대한 이영균, 초전면민들의 기대를 모은 이동화 후보들을 가볍게 제치고 국회에 등원했다.

이번 총선에서는 지난 총선에서 대결을 펼쳤던 이호석, 이영균, 이동화 후보 외에도 15명의 후보들이 우후죽순처럼 난립하여 혼전을 전개했다.

방직공장을 운영한 박해석, 반공특위 조사위원을 지낸 정진용, 대가면장을 지낸 이한주, 의사인 최성장, 수리조합장을 지낸 석태영, 민국당 추천을 받은 백남규, 은행감사역으로 활동한 배상연, 월항면장을 지낸 도경기, 국민회장으로 활동한 서칠봉 후보들이 새롭게 참전했다.

18명의 후보들이 난립하여 예측불허의 난타전을 전개한 선거전은 5천 표 미만에서 당락이 엇갈렸다.

현역의원인 이호석 후보는 일찍부터 당선권에서 밀려났고, 지난 총선에서 차점 낙선한 이영균, 의사 출신인 최성장, 반민특위 조사위원인 정진용, 은행감사역인 배상연 후보들이 4파전을 전개했다.

풍부한 자금을 활용하고 성주면민들의 지지를 받은 배상연 후보가 서울에서 명성을 높인 정진용, 지난 총선에서 낙선을 딛고 분투한 이영균 후보들을 어렵게 꺾고 당선됐다.

□ 득표상황

후보자	정당	연령	주요 경력	득표 (%)
배상연	무소속	61	은행감사역, 성주면	4,916 (11.9)
정신용	무소속	36	반민특위 소사위원	4,687 (11.4)
이영균	국민회	45	대졸, 대가면	4,610 (11.2)
최성장	무소속	46	의사, 서울시	4,351 (10.6)
이인순	무소속	43	교원, 초전면	3,160 (7.7)
이한주	무소속	40	면장, 대가면	2,563 (6.2)
송태섭	무소속	51	농업, 초전면	2,367 (5.7)
박해석	무소속	49	제조업, 서울시	1,998 (4.9)
여운길	무소속	41	농업, 서울시	1,785 (4.3)
도경기	무소속	41	면장, 월항면	1,699 (4.1)
백남규	민주국민당	54	요리업, 성주면	1,452 (3.5)
이동화	무소속	38	회사원, 초전면	1,425 (3.5)

서칠봉	국민회	44	국민회장, 성주면	1,388 (3.4)
이호석	일민구락부	50	제헌의원(성주)	1,340 (3.3)
석태영	무소속	45	수리조합장, 서울시	1,249 (3.0)
장진영	무소속	65	농업, 벽진면	906 (2.2)
이기인	무소속	56	농업, 월항면	834 (2.0)
이원득	무소속	42	교원, 성주면	463 (1.1)

〈칠곡〉 수도경찰청장과 외무부장관을 지낸 장택상 후보가 환향(還鄕)하여 장병만 현역의원으로부터 지역구를 인수

지난 제헌의원 선거에서는 인동 장씨 문중의 거중 조정으로 장병태 후보의 사퇴에 힘입어 농업에 종사하고 있는 장병만 후보가 칠곡군수를 지낸 박석규, 목사인 박주현 후보들을 꺾고 등원에 성공했다.

이번 총선에는 영국 에든버러대 출신으로 수도경찰청장을 거쳐 외무부 장관을 지낸 장택상 후보가 환향(還鄕)하여 문중내의 장병만 현역의원과 한판 승부를 벌였다.

행정신문 경북지사장인 권윤식, 칠곡군수를 지낸 박태현, 대구매일신문 편집국장으로 활약하고 있는 정명준, 국민학교 교사인 김인학 후보들도 동참했다.

안동 을구 보궐선거에서 임영신 초대 상공부장관에게 패배한 장택

상 후보는 고향 민심의 환대로 장병만 의원을 1만 8천여 표차로 제압하고 지역구의 주인 자리를 차지했다.

□ 득표상황

후보자	정당	연령	주요 경력	득표 (%)
장택상	무소속	58	외무부장관	21,407 (58.7)
장병만	대한국민당	46	제헌의원(칠곡)	3,051 (8.4)
이환흥	무소속	38	자동차사업, 왜관읍	2,588 (7.1)
박태현	국민회	52	군수, 대구시	2,448 (6.7)
이수목	무소속	61	농업인, 서울시	1,788 (4.9)
권윤식	무소속	40	사법서사, 대구시	1,504 (4.1)
김인학	무소속	27	국민교 교사, 약목면	1,276 (3.5)
정명준	무소속	51	대구매일신문 사장	909 (2.5)
권연위	국민회	53	산림조합 이사	881 (2.4)
장호익	무소속	41	식량대행업, 북산면	490 (1.3)
신흥균	무소속	37	상업, 서울시	153 (0.4)

〈금릉〉 귀성면장 출신인 여영복 후보가 지난 총선에서 차점 낙선한 김철안 후보를 꺾고 지역구 주인이 되어 등원

지난 총선에서는 김천 갑·을구로 분구됐으나 김천읍이 김천시로 승격되면서 김천시, 금릉군 체제가 됐다.

지난 총선에서 김천 갑구는 신학교 출신으로 중학교장을 지낸 권태희 후보가 양조장으로 기반을 닦은 김은배 후보와 애국부인회에서 활동한 김철안 후보들을 꺾고 당선됐다.

을구에서는 봉산면장 출신인 이병관 후보가 설왕설래하던 후보들이 모두 출전을 포기하여 무투표 당선됐다.

갑구에서 당선된 권태희 의원이 김천시로 옮겨간 이번 총선에서는 지난 총선에서 차점 낙선한 김철안, 귀성면장 출신인 여영복, 회사장으로 김천향우회 이사장인 문종두, 목사인 김호랑, 광산업체의 감사인 이규숙, 판사 출신 변호사인 우돈규, 대한군경협찬 참사인 국민당 정주영, 신문지국장으로 노총의 안충기, 회사원인 배섭 후보들이 출전했다.

귀성면민들의 전폭적인 지원을 받은 여영복 후보가 당선권을 넘나들던 김철안, 문종두, 우돈규, 안충기, 배섭 후보들을 따돌리고 승전고를 울렸다.

□ 득표상황

후보자	정당	연령	주요 경력	득표 (%)
여영복	무소속	45	면장, 귀성면	9,905 (19.2)
김철안(여)	대한부인회	39	대한부인회 간부	8,031 (15.6)
문종두	무소속	35	회사장, 지례면	7,737 (15.0)
우돈규	무소속	54	판사, 변호사, 개령면	7,494 (14.5)
안충기	노동총연맹	43	신문지사장, 김천시	5,748 (11.2)
배 섭	민주국민당	37	회사원, 서울시	4,340 (8.4)
정주영	대한국민당	35	교통업, 대구시	3,227 (6.3)

이규숙	무소속	45	서울산업 감사	2,626 (5.1)
이언용	국민회	45	농업인, 봉산면	1,859 (3.6)
김호랑	무소속	42	목사, 김천시	628 (1.2)

<선산> 출신 면민들의 전폭적인 지지를 받은 김동석, 신준원, 이재기 후보들을 꺾고 재선고지를 점령한 육홍균

지난 제헌의원 선거에서는 대한독립촉성국민회 지부장으로 활약한 육홍균 후보가 경찰서장 출신인 권영호, 목사로서 항일투쟁에 나섰던 최재혁 후보들을 꺾고 당선됐다.

육홍균 의원이 재선고지 점령에 나선 이번 총선에는 양조장을 경영한 이재현, 중학교사 출신인 강석균, 미곡 소매상인 신준원, 금융조합 이사인 김경환, 오상 중학교장인 김동석, 경북 경찰학교장을 지낸 이재기, 인쇄업으로 기반을 다진 배재후 후보 등 9명의 후보들이 재선 저지에 나섰다.

국민당으로 출전한 육홍균 후보가 장천면민들의 전폭적인 지지를 받은 김동석, 귀성면민들의 기대를 모은 신준원, 경북 경찰학교장을 지낸 이재기 후보들을 꺾고 어렵게 재선고지를 점령했다.

□ 득표상황

후보자	정당	연령	주요 경력	득표 (%)
육홍균	대한국민당	46	제헌의원(선산)	8,724 (22.7)

김동석	무소속	52	오상중 교장, 장천면	6,866 (17.9)
신준원	무소속	33	미곡 소매상, 귀성면	5,895 (15.3)
이재기	무소속	53	경북 경찰학교장	4,061 (10.6)
이재현	무소속	52	양조업, 대구시	3,271 (8.5)
김경환	무소속	44	금융조합 이사	3,112 (8.1)
배재후	무소속	50	인쇄업, 선산면	2,528 (6.6)
강석균	무소속	33	중학교사, 고아면	2,102 (5.5)
심재건	무소속	56	경기양곡 참사	1,235 (3.2)
김종묵	무소속	54	회사장, 수원시	653 (1.7)

〈상주 갑〉 대한농민회 중앙위원으로 농민들의 전폭적인 지원을 받아 당선권을 넘나들은 후보들을 꺾고 당선된 박성우

지난 제헌의원 선거에서는 일본 구주제국대 출신으로 신문지국장인 한암회 후보가 상주농민회 산업기수인 박성우, 상주군수를 지낸 박정현, 국민학교 교장을 지낸 김대칠 후보들을 격파하고 등원에 성공했다.

한암회 의원이 불출마한 이번 총선에는 서울출판사 대표인 석재곤, 대한농민회 중앙위원인 박성우, 대한계몽협회 총재인 장홍원, 농민회 상주군 총대인 박남희, 충양전기 사장인 장두진, 실업신문 사장인 조응연 후보들이 출전하여 당선권을 넘나들었다.

상주읍 출신인 고봉윤, 석재곤, 추광엽, 조두희, 박성우, 박남희,

조응연, 박재희 후보 등 7명이 난립한 선거전에서 농민들의 절대적인 지지와 지난 총선에서 낙선에 따른 동정여론 모은 박성우 후보가 농민회 총대인 박남희, 사벌면민들의 기대를 모은 장두진, 실업신문 사장인 조응연 후보들을 꺾고 지역구의 주인 자리를 차지했다.

□ 득표상황

후보자	정당	연령	주요 경력	득표 (%)
박성우	무소속	39	농민회 중앙위원	11,638 (27.4)
조응연	무소속	48	실업신문 사장	7,455 (17.6)
박남희	무소속	44	농민회 상주군 총대	5,743 (13.5)
장두진	무소속	42	충양전기 사장	5,573 (13.1)
장홍원	무소속	58	대한계몽협회 총재	4,525 (10.7)
고봉윤	국민회	46	목사, 상주읍	1,947 (4.6)
이영철	무소속	44	국민회, 낙동면	1,894 (4.5)
조두희	무소속	43	축산조합 이사	1,412 (3.3)
석재곤	무소속	33	출판사 대표, 상주읍	1,027 (2.4)
추광엽	무소속	46	군농회 서기, 상주읍	859 (2.0)
박재희	무소속	35	상주 청년회장	332 (0.8)

〈상주 을〉 지난 총선에서 석패한 백남식 후보가 금융조합장으로 재무장하여 고령군수를 지낸 김정근 후보를 따돌려

지난 제헌의원 선거에서는 함창면 구항리 같은 마을 출신인 전진한, 백남식 후보들의 진검승부에서 노동총연맹 위원장을 지낸 전진한 후보가 사법서사 출신인 백남식 후보를 꺾고 등원하여 초대 사회부장관에 임명됐다.

전진한 의원이 지역구를 옮겨간 이번 총선에서는 지난 총선에서 낙선한 백남식 후보를 비롯하여 12명의 새로운 후보들이 합류했다.

자위단 단장인 장대상, 고령군수를 지낸 김정근, 신한공업 사장인 한감석, 조선총독부 직원이었던 정석진, 종문상공사 감사역인 성백효, 도정업자인 김기령, 대학교수인 권태휴, 사법서사로 대한노총의 지원을 받은 전준한 후보들이 참전했다.

상주 금융조합장으로 재무장한 백남식 후보가 지난 총선에서 석패에 따른 동정여론을 일으켜 고령군수를 지낸 김정근 후보를 164표 차로 꺾고 등원에 성공했다.

도정업(搗精業)으로 지역 기반을 다진 김기령, 대학교수인 권태휴, 회사 중역인 성백효 후보들도 선전했다.

□ 득표상황

후보자	정당	연령	주요 경력	득표 (%)
백남식	국민회	49	금융조합장, 이안면	7,015 (17.1)
김정근	무소속	34	고령군수, 함창면	6,851 (16.7)
김기령	무소속	36	정미업, 하서면	4,343 (10.6)
권태휴	무소속	34	대학교수, 서울시	4,091 (10.0)
성백효	무소속	47	회사 중역, 내서면	3,928 (9.6)
정석진	무소속	43	총독부 촉탁, 모서면	2,580 (6.3)

정재하	무소속	45	사법보호 위원	2,437 (5.9)
박규하	무소속	49	국민회 부위원장	2,262 (5.5)
장대상	무소속	65	자위단장, 화동면	2,148 (5.2)
정한영	무소속	45	향교 장리, 모동면	1,948 (4.8)
한감석	일민구락부	51	회사장, 서울시	1,865 (4.5)
전준한	노동총연맹	55	사법서사, 함창면	802 (2.0)
이동령	무소속	39	양조업, 은척면	723 (1.8)

〈문경〉 지난 총선에서 승패가 엇갈렸던 조병한, 곽기종, 김은석 후보들을 밀쳐내고 새로운 주인으로 떠오른 양재하

지난 제헌의원 선거에서는 문경, 산북, 호서남, 마성, 용암면의 대표주자들이 경쟁을 벌여 유일한 대졸자인 조병한 후보가 곽기종 금룡사 주지, 임영학 국민회 문경지회장, 김은석 교원 청년단장, 황봉석 소방대장 등을 꺾고 당선됐다.

이번 총선에서는 지난 총선에서 경쟁을 벌여 당선된 조병한, 낙선한 곽기종, 김은석 후보들이 재대결을 펼쳤다.

의사로서 영남향우회 간사인 채대식, 대한식량영단 인사처장을 지낸 고시복, 농민회 경북도 서무과장인 이장화, 신문사 사장인 양재하, 고려특수화학 사장인 김훈, 중학교장을 지낸 대한노총 오원근, 조도전대 출신으로 고교 교사인 조규팔, 변호사로 유명한 이병하 후보들이 새롭게 도전했다.

지난 총선에서 승패가 엇갈렸던 후보들은 당선권에서 밀려나고 새롭게 출전한 후보들의 혈투에서 신문사 사장인 양재하 후보가 농민회 경북지회 회장인 이장화, 변호사로 지명도가 높은 이병하, 의사로 기반을 구축한 채대식 후보들을 꺾고 등원에 성공했다.

□ 득표상황

후보자	정당	연령	주요 경력	득표 (%)
양재하	무소속	44	신문사 사장	6,824 (15.9)
이장화	무소속	40	경북농민회 서무과장	6,443 (15.0)
이병하	무소속	36	변호사	5,832 (13.6)
채대식	무소속	42	의사, 서울시	5,082 (11.9)
고시복	무소속	47	대한식량 인사과장	4,273 (10.0)
조규팔	무소속	41	고교 강사	3,829 (8.9)
김 훈	대한국민당	48	고려특화 사장	3,698 (8.6)
곽기종	무소속	60	주지, 학교장	3,381 (7.9)
조병한	일민구락부	48	제헌의원(문경)	1,600 (3.7)
김은석	무소속	49	농민운동, 서울시	954 (2.2)
김원식	무소속	29	회사원	536 (1.3)
김수용	노동총연맹	37	예수교 전도사	242 (0.6)
오원근	노동총연맹	46	중학교장	181 (0.4)

<예천> 청년운동을 지속하며 와신상담한 이호근 후보가 제헌의원인 박상영 후보를 넘어뜨리고 재기에 성공

지난 제헌의원 선거에서는 중학교사 출신으로 한민당의 지원을 받은 박상영 후보가 청년운동을 펼친 대동청년단 이호근, 경찰관 출신인 무소속 장성국 후보들을 꺾고 등원했다.

이번 총선에서는 지난 총선에서 승패가 엇갈렸던 박상영, 이호근, 장성국 후보들이 재대결을 펼쳤다.

일본 조도전대 강사 출신인 정인석, 경북도 산림과장을 지낸 권중호, 태평양구락부 이사인 권우섭, 민보단 예천군단장인 장인석, 국민신보 편집국장인 조장수, 예천군 전기(電氣)대책위원장인 이만녕, 소방서장 출신인 변익, 개포면장을 지낸 백재흠, 남전 총무과장을 지낸 김정식, 지보면장을 지낸 윤병식, 사회당 중앙위원인 김현구 후보 등 12명의 후보들이 새롭게 등장하여 15명의 후보들이 혼전을 전개했다.

청년운동을 펼치며 와신상담한 이호근 후보가 지난 총선에서의 낙선으로 인한 설움을 떨쳐내고 재기에 성공했다.

일민구락부 박상영 현역의원은 민보단 예천군단장인 장인석, 지보면장 출신인 윤병식 후보들에게 뒤진 4위를 차지했다.

☐ 득표상황

후보자	정당	연령	주요 경력	득표 (%)
이호근	대한청년단	36	한청 예천군단장	7,928 (14.6)
장인석	무소속	36	민보단 예천군단장	7,208 (13.3)
윤병식	무소속	54	면장, 지보면	6,876 (12.7)
박상영	일민구락부	33	제헌의원(예천)	4,904 (9.0)

권우섭	무소속	40	태평양구락부 이사	4,254 (7.8)
정인석	무소속	38	조도전대 강사	3,702 (6.8)
이만녕	국민회	50	전기대책위원장	3,676 (6.8)
변 익	무소속	39	소방서장, 예천읍	3,654 (6.7)
김정식	무소속	43	남전 총무과장	2,315 (4.3)
김현구	사회당	36	사회당 중앙위원	1,976 (3.6)
정빈수	무소속	51	독립당 중앙위원	1,905 (3.5)
백재흠	민주국민당	38	개포면장	1,761 (3.3)
조장수	무소속	31	국민신보 편집국장	1,571 (2.9)
권중호	무소속	45	경북도 산림과장	1,288 (2.4)
장성국	무소속	37	경찰관, 용궁면	1,207 (2.2)

〈영주〉 지난 총선에서 중도 사퇴한 김정식 후보가 청년단원들의 눈부신 활동으로 강수창, 김준훈, 박용만 후보들을 꺾고 등원에 성공

지난 총선에서는 대동청년단 영주군단장인 최석홍 후보가 대한독립촉성국민회의 분산된 틈새를 비집고 들어가 목사인 이운형, 국민회에서 활동한 송영우와 김준훈 후보들을 격파하고 등원에 성공했다.

이번 총선에서는 지난 총선에서 대결을 펼쳤던 최석홍, 김준훈, 김정식 후보들이 재대결을 벌이자, 한청 풍기면단장인 정우협, 이

승만 대통령 비서를 지낸 박용만, 성주·영양·안동 군수를 지낸 전봉빈, 대구대 학장을 지낸 김광호, 5관구 경찰청장을 지낸 강수창, 영주군수를 지낸 엄종섭 등 7명의 후보들이 새롭게 출전했다.

지난 총선에서 중도 사퇴한 사회사업가로 후생회 이사장인 김정식 후보가 한청 회원들의 눈부신 활약에 힘입어 관구 경찰청장을 지낸 강수창 후보를 906표차로 꺾고 와신상담의 세월을 보상받았다.

지난 총선에도 출전했던 김준훈, 대통령 비서였던 박용만 후보들도 자신들의 존재를 널리 알리는 선거전이었다.

□ 득표상황

후보자	정당	연령	주요 경력	득표 (%)
김정식	대한청년단	36	사회사업, 영주읍	10,289 (23.3)
강수창	무소속	42	5관구 경찰청장	9,383 (21.1)
김준훈	선량동지회	41	국민회장, 영주읍	6,353 (14.4)
박용만	무소속	27	대통령 비서, 풍기면	4,941 (11.2)
최석홍	민주국민당	41	제헌의원(영주)	3,191 (7.2)
전봉빈	무소속	41	안동·영양·성주 군수	3,100 (7.0)
엄종섭	무소속	52	군수, 영주읍	2,124 (4.8)
박연구	무소속	41	이발업, 봉현면	1,716 (3.9)
김광호	무소속	35	대구대 학장	1,581 (3.6)
정우협	무소속	40	한청 풍기단장	1,403 (3.2)

〈봉화〉 지난 총선에서 차점 낙선한 정문흠 후보가 내성면표

가 세 갈래로 분산된 호기(好機)를 활용하여 재기에 성공

지난 제헌의원 선거에서는 대한독립촉성국민회 경북도 경리국장 출신인 28세의 배중혁 후보가 춘양면 서기 출신인 정문흠, 내성면장 출신인 김정수 후보들을 꺾고 등원에 성공했다.

배중혁 의원이 불출마한 이번 총선에서는 지난 총선에서 1,310표 차로 차점 낙선한 정문흠 후보가 재기의 불꽃을 피웠다.

내성면 번영회 간사인 손진명, 내성면장을 지낸 권태국, 대한비행학교 이사인 정태성, 광산을 운영하고 있는 김상기, 회사원 김창엽 후보들이 새롭게 도전했다.

노총 활동으로 노조원의 지원을 받은 정문흠 후보가 춘양면민들의 전폭적인 지원으로 내성면민들의 표가 손진명, 권태국, 정태성 후보들로 분산된 호기를 맞아 재기에 성공했다.

□ 득표상황

후보자	정당	연령	주요 경력	득표 (%)
정문흠	무소속	56	농업, 춘양면	13,530 (39.8)
손진명	대한청년단	27	내성면번영회 간사	8,594 (25.3)
정태성	무소속	50	회사 중역, 내성면	7,057 (20.7)
권태국	노동총연맹	62	면장, 내성면	2,452 (7.2)
김상기	무소속	41	광업, 영주읍	2,387 (7.0)
김창엽	무소속	35	화풍공사 사장	사퇴

〈울릉〉 일본 조도전대 출신으로 울릉도 도사(島司)를 지낸 서이환 후보가 4명의 후보들을 제치고 재선고지를 점령

지난 제헌의원 선거에서는 일본 조도전대 출신으로 울릉도 도사를 지낸 서이환 후보가 농업인인 김석규 후보를 대파하고 등원에 성공했다.

이번 총선에서도 제헌의원인 서이환 후보가 지난 총선에서 대파한 김석규 후보를 비롯하여 태양신문 울릉지사장인 최병권, 우체국장을 지낸 홍순엽, 사법서사인 김덕근 후보들을 가볍게 제압하고 재선의원이 됐다.

□ 득표상황

후보자	정당	연령	주요 경력	득표 (%)
서이환	일민구락부	55	제헌의원(울릉)	2,220 (38.6)
최병권	대한청년단	37	태양신문 지사장	1,729 (30.1)
홍순엽	무소속	37	우체국장, 남면	815 (14.2)
김덕근	무소속	60	사법서사, 대구시	653 (11.4)
김석규	기독세례회	59	농업, 남면	336 (5.8)

| 경상남도 |

<부산 갑> 부산일보 사장으로 부산 상공회의소 회두인 김지태 후보가 문시환, 허영호, 전진한 제헌의원 3명을 물리치고 국회에 등원

지난 제헌의원 선거에서는 경남도지사를 지낸 양성봉 후보가 중도 사퇴하는 호기를 맞은 경남도 상공국장을 지낸 문시환 후보가 회사장인 김형덕 후보를 대파하고 의정 단상에 올랐다.

모스크바대 출신으로 경남도지사에 영전된 문시환 의원의 후임을 선출할 보궐선거에서 일본대 출신으로 대학장을 지낸 허영호 후보가 농민회 중앙회 이사로 활약한 박수일 후보를 가볍게 제치고 뒤늦게 국회에 등원했다.

문시환 의원과 보궐선거에서 당선된 허영호 의원이 재선을 향해 출전한 이번 총선에선 일본 조도전대 출신으로 경북 상주 을구에서 당선되어 초대 사회부장관을 지낸 전진한 의원이 출전하여 제헌의원 3명이 출전한 이색 지구가 됐다.

이들 외에도 부산일보 사장으로 부산상공회의소 회두인 김지태, 민족자주연맹 재정위원장으로 활약한 임갑수, 대한농민회 중앙회 이사인 박수일, 제재소를 경영하며 청년운동을 펼친 서형덕 후보들도 출전했다.

재력이 풍부한 부산일보 사장인 김지태 후보가 민족 자주운동을 펼친 임갑수 후보를 475표차로 꺾고 국회에 진출했다.

노동운동에 심취한 전진한 의원은 고향의 지역구를 버리고 부두나 공장 노조원들의 전폭적인 지지를 기대하고 이 지역구에 출전했으나 1만 표 득표에도 실패하여 허영호, 문시환 제헌의원들과 함께 낙선자 대열에 합류했다.

□ 득표상황

후보자	정당	연령	주요 경력	득표 (%)
김지태	무소속	42	부산일보 사장	12,521 (28.9)
임갑수	무소속	31	민족자주연맹 위원장	12,046 (27.8)
전진한	노동총연맹	50	제헌의원(상주 갑)	9,062 (20.9)
박수일	무소속	53	대한농회 중앙이사	3,158 (7.3)
허영호	대한국민당	51	제헌의원(부산 갑)	2,165 (5.0)
문시환	무소속	52	제헌의원(부산 갑)	1,868 (4.3)
주봉년	무소속	55	신문사원	995 (2.3)
서형덕	사회당	34	청년운동, 제재업	613 (1.4)
신주성	무소속	47	교원, 청년운동	438 (1.0)
이윤우	무소속	30	토건노조 위원장	463 (1.1)
이규련	무소속	52	대학 이사장	사퇴

〈부산 을〉 기미독립운동에 참가하고 상해임시정부 정부위원으로 활동한 장건상 후보가 13명의 후보들을 제치고 당선

지난 제헌의원 선거에서는 한국민주당 소속의 허정 후보가 경찰국

장 출신으로 입법의원을 지낸 김국태 후보를 671표차로 꺾고 국회에 등원했다.

허정 의원이 불출마한 이번 총선에선 지난 총선에서 석패한 김국태 후보가 설욕을 벼르며 지역구를 선점하기 위해 출전한 상황에서 13명의 후보들이 우후죽순처럼 출전했다.

미국 인디애나대 출신으로 3.1 운동에 참가하고 임시정부 위원으로 활동한 장건상, 아동보육원장인 양한나, 일본 조도전대 출신으로 신문기자인 김근호, 목사인 김상순, 서울신문 기자인 이상철, 부산 철도국장과 대학장을 지낸 이정수, 일본 동경대 출신으로 민보단 북부산 단장을 지낸 유진학, 범일동장을 지낸 김용운, 중국 호남대 출신으로 한미협회 이사인 김화수, 경흥산업 취체역인 표문칠 후보들이 출전했다.

상해임시정부 정부위원인 장건상 후보가 지난 총선에서 차점 낙선하고 재기의 꿈을 간직한 김국태 후보를 가볍게 제치고 등원에 성공했다.

□ 득표상황

후보자	정당	연령	주요 경력	득표 (%)
장건상	무소속	69	임시정부 요원	26,720 (58.9)
김국태	무소속	65	경찰국장, 일본대	5,644 (12.4)
김근호	무소속	50	신문기자, 조도전대	2,148 (4.7)
이정수	무소속	50	부산 철도국장	1,964 (4.3)
양한나(여)	무소속	57	아동보육원 원장	1,652 (3.6)
김상순	무소속	46	목사, 교원	1,588 (3.5)

유진학	무소속	33	민보단 북부산단장	1,134 (2.5)
박두환	무소속	40	신문기자	1,106 (2.4)
이달우	무소속	27	자유당 간부	961 (2.1)
김인구	무소속	34	국민회 간부	909 (2.0)
김용운	무소속	51	동장, 범일동	460 (1.0)
표문칠	무소속	50	회사원, 부민동	432 (1.0)
이상철	무소속	26	서울신문 기자	345 (0.8)
김화수	무소속	54	문화사업, 초량동	321 (0.7)

〈부산 병〉 일본대 출신으로 지역 기반을 구축한 김칠성 후보가 제헌의원인 박찬현 후보 등을 가볍게 제압하고 등원

지난 제헌의원 선거에서는 회사장인 한석범 후보가 한민당 바람을 타고 대학교수인 무소속 박성수 후보를 1,159표차로 제압했다.

신문사 사장인 김환선과 최명구 후보들은 추격전을 전개했다.

한석범 의원은 출전을 포기하고 김환선과 최명구 후보들은 부산 정구로 옮겨 출전한 이번 선거전에는 공무원 출신으로 하구(荷俱) 협회 이사장인 김응주, 인쇄업자로 부평동장을 지낸 박경우, 경남 경찰국 과장 출신으로 부산 정구에서 제헌의원에 당선된 박찬현, 일본대 출신으로 경제연구소장인 김칠성, 사회당 중앙집행위원인 윤우현, 일본 입명관대 출신으로 독립운동가인 이중구, 부인신문 편집국장인 박주환 후보들이 출전했다.

일본대 출신으로 대청동에서 지역 기반을 다진 김칠성 후보가 예상을 뒤엎고 지역구 조정으로 뿌리가 흔들린 박찬현 의원, 사업으로 지역에서 기반을 구축한 김응주, 대학 강사인 윤우현 후보들을 제압하고 등원에 성공했다.

□ 득표상황

후보자	정당	연령	주요 경력	득표 (%)
김칠성	무소속	53	일본대, 대청동	9,727 (32.2)
김응주	무소속	41	하구협회 이사장	5,237 (17.3)
윤우현	사회당	33	대학 강사, 초량동	4,901 (16.2)
박찬현	무소속	34	제헌의원(부산 정)	3,972 (13.1)
심두섭	신생회	57	군청 직원, 초량동	3,576 (11.9)
박경우	민주국민당	46	동장, 부평동	1,528 (5.1)
이중구	무소속	45	독립운동, 입명관대	912 (3.0)
박주환	무소속	31	부인신문 편집국장	343 (1.1)

〈부산 정〉 미국 프린스턴대 출신으로 미군정청 경남 군정장관 고문을 지낸 경력으로 11명의 후보들을 제압한 정기원

지난 총선에서는 미국 미주리대 출신으로 경남경찰국 보안과장으로 활약한 박찬현 후보가 충남도 경찰국장을 지낸 이시환, 입법의원 출신으로 한민당 지원을 받은 오이상 후보들을 가볍게 제압했다.

박찬현 의원이 부산 병구로 옮겨간 이번 총선에선 농림부차관을 지낸 정재설, 부산 중앙교회 목사인 김길창, 청년운동을 펼친 김동욱, 지난 총선에선 을구에 출전했던 김환선과 최명구, 미국 프린스턴대 출신으로 군정청 경남 군정장관 고문을 지낸 정기원, 일본대 출신으로 서대신동장을 지낸 박성주, 동경제대 출신으로 영남상고 교장을 지낸 황명구, 모스크바대 출신으로 독립운동을 펼친 손공린 후보들도 출전했다.

부산 병구에서 제헌의원에 당선된 한석범 후보는 등록했다가 선거 도중 사퇴했다.

경남 군정청 고문으로 활약한 정기원 후보가 지난 총선에도 출전하여 낙선한 신문사 사장인 정환선, 청년운동가인 김동욱, 농림부차관을 지낸 정재설 후보들을 가볍게 제압했다.

☐ 득표상황

후보자	정당	연령	주요 경력	득표 (%)
정기원	무소속	52	경남군정청 고문	8,945 (23.8)
김환선	무소속	40	신문사 사장, 부용동	6,631 (17.6)
김동욱	무소속	30	청년운동, 토성동	6,267 (16.7)
정재설	무소속	49	농림부차관	4,337 (11.5)
박성주	민주국민당	42	동장, 서대신동	3,791 (10.1)
박춘식	독립노동당	45	정치운동, 보수동	1,940 (5.2)
손공린	무소속	52	모스크바대 졸	1,590 (4.2)
김길창	대한국민당	60	목사, 대청동	1,448 (3.9)
양승형	무소속	39	교원, 당감동	1,267 (3.4)
최명구	무소속	45	철공소 사장, 부용동	716 (1.9)

| 황명구 | 무소속 | 31 | 영남상고 교장 | 673 (1.8) |
| 한석범 | 민주국민당 | 55 | 제헌의원(부산 병) | 사퇴 |

〈부산 무〉 신설된 지역구에서 국방부 감찰과장 출신인 최원봉 후보가 내무부장관을 지낸 김효석, 경찰국장 출신인 김봉호 후보들을 꺾고 지역구를 차지

이번 총선에서 선거구 조정으로 신설된 이 지역구는 민국당 영도 구위원장인 이만우, 내무부장관을 지낸 김효석, 명치대 출신으로 신문사 사장인 이홍래, 의사 출신으로 지난 총선에도 출전했던 조칠봉, 국방부 검찰과장을 지낸 최원봉, 경찰국장을 지낸 김봉호 후보 등 12명이 출전하여 혼전을 전개했다.

국방부 검찰과장을 지낸 최원봉 후보가 예상을 뒤엎고 내무부 장관을 지낸 김효석, 경찰국장을 지낸 김봉호 후보 등 위계질서에서 상관이었던 후보들을 꺾고 국회에 등원했다.

□ 득표상황

후보자	정당	연령	주요 경력	득표 (%)
최원봉	무소속	28	국방부 검찰과장	7,445 (34.0)
이만우	무소속	45	공업사 사장, 남항동	5,062 (23.1)
김효석	민주국민당	56	제헌의원(합천 갑)	4,266 (19.5)
김봉호	무소속	36	경찰국장, 신문사장	1,766 (7.1)

이홍래	무소속	46	신문사 사장, 명치대	1,112 (5.1)
고천구	무소속	50	신문사 사장	753 (3.4)
조칠봉	무소속	39	의사, 남항동	653 (3.0)
김정복	사회당	34	부산기업 사장	277 (1.3)
김정행	무소속	33	동장, 대교동	246 (1.1)
김교철	무소속	47	삼천포탄광 지부장	173 (0.8)
양창은	독립노동당	40	공무원, 초량동	160 (0.7)
양귀진	무소속	45	신문사 사장	사퇴

〈마산〉 현역의원의 이점을 살린 권태욱 후보가 23명의 후보들이 군웅할거(群雄割據)한 선거전에서 재선고지를 점령

지난 제헌의원 선거에서는 치과재료상인 권태욱 후보가 마산토박이로 지역 민심을 얻어 대한조방협회장 출신으로 입법의원을 지낸 손문기, 군정청 기획처 경제계획국장을 지낸 손봉조 후보들을 꺾고 지역구의 주인 자리를 차지했다.

이번 총선에는 지난 총선에서 맞대결을 펼쳤던 권태욱, 손문기, 손봉조 후보들이 재격돌을 펼치는 선거전에 20명의 후보들이 새롭게 출전하여 23명의 후보들이 뒤엉켜 혼전을 전개했다.

일본 중앙대 출신으로 자유민보 사장인 김순정, 학원 이사장인 하석진, 마산 상공회의소 국장인 윤창윤, 회사장인 박경률, 음식조합장인 전지성, 노동운동가로 알려진 송원도, 경찰관 출신인 박명

제, 양조장을 운영하는 이병진, 마산 상공회의소 의장인 정방호, 군수를 지낸 안상이 후보 등 쟁쟁한 후보들도 있었다.

마산공대 과학관장으로 현역의원인 권태욱 후보가 16.4%인 5,499표를 득표하여 재선의원의 고지를 점령했다.

축구협회 경남부회장으로 활동한 김종규, 대한모방 이사인 손문기, 양조장을 운영한 이병진, 지난 총선에도 출전했던 손봉조 후보들이 나름대로 선전했으나 당선권에 진입하기는 역부족이었다.

□ 득표상황

후보자	정당	연령	주요 경력	득표 (%)
권태욱	무소속	39	제헌의원(마산)	5,499 (16.4)
김종규	무소속	37	축구협회 지부장	3,705 (11.0)
손문기	무소속	54	회사원	3,246 (9.7)
이병진	무소속	39	양조업	3,244 (9.7)
손봉조	무소속	48	기획처 경리국장	2,635 (7.8)
하석진	무소속	63	학원 이사장	2,432 (7.2)
박명제	무소속	48	경찰관, 부산시	2,251 (6.8)
정방호	무소속	33	상공회의소 의장	1,707 (5.1)
황장오	민주국민당	51	국민회 부지부장	1,624 (4.8)
송원도	노동총연맹	31	노동운동, 부산시	1,490 (4.4)
김순정	국민회	45	마산 기자단장	917 (2.7)
박영도	무소속	36	공동체격 조합장	840 (2.5)
강신동	무소속	45	회사원	807 (2.4)
한신광(여)	대한부인회	46	은행원, 산파(産婆)	737 (2.2)

허 학	무소속	44	회사원	650 (1.9)
박경률	민보단	42	회사장	563 (1.7)
전지성	무소속	52	음식 조합장	394 (1.2)
박광석	무소속	35	대서사	372 (1.1)
안상이	무소속	45	군수, 욕장업	270 (0.8)
김치수	무소속	62	수산회 부회장	216 (0.6)
윤창윤	무소속	31	상공회의소 국장	사퇴
서상근	무소속	28	중졸, 상업	사퇴
윤대원	무소속	27	회사원	사퇴

〈진주〉 지난 총선에서 862표차로 석패한 유덕천 후보가 이번 총선에서는 6,091표차로 되갚아주고 의원직을 인수

지난 제헌의원 선거에서는 교원 출신인 이강우 후보가 예상을 뒤엎고 진양군수 출신인 유덕천, 사업가로 국민회 지부장인 문해술, 입법의원인 하만복, 변호사인 조병래 후보들을 꺾고 등원에 성공했다.

이번 총선에서는 지난 총선에서 맞붙었던 이강우, 유덕천, 조병래 후보들이 재대결을 펼쳤다.

대학교수인 허명, 노총의 김택조, 농민연맹인 김현대, 한의사인 강영순, 의사인 강석찬, 대학교수인 박인석, 국민회 간부인 국민당 박명래 후보 등 13명 후보들이 새롭게 참전했다.

지난 총선에서 862표차로 석패한 진양군수를 지낸 유덕천 후보가 이번 총선에서는 심기일전(心機一轉)하여 이강우 제헌의원을 6,091표차로 꺾고 금배지를 인계받았다.

노조원들의 지지를 받은 김택조, 대학교수인 허명 후보들은 이강우 의원보다 많은 득표를 보여줬다.

□ 득표상황

후보자	정당	연령	주요 경력	득표 (%)
유덕천	무소속	45	진양군수	8,474 (28.9)
김택조	노동총연맹	53	회사원	4,513 (15.4)
허 명	무소속	26	대학교수	2,694 (9.2)
이강우	무소속	60	제헌의원(진주)	2,383 (8.1)
문우상	무소속	40	공무원	2,205 (7.5)
조병래	무소속	38	변호사	1,754 (6.0)
강석찬	무소속	31	의사	1,309 (4.5)
박인석	무소속	35	대학교수, 서울시	1,170 (4.0)
김현대	농민연맹	29	민족청년단 간부	1,031 (3.5)
정성오	무소속	51	중졸	937 (3.2)
권태룡	무소속	51	회사원	770 (2.6)
강영순	무소속	55	한의사	638 (2.2)
김동철	무소속	38	회사원	626 (2.1)
박명래	대한국민당	46	국민회 간부	533 (1.8)
조문찬	국민회	51	기자	331 (1.1)
이봉호	무소속	37	중졸, 농업	사퇴

〈진양〉 입법의원 출신으로 지난 제헌의원 선거에서는 진주시에서 낙선했지만 지역구를 옮겨 재기에 성공한 하만복

지난 제헌의원 선거에서는 정촌면장 출신인 황윤호 후보가 서울에서 변호사로 명성을 쌓은 최병석 후보를 1,528표차로 꺾었다.

무소속 정순종, 유도회 이현우, 대동청년단 유한구 후보들도 참전했다.

황윤호 의원이 출전을 포기하여 차점 낙선한 최병석 후보가 당선을 예약하자, 지난 총선에서 진주시에 출전하여 낙선한 하만복 후보가 지역구를 옮겨 자웅을 겨루었다.

일본대 출신으로 회사원인 황철중, 공무원 출신인 강대조, 15년 동안 공무원 생활을 한 김용진, 농업인인 허병호, 공장을 운영하고 있는 임종후 후보들도 출전했다.

한문수학이지만 입법의원을 지낸 하만복 후보가 대곡면민들의 전폭적인 지지로 서울에서 변호사 생활을 한 최병석 후보를 75표차로 꺾고 국회에 등원했다.

최병석 후보는 지난 총선에서는 1,528표차로 황윤호 후보에게, 이번에는 75표차로 하만복 후보에게 연패하는 불운을 맞게 됐다.

공무원 출신인 김용진, 강대조 후보와 농업인인 허병호, 공업인인 임종후 후보들의 선전이 돋보였다.

□ 득표상황

후보자	정당	연령	주요 경력	득표 (%)
하만복	무소속	39	입법의원, 대곡면	11,164 (22.0)
최병석	무소속	53	변호사, 서울시	11,089 (21.8)
김용진	무소속	48	공무원, 진주시	7,800 (15.3)
강대조	무소속	41	공무원, 진주시	5,012 (9.9)
허병호	무소속	33	대졸, 지수면	4,687 (9.2)
임종후	무소속	53	공업, 마산시	4,316 (8.5)
황철중	무소속	27	회사원, 일본대	2,748 (5.4)
정시영	무소속	56	공무원, 진주시	1,928 (3.8)
박윤석	무소속	49	공무원, 서울시	1,200 (2.4)
이봉출	무소속	28	소졸, 이반성면	889 (1.7)

〈의령〉 지난 총선에서 1,052표차로 낙선한 설움을 딛고 쟁쟁한 8명의 후보들을 물리치고 재기에 성공한 이시목

지난 제헌의원 선거에서는 중졸인 조선민족청년단 안준상 후보가 부림면민들의 전폭적인 지원에 힘입어 명치대 출신으로 대한독립촉성국민회 이시목 후보를 1,052표차로 꺾고 당선됐다.

대동청년단 의령군단장인 최주홍, 한약종상인 전임순, 농업인인 윤병용 후보들도 함께 뛰었다.

안준상 의원이 출전을 포기한 이번 총선에는 의령군수 출신인 윤치형, 명치대 출신으로 면서기를 지낸 전병호, 일본 동양대 출신으로 한성일보 논설위원을 지내고 대한도자기 사장인 이시목, 부림면장을 지낸 안국제, 일본 입명관대 출신으로 변호사인 강권석, 유곡면장을 지낸 이철세, 일본 조도전대 출신으로 가례광산을 경영한 박종운 후보들이 출전했다.

일본 동양대 출신인 이시목 후보가 지난 총선에서 1,052표로 낙선한 설움을 딛고 일본 명치대 출신인 전병호 후보를 4천여 표차로 완승을 거두고 재기했다.

부림면장을 지낸 안국제, 가례광산 사장인 박종운, 변호사인 강권석 후보들의 선전도 돋보였다.

□ 득표상황

후보자	정당	연령	주요 경력	득표 (%)
이시목	무소속	53	회사장, 의령면	10,385 (27.8)
전병호	무소속	36	명치대, 궁류면	5,539 (14.8)
안국제	무소속	61	면장, 부림면	5,275 (14.1)
박종운	민족자주연	39	가례광산, 조도전대	4,609 (12.3)
강권석	무소속	34	변호사, 입명관대	3,381 (9.0)
남상목	무소속	43	무직, 부산시	3,072 (8.2)
윤치형	국민회	58	군수, 의령면	2,801 (7.5)
이철세	무소속	46	면장, 유곡면	2,357 (6.3)
강무갑	무소속	32	중졸, 서울시	사퇴

〈함안〉 신문사 사장으로 국민회 중앙선전부장으로 활약한 양우정 후보가 함안 조씨 문중표의 분산을 틈타 조용옥 후보를 503표차로 제압하고 등원에 성공

지난 제헌의원 선거에서는 변호사인 조선민족청년단 강욱중 후보가 함안 조씨 문중 표가 조억제와 조용옥 후보로 양분된 틈새를 비집고 함안 수리조합장을 지낸 국민회 이중섭 후보를 505표차로 꺾고 당선됐다.

강욱중 의원이 출전을 포기한 이번 총선에는 국민회 중앙선전부장을 지낸 양우정, 경무부차장을 지낸 변호사 한종건, 일본 조도전대 출신으로 잡지사를 경영한 황영환, 경찰 출신으로 지난 총선에도 출전했던 박노일, 일본대 출신으로 출판업자인 조문태, 국민학교장을 지낸 이수조, 대한청년단장 출신으로 지난 총선에도 출전했던 조용옥, 경찰서장 출신으로 변호사인 조삼제, 조선민족청년단 함안군단장을 지낸 이몽룡, 일본 조도전대 출신으로 회사원인 이수은 후보 등 13명의 쟁쟁한 후보들이 혼전을 전개했다.

신문사 사장으로 국민회 활동이 돋보인 양우정 후보가 함안 조씨 문중 표가 조문태, 조용옥, 조삼제, 조용호 후보들로 분산된 호기와 한종건 후보의 사퇴에 힘입어 조용옥 후보를 503표차로 누르고 국회 등원에 성공했다.

대한청년단장, 국민회 선전부장으로 활약한 조용옥 후보는 지난 총선에서는 강욱중 후보에게 1,076표차로, 이번 총선에서는 양우정 후보에게 503표차로 아쉽게 무너졌다.

□ 득표상황

후보자	정당	연령	주요 경력	득표 (%)
양우정	무소속	44	국민회 선전부장	8,801 (19.9)
조용옥	국민회	44	대청단장, 가야면	8,298 (18.8)
이몽룡	무소속	35	조선민족청년단장	5,989 (13.6)
이수은	무소속	41	조도전대, 칠북면	4,851 (11.0)
박노일	무소속	57	경찰관, 여항면	4,477 (10.1)
조삼제	무소속	34	경찰서장, 변호사	3,062 (6.9)
이병우	무소속	40	일본대 중퇴, 산안면	2,449 (5.6)
황영환	무소속	50	잡지사, 조도전대	2,246 (5.1)
이종호	무소속	38	사회사업, 서울시	1,991 (4.5)
이수조	무소속	29	국민학교장, 마산시	1,186 (2.7)
조용호	무소속	29	고아원원장, 부산시	790 (1.8)
한종건	무소속	49	변호사, 서울시	취소
조문태	무소속	54	출판업, 일본대	사퇴

〈창녕〉 마산에 거주한 회사원으로 지역에 뿌리를 내린 쟁쟁(錚錚)한 후보들을 꺾고 국회 등원에 성공한 신용훈

지난 제헌의원 선거에서는 일본 조도전대 출신으로 중학교 교장으로 활동한 구중회 후보가 일본 명치대 출신인 청우당 하기석, 면장 출신인 국민회 김희찬 후보들을 꺾고 등원에 성공했다.

중학교장을 지낸 김해권, 산업조합 이사로 활약한 조영환 후보들도 출전했다.

구중회 의원이 불출마한 이번 총선에는 지난 총선에 출전하여 7,436표를 득표한 김해권, 경제교사 출신으로 회사원인 신용훈, 유로면장을 지낸 하동석, 창녕군수를 지낸 전홍석, 학원장이며 회사장인 정호완, 국민학교장을 지낸 이영과 하두학, 경찰관 출신인 하홍윤, 면장과 국민학교장을 지낸 성순영 후보들이 출전했다.

이방면, 남지면, 유로면, 창락면, 부곡면, 창녕면 출신들이 출전하여 소지역주의가 팽배한 선거전에서 마산에 거주한 신용훈 후보가 남지면 대표주자인 김해권, 이방면 대표주자인 성순영 후보들을 꺾고 당선됐다.

국민회 지원을 받은 김해권 후보는 대구사범 동문인 이영, 하두학 후보들의 출전이 아쉽게 다가와 연패하게 됐다.

□ 득표상황

후보자	정당	연령	주요 경력	득표 (%)
신용훈	무소속	46	회사원, 마산시	9,779 (18.5)
김해권	국민회	33	중학교장, 남지면	8,486 (16.1)
성순영	무소속	53	면장, 이방면	8,286 (15.7)
하두학	무소속	39	교원, 창녕면	7,473 (14.2)
정호완	무소속	25	학원장, 대구시	5,174 (9.8)
전홍석	무소속	40	군수, 창락면	4,071 (7.7)
노정용	무소속	73	참봉(參奉), 이방면	3,640 (6.9)
이 영	무소속	31	국민학교장, 부곡면	2,708 (5.1)

하동석	무소속	47	면장, 유로면	2,174 (4.1)
하홍윤	무소속	54	경찰관, 부산시	943 (1.8)

〈밀양 갑〉 일본 조도전대 출신으로 고아원 원장, 대동신문 지국장, 대한청년단장의 명성과 조직으로 이주형 제헌의원으로부터 금 배지를 인수인계한 최성웅

지난 제헌의원 선거에서는 중학교장, 입법의원, 대한독립촉성국민회 밀양지부장으로 기반을 구축한 이주형 후보가 경남도 양정국장을 지낸 손영순, 양조장으로 기반을 닦은 염차준, 국민회 밀양지부장으로 활동한 박일현 후보들을 제치고 당선됐다.

이번 총선에서 이주형 의원이 재선을 향해 달려가자 검사 출신 변호사 안종두, 일본대 출신으로 대한청년단장을 지낸 김석겸, 조도전대 출신으로 대동신문 지국장인 최성웅, 양조업자인 신홍규, 일본대 출신으로 내무부 서무과장을 지낸 백갑진, 서울법대 출신으로 청년운동에 매진한 손광식, 밀양읍장을 지낸 손용호, 기미독립운동에 참여한 박봉희 후보들이 금 배지를 향해 도전했다.

일본 조도전대 출신으로 고아원 원장으로 지역 민심을 휘어잡은 최성웅 후보가 대한청년단장으로 청년조직을 가동하며 변호사로 지역 기반을 잡은 안종두, 현역의원의 이점을 활용한 이주형 후보를 따돌리고 새로운 지역구의 주인 자리를 차지했다.

☐ 득표상황

후보자	정당	연령	주요 경력	득표 (%)
최성웅	대한청년단	30	고아원장, 대청단장	8,168 (24.3)
안종두	무소속	45	검사, 변호사	5,333 (15.9)
이주형	일민구락부	45	제헌의원(밀양 갑)	4,742 (14.1)
손광식	무소속	36	회사원, 서울시	4,521 (13.5)
김석겸	무소속	31	대청단장, 일본대	3,725 (11.1)
손용호	무소속	57	밀양읍장, 일본대	2,225 (6.6)
신홍규	무소속	47	양조업, 단양면	1,647 (4.9)
양외득	무소속	35	교원, 내무부 근무	1,244 (3.7)
박봉희	무소속	63	진주신문 사장	883 (2.6)
백갑진	무소속	47	내무부 서무과장	680 (2.0)
이기원	무소속	60	한수(漢修), 밀양읍	437 (1.3)

〈밀양 을〉 부산에서 대한비료와 남선고무 공장을 운영하는 김형덕 후보가 부산대 교수인 민병구, 무안면장을 지낸 조만종 후보들을 가볍게 제압

지난 제헌의원 선거에서는 변호사로 지역 기반을 다진 박해극 후보가 일본 조도전대 출신으로 대동청년단 밀양군단장으로 활약한 최성근, 부북면 대표주자로 출전한 이기원 후보들을 꺾고 등원에 성공했다.

이번 총선에선 지난 총선에서 격전을 벌였던 세 후보가 사라지고

밀양읍장을 지낸 유병수 후보 등 14명의 후보들이 난립했다.

밀양군 농민회장인 조만종, 대한비료와 남선고무 사장인 김형덕, 대동건설 사장인 신현대, 부산대 교수인 민병구, 국민회장을 지낸 박일현, 고려화재보험 사장인 이원학, 국민회 선전부장인 문이호, 고아원과 고등공민학교를 운영 중인 윤술룡, 경찰서장을 지낸 예원해, 조선모직 사장으로 제헌의원인 신상학 후보들이 출전했다.

부산에서 대한비료와 남선고무 회사를 경영하는 김형덕 후보가 민병구 부산대 교수, 무안면장 출신으로 밀양군 농민회장을 지낸 조만종 후보를 가볍게 제압했다.

□ 득표상황

후보자	정당	연령	주요 경력	득표 (%)
김형덕	무소속	36	대한비료 사장	10,567 (28.4)
민병구	무소속	33	부산대 교수, 하남면	5,304 (14.3)
조만종	무소속	49	무안면장, 농민회장	5,277 (14.2)
김길원	무소속	31	치안국 근무, 명치대	2,894 (7.8)
예원해	무소속	33	경찰서장, 청도면	2,141 (5.8)
신현대	무소속	46	대동건설 사장	2,022 (5.4)
배상수	무소속	52	국민회장, 삼량진읍	1,686 (4.5)
이원학	무소속	50	회사장, 대구시	1,646 (4.4)
윤술용	무소속	46	고아원장, 상행면	1,455 (3.9)
박일현	무소속	39	국민회 회장	1,064 (2.9)
문이호	무소속	43	국민회 선전부장	1,040 (2.8)
유병수	무소속	56	밀양읍장	1,020 (2.7)

| 신상학 | 국민회 | 37 | 제헌의원(밀양 을) | 877 (2.4) |
| 김복식 | 국민회 | 28 | 목사, 마산시 | 201 (0.5) |

〈양산〉 청년방위대 편대장으로 지역 민심을 파고들어 지난 총선에서 승패가 엇갈린 정진근과 배태성 후보들을 꺾어버린 무소속 서장주

지난 제헌의원 선거에서는 일본 조도전대 중퇴생인 정진근 후보가 양산군수 출신으로 대한독립촉성국민회 양산지부장으로 활약하고 있는 지영진 후보를 소지역주의 대결로 꺾은 이변을 연출했다.

일본 명치대 출신인 배태성, 교원 생활을 한 박임신 후보들도 출전했다.

지난 총선에서 격돌했던 정진근 의원과 배태성 후보가 재대결을 펼친 선거전에 청년방위대 편대장인 서장수 후보 등 10명의 후보들이 출전하여 혼전을 전개했다.

산업조합장인 김정표, 경남향교재단 이사장인 이신령, 조도전대 외생출신으로 사법대서사인 김도홍 후보들도 참전했다.

공업고등학교 중퇴생으로 청년방위대 편대장으로 활약한 서장수 후보가 서울에 머물고 있는 정진근 현역의원을 꺾고 금 배지를 인계받았다.

산업조합장인 김정표, 경남향교재단 이사장인 이신령, 홍업회사

사장인 배태성 후보들도 나름대로 선전했다.

□ 득표상황

후보자	정당	연령	주요 경력	득표 (%)
서장주	무소속	30	청년방위편대장	5,340 (24.7)
김정표	무소속	50	산업조합장, 상북면	4,552 (21.1)
이신령	무소속	63	향교재단 이사장	2,893 (13.3)
정진근	무소속	44	제헌의원(양산)	2,813 (13.0)
배태성	무소속	41	회사장, 양산면	1,293 (6.0)
안종석	무소속	41	직물공장장, 상북면	1,219 (5.6)
최해택	무소속	35	농민회 업무과장	966 (4.5)
김규수	무소속	58	한수, 하북면	963 (4.5)
강재권	무소속	45	대서업, 물금면	927 (4.3)
김도홍	무소속	58	사법대서사, 웅상면	655 (3.0)

<울산 갑> 은행장 출신이라는 명망으로 제헌의원인 김수선, 감찰위원회 비서인 이종태 후보들을 꺾어버린 오위영

지난 제헌의원 선거에서는 온양면장을 지낸 최봉식 후보가 청년운동가로 명망이 높은 변동조, 대현면장을 지낸 박곤수 후보들을 꺾고 당선됐다.

지난 총선에서 얼굴을 내밀었던 7명의 후보들이 사라지고 새롭게

11명의 후보들이 난립한 이번 선거전은 은행장 출신인 오위영, 중앙감찰위원회 비서인 이종태, 울산 을구에서 제헌의원에 당선된 김수선, 범서면장을 지낸 이수관, 청년운동가인 민족자주연맹 송일환 후보 등이 출전했다.

지역의 토착 세력이 아닌 서울에 거주하는 오위영, 김수선, 이종태 후보들의 3파전은 은행장 출신이라는 명망을 활용한 오위영 후보가 큰 표차로 김수선과 이종태 후보들을 꺾고 등원에 성공했다.

□ 득표상황

후보자	정당	연령	주요 경력	득표 (%)
오위영	무소속	48	은행장, 서울시	12,503 (37.7)
김수선	무소속	40	제헌의원(울산 을)	6,067 (18.3)
이종태	무소속	38	감찰위원회 비서	5,775 (17.4)
송일환	민족자주연	32	청년운동, 부산시	2,615 (7.9)
김규환	무소속	53	소졸, 언양면	2,285 (6.9)
조두천	무소속	37	부청 서기, 삼남면	1,288 (3.9)
정경학	무소속	42	소졸, 언양면	995 (3.0)
이수관	무소속	51	면장, 범서면	889 (2.7)
조형진	무소속	53	국민운동, 서울시	707 (2.1)
임연수	무소속	39	중졸, 울산읍	195 (0.6)
오덕상	무소속	57	소졸, 울산읍	사퇴

〈울산 을〉 울산경찰서장을 지낸 경력을 기반으로 국문학의

대가인 최현배 연희전문 교수를 2,434표로 꺾은 김택천

지난 제헌의원 선거에서는 대한독립촉성국민회 울산지부장으로 활약하여 당선권에 육박했던 김호한 후보의 급서로 서울에서 출판업자로 성장한 김수선 후보가 경남도청 공무원인 이완수, 사업가인 정인목, 회사 중역인 문창준 후보들을 꺾고 당선됐다.

김수선 의원이 울산 갑구로 옮겨간 이번 총선에는 울산읍장과 울산경찰서장을 지낸 김택천 후보가 지역을 선점했다.

청년운동을 펼친 박태륜, 방어진 어업조합장인 김두헌, 국민학교 교장 출신인 오영출, 저술가로 알려진 국문학자 최현배, 정치운동을 펼친 민주국민당 변동조, 면장 출신 출판업자인 박곤수, 신문기자인 박명준, 온산면장을 지낸 고기철 후보들이 출전하여 군웅이 소지역을 할거했다.

울산읍장, 면장, 울산경찰서장을 지낸 김택천 후보가 한글학자로 유명한 최현배 연세대 교수, 20대 패기에 넘친 백만술 후보들을 따돌리고 등원에 성공했다.

☐ 득표상황

후보자	정당	연령	주요 경력	득표 (%)
김택천	무소속	52	울산읍장, 경찰서장	8,780 (22.9)
최현배	무소속	56	저술업, 국문학자	6,346 (16.6)
백만술	무소속	29	수산업, 방어진읍	6,225 (16.2)
박태륜	무소속	31	청년운동, 울산읍	4,525 (11.8)
김두헌	무소속	55	방어진 어업조합장	3,150 (8.2)

변동조	민주국민당	49	정치운동, 울산읍	2,306 (6.0)
고기철	무소속	57	면장, 온산면	2,242 (5.9)
오영출	무소속	41	국민학교장, 울산읍	1,401 (3.7)
박곤수	무소속	53	면장, 부산시	1,102 (2.9)
박명준	무소속	31	신문기자, 부산시	1,056 (2.8)
임용길	무소속	51	신문인, 서울시	881 (2.3)
조용진	무소속	48	대서업, 울산읍	280 (0.7)

〈동래〉 대철학가로 알려진 김범부 후보가 경남도지사를 지낸 김병규, 동래군수를 지낸 김찬구 후보들을 제치고 당선

지난 제헌의원 선거에서는 조선공화당 김약수 후보가 독립운동가라는 명망으로 입법의원 출신으로 지역기반이 구축된 김법린 후보를 큰 표차로 따돌렸다.

당선된 김약수 후보는 국회 프락치 사건으로 영어의 몸이 됐으나 낙선한 김법린 후보는 문교부 장관에 발탁되는 행운아가 됐다.

이번 총선에는 철학강사로 서울신문 고문인 김범부, 항공협회 이사인 사회당 이규정, 동래군수를 지낸 김찬구, 과수원을 경영하고 있는 오성환, 정미업과 미곡상을 운영하고 있는 오명호 후보들이 난형난제(難兄難弟)의 형상을 이루며 난투극을 벌였다.

저술가로 널리 알려진 김범부 후보가 사회당으로 출전하여 노익장을 과시한 이규정 후보를 어렵게 따돌렸으며, 동래군수를 지낸 김

찬구 후보는 의외로 탈꼴찌를 벗어나지 못했다.

□ 득표상황

후보자	정당	연령	주요 경력	득표 (%)
김범부	무소속	54	철학강사, 저술업	7,281 (26.6)
이규정	사회당	61	회사원, 서울시	5,856 (21.4)
오명호	무소속	28	정미업, 구포읍	4,605 (16.8)
오성환	무소속	52	과수원, 부산시	3,675 (13.4)
박치홍	무소속	55	중졸, 부산시	3,332 (12.2)
김찬구	무소속	46	동래군수, 부산시	2,640 (9.6)
이희조	무소속	41	회사원, 서울시	사퇴
김병규	무소속	69	경남도지사, 부산시	취소

〈김해 갑〉 일본 조도전대 출신으로 경북도 상공국장을 지낸 최원호 후보가 지난 총선에서는 164표를 석패했으나, 이번 총선에서는 60표차로 신승

지난 제헌의원 선거에서는 청년운동을 펼친 무명의 신상학 후보가 일본 조도전대 출신으로 경북도 상공국장을 지내고 한민당 경남도 당위원장과 대한독립촉성국민회 김해지회장으로 활동한 최원호 후보를 164표차로 꺾는 이변을 연출했다.

면장 출신인 인동철, 농업인인 고덕봉, 회사원인 임대천 후보들은 참전했으나 해양소년단 본부장인 박재홍 후보는 실격됐다.

신상학 의원이 밀양 을구로 옮겨가고 최원호, 임대천, 박재홍 후보들이 재대결을 펼친 이번 선거전에는 대저면장을 지낸 윤기은 후보 등 14명의 후보들이 새롭게 도전했다.

법무부 서기관 출신인 조돈찬, 김해 경찰서장을 지낸 김형숙, 출판사 대표인 임대천, 총경 출신인 문정규, 김해군수를 지낸 방진태, 중학교장을 지낸 배진호, 일본 명치대 출신으로 신문사 지사장인 천치만, 대학교수인 김한용, 중학교 교감을 지낸 손용규 후보들도 도전했다.

지난 총선에서 164표차로 석패한 경북도 상공국장을 지낸 최원호 후보와 해양소년단 본부장 출신으로 대동신문 김해지국장인 박재홍 후보들이 혈투를 전개했으며 60표 차이로 승자와 패자가 엇갈렸다.

□ 득표상황

후보자	정당	연령	주요 경력	득표 (%)
최원호	민주국민당	52	경북도 상공국장	7,585 (22.5)
박재홍	대한국민당	47	대동신문 지국장	7,525 (22.4)
윤기은	무소속	36	면장, 대저면	2,812 (8.3)
김한용	무소속	46	대학교수, 서울시	2,349 (7.0)
방진태	무소속	54	군수, 김해읍	1,684 (5.0)
김주봉	무소속	50	회사원, 부산시	1,661 (4.9)
조돈찬	무소속	29	법무부 서기관	1,376 (4.1)
문정규	대한국민당	33	총경, 대저면	1,321 (3.9)
임대천	무소속	47	회사장, 서울시	1,296 (3.9)
김형숙	무소속	37	경찰서장, 대저면	1,295 (3.8)

박창원	무소속	52	신문업, 부산시	1,111 (3.3)
손용규	무소속	27	중학교감, 대저면	1,020 (3.0)
문위동	무소속	47	국민회, 김해읍	844 (2.5)
배진호	무소속	43	중학교장, 김해읍	808 (2.4)
천치만	무소속	37	신문사 지사장	533 (1.6)
주차도	기독청년회	32	국민당원, 녹산면	460 (1.4)
김종만	무소속	43	중졸, 김해읍	사퇴

〈김해 을〉 30대 패기에 찬 이종수 후보가 녹산면장 출신으로 제헌의원인 조규갑 후보로부터 금 배지를 인수

지난 제헌의원 선거에서는 녹산면장을 지낸 조규갑 후보가 진영읍 출신들인 조선민족청년단장 김상규, 의사인 김봉훈, 과수조합장과 양돈조합장인 최신시 후보들의 이전투구 틈새를 비집고 들어가 승리했다.

회사원인 30대의 노재건, 면장 출신인 배종진 후보들도 출전했다.

조규갑 의원이 재선을 향해 출전한 이번 총선에는 일본 중앙대 출신으로 30대인 이종수, 주촌면장을 지낸 조용환, 일본 중앙대 출신으로 중학교장을 지낸 박태흠, 명치대 출신으로 신문기자인 이철민, 국민학교장을 지낸 김도현, 대학교수인 엄귀현, 경찰서장을 지낸 송기대, 육군 중위로 예편한 김정실 후보 등 쟁쟁한 13 명의 도전자들이 출전했다.

노해용, 노재건, 송세우 후보들이 중도 사퇴한 선거전에서 이종수 후보가 같은 중앙대 출신인 박태흠, 명치대 출신인 이철민 후보들은 물론 현역의원인 조규갑 후보들을 꺾고 의정 단상에 올랐다.

□ 득표상황

후보자	정당	연령	주요 경력	득표 (%)
이종수	무소속	30	일본 중앙대 졸	6,102 (18.7)
조규갑	무소속	46	제헌의원(김해 을)	4,254 (13.1)
최필호	무소속	52	자유민보, 진영읍	4,088 (12.6)
박태흠	무소속	36	중학교장, 진영읍	3,646 (11.2)
조용환	무소속	55	면장, 주촌면	3,298 (10.1)
김도현	무소속	52	국민학교장, 이북면	2,616 (8.0)
엄귀현	무소속	36	교원, 교수, 부산시	2,468 (7.6)
안병득	무소속	32	경남성냥 이사	1,960 (6.0)
송기대	무소속	56	경찰서장, 서울시	1,874 (5.8)
이철민	무소속	34	신문기자, 명치대	1,432 (4.4)
김정실	무소속	38	육군 중위, 대동면	822 (2.5)
노해용	무소속	50	회사 중역, 부산시	사퇴
노재건	무소속	37	국민회, 주촌면	사퇴
송세우	무소속	44	농민회장, 유수면	사퇴

〈창원 갑〉 지난 제헌의원 선거에서 김태수 후보에게 1,498표차로 패배했으나, 이번 총선에서는 안범수 후보를 54표차

로 꺾고 재기에 성공한 김병진

지난 제헌의원 선거에서는 공무원 출신으로 대한독립촉성국민회 활동이 돋보인 김태수 후보가 대동청년단 단장으로 활동한 김병진, 동면의 대표주자인 엄상섭 후보를 가까스로 따돌리고 등원했다. 농업인인 김용희와 문윤상, 토목업자인 현재만 후보들도 출전했다.

지난 총선에서 915표로 승패가 엇갈렸던 김태수, 김병진 후보들이 재대결을 펼친 이번 선거에는 마산에서 기반을 구축한 김시록, 청년운동을 펼친 주금용, 경남도 상공과장을 지낸 안범수, 출판업자인 김인형, 민족자주연맹의 최관수 후보들이 새롭게 출전했다.

지난 총선에서 김태수 후보에게 1,498표로 패배한 김병진 후보가 한청 창원군단장으로의 활약에 힘입어 김태수 후보를 대파하고 재기에 성공했다. 경북도 상공과장을 지낸 안범수 후보는 54표자로 움켜잡았던 금 배지를 엉겁결에 놓쳐버렸다.

□ 득표상황

후보자	정당	연령	주요 경력	득표 (%)
김병진	대한청년단	39	한청군단장, 웅동면	6,541 (18.2)
안범수	무소속	39	경북도 상공과장	6,487 (18.1)
김태수	일민구락부	46	제헌의원(창원 갑)	5,259 (14.6)
김시록	무소속	41	농업, 마산시	5,069 (14.1)
김동수	무소속	30	공무원, 내서면	3,154 (8.8)
김인형	무소속	34	출판업, 웅남면	2,122 (5.9)
송기용	무소속	54	중졸, 웅천면	2,047 (5.7)

김용완	대한국민당	35	회사원, 천가면	1,897 (5.3)
장영실	무소속	33	농업, 웅동면	1,288 (3.6)
최관수	민족자주연	51	무직, 서울시	1,105 (3.1)
임만지	독립노동당	30	상업, 진영읍	953 (2.7)
주금용	무소속	43	청년운동, 진해읍	사퇴

〈창원 을〉 지난 총선에서 창원 갑구에서 낙선한 엄상섭, 창원 을구에서 낙선한 이기섭 후보들을 꺾고 당선된 김봉재

지난 제헌의원 선거에서는 진해읍장을 지낸 주기용 후보가 진동면에서 도정업으로 기반을 구축한 이기섭, 회사장인 고려진보당 김인, 신문기자인 노기수 후보들을 꺾고 의정 단상에 올랐다.

주금용 의원이 출전을 포기한 이번 총선에서는 지난 총선에서 창원 갑구에서 915표차로 차점 낙선한 엄상섭 후보와 창원 을구에서 2,551표차로 차점 낙선한 이기섭 후보들이 맞붙었다.

일본 조도전대 출신으로 창원 금융조합장인 김봉재, 동면에서 지역 기반을 다진 김종하, 한약방을 운영하고 있는 김태희, 명치대 출신인 이찬순, 노동운동을 펼친 장수룡 후보들도 새롭게 출전했다.

경도실업을 운영하며 창원 금융조합장인 김봉재 후보가 창원 갑구에서 차점 낙선한 엄상섭, 창원 을구에서 차점 낙선한 이기섭 후보들을 또 다시 울리고 등원에 성공했다.

김봉재 후보와 엄상섭 후보의 표차는 450표였다.

□ 득표상황

후보자	정당	연령	주요 경력	득표 (%)
김봉재	무소속	41	창원 금융조합장	7,971 (19.1)
엄상섭	무소속	46	보통학교졸, 동면	7,521 (18.0)
이기섭	무소속	41	도정업, 진동면	6,859 (16.4)
변경섭	무소속	43	한수, 진천면	6,550 (15.7)
장수룡	무소속	40	노동운동, 동면	4,681 (10.9)
김종하	무소속	41	한수, 동면	3,502 (8.4)
김태희	무소속	40	한약방, 동면	2,586 (6.2)
정상구	무소속	25	보통학교졸, 동면	1,266 (3.0)
이찬순	무소속	44	명치대, 진북면	1,022 (2.4)

〈통영 갑〉 은행 취체역인 무명의 서상호 후보가 현역의원인 김재학, 경찰국장 출신인 최천 후보들을 대파한 이변을 연출

지난 제헌의원 선거에서는 서울 성동중앙시장 이사로 활약한 김재학 후보가 한민당 소속을 내세워 경남은행 전무로 지역 기반을 다진 서상호 후보를 63표차로 꺾고 당선됐다.

일본 동경대 출신으로 경남일보 총무국장을 지낸 노기만, 통영읍장을 지낸 지두호 후보들도 출전했다.

지난 총선에서 당선된 김재학 의원과 낙선한 노기만 후보가 재대결을 펼친 이번 선거전에 일본대 출신으로 국민회 위원장인 이정규, 일본대 출신으로 경찰서장을 지낸 박명국, 은행 취체역인 서상호, 경남도 경찰국장으로 활약한 최천, 수산협회 이사인 지산만, 일본대 출신으로 노동운동을 펼친 조벽래 후보들이 출전했다.

통영읍 출신들의 잔치인 선거전에서 중졸로서 은행 취체역을 지낸 서상호 후보가 예상을 뒤엎고, 현역의원인 김재학과 경찰국장을 지낸 최천 후보들을 큰 표차로 꺾고 지난 총선에서의 패배를 설욕하고 등원했다.

□ 득표상황

후보자	정당	연령	주요 경력	득표 (%)
서상호	무소속	62	은행 취체역	14,398 (32.1)
김재학	무소속	54	제헌의원(통영 갑)	8,132 (18.1)
최 천	무소속	50	경찰국장, 통영읍	5,087 (11.3)
지산만	무소속	38	수산협회 이사	4,770 (10.6)
이정규	국민회	46	일본대, 통영읍	4,547 (10.1)
노기만	무소속	43	경남일보 총무국장	3,681 (8.2)
박명국	무소속	49	경찰서장, 통영읍	2,232 (5.0)
조벽래	사회당	31	대한노총, 일본대	1,590 (3.5)
박두조	무소속	49	교원, 통영읍	484 (1.1)

〈통영 을〉 통영수산학교 동문들의 전폭적인 지원으로 지난

총선에서 결투를 벌인 서순영, 진홍기, 반성환 후보들을 꺾어버린 이채오

지난 제헌의원 선거에서는 고등문관시험에 합격한 서순영 후보가 수산업자로 대한독립촉성국민회 통영지부장인 진홍기, 대동청년단 통영지단장인 반성환 후보들을 꺾고 등원에 성공했다.

이번 총선에서도 지난 총선에서 맞붙었던 세 후보가 재대결을 펼친 선거전에 대한청년단 거제군단장인 배삼식, 한국수산제도 연구위원인 이채오, 사회당 마산시당위원장을 지낸 윤병원, 동아대 교수인 권영두 후보들이 새롭게 출전했다.

통영수산학교 동문들의 전폭적인 지지를 받은 이채오 후보가 일본대 출신으로 판사를 거쳐 변호사로 활동하고 있는 현역의원인 서순영 후보를 꺾은 이변을 만들어냈다.

지난 총선에서 차점 낙선한 진홍기 후보와 일본대 출신으로 민족통일본부 경남사무국장으로 활약한 반성환 후보는 3위와 4위로 밀려났다.

□ 득표상황

후보자	정당	연령	주요 경력	득표 (%)
이채오	무소속	34	회사원, 서울시	8,796 (22.1)
서순영	무소속	49	제헌의원(통영 을)	8,065 (20.3)
진홍기	국민회	60	독촉지부장, 장승포	7,315 (18.4)
반성환	국민회	27	대청 경남도 단장	5,441 (13.7)

윤병원	사회당	32	일본대, 마산시	5,272 (13.3)
배삼식	대한청년단	41	회사원, 장승포읍	2,693 (6.8)
권영두	무소속	35	대학교수, 임명관대	2,177 (5.5)

〈고성〉 단국대 교무국장을 지낸 김정실 후보가 혜성처럼 등장하여, 지난 총선에서 2위와 3위로 낙선한 허재기, 최갑환 후보들을 잠재우고 등원에 성공

지난 제헌의원 선거에서는 신문기자 출신인 이귀 후보가 한민당 소속으로 지역 기반이 튼튼한 허재기, 씨족 기반이 단단한 신문사 사장인 최갑환 후보들을 꺾고 당선됐다.

이구수 의원이 출전을 포기한 이번 총선에는 지난 총선에서 은메달을 차지한 허재기 후보와 동메달을 차지한 최갑환 후보들이 재대결을 펼쳤다.

단국대 교무국장과 학장을 지낸 김정실, 민족청년단에서 활동한 이종수, 중졸 출신인 정종희와 박홍석 후보 등 6명의 후보들이 새롭게 출전했다.

학자로서 명성을 날린 김정실 후보가 지역 토박이로 뿌리를 내리고 지난 총선에도 혈투를 전개한 최갑환, 허재기 후보들을 잠재우고 등원에 성공했다.

□ 득표상황

후보자	정당	연령	주요 경력	득표 (%)
김정실	무소속	47	단국대 학장	13,727 (29.1)
최갑환	무소속	45	공업신문 사장	10,676 (22.6)
허재기	무소속	64	한수, 구만면	8,415 (17.9)
정종희	무소속	31	중졸, 고성읍	5,566 (11.8)
이종수	무소속	34	민족청년단, 고성읍	4,166 (8.8)
천두상	무소속	48	소졸, 부산시	1,777 (3.8)
이상홍	무소속	51	농업, 대가면	1,679 (3.6)
박홍석	무소속	48	어업, 고성읍	1,131 (2.4)

〈사천〉 지난 총선에서 1위, 2위, 3위를 한 후보들이 재출격하여 2위였지만 현역의원을 꺾고 1위로 승격한 정헌주

지난 제헌의원 선거에서는 곤양면 출신으로 대학 이사장인 최범술 후보가 대한독립촉성국민회 활동을 활발하게 전개한 정헌주 후보를 5천여 표차로 꺾고 등원에 성공했다.

공무원 출신인 정갑주, 약종상 출신인 이쾌문, 운수업자인 유학열 후보들도 출전했다.

이번 총선에서는 지난 총선에서 격전을 벌였던 최범술, 정헌주, 정갑주 후보들이 재격돌을 펼쳤다.

국민회 지원을 받은 천병식, 사천면민들의 지원을 기대한 이기선,

곤양면 출신임을 내세운 조경제, 약종상으로 활동한 장성구, 신문기자인 최동수와 김기윤, 사천군수를 지낸 유태경, 의사로 인술을 베푼 황순주 후보들이 새롭게 도전했으나 최호경, 강재관, 김대지, 황순주 후보들은 중도에 사퇴했다.

일본 중앙대 출신으로 남양도기 회장, 삼천포여중 교장으로 활약한 정헌주 후보가 지난 총선에서부터 문중 대결을 펼쳐온 정갑주 후보를 59표차로 꺾고 등원에 성공했다.

□ 득표상황

후보자	정당	연령	주요 경력	득표 (%)
정헌주	무소속	34	삼천포여중 교장	8,912 (18.7)
정갑주	무소속	45	공무원, 곤양면	8,853 (18.5)
이기선	무소속	48	무직, 사천면	6,714 (14.1)
조경제	무소속	52	농업, 곤양면	4,796 (10.0)
천병식	국민회	62	어업, 삼천포읍	4,339 (9.1)
최범술	대한국민당	46	제헌의원(사천)	3,430 (7.2)
유태경	무소속	57	군수, 서울시	3,327 (7.0)
최상석	무소속	35	농업, 삼천포읍	2,130 (4.5)
김기윤	무소속	28	신문기자, 남양면	1,594 (3.3)
김종윤	무소속	45	공무원, 삼천포읍	1,289 (2.7)
최동수	무소속	37	신문기자, 용현면	1,288 (2.7)
장성구	무소속	38	약제사, 서울시	1,106 (2.3)
최호경	무소속	38	무직, 정동면	사퇴
강재관	무소속	60	농업, 곤양면	사퇴

| 김대지 | 무소속 | 27 | 대졸, 용현면 | 사퇴 |
| 황순주 | 국민회 | 48 | 의사, 사천면 | 취소 |

〈남해〉 지난 총선에 출전했던 4명의 후보들이 사라지고 새롭게 12명의 후보들이 난전을 전개한 선거전에서 승리한 경무부 경찰국장 출신인 조주영

지난 제헌의원 선거에서는 토목기사로 남해면에서 지역 기반을 다진 박윤원 후보가 16년간 검사로 활약하고 대학 이사장을 맡고 있는 정재환 후보를 1,550표차로 꺾고 당선됐다.

정미업자인 독립촉성국민회 최용근, 토목업자인 대동청년단 최용선 후보들도 출전했다.

지난 총선에 출전했던 박윤원 당선자를 비롯한 모든 후보들이 퇴장한 이번 총선에는 국민회 지원을 기대한 박준민, 명치대 출신으로 경무부 총무국장을 지낸 조주영, 일본대 출신으로 회사원인 백법권, 20년 동안 교원 생활을 한 윤주선, 대한청년단장으로 활약한 정용선, 민주국민당 추천을 받은 박병옥, 수산업자로 창선면민들의 지지를 기대한 박계윤 후보들이 출전했다.

경무부 총무국장, 경찰국장을 지낸 조주영 후보가 경찰관들의 적극적인 지원에 힘을 받아 국민회 지원을 받은 박준민 후보를 큰 표차로 꺾고 등원에 성공했다.

12명의 후보들이 난형난제의 형세에서 분전(奮戰)하다보니 조주영

당선자는 20% 득표율도 올리지 못했다.

□ 득표상황

후보자	정당	연령	주요 경력	득표 (%)
조주영	무소속	44	경무부 총무국장	8,635 (19.7)
박준민	국민회	53	한수, 남해면	5,486 (12.5)
정재종	무소속	46	회사원, 서울시	4,927 (11.3)
박계윤	무소속	27	수산업, 창선면	4,763 (10.9)
백법권	무소속	41	회사원, 일본대	4,502 (10.3)
윤주선	무소속	46	교원, 남해면	4,221 (9.6)
정용선	대한청년단	56	청년단장, 남해면	3,048 (7.0)
박성재	무소속	27	신문기자, 교원	2,667 (6.1)
김봉두	무소속	42	군청 서기, 이동면	2,469 (5.6)
조용준	무소속	29	교사, 남면	2,208 (5.0)
박병옥	민주국민당	39	회사원, 서울시	866 (2.0)
김석종	무소속	30	구장, 고현면	사퇴

〈하동〉 일본 명치대 출신으로 국민회 하동군지부장의 경력을 내세워 강달수 현역의원을 꺾고 재기에 성공한 이상경

지난 제헌의원 선거에서는 진교면민들의 전폭적인 지지를 받은 강달수 후보가 하동읍민의 표가 히동수리조합 이사인 이상경, 하동읍장을 지낸 황학성, 국민회 하동지부장으로 활약한 고종철 후보

로 나뉜 틈새를 비집고 들어가 성공했다.

이번 총선에서는 지난 총선에서 512표차로 승패가 엇갈렸던 강달수와 이상경 후보들이 재대결을 펼쳤다.

진교면민들의 지지를 기대한 윤종수, 약종상으로 한의사인 이병대, 대학교수인 정순표, 길전면 대표인 정순화, 전매지청장을 지낸 황기성, 의사인 최재학과 강석권, 대한청년단장인 오재인, 옥종면장을 지낸 조용백, 경찰청장 출신인 강보형, 토건업자인 김영규 등 15명의 새로운 후보들이 출전했다.

일본 명치대 출신으로 수리조합이사, 국민회 지부장을 지낸 이상경 후보가 지난 총선에서 낙선의 아픔을 딛고 강달수 현역의원은 물론 국민회 지부에서 함께 활동한 윤종수, 길전면민들의 전폭적인 지지를 받은 정순화 후보들을 꺾고 재기의 기쁨을 누렸다.

□ 득표상황

후보자	정당	연령	주요 경력	득표 (%)
이상경	국민회	48	국민회 하동군지부장	8,282 (17.3)
윤종수	국민회	43	한수, 상업, 진교면	6,518 (13.7)
정순화	무소속	43	중졸, 고전면	5,143 (10.8)
강달수	일민구락부	45	제헌의원(하동)	3,720 (7.8)
김영규	대한국민당	32	토건업, 북천면	3,194 (6.7)
이병대	국민회	47	한의사, 양포면	2,821 (5.9)
김도원	국민회	32	중학교사, 고전면	2,735 (5.7)
조용백	국민회	34	면장, 옥종면	2,259 (4.7)
황기성	경제연구회	50	전매지청장, 서울시	2,064 (4.3)

강보형	사회당	60	경찰청장, 서울시	2,036 (4.3)
여재규	국민회	43	중학교사, 하동읍	2,027 (4.2)
정순표	무소속	29	대학교수, 적량면	1,913 (4.0)
오재인	노동총연맹	32	대한청년단장	1,887 (4.0)
최재학	무소속	34	의사, 옥종면	1,204 (2.5)
박재덕	사회당	27	회사장, 북천면	1,000 (2.1)
권병률	무소속	50	약종상, 북천면	942 (2.0)
강석권	대한국민당	37	양조업, 의사	취소

〈산청〉 상해임정요인인 이병홍 후보가 지난 총선에서의 패배를 딛고 강기문 현역의원 옹벽을 넘어 등원에 성공

지난 제헌의원 선거에서는 대한건설 사장인 강기문 후보가 재력을 앞세워 상해임정 요인인 이병홍 후보를 6천여 표차로 꺾었다.

면장 출신인 오성주, 단성중학교장 출신인 최윤석, 출판업자인 정도화 후보들도 함께 뛰었다.

이번 총선에선 지난 총선에서 승패가 엇갈렸던 강기문, 이병홍 후보들이 재대결을 펼쳤다.

대한청년단 하동군단장인 오무상, 국민회 활동이 돋보인 박판성, 달성면민들의 지지를 기대한 조종호, 신문기자인 최의섭, 대학교수인 박승하, 관재청 직원이었던 이복상, 중학교사였던 허정일,

신흥여객 부사장인 정태운, 단성면장을 지낸 한병우, 대서업자인 권학희 후보 등 15명의 후보들이 새롭게 도전장을 내밀었다.

상해임시정부 요인으로 반민특위 조사부장으로 활동한 이병홍 후보가 지난 총선에서 강기문 후보에게 6,206표차로 패배했지만, 심기일전하여 이번 총선에서는 1,720표차로 되갚아주고 금배지를 인계인수했다.

□ 득표상황

후보자	정당	연령	주요 경력	득표 (%)
이병홍	무소속	59	반민특위 조사부장	7,143 (18.8)
강기문	대한국민당	41	제헌의원(산청)	5,423 (14.3)
박승하	무소속	43	대학교수, 서울시	2,826 (7.5)
조종호	무소속	32	회사원, 단성면	2,647 (7.0)
이복상	무소속	32	괸재청 직원	2,355 (6.2)
박판성	무소속	38	국민회, 산청면	2,296 (6.1)
오무상	무소속	43	한청 산청단장	2,216 (5.9)
권학희	무소속	46	대서업, 시천면	2,150 (5.7)
허정일	무소속		중학교사, 신안면	1,900 (5.0)
송금실	무소속	44	중졸, 산청면	1,652 (4.4)
민무호	무소속	35	국민회, 산청면	1,589 (4.2)
민영욱	무소속	64	국민회, 산청면	1,286 (3.4)
정태운	무소속	44	신흥여객 부사장	1,256 (3.3)
김병호	무소속	36	회사원, 부산시	1,210 (3.2)
민태식	무소속	36	국민회, 생초면	881 (2.3)

| 한병우 | 무소속 | 49 | 면장, 단성면 | 647 (1.7) |
| 최의섭 | 무소속 | 40 | 신문기자, 회사원 | 448 (1.2) |

〈함양〉 박정규 후보가 백전면민들의 전폭적인 지원으로 지난 총선에서 승부를 겨뤘던 김경도, 김영상, 윤길현 후보들을 잠재우고 새로운 주인으로 등장

지난 제헌의원 선거에서는 함양면장 출신인 김경도 후보가 대한독립촉성국민회 함양군지부장인 김영상 후보와 조도전대 출신으로 새한건설 사장인 윤길현 후보들을 꺾고 등원에 성공했다.

지난 총선에서 맞붙었던 세 후보가 재대결을 펼친 이번 총선에는 목재소를 경영한 독립노농당 최태호, 일본대 출신으로 중학재단 이사장인 이진언, 지곡면장 출신인 대한국민당 정빈, 조도전대 출신인 국민회 박정규, 공보처 직원으로 근무한 박상길, 함양군수를 지낸 정재상 후보들이 새롭게 출전했다.

조도전대 출신으로 국민회 백전면 지부장인 박정규 후보가 백전면민들의 전폭적인 지원으로 현역의원인 일민구락부 김경도, 새한건설 사장으로 재기를 다짐한 윤길현, 대한청년단 함양군단장으로 지난 총선에서 차점 낙선한 김영상 후보들을 꺾고 새로운 지역의 주인으로 등장했다.

□ 득표상황

후보자	정당	연령	주요 경력	득표 (%)
박정규	국민회	45	국민회장, 조도전대	8,226 (19.8)
김영상	국민회	45	대청 함양군단장	7,851 (18.9)
윤길현	무소속	51	새한건설 사장	7,222 (17.4)
김경도	무소속	46	제헌의원(함양)	6,371 (15.4)
박상길	무소속	26	공보처 촉탁	4,709 (11.4)
이진언	무소속	45	중학재단 이사장	3,059 (7.4)
최태호	독립노동당	49	제재업, 안의면	1,817 (4.4)
정재상	무소속	58	군수, 수동면	1,240 (3.0)
정 빈	대한국민당	48	면장, 지곡면	948 (2.3)

〈서창〉 서창 신씨 문중들의 거중 조정으로 신도성 후보의 사퇴에 힘입어 제헌의원인 표현태 후보를 제압하고 재기에 성공한 신중목

지난 제헌의원 선거에서는 월천면장과 거창고 교장을 지낸 표현태 후보가 거창군수와 입법의원을 지낸 신중목 후보를 1,400표차로 꺾고 제헌의원이 됐다.

승려로서 항일투쟁에 앞장섰던 박달준, 약종상으로 기독교 장로인 김상수 후보들도 종교의 대리전을 전개했다.

이번 총선에서는 지난 총선에서 자웅을 겨뤘던 표현태 의원과 신

중목 후보가 재대결을 펼쳤다.

대구 상서중 교장으로 기독교 장로인 최성환, 약종상으로 한약방을 운영 중인 김중수, 일본 중앙대 출신인 국민회 이용화, 중국 북경대 출신인 무소속 임유동, 동경제대 출신으로 부통령 비서관을 지낸 신도성 교수도 새롭게 출전했다.

거창 신씨 문중들의 거중 조정으로 신도성 후보의 사퇴에 힘입어 조도전대 출신으로 입법의원을 지낸 신중목 후보가 면장, 고교교장을 지낸 제헌의원인 표현태 후보를 큰 표차로 따돌리고 금 배지를 인수받았다.

□ 득표상황

후보자	정당	연령	주요 경력	득표 (%)
신중목	무소속	49	입법의원, 조도전대	23,561 (52.2)
최성환	국민회	49	중학교장, 교수	9,485 (21.0)
임유동	무소속	51	북경대, 북상면	4,413 (9.8)
이용화	국민회	46	일본 중앙대, 웅양면	4,123 (9.1)
표현태	국민회	47	제헌의원(거창)	1,808 (4.0)
김중수	농민총동맹	59	한약방, 거창읍	1,730 (3.8)
신도성	무소속	43	부통령 비서관	사퇴

〈합천 갑〉 합천군수를 지낸 경력을 내세워 변호사로서 기반을 딛고 제헌의원에 당선된 이원홍 후보를 2,203표차로 꺾어버린 노기용

지난 제헌의원 선거에서는 변호사로 명성을 쌓은 이원홍 후보가 합천군수를 지낸 박운표, 학교장 출신인 이경진, 묘산면민들의 지지를 기대한 윤복주 후보들을 꺾고 당선됐다.

이병홍 후보가 재선고지를 달리는 이번 총선에는 합천읍장을 지낸 유봉순, 야로면민들의 지지를 기대한 하종구, 합천면장을 지낸 윤봉오, 정미업으로 기반을 구축한 이원용, 군수를 지낸 노기용, 경찰관 출신인 대한노총 이희동, 사업가인 대한국민당 윤정훈 후보들이 도전했다.

경찰서장 출신으로 합천 을구 보궐선거에 출전하여 낙선하고서 고성에 주소를 둔 노기용 후보가 군수 시절의 업적과 인연을 내세워 민주국민당 소속으로 재선의 집념을 불태운 이원홍 후보를 2,023표차로 꺾고 금 배지를 인계받았다.

합천읍장 출신인 유봉순, 야로면민들의 지지를 독차지한 하종구 후보의 선전이 돋보였다.

□ 득표상황

후보자	정당	연령	주요 경력	득표 (%)
노기용	무소속	54	군수, 고성군	7,321 (23.8)
이원홍	민주국민당	48	제헌의원(합천 갑)	5,298 (17.2)
유봉순	무소속	32	읍장, 경찰관	4,656 (15.1)
하종구	무소속	58	중졸, 야로면	4,574 (14.9)
윤봉오	무소속	51	면장, 합천면	3,787 (12.3)
이원용	국민회	55	정미업, 합천면	2,332 (7.6)

이연갑	무소속	44	농업, 대구시	1,220 (4.0)
이희동	노동총연맹	29	경찰관, 율곡면	820 (2.7)
윤정훈	대한국민당	45	상업, 서울시	735 (2.4)

〈합천 을〉 제헌의원 선거와 보궐선거에서 낙선한 동정여론으로 보궐선거에서 당선된 최창섭 의원을 꺾어버린 김명수

지난 제헌의원 선거에서는 대한독립촉성국민회 중앙회에서 활동한 김효석 후보가 용주면장을 지낸 김명수 후보를 1,452표차로 꺾고 의정 단상에 올랐다. 일본대 출신으로 신문기자인 최창섭, 쌍길면민들의 전폭적인 지지를 받은 이덕영 후보들도 선전했다.

김효석 후보의 내무부차관 취임으로 실시된 보궐선거에서는 제헌의원 선거에서 4위로 낙선한 최창섭 후보가 2위로 낙선한 김명수, 합천군수를 지낸 한창석, 경찰서장 출신인 노기용 후보 등을 꺾고 뒤늦게 의정 단상에 오르게 됐다.

이번 총선에서는 제헌의원 선거와 보궐선거에서 맞붙었던 최창섭 의원과 김명수 후보가 재재대결을 펼친 선거전에 미군정청 고문을 지낸 강홍열, 쌍백면민들의 지지를 기대한 정기영, 청덕면민들의 지지를 기대한 차경현, 경찰 출신인 민주국민당 정용택, 국민학교 교장을 지낸 국민회 조점룡, 삼가면민들의 지지를 기대한 김광선 후보들이 새로운 도전자로 나섰다.

조도전대 중학부 출신으로 면장과 금융조합장을 지낸 김명수 후보

가 두 번의 낙선에 따른 동정여론을 끌어모아 보궐선거에서 당선된 최창섭 의원을 끌어내리고 금배지를 인계받았다.

□ 득표상황

후보자	정당	연령	주요 경력	득표 (%)
김명수	민주국민당	45	면장, 금융조합장	9,752 (30.7)
강홍열	국민회	55	미군 군정청 고문	5,835 (18.3)
최창섭	대한국민당	52	제헌의원(합천 을)	5,545 (17.4)
차경현	무소속	49	농업, 청덕면	4,957 (15.6)
정기영	무소속	43	농업, 쌍백면	2,980 (9.4)
조점룡	국민회	42	국민학교장, 가회면	2,323 (7.3)
김광선	국민회	36	농업, 삼가면	425 (1.3)
정용택	민주국민당	39	경찰, 부산시	사퇴

제3장 강원·충청권 : 43개 지역구로 20.5%를 점유

1. 433명의 후보들이 출전하여 열전을 전개

2. 강원·충청권 43개 지역구 격전의 현장으로

1. 433명의 후보들이 출전하여 열전을 전개

(1) 당선자 25명 중 무소속 후보들이 58.1% 차지

지난 제헌의원 선거구와 변함없는 강원·충청권은 43개 지역구로 전국 210개 지역구의 20.5%를 차지하여 지난 제헌의원 선거 때보다 점유율이 1% 하락했다.

강원도의 12개구는 79명의 후보들이, 충북의 12개구는 146명의 후보들이, 충남의 19개구는 208명의 후보들이 출전하여 433명으로 선거구당 평균 경쟁률은 10.1명이다.

당선자 43명의 소속단체는 대한국민당이 9명, 국민회가 5명, 민주국민당이 3명, 일민구락부가 1명으로 25명의 당선자는 무소속으로 출전했다. 그리하여 무소속 후보자가 58.1%를 차지했다.

대한국민당은 박세동(강릉갑), 최헌길(강릉을), 이재학(홍천), 김명동(공주을), 이규갑(아산), 김용화(천안), 최면수(보은), 연병호(괴산), 조종승(단양) 후보들이고, 국민회는 이종영(정선), 이종욱(평창), 윤담(논산을), 구덕환(서천), 박철규(예산) 후보들이다.

민주국민당은 신각휴(옥천), 성득환(영동), 박충식(공주갑) 후보들이, 일민구락부는 이종린(서산갑) 후보가 당선됐다.

무소속으로 홍창섭(춘천), 박승하(춘천), 임용순(삼척), 김광준(울진), 태완선(영월), 윤길중(원주), 안상한(횡성), 민영복(청주), 이도영(청원갑), 곽의영(청원을), 이충환(진천), 이학림(음성), 조대연(충주), 한필수(제천), 김종열(대전), 김종회(대덕), 이긍종(연기), 김헌식(논산갑), 이석기(부여갑), 이종순(부여을), 김영선(보령), 이상철(청양), 유승준(홍성), 안만복(서산을), 구을회(당진) 후보들이 당선됐다.

(2) 제헌의원의 귀환율은 7명으로 16.3%에 불과

천안 이병국 의원의 사망으로 실시한 보궐선거에서 김용화 후보가 당선됐으나 대법원의 선거무효 판결로 다시 실시된 보궐선거에서 민국당 이상돈 후보가 국민당 유홍 후보를 꺾고 당선되어 43명 제헌의원에는 변화가 없었다.

43명의 제헌의원 중 강원도의 최규옥(춘천), 장기영(영월), 최태규(정선), 원장길(강릉갑) 의원과 충청권의 이만근(청원을), 김교현(보은), 정구삼(옥천), 임석규(보령), 손재학(홍성), 서용길(아산) 의원 등 10명의 의원 등은 지역구 사정 등으로 인하여 불출마를 선언했다.

그리고 강원도에서 이종순(춘성), 원용균(횡성), 홍범희(원주), 황호현(평창), 김진구(삼척) 의원들과 충청권에서 박기운(청주), 홍순옥(청원), 박우경(영동), 이의상(음성), 유홍열(제천), 성낙서(대전), 송진백(대덕), 진헌식(연기), 신방현(공주을), 유진홍(논산갑), 최운교(논산을), 남궁현(부여갑), 김이수(부여을), 이훈구(서천), 이종근(청양), 윤병구(예산), 김용재(당진), 이상돈(천안), 김동준(서산갑) 의원들은 재선을 향해 도전했으나 추풍낙엽처럼 24명의 의원들이 낙선했다.

그리하여 강원도에서 이재학(홍천), 최헌길(강릉을), 김광준(울진) 의원과 충청권에서 연병호(괴산), 조종승(단양), 김명동(공주을), 이종린(서산갑) 의원들만이 귀환하여 귀환율은 16.3%에 불과했다.

지난 제헌의원 선거에서는 낙선했으나 박승하(춘성), 태완선(영월), 임용순(삼척), 민영복(청주), 최면수(보은), 박충식(공주갑), 김헌식(논산갑), 구덕환(서천), 이상철(청양), 안만복(서산을), 구을회(당진), 김용화(천안) 후보들은 재기에 성공했다.

(3) 20% 미만의 득표율로 10명의 후보들이 당선

선거 관련 자료의 유실로 박세동, 최헌길, 윤담, 이상철, 유승준, 안만복 당선자들의 득표율은 알 수 없지만, 조대연(충주, 19.9%), 김헌식(논산갑, 17.9%), 민영복(청주, 17.8%), 곽의영(청원을, 17.1%), 서용길(아산, 16.7%), 연병호(괴산, 16.0%), 김영선(보령, 15.9%), 이종린(서산갑, 15.9%), 이학림(음성, 11.9%), 성득환(영동, 10.8%) 후보들은 20% 미만으로 당선됐다.

또한 대부분의 후보들이 1만 표 미만으로 당선되었으며 정도영(청원갑, 9,802표), 김종열(대전, 9,369표), 이궁종(연기, 9,202표), 안상한(횡성, 8,909표), 유승준(홍성, 8,680표), 박세동(강릉갑, 8,612표), 김종회(대덕, 8,404표), 박승하(춘성, 8,163표), 이규갑(아산, 8,001표), 연병호(괴산, 7,989표), 안만복(서산을, 7,685표), 박충식(공주갑, 7,657표), 이종린(서산갑, 7,164표), 최면수(보은,

7,022표), 김영선(보령, 6,932표), 윤담(논산을, 6,645표), 김명동(공주을, 6,518표), 김헌식(논산갑, 6,491표), 이충환(진천, 6,488표), 신각휴(옥천, 6,462표), 이종순(부여을, 6,394표), 홍창섭(춘천, 6,338표), 곽의영(청원을, 5,579표), 이종영(정선, 5,357표), 이학림(음성, 4,445표), 성득환(영동, 4,342표), 민영복(청주, 4,047표)등 27명의 후보들이 1만 표 미만으로 당선되어 63%를 차지했다.

그러나 강원도 홍천의 이재학 후보는 21,944표를 득표하여 당선됐다.

2. 강원·충청권 43개 지역구 격전의 현장으로

> 강원도

<춘천> 국민회 지지세가 강원도 지부장인 서상준, 춘천시 지부장인 이범래 후보로 분산된 틈새를 비집고 들어가 승리를 쟁취한 춘천시장을 지낸 홍창섭

지난 제헌의원 선거에서는 병원장으로 인술을 베푼 독립촉성국민회 최규옥 후보가 대동청년단 춘천시단장으로 활동한 박승하, 미국 웨스리안대 출신으로 조선약품 사장인 박태화, 사회사업가인 부녀회 박인순 후보들을 꺾고 당선됐다.

최규옥 의원이 출전을 포기한 이번 총선에선 국민회 강원도지부장인 서상준, 서울대 교수인 안영태, 춘천시장을 지낸 홍창섭, 국민회 춘천지부장인 이범래, 중국 금릉대 출신으로 목사이며 신문사 사장인 민국당 김우종 후보들이 오리무중인 5파전을 전개했다.

국민회의 강원도 지부장인 서상준, 춘천시 지부장인 이범래 후보가 혈투를 전개한 틈새를 춘천시장을 지낸 홍창섭 후보가 비집고 들어가 승리를 꿰찼다.

민국당 김우종 후보는 선전했으나 서울대 교수인 안영태 후보는 득표력의 한계를 보여줬다.

□ 득표상황

후보자	정당	연령	주요 경력	득표 (%)
홍창섭	무소속	46	춘천시장	6,338 (29.3)
서상준	국민회	45	국민회 강원도지부장	5,780 (26.7)
김우종	민주국민당	46	신문사 사장, 목사	5,256 (24.3)
이범래	국민회	37	국민회 춘천시지부장	2,969 (13.7)
안영태	무소속	26	서울대 교수	1,285 (6.0)

〈춘성〉 지난 총선에서는 춘천에서 차점 낙선하고 지역구를 옮겨 지역구 현역의원인 이종순 후보를 꺾고 당선한 박승하

지난 제헌의원 선거에서는 토건업으로 지역 기반을 다진 독립촉성국민회 이종순 후보가 대동청년단 조직부장으로 활약한 이종식 후보의 사퇴에 힘입어 조선농촌연구소 소장인 유연국 후보를 대파하고 등원에 성공했다.

이종순 의원이 재선을 향해 질주한 이번 총선에는 지난 총선에서 춘천시에 출전하여 차점 낙선한 박승하, 신북면장을 지낸 박윤원, 국민운동을 펼친 임우영, 신동면장을 지낸 민삼식, 강원도청 행정사무관이었던 홍순직, 민국당 지구당 총무를 지낸 이찬우, 춘성군수를 지낸 이석 후보들이 출전했다.

대동청년단 춘천시단장 출신인 박승하 후보가 지역구를 옮겨 출전하여 국민운동을 펼치며 지역 기반을 다진 임우영 후보를 194표차

로 꺾고 당선됐다.

현역의원으로 국민회 춘성지부장인 이종순 의원은 국민회 핵심 조직이 임우영 후보 측으로 넘어가 초반부터 당선권에서 멀어졌고, 민국당 총무였던 이찬우, 강원도청 직원이었던 홍순직 후보들의 선전이 돋보였다.

□ 득표상황

후보자	정당	연령	주요 경력	득표 (%)
박승하	무소속	38	회사원, 청년운동	8,163 (24.9)
임우영	국민회	47	국민운동, 춘천시	7,969 (24.3)
이찬우	무소속	37	민주국민당 총무	6,322 (19.3)
홍순직	무소속	41	강원도 사무관	4,525 (13.8)
이 석	대한국민당	48	군수, 회사장	3,298 (10.1)
이병한	무소속	54	국민운동, 신북면	1,250 (3.8)
이종순	국민회	60	제헌의원(춘성)	556 (1.7)
박윤원	국민회	56	면장, 신북면	451 (1.4)
민삼식	무소속	44	면장, 신동면	250 (0.8)

〈홍천〉 지난 총선에선 유을남 후보를 16,298표차로, 이번 총선에는 성낙신 후보를 3,305표차로 제압한 이재학

지난 제헌의원 선거에서는 홍천군수와 강원도지사 대리를 역임한

이재학 후보가 청년운동을 펼친 대동청년단 유을근, 사업가인 독립촉성국민회 정종기 후보들을 꺾고 당선됐다.

이번 총선에서도 경성제대 출신인 이재학 의원은 대한청년단 홍천군단장을 지낸 성낙신, 경찰국장을 지낸 국민당 조병계, 춘천상공조합 이사장인 허명구 후보들을 제압하고 재선의원이 됐다.

지난 총선에서 이재학 후보는 대동청년단 유을남 후보를 16,298표차로 제압했지만, 이번 총선에서 이재학 후보는 무소속 성낙신 후보를 3,305표차로 제압하여 간극(間隙)의 차가 좁혀졌다.

□ 득표상황

후보자	정당	연령	주요 경력	득표 (%)
이재학	대한국민당	47	제헌의원(홍천)	21,944 (35.2)
성낙신	무소속	35	한청 홍천군단장	18,639 (29.9)
조병계	대한국민당	39	경찰국장, 서울시	14,907 (23.9)
허명구	무소속	39	상공조합 이사장	6,803 (11.0)

〈횡성〉 부산수산대 부학장인 안상한 후보가 횡성의 토박이로 제헌의원인 원용균 후보를 꺾고 등원에 성공

지난 제헌의원 선거에서는 우천면장 출신인 원용균 후보가 독립촉성국민회 지원을 받아 사세국 부국장을 지낸 조수준 후보를 제압하고 당선됐다.

이번 총선에서는 원용균 의원의 재선을 저지하기 위해 일본 북해도제국대 출신으로 부산수산대 부학장인 안상한, 국제신문 이사장인 장석윤, 신문지국장인 정호형, 지난 총선에서 차점 낙선한 조수준, 국민회 지부장인 양덕인 후보들이 출전했다.

혼전을 전개한 선거전은 부산에 거주하는 무소속 안상한 후보가 부산에 거주하는 무소속 장석윤 후보를 511표차로 꺾고 등원했다. 서울에 거주하는 정호형 후보에게 동메달을 내어주고 횡성에 거주하는 조수준, 양덕인, 원용균 후보들이 4위, 5위, 6위를 차지했다.

□ 득표상황

후보자	정당	연령	주요 경력	득표 (%)
안상한	무소속	44	대학교수, 부산시	8,909 (25.4)
장석윤	무소속	47	신문사사장, 부산시	8,398 (24.0)
정호형	무소속	39	신문지국장, 서울시	7,951 (22.7)
조수준	대한국민당	39	사세국장, 횡성면	5,069 (14.5)
양덕인	국민회	42	국민회 지부장	2,835 (8.1)
원용균	대한국민당	58	제헌의원(횡성)	1,879 (5.4)

〈원주〉 고등문관시험에 합격한 변호사라는 명망으로 현역의원인 홍범희 후보를 719표차로 꺾어버린 윤길중

지난 제헌의원 선거에서는 일본 중앙대 출신으로 공립학교 교장으로 30대인 홍범희 후보가 사회사업가인 명성으로 입법의원 출신

으로 국민회 원주지부장을 지낸 조진구, 오랫동안 교원 생활을 한 이정호, 일본 중앙대 출신인 연희전문대 교수인 원달호 후보들을 꺾고 의정 단상에 올랐다.

지난 총선에서 승패가 엇갈렸던 홍범희, 이정호 후보들이 재격돌한 이번 총선에는 고등문관시험에 합격하고 국회 법제조사국장으로 활약한 윤길중, 원주군수를 지낸 함기섭, 연희전문대 교수인 한기준 후보들이 새롭게 등장했다.

고문합격 변호사라는 명성을 딛고 윤길중 후보가 사회사업가로 명성을 얻은 홍범희 현역의원을 719표차로 꺾고 등원에 성공했다.

□ 득표상황

후보자	정당	연령	주요 경력	득표 (%)
윤길중	무소속	34	국회 법제조사국장	12,968 (31.0)
홍범희	국민당	34	제헌의원(원주)	12,049 (29.2)
함기섭	무소속	54	군수, 원주읍	6,132 (14.9)
한기준	무소속	45	연희전문 교수	5,270 (12.8)
이정호	국민회	46	교사, 원주읍	4,990 (12.1)

〈영월〉 경찰서장 출신인 엄정주 후보와 지난 총선에서 차점 낙선한 정규상 후보의 이전투구에 어부지리를 취한 태완선

지난 제헌의원 선거에서는 무소속 장기영 후보가 광산업으로 기반

을 다진 국민회 정규상, 은행원 출신인 태완선, 대동청년단 활동을 펼친 의사 장원진, 농업인 송순철 후보들을 꺾고 당선됐다.

장기영 의원이 불출마한 이번 총선에는 지난 총선에 출전했던 정규상, 태완선, 송순철 후보들이 재격돌했고, 경찰서장을 지낸 엄정주 후보가 새로운 주자로 등록했다.

대한석탄공사 이사로 재무장한 태완선 후보가 엄정주 후보가 등장하여 주천면민 표와 국민당원 표를 분산시킨 데 힘입어 지난 총선에서 2위로 차점 낙선한 정규상 후보를 184표차로 꺾은 행운아가 됐다.

정규상 후보와 동향인 주천면 출신인 엄정주 후보는 국민당으로 출전하여 11,800표를 득표하여 정규상 후보의 뒷덜미를 잡아채는 역할을 했다.

□ 득표상칭

후보자	정당	연령	주요 경력	득표 (%)
태완선	무소속	36	석탄공사 이사, 북면	12,539 (33.1)
정규상	대한국민당	41	광업, 주천면	12,355 (32.7)
엄정주	대한국민당	31	경찰서장, 주천면	11,800 (31.2)
송순철	무소속	45	농업, 하동면	1,137 (3.0)

<평창> 오대산 임업사 사장, 월정사 주지인 이종욱 후보가 국민당으로 재선을 노린 황호현 의원을 꺾고 금배지를 인수

지난 제헌의원 선거에서는 보통문관시험에 합격한 황호현 후보가 면장을 지낸 정완기, 최영규 후보와 사업가인 이영연 후보들을 가볍게 제압하고 등원했다.

이번 총선에는 황호현 후보의 재선을 막아내기 위해 오대산 월정사 주지인 이종욱, 농민회 평창군 기수로 발탁된 이형진, 국민회 평창군지부장을 지낸 엄정일, 회사원인 김진호와 최재옥, 중국 무관학교 출신인 장백야 후보들이 출전했다.

오대산 임업사 사장으로 월정사 주지인 이종욱 후보가 국민회 소속으로 평창군 기수로 발탁된 이형진, 국민당으로 재선고지를 노린 황호현 후보들을 꺾고 새로운 지역구의 주인으로 등장했다.

□ 득표상황

후보자	정당	연령	주요 경력	득표 (%)
이종욱	국민회	57	월정사 주지	11,525 (35.9)
이형진	무소속	41	평창군 기수	6,331 (19.7)
황호현	대한국민당	40	제헌의원(평창)	5,356 (16.7)
김진호	무소속	43	회사원, 서울시	2,568 (8.0)
장백야	무소속	57	중국무관, 서울시	2,384 (7.4)
최재옥	무소속	40	상업, 대화면	2,146 (6.7)
엄정일	무소속	49	국민회 평창군지부장	1,833 (5.7)

〈정선〉 대동신문 기자 출신으로 제헌의원에 당선된 최태규

의원의 불출마에 힘입어, 이번 선거에서 당선의 영광을 차지한 대동신문 사장인 이종영

지난 제헌의원 선거에서는 대동신문 기자인 29세의 최태규 후보가 독립촉성국민회 소속으로 농업인인 전상요, 의사인 정연식, 신문기자인 원석산, 임계면장 출신인 이병두 후보들을 꺾고 등원에 성공했다.

최태규 의원이 출전을 포기한 이번 총선에는 지난 총선에서 낙선한 문묘(文廟)전교인 전상요, 회사장인 원석산 후보 이외에도 조도전대 출신으로 대동신문 사장인 이종영, 공무원 출신인 유기수, 신문사 사장인 김상은, 신문기자인 최승천, 광산을 경영하는 고근주 후보들이 출전했다.

대동신문 기자인 최태규 의원의 불출마로 힘을 얻은 대동신문 사장인 이종영 후보가 공무원으로 지역에서 기반을 구축한 유기수 후보를 636표차로 꺾고 등원에 성공했다.

□ 득표상황

후보자	정당	연령	주요 경력	득표 (%)
이종영	국민회	56	대동신문 사장	5,357 (22.4)
유기수	무소속	43	공무원, 정선면	4,721 (19.7)
김상은	국민회	41	신문사 사장, 북면	3,559 (14.9)
전상요	국민회	68	문묘전교, 북면	3,357 (14.0)
최승천	무소속	53	신문기자, 서울시	2,787 (11.7)
원석산	대한국민당	61	회사장, 서울시	2,470 (10.3)

고근주	무소속	41	광업, 정선면	1,680 (7.0)

<강릉 갑> 대한청년단 강릉군단장 경력을 내세워 지난 총선에서 낙선한 최후집 후보를 꺾은 대한국민당 박세동

지난 제헌의원 선거에서는 묵호읍 출신인 대동청년단 강릉군단장인 원장길 후보가 독립촉성국민회 강릉지부장을 지낸 최두집 후보를 묵호읍민들의 단결로 1,321표차로 꺾고 당선됐다.

민족통일 건국전선의 임병철 후보는 최두집 후보의 뒷덜미를 잡아당겼다.

원장길 의원이 출전을 포기하고 최두집 후보가 재기를 기대한 이번 총선에는 10명의 새로운 주자들이 금배지를 노리며 모여들었다.

 일본대 출신으로 대한청년단 강릉군단장으로 활약한 박세동, 일본 명치대 출신인 최위집, 국민회 강릉군부지부장을 지낸 심상준, 대한청년단 강릉군단장을 지낸 이석영, 대동청년단 강릉군단장을 지낸 최병제, 민족정의단 이사장인 신의식, 호국군 연대장을 지낸 허견, 북강원도 도민회장인 함태형, 신문기자 출신인 염근수, 신문지국장인 김진영 후보들이 출전했다.

국민당 소속으로 박세동, 심상준, 최병제, 허견, 최두집 후보들이 출전했지만 한청 강릉군단장을 지낸 경력을 내세운 박세동 후보가 승리의 월계관을 차지했다.

□ 득표상황

후보자	정당	연령	주요 경력	득표 (%)
박세동	대한국민당	38	한청 강릉군단장	8,612(100.0)
최위집	무소속	52	명치대, 강릉읍	
심상준	대한국민당	61	국민회 강릉부지부장	
이석영	무소속	35	한청 강릉군단장	
최병제	대한국민당	56	대청 강릉군단장	
신의식	무소속	42	민족정의단 이사장	
허 견	대한국민당	49	호국군 연대장	
최두집	대한국민당	65	국민회 강릉군지부장	
함태형	무소속	44	후생협회 이사장	
염근수	무소속	44	신문기자, 인쇄업	
김진영	무소속	46	신문지국장, 묵호읍	

〈강릉 을〉 강릉 최씨 문중표가 최병예 후보에게 잠식당하고 주문진 읍민표가 최병예, 김기진, 장후식 후보들에게 분산되었지만 재선고지를 점령한 최헌길

지난 제헌의원 선거에서는 주문진읍과 강릉읍의 대결에서 주문진읍 출신으로 독립촉성국민회의 최헌길 후보가 강릉읍 출신인 대동청년단 강릉지단장인 최병용 후보를 꺾고 당선됐다.

이번 총선에서 재선고지를 노리는 최헌길 의원에게 회사원인 윤시중, 입법의원을 지낸 정주교, 강릉군수를 지낸 권혁병, 국민회 주문진읍 지부장인 최병예, 노총 해상연맹위원장인 김기진, 피난민 주문진읍 회장인 장후식 후보들이 도전했다.

주문진읍민들이 최병예, 김기진, 장후식 후보 등으로 분산된 어려움을 딛고 현역의원의 이점을 살린 독립촉성국민회 주문진위원장을 지낸 최헌길 후보가 재선고지를 점령했다.

□ 득표상황

후보자	정당	연령	주요 경력	득표 (%)
최헌길	무소속	50	제헌의원(강릉 을)	18,123(100)
윤시중	무소속	50	회사원, 서울시	
정주교	무소속	38	입법의원, 구정면	
권혁병	무소속	51	군수, 강릉읍	
최병예	대한국민당	51	국민회, 주문진읍	
김기진	노동총연맹	46	해상연맹위원장	
장후식	대한청년단	50	피난민 주문진회장	

〈삼척〉 지난 총선에서는 김진구 후보에게 3,998표차로 무너졌지만, 심기일전하여 이번 총선에서는 김진구 후보를 꺾고 재기에 성공한 임용순

지난 총선에서는 북평면 출신으로 삼척 김씨 문중 표를 결집시킨 국민회 삼척군회장인 김진구 후보가 대한독립 노동총연맹의 김중열, 대동청년단 삼척지단장인 임용순, 삼척탄광 사장인 노의근 후보들을 꺾고 당선됐다.

지난 총선에서 승패가 엇갈렸던 김진구 의원과 임용순 후보가 대결을 펼친 이번 선거전에 국민회 삼척군 부위원장인 김동석과 이규진, 국민회 삼척군지부장을 지낸 김규영과 김세영, 국민학교장을 지낸 김기덕, 노총위원장인 홍윤옥 후보들이 새롭게 출전했다.

지난 총선에서는 묵호읍 출신인 김진구 후보가 3,998표차로 삼척읍 출신인 임용순 후보를 꺾었으나, 이번 총선에서는 삼척읍민들의 결집을 도모하고 한청 삼척지단장으로 활동이 돋보인 임용순 후보에게 8,969표차로 무너져 금 배지를 인계해야만 했다.

□ 득표상황

후보자	정당	연령	주요 경력	득표 (%)
임용순	대한청년단	45	한청 삼척군단장	15,920 (27.0)
홍윤옥	무소속	33	노총위원장, 북평읍	9,084 (15.4)
김세영	무소속	48	국민회, 북평읍	8,930 (15.1)
이규진	무소속	38	국민회 부지부장	7,855 (13.3)
김진구	무소속	45	제헌의원(삼척)	6,951 (11.8)
김동석	대한국민당	66	국민회 부지부장	5,268 (8.9)
김기덕	국민회	45	국민학교장, 근덕면	3,588 (6.1)
김규영	국민회	62	국민회장, 부산시	1,425 (2.4)

〈울진〉 일본대 출신으로 춘천경찰서장을 지낸 김광준 후보가 민족운동가인 전영직 후보를 지난 총선에서는 463표차, 이번 총선에서는 6,366표차로 꺾고 재선의원 반열에

지난 제헌의원 선거에서는 경찰서장을 지낸 김광준 후보가 군수를 지낸 김수근, 민족운동을 펼친 전영직, 대동청년단 울진지단장인 장흥구 후보들을 꺾고 제헌의원이 됐다.

지난 총선에서 자웅을 겨뤘던 김광준 의원과 전영직 후보가 재대결을 펼친 이번 선거전에 회사장인 김준기, 북경대 출신으로 청년운동을 펼친 진기배, 의사 출신으로 한청의 강상술 후보들이 새롭게 출전했다.

일본대 출신으로 고등문관시험에 합격하여 춘천경찰서장을 지낸 김광준 후보가 지난 총선에는 민족운동을 펼친 전영직 후보를 463표차로 신승했으나, 현역의원으로서 기반을 다진 이번 총선에서는 전영직 후보를 6,366표차로 대파하고 재선의원이 됐다.

□ 득표상황

후보자	정당	연령	주요 경력	득표 (%)
김광준	무소속	36	제헌의원(울진)	15,697 (41.0)
전영직	무소속	63	민족운동, 울진면	9,331 (24.4)
주세중	무소속	30	농업 서기관, 서울시	4,699 (12.3)
진기배	무소속	30	청년운동, 서울시	4,113 (10.7)
강상술	대한청년단	46	의사, 평해면	2,479 (6.5)
김준기	무소속	37	회사장, 원남면	1,949 (5.1)

| 충청북도 |

〈청주〉 청주부윤 지낸 민영복 후보가 지난 총선에서 낙선했지만 박기운 의원을 꺾고 재기에 성공하여 의원직을 승계

지난 제헌의원 선거에서는 30대의 경찰관 출신인 박기운 후보가 청주부윤을 지내고 대동청년단 청주지단장인 민영복 후보를 꺾고 당선됐다.

목사인 구연직, 독립촉성국민회의 최병덕, 신문기자인 홍원길, 공장장인 서병돈 후보들도 함께 뛰었다.

이번 총선에서는 지난 총선에서 맞붙었던 박기운, 민영복, 홍원길, 최병덕 후보들이 재대결을 펼친 선거전에 교원 출신인 김동환, 경관을 지낸 신승휴, 세무공무원이었던 최동옥, 청년운동가인 최순룡, 대한국민당의 안기환, 신문기자인 이영근 등 11명의 후보들이 새롭게 등장하여 15명의 후보들이 혼전을 전개했다.

청주부윤 출신인 민영복 후보가 지난 총선에서는 엉겁결에 30대의 박기운 후보에게 1,545표차로 무너졌지만 심기일전한 이번 총선에서는 박기운 의원을 2,160표차로 꺾고 금 배지를 인계받았다.

□ 득표상황

후보자	정당	연령	주요 경력	득표 (%)
민영복	무소속	64	청주부윤, 국민회장	4,047 (17.8)

홍원길	무소속	36	신문기자	3,238 (14.3)
이영근	무소속	32	신문기자	3,103 (13.7)
최순룡	대한청년단	35	청년운동	2,184 (9.6)
박기운	대한국민당	39	제헌의원(청주)	1,887 (8.3)
김동환	민주국민당	57	교원, 중졸	1,531 (6.7)
신승휴	민주국민당	52	경관, 상업	1,531 (6.7)
지헌모	무소속	87	역장, 청주시	879 (3.9)
최동옥	무소속	51	세무리(稅務吏)	832 (3.7)
최병덕	대한국민당	50	면서기	748 (3.3)
송문교	무소속	62	광공업, 상업	718 (3.2)
최산익	무소속	65	상업	701 (3.1)
이명식	대한국민당	30	공무원, 공업	694 (3.1)
안기환	대한국민당	78	약종상, 구장	441 (1.9)
김교원	무소속	67	교원, 서주면	157 (0.7)

〈청원 갑〉 10명의 후보 가운데 유일한 대졸 출신이라는 것 이외에는 내놓을 것이 없는 이도영 후보가 현역의원, 군수 출신 후보들을 꺾고 당선되는 이변을

지난 제헌의원 선거에서는 병원장으로 지역 기반을 구축한 홍순옥 후보가 양조장을 경영하며 대동청년단 지단장을 지낸 이희준, 금융조합 이사인 신승휴, 농업인으로 지역 기반이 단단한 오희룡 후

보들을 제압하고 의정 단상에 올랐다.

이번 총선에서는 재선고지를 향해 달리는 홍순옥 후보에게 9명의 새로운 주자들이 도전장을 내밀었다.

청원군수를 지낸 한정구, 남일면 구장 출신인 박석규, 상해 임정 요원으로 활약했던 신백우, 교회 활동을 펼친 차순달, 한청 군단 장으로 활동한 김홍설, 입법의원을 지낸 안종옥, 경성방직 공장장 인 이도영 후보들이 당선권을 넘나들었다.

10명의 후보 가운데 유일한 대졸이라는 것 이외에는 내세울 것이 없는 이도영 후보가 현역의원인 홍순옥, 임정요원인 국민회의 신 백우, 기독교인들을 결집시킨 차순달, 군수 출신인 한정구, 대한 청년단원들의 지지를 받은 김홍설 후보들을 큰 표차로 꺾는 이변 을 만들어냈다.

□ 득표상황

후보자	정당	연령	주요 경력	득표 (%)
이도영	무소속	37	경방공장장, 서울시	9,802 (26.8)
신백우	국민회	65	임정요원, 낭성면	5,303 (14.5)
한정구	무소속	41	군수, 남이면	4,552 (12.4)
홍순옥	대한국민당	56	제헌의원(청원 갑)	3,347 (9.1)
차순달	대한국민당	53	기독교인, 문의면	3,205 (8.7)
김홍설	대한청년당	33	농업, 서운동	2,770 (7.6)
박석규	무소속	43	구장, 남일면	2,755 (7.5)
안종옥	무소속	62	입법의원, 부용면	2,091 (5.7)
오명옥	무소속	55	무직, 문의면	1,572 (4.3)

| 김석제 | 무소속 | 42 | 교원, 미원면 | 1,248 (3.4) |

〈청원 을〉 지난 총선에서 맞붙었던 민병두, 박정래 후보들의 용쟁호투를 즐기며, 군수 출신인 장응두 후보를 꺾고 등원에 성공한 청원군수 출신인 곽의영

지난 제헌의원 선거에서는 청원군수를 지낸 한정구 후보의 사퇴에 힘입어 경찰청 부청장을 지낸 이만근 후보가 청년운동을 펼친 대동청년단 박정래, 독립촉성국민회 지회장으로 활동한 민병두, 청원군 평의원을 지낸 김인영 후보들을 꺾고 제헌의원이 됐다.

이만근 의원이 불출마하는 이번 총선에는 지난 총선에서 낙선한 박정래, 민병두 후보들을 비롯하여 공무원 출신인 윤창석, 강내면장을 지낸 하채홍, 회사원인 민정식, 충북도 광공과장과 군수를 지낸 곽의영, 법관 출신 변호사인 김태동, 군수 출신인 장응두, 신문기자인 전병수 후보 등 9명의 신인들이 출전했다.

지난 총선에서는 독립촉성국민회로 함께, 이번 총선에서는 민국당과 국민당으로 나뉘어 출전한 박정래, 민병두 후보들의 용쟁호투를 즐기며 군수를 지낸 경력을 내세운 곽의영 후보가 승리를 낚아챘다.

☐ 득표상황

| 후보자 | 정당 | 연령 | 주요 경력 | 득표 (%) |

곽의영	무소속	40	충북도 과장, 군수	5,599 (17.1)
민병두	대한국민당	52	독촉위원장, 북일면	4,153 (12.7)
윤창석	무소속	57	공무원, 서울시	3,902 (11.9)
전병수	국민회	53	신문기자, 서울시	3,380 (10.3)
장응두	무소속	48	군수, 청주시	3,123 (9.5)
민정식	무소속	43	회사원, 청주시	2,658 (8.1)
김태동	무소속	37	변호사, 강서면	2,549 (7.8)
박정래	민주국민당	34	독촉위원장, 서울시	2,174 (6.6)
이용세	무소속	60	회사원, 청주시	1,829 (5.6)
하재홍	무소속	50	면장, 강내면	1,723 (5.3)
이태희	무소속	36	교원, 청주시	1,633 (5.0)

〈보은〉 지난 총선에서 차점 낙선한 동정여론, 삼승면민들의 전폭적인 지원으로 농림부장관을 지낸 정구홍 후보를 꺾어버린 최면수

지난 제헌의원 선거에서는 중학교장 출신인 김교현 후보가 삼백면에서 명망을 얻은 최면수, 신문기자인 조용국, 학도병 출신인 박인수, 대동청년단 보은지단장인 황노관 후보들을 꺾고 국회에 등원했다.

김교현 의원이 출전을 포기한 이번 총선에는 지난 총선에서 차점 낙선한 최면수 후보와 동메달을 차지한 조용국, 4위를 차지한 박

인수 후보들이 재대결을 펼쳤다.

청년운동을 펼친 한청의 김선우, 회사원인 박기종, 사업으로 기반을 다진 구원서, 농림부장관을 지낸 정구홍, 충북도 내무국장을 지낸 신철균 후보 들이 새롭게 출전했다.

한인 동양의병대 참모로 활약한 최면수 후보가 지난 총선에서 2,618표차로 낙선한 동정여론과 삼승면민들의 전폭적인 지원으로 농림부장관을 지낸 정구홍 후보를 어렵게 따돌리고 재기에 성공했다.

학도병 출신을 내세운 박인수 후보와 신문기자 출신인 조용국 후보들은 지난 총선에 이어 이번 총선에도 연거푸 낙선했다.

□ 득표상황

후보자	정당	연령	주요 경력	득표 (%)
최면수	대한국민당	64	동양의병대, 삼승면	7,022 (20.3)
정구홍	무소속	41	농림부장관, 서울시	5,303 (15.3)
박인수	무소속	40	학도병, 회북면	4,033 (11.7)
박기종	무소속	40	회사원, 보은면	3,909 (11.3)
김만철	무소속	37	철도원, 서울시	3,112 (10.0)
구원서	무소속	37	회사원, 청주시	3,086 (9.0)
조용국	무소속	52	신문기자, 보은면	2,125 (6.1)
신철균	무소속	51	충북도 내무국장	1,901 (5.5)
김선우	대한청년단	36	청년운동, 보은면	1,871 (5.4)
유창식	무소속	56	면 협의원, 탄부면	1,327 (3.8)
송백헌	무소속	61	정치운동, 서산군	885 (2.6)

<옥천> 정구삼 의원이 출전을 포기한 무주공산을 농민회 활동이 돋보여 회사원인 권복인, 판사 출신 변호사인 이종면 후보들을 꺾고 당선된 신각휴

지난 제헌의원 선거에서는 유일한 전문학교 출신인 이세영 후보가 중도 사퇴하여 중졸 출신 두 후보와 소졸 출신인 세 후보가 대결을 펼치게 됐다.

독립촉성국민회 소속 후보들의 대결에서 연장자인 정구삼 후보가 의사로 활약하고 있는 이병면, 공무원 출신인 이천종과 금기만, 농업인인 강면회 후보들을 꺾고 당선됐다.

정구삼 의원이 출선을 쏘기한 이번 총선에는 낙선한 이병면, 이천종, 금기만 후보들이 재출격했다.

이들 후보 이외에도 군수를 지낸 곽정길, 농민회 중앙위원을 지낸 신각휴, 일본 중앙대 출신으로 판사를 지낸 이종면, 국민회 지회장을 지낸 이봉식, 회사원인 권복인과 박창의, 식량영단지소장을 지낸 김준복, 체신부차관을 지낸 조종환, 대졸출신인 홍종한과 이중무, 의사 출신인 정구충 등 11명의 후보들이 새롭게 등장했다.

당선자를 예측할 수 없는 혼전에서 중국 북경대 중퇴생으로 농민회 활동이 돋보인 민국당 신각휴 후보가 민국당 후보가 3명이나 출전한 어려운 여건에서도 회사원인 권복인, 판사 출신 변호사인 이종면 후보들을 꺾고 등원에 성공했다.

□ 득표상황

후보자	정당	연령	주요 경력	득표 (%)
신각휴	민주국민당	55	중앙농민회 위원	6,462 (18.7)
권복인	무소속	40	회사원, 청산면	4,566 (13.2)
이종면	무소속	39	판사, 일본대	3,475 (10.7)
이봉식	민주국민당	63	국민회장, 옥천읍	3,041 (8.8)
곽정길	무소속	52	군수, 옥천읍	3,020 (8.7)
홍종한	무소속	33	농업인, 동이면	2,805 (8.1)
정구충	무소속	56	의사, 서울시	2,594 (7.5)
이중무	무소속	35	공무원, 이원면	2,520 (7.3)
김준복	무소속	44	식량영단 지소장	1,771 (5.1)
조종환	무소속	40	체신부차관	1,743 (5.0)
박창의	대한국민당	61	회사원, 서울시	1,602 (4.6)
이천종	대한국민당	35	면서기, 옥천읍	609 (1.8)
이병면	대한국민당	55	의사, 옥천읍	311 (0.9)
금기만	민주국민당	48	농민회 소장	사퇴

〈영동〉 지난 총선에서 승패가 엇갈린 박우경, 이준태, 조관구 후보 외에도 18명의 후보들이 난립한 선거전에서 10.8% 득표율로 당선된 성득환

지난 제헌의원 선거에서는 대동청년단 영동지단장 정용식, 독립촉

성국민회 영동지회장 이준태, 회사원인 손경식 후보들이 영동읍민의 지지를 3 등분한 틈새를 황금면민들의 전폭적 지지를 업은 박우경 후보가 비집고 들어가 승리했다.

측량업자인 조관구 후보도 출전하여 선전했다.

이번 총선에도 지난 총선에서 당선된 박우경, 낙선한 이준태, 조관구 후보들이 재대결을 펼친 선거전에 군수를 지낸 손상현, 인쇄업으로 기반을 잡은 강재형, 회사원인 정구중, 청년단장을 지낸 손병운과 김동원, 병원에 종사한 조중욱, 은행원인 성득환, 체신부차관을 지낸 박용하, 신문기자로 명성을 떨친 설의식, 대한청년단 지단장인 남준 등 18명 후보들이 새롭게 도전하여 21명의 후보들이 난전을 벌였다.

일본 중앙대 출신으로 민국당 중앙집행위원으로 활약한 성득환 후보가 체신부차관을 지낸 박용하 후보를 248표차로 꺾고 당선됐다. 21명의 주자들이 혼전을 전개하여 성득환 후보는 10.8%의 득표율로 당선되는 행운아가 됐다.

□ 득표상황

후보자	정당	연령	주요 경력	득표 (%)
성득환	민주국민당	53	은행원, 중앙대	4,342 (10.8)
박용하	무소속	47	체신부차관, 서울시	4,094 (10.2)
김용문	무소속	43	농업인, 영동읍	3,969 (9.9)
조중욱	무소속	59	병원 운영, 황간면	3,685 (9.2)
이준태	무소속	37	청년단장, 영동읍	3,235 (8.1)
정구중	무소속	33	회사원, 영동읍	3,035 (7.6)

손상현	무소속	37	군수, 영동읍	2,843 (7.1)
남 준	대한청년단	57	공무원, 상촌면	2,612 (6.5)
손영섭	무소속	38	농업인, 영동읍	2,139 (5.3)
설의식	무소속	50	신문기자, 서울시	1,751 (4.4)
강재형	무소속	41	인쇄업, 영동읍	1,630 (4.1)
박우경	대한국민당	57	제헌의원(영동)	1,287 (3.2)
김동원	무소속	40	청년단장, 영동읍	1,164 (2.9)
이철주	무소속	38	농업, 양산면	1,095 (2.7)
송재형	무소속	37	교사, 영동읍	756 (1.9)
김재례	무소속	35	농업, 황간면	628 (1.6)
조관구	무소속	59	측량업, 이리시	614 (1.5)
홍기륜	무소속	39	농업, 영동읍	593 (1.5)
손병운	무소속	57	청년단장, 영동읍	461 (1.1)
강근희	무소속	35	회사원, 영동읍	202 (0.5)
이치환	무소속	35	신문기자, 황금면	사퇴

〈진천〉 고등문관시험 합격자라는 명성을 딛고 지난 총선에서 당락이 엇갈린 송필만, 박찬희, 박노열 후보들을 꺾고 새로운 주인으로 등장한 이충환

지난 제헌의원 선거에서는 지역에서 덕망을 쌓은 한민당 송필만 후보가 서울에서 활동하고 있는 신문기자 출신인 한민당 박찬희,

사업가로 성장한 박노열 후보들을 큰 표차로 꺾고 당선됐다.

이번 총선에서도 지난 총선에서 승패를 가렸던 송필만, 박찬희, 박노열 후보들이 재대결을 펼친 선거전에 국민일보 편집국장을 지낸 이충환, 회사원인 김동휘, 농업인인 박붕서, 대한국민당의 음재원 후보들이 새롭게 가세했다.

만주 대동학원 출신으로 고등문관시험에 합격한 이충환 후보가 청년운동을 펼치고 제헌의원에 당선된 송필만, 지난 총선에 차점 낙선한 박찬희 후보들을 어렵게 따돌리고 새로운 지역구의 주인으로 등장했다.

□ 득표상황

후보자	정당	연령	주요 경력	득표 (%)
이충환	무소속	34	국민일보 편집국장	6,485 (26.1)
송필만	민주국민당	61	제헌의원(신전)	4,324 (17.4)
김동휘	무소속	51	회사원, 서울시	3,960 (15.9)
박찬희	민주국민당	54	신문기자, 서울시	3,752 (15.1)
박붕서	무소속	56	농업, 서울시	3,271 (13.1)
박노열	무소속	38	상업, 서울시	2,524 (10.1)
음재원	대한국민당	56	교원, 음성읍	569 (2.3)

〈괴산〉 상해임정 선전부장을 지낸 연병호 후보가 국민계몽운동을 펼친 경석조 후보를 꺾고 재선고지를 점령

지난 제헌의원 선거에서는 독립운동가로서 명망과 괴산읍민들의 절대적인 지지로 연병호 후보가 의사로서 국민회 괴산지부장인 정승화 후보를 큰 표차로 꺾고 당선됐다.

대동청년단 괴산지단장인 차균택 후보는 사퇴했고, 입법의원 의원인 김영규 후보는 선거운동 기간 중 사망했다.

이번 총선에는 지난 총선에서 당락이 엇갈렸던 연병호, 정승화 후보들 외에도 경찰관 출신인 최병승, 회사원인 김의연, 정치운동을 펼친 경석조, 신문기자 출신인 대한국민당 김진구, 사회사업가인 이규학, 면장 출신인 김회문, 교원 출신인 신성철, 대한청년단 지단장인 조종호, 법관 출신 변호사인 주세창, 천도교 교령인 김장희, 불정면에서 청년운동을 펼친 박원식, 증평읍에서 연초조합을 이끈 이하도, 사회당의 심상열, 금융조합 이사인 윤시영, 한의사인 김문배 후보 등 16명의 후보들이 새롭게 출전하여 18명의 후보들이 혼전을 전개했다.

중국 북경대 출신으로 상해임시정부 선전부장을 지낸 연병호 후보가 국내에서 항일독립운동과 국민계몽운동을 펼친 경석조 후보를 811표차로 어렵게 꺾고 재선고지를 점령했다.

□ 득표상황

후보자	정당	연령	주요 경력	득표 (%)
연병호	대한국민당	57	제헌의원(괴산)	7,989 (16.0)
경석조	무소속	70	정치운동, 청주시	7,178 (14.4)
김의연	무소속	34	회사원, 서울시	5,385 (10.8)
주세창	무소속	50	변호사, 서울시	3,637 (7.3)
정승화	무소속	45	의사, 보평면	3,531 (7.1)

박원식	대한청년단	44	농업인, 불정면	3,258 (6.5)
윤시영	무소속	60	금융조합 이사	2,936 (5.9)
김화문	무소속	57	면장, 서울시	2,696 (5.4)
김문배	무소속	50	한의사, 서울시	1,849 (3.7)
조종호	대한청년단	36	회사원, 서울시	1,740 (3.5)
이하도	무소속	51	연초조합, 증평읍	1,735 (3.5)
최병승	무소속	58	경찰관, 괴산읍	1,671 (3.4)
심상열	사회당	34	농업인, 상모면	1,634 (3.3)
김장희	천도교	51	저술가, 서울시	1,607 (3.2)
이규학	무소속	52	사회사업, 서울시	1,272 (2.6)
신성철	무소속	42	교원, 괴산읍	1,190 (2.4)
김진구	대한국민당	55	신문기자, 서울시	564 (1.1)
김태응	무소속	69	농업인	사퇴

<음성> 18명의 후보들이 난립한 혼전에서 교원 출신인 이학림 후보가 면장, 군수, 제헌의원 출신 후보들을 꺾고 당선

지난 제헌의원 선거에서는 음성읍에서의 지역 기반과 독립촉성국민회의 지지 열기를 받은 이의상 후보가 천도교 접주로서 천도교도들의 지지를 기대한 김세권 후보를 큰 표차로 제압하고 국회에 등원했다.

이의상 의원이 재선을 향해 출전한 이번 총선에는 독립운동가인 연동규, 한독당을 고수한 신창균, 음성군수를 지낸 장현팔, 경찰서장을 지낸 이줄, 대한국민당을 업고 나온 홍길표, 삼성면장 출신인 권영직, 세무서장을 지낸 김석용, 소이면장을 지낸 민태성, 원남면장을 지낸 반창섭, 맹동면장을 지낸 임무재, 충북도의원 출신인 현석철, 회사원인 이학림, 신문기자인 남장우, 문학박사로 교수인 정인소, 청년운동을 펼친 민국당 이준희, 천도교 지지를 기대한 김성일 후보 등 17명의 후보들이 이의상 후보의 재선 저지에 나섰다.

18명의 후보들이 난립한 선거전에서 오랫동안 교원 생활을 한 이학림 후보가 11.9%의 득표율로 삼성면장을 지낸 권영직, 음성군수를 지낸 장현팔, 제헌의원인 이의상 후보들을 꺾고 당선되는 행운아가 됐다. 이학림과 권영직 후보의 표차는 114표였다.

□ 득표상황

후보자	정당	연령	주요 경력	득표 (%)
이학림	무소속	38	회사원, 서울시	4,445 (11.9)
권영직	무소속	52	면장, 삼성면	4,331 (11.6)
장현팔	무소속	57	군수, 음성면	3,900 (10.4)
이의상	대한국민당	63	제헌의원(음성)	3,824 (10.2)
반창섭	무소속	46	면장, 원남면	2,695 (7.2)
정인소	무소속	43	교수, 문학박사	2,512 (6.7)
민태성	무소속	47	면장, 소이면	2,170 (5.8)
임무재	무소속	41	면장, 맹동면	2,091 (5.6)
홍길표	대한국민당	49	회사원, 서울시	2,069 (5.5)
김성일	무소속	49	회사원, 천도교	1,914 (5.1)

현석철	무소속	59	충북도의원, 감곡면	1,800 (4.8)
이 줄	무소속	39	경찰서장, 서울시	1,519 (4.1)
이준희	민주국민당	41	청년운동, 음성면	1,177 (3.1)
김석룡	대한국민당	58	세무서장, 음성면	1,135 (3.0)
연동규	무소속	52	독립운동, 음성면	706 (1.9)
남장우	무소속	63	신문기자, 음성면	590 (1.6)
이방섭	무소속	29	축산업, 교육	543 (1.5)
신창균	한국독립당	43	회사원, 서울시	사퇴

〈충주〉 면장 출신으로 국민회 충북지회 부회장을 지낸 조대연 후보가 지난 총선에서 승패가 엇갈렸던 이희승과 김기철 후보들을 꺾고 당선되어 의원직을 승계

지난 제헌의원 선거에서는 청년운동을 펼친 30세의 대동청년단 김기철 후보가 공무원 출신인 이희승, 독립촉성국민회 충주지부장인 이병택, 금왕면 부면장 출신인 윤길섭, 여성운동가인 이춘자 후보들을 가볍게 제압하고 당선됐다.

지난 총선에서 당락이 엇갈렸던 김기철, 이희승, 윤길섭 후보들이 재대결을 펼친 이번 선거전에 주덕면장 출신인 조대연, 학원장인 노동총연맹 유기태, 판사 출신 변호사인 민영수, 국민운동을 펼친 민국당 홍승창, 대학교수인 신종균 후보들이 새롭게 출전했다.

독립촉성국민회 충북도 부회장으로 활동한 조대연 후보가 기호 1번 추첨의 행운으로 지난 총선에서 차점 낙선한 이희승 후보를

1,250표차로 꺾고 당선됐다.

지난 총선에서 당선된 김기철 후보는 5위로 밀려났고, 변호사로서 지역 기반을 구축한 민영수 후보가 동메달을 차지했다.

□ 득표상황

후보자	정당	연령	주요 경력	득표 (%)
조대연	무소속	63	면장, 주덕면	11,375 (19.9)
이희승	무소속	38	교원, 서울시	10,125 (17.7)
민영수	사회당	50	변호사, 판사	9,764 (17.1)
유기태	노동총연맹	53	학원장, 서울시	8,530 (14.9)
김기철	무소속	34	제헌의원(충주)	8,142 (14.2)
홍승창	민주국민당	48	국민운동, 서울시	6,257 (10.9)
신종균	무소속	31	대학교수, 공주읍	2,151 (3.8)
윤길섭	무소속	43	교원, 금가면	896 (1.6)

<제천> 제천읍장을 지낸 한필수 후보가 제천중학교 제자들의 도움으로 유홍열 현역의원을 꺾고 금배지를 인계

지난 제헌의원 선거에서는 동갑내기로 제천군청에서 함께 근무했던 청풍면장 출신인 유홍열 후보와 제천군 내무과장 출신 김종무 후보가 진검승부를 펼쳐 18,597표차로 유홍열 후보가 승리했다.

이번 총선에서는 유홍열 후보의 재선을 저지하기 위해, 제천읍장을 지낸 한필수, 회사원인 현영준, 국민운동을 펼친 김익동과 문현승, 농업인인 이용태, 면장을 지낸 이종은과 이명구 후보들이 출전했다.

일본 미술학교 출신으로 제천중학교장과 제천읍장 출신인 한필수 후보가 제천중 제자들과 제천읍민들의 지지로 현역의원인 대한국민당 유홍열 후보를 1,190표차로 꺾고 금배지를 인계받았다.

□ 득표상황

후보자	정당	연령	주요 경력	득표 (%)
한필수	무소속	56	중학교장, 제천읍장	12,140 (29.6)
유홍열	대한국민당	44	제헌의원(제천)	10,950 (26.7)
김익동	무소속	56	청년운동, 서울시	7,063 (17.2)
이용태	무소속	61	농업인, 백운면	3,525 (8.6)
문현승	대한의열단	49	국민운동, 서울시	2,126 (5.2)
현영준	무소속	36	회사원, 서울시	1,999 (4.9)
이명구	무소속	46	면장, 봉양면	1,896 (4.6)
이종은	무소속	56	면장, 제천읍	1,311 (3.2)

〈단양〉 어상천면장 출신으로 어상천면민들의 지원으로 새롭게 출전한 네 후보들을 큰 표차로 따돌리고 재선고지를 점령한 조종승

지난 제헌의원 선거에서는 단양읍 출신인 조장환, 이완구, 지상현 후보들이 이전투구를 벌인 틈새를 어상천면장 출신인 조종승 후보가 어상천면민들의 전폭적인 지지로 세 후보의 득표보다 4천여 표 뒤지지만 당선되는 행운아가 됐다.

이번 총선에는 조종승 의원의 재선을 저지하기 위해 교사 출신인 이계추, 대한청년단 단양지단장으로 활약한 손희덕, 석탄공사 직원이었던 조일형, 공무원 출신인 민국당 허련 후보들이 출전했다.

어상천면민들의 변함없는 사랑으로 조종승 의원이 새롭게 출전한 네 후보들을 큰 표차로 따돌린 대승을 거두고 다시 한번 의정 단상에 올랐다.

조종승 의원 압승에는 기호 1번 추첨이라는 행운이 깃들었으며 충북도에서 기호 1번으로 최면수(보은), 이충환(진천), 조대연(충주) 후보들도 당선됐다.

□ 득표상황

후보자	정당	연령	주요 경력	득표 (%)
조종승	대한국민당	48	제헌의원(단양)	15,831 (66.2)
허 련	민주국민당	47	공무원, 수원시	2,319 (9.7)
이계추	무소속	43	교사, 단양면	2,195 (9.2)
손희덕	무소속	44	한청 간부, 서울시	1,894 (7.9)
조일형	무소속	47	석탄공사 직원	1,664 (6.9)

충청남도

<대전> 판사 출신 변호사인 김종열 후보가 기호 1번이라는 강점을 살려 성낙서, 주기형, 진형하, 강재기 등 쟁쟁한 후보들을 제압하고 등원

지난 제헌의원 선거에서는 충남도지사를 지낸 성낙서 후보가 독립촉성국민회 소속임을 내세워 판사 출신 변호사인 진형하 후보를 큰 표차로 꺾고 등원에 성공했다.

목사 출신인 김창근 후보와 남천우 후보들이 출전했으나 의미 있는 득표력을 보여주지 못했다.

성낙서 의원과 진형하 후보가 재대결을 펼친 이번 선거에는 판사 출신 변호사인 김종열, 민족청년단 충남도단장으로 활동한 주기형, 동회장을 지낸 황재성, 일본대를 중퇴한 강재기, 군경후원회 충남지부장인 황한문, 충남도 위생과장을 지낸 변종구, 일본대 출신인 김정일, 의사인 이봉호 후보 등 10명의 후보들이 새롭게 출전했다.

새롭게 등장한 김종열 후보가 기호 1번이라는 강점을 살려 지난 총선에서 혈투를 펼친 성낙서와 진형하 후보는 물론 일본 조도전대 출신으로 민족청년단 충남도 단장을 지낸 주기형 후보를 꺾고 새로운 지역의 주인으로 등장했다.

□ 득표상황

후보자	정당	연령	주요 경력	득표 (%)

김종열	무소속	50	판사, 변호사	9,369 (24.0)
주기형	무소속	41	민족청년 충남도단장	7,744 (19.9)
성낙서	무소속	46	제헌의원(대전)	6,074 (15.6)
강재기	무소속	51	일본대 중퇴, 서울시	3,516 (9.0)
진형하	민주국민당	44	부장판사, 중앙대	2,894 (7.4)
김정일	무소속	29	대학 강사, 일본대	2,694 (6.9)
이순재	무소속	50	농업, 은행동	1,939 (5.0)
이봉호	무소속	38	의사, 중동	1,817 (4.7)
변종구	민주국민당	51	충남도 위생과장	1,061 (2.7)
황재성	무소속	59	동회장, 토흥동	768 (2.0)
김금덕(여)	무소속	42	잡지사 사장	640 (1.6)
황한문	무소속	51	군경후원지부장	456 (1.2)

〈대덕〉 대한청년단원과 송성면민들의 지원과 기호 1번이라는 행운으로 제헌의원 송진백 후보를 대파한 김종회

지난 제헌의원 선거에서는 대전에서 독립촉성국민회 활동을 활발하게 펼친 송진백 후보가 북면에서 지역 기반을 다진 송을용과 송원용, 목사로서 대동청년단 대덕지단장인 강창헌 후보들을 꺾고 당선됐다.

지난 총선에서 당선된 송진백 후보와 낙선한 송을용 후보가 재대결을 펼친 이번 총선에는 대한청년단 대덕군단장인 김종회, 경찰국장을 지낸 송석두, 교사 출신인 육갑수, 회사원인 한문홍, 노농

당의 이윤희, 경찰관 출신인 신동희, 회사 중역인 김종환, 한약종상인 송원빈 후보 등 14명이 출전하여 혼전을 전개했다.

송성면, 산내면, 북면, 동면, 기성면, 탄동면 등 소지역 대결이 펼쳐진 선거전에서 대한청년단원과 송성면민들의 적극적인 지원, 기호 1번이라는 행운을 잡은 김종회 후보가 권용환 후보가 산내면 표의 잠식으로 제헌의원의 위용을 자랑하지 못한 송진백 후보를 대파하고 의원직을 승계했다.

지난 총선에서도 송진백, 송을용, 송원용 후보 등 여산 송씨 문중 대결이 펼쳐졌고, 이번 총선에서도 송진백, 송석두, 송을용, 송원빈 후보 등 여산 송씨 후보들이 난립하여 금배지를 놓쳐버린 아쉬움을 남겼다.

□ 득표상황

후보자	정당	연령	주요 경력	득표 (%)
김종회	무소속	27	한청 군단장, 송성면	8,404 (28.3)
송진백	대한국민당	46	제헌의원(대덕)	4,090 (13.8)
송석두	무소속	48	경찰국장, 북면	2,880 (9.7)
권용한	무소속	34	농업인, 산내면	2,800 (9.4)
송을용	무소속	70	농업인, 북면	2,101 (7.1)
김종환	무소속	32	회사 중역, 대전시	1,900 (6.4)
김준석	무소속	38	농업인, 덕곳면	1,600 (5.4)
한문홍	무소속	32	회사원, 서울시	1,200 (4.1)
임명순	무소속	67	농업인, 대전시	1,100 (3.7)
육갑수	무소속	29	교사, 동면	900 (3.0)

한영진	무소속	49	공업, 북면	800 (2.7)
신동희	무소속	30	경찰관, 탄동면	590 (2.0)
송원빈	무소속	46	한약종상, 대전시	525 (1.8)
장학기	무소속	34	경찰관	410 (1.4)
강석범	무소속	47	신문기자, 대전시	350 (1.2)
이윤희	대한노농당	47	상업, 기성면	기권

<연기> 제헌의원에 대한 민심이반의 기회를 활용하여 미국 컬럼비아대 출신인 이긍종 후보가 진헌식 현역의원을 격파

지난 제헌의원 선거에서는 일본 중앙대 출신으로 독립촉성국민회 조직부장으로 활약하고 있는 진헌식 후보가 공보처 총무국장 출신인 윤창석, 임광토건 회장인 임헌록, 대동청년단 연기군단장인 양정석 후보들을 꺾고 당선됐다.

일본 조도전대 출신으로 상해임시정부 조직부장을 지내고 독립촉성국민회 농민부장을 지낸 전공우 후보는 소기의 성과를 거두지 못했다.

이번 총선에서는 진헌식 의원의 재선을 저지하기 위해 변호사인 임준수, 민족정기단 부단장인 임지수, 광복군사령관 부관으로 활동한 최용근, 남면장을 지낸 임봉수, 상공일보 사장인 이긍종 후보 등 9명의 후보들이 출전했다.

미국 컬럼비아대 출신으로 상공일보 사장인 이긍종 후보가 일본 중앙대 출신으로 보성전문대 교수로 현역의원인 진헌식 후보를 제헌의원에 대한 민심이반을 활용하여 2,871표차로 대파하고 의원직을 승계했다.

□ 득표상황

후보자	정당	연령	주요 경력	득표 (%)
이긍종	무소속	55	상공일보 사장	9,202 (26.5)
진헌식	대한국민당	49	제헌의원(연기)	6,331 (18.2)
임지수	무소속	39	민족정기단 부단장	3,054 (8.8)
임봉수	대한청년단	57	면장, 남면	2,900 (8.4)
조동근	국민회	50	농업인, 조치원읍	2,824 (8.1)
유형식	무소속	44	공무원, 대전시	2,517 (7.3)
임준수	무소속	50	변호사, 서울시	2,414 (7.0)
홍진섭	무소속	51	공무원, 서면	2,303 (6.6)
최용근	대한청년단	36	광복군사령관 부관	1,636 (4.7)
구경수	무소속	65	농업인, 금남면	1,525 (4.4)

<공주 갑> 지난 총선에서는 3위였지만 탄천면민들의 도움으로 차점 낙선한 염우량 후보를 꺾고 당선된 박충식

지난 제헌의원 선거에서는 서당 선생인 김명동 후보가 운전수로 활약한 대동청년단 염우량, 회사 중역으로 정부수립대책협회 박충

식, 농업인인 권태훈, 계룡면장 출신인 정인옥 후보들을 꺾고 등원에 성공했다.

김명동 의원이 공주 을구로 옮긴 이번 총선에는 지난 총선에서 차점 낙선한 염우량 후보와 동메달을 목에 건 박충식 후보가 금배지를 놓고 재대결을 펼쳤다.

변호사인 정경모와 김종석, 회사원인 김제원과 신현상 그리고 서상무, 농업인 진상구 후보들이 새롭게 출전했다.

화신연쇄점 중역인 민국당 박충식 후보가 대한청년단 지단장으로 지난 총선에서 차점 낙선한 염우량 후보를 꺾고 재기에 성공했다. 지난 총선에서 두 후보의 표차는 216표였다.

당선권에 진입할 것으로 예상된 변호사로 명성을 날린 정경모 후보와 김종석 후보들의 득표력은 보잘 것 없었다.

□ 득표상황

후보자	정당	연령	주요 경력	득표 (%)
박충식	민주국민당	47	회사 중역, 탄천면	7,657 (24.6)
염우량	무소속	39	한청 지단장, 공주읍	5,807 (18.7)
진상구	무소속	50	농업인, 계룡면	3,842 (12.3)
정경모	무소속	40	변호사, 계룡면	3,227 (10.4)
서상무	무소속	44	회사원, 공주읍	2,924 (9.4)
김제원	무소속	37	회사원, 공주읍	2,763 (8.9)
신현상	무소속	48	회사원, 공주읍	2,637 (8.5)
김종석	무소속	51	판사, 변호사	2,258 (7.3)

〈공주 을〉 서당 선생으로 공주 갑구에서 당선된 김명동 후보가 공주 을구로 옮겨 지난 선거에서 당선된 신방현, 차점 낙선한 이종백 후보들을 꺾고 재선의원으로

지난 제헌의원 선거에서는 정안면장 출신인 신방현 후보가 홍순량 후보의 우성면 표 분산에 힘입어 우성면장을 지낸 이종백 후보를 꺾고 당선됐다.

신풍면의 대표주자인 김평중 후보가 선전했고 이건철, 이규원, 한보순, 김용준 후보들도 출전했다.

지난 총선에서 승패가 엇갈렸던 신방현, 이종백, 김평중 후보들이 재대결을 펼친 선거전에 공주 갑구에서 당선된 김명동 후보가 을구로 옮겨 출전하여 금, 은, 동메달을 차지했던 세 후보들을 긴장시켰다.

경찰관 출신인 정인궁, 의당면장을 지낸 이은봉, 교육가인 김승태, 대학생인 김하진, 회사원인 이원 후보 등 11명의 후보들이 새롭게 참전했다.

공주 갑·을구 제헌의원이 맞붙은 선거전은 공주읍과 정안면의 대결로 발전하여 공주읍민들의 절대적 지지를 받은 김명동 후보가 신방현 의원을 제치고 재선고지를 점령했다.

신방현 의원은 2위 자리마저 계룡면 출신인 정인궁 후보에게 넘겨주고 3위로 주저앉았다.

□ 득표상황

후보자	정당	연령	주요 경력	득표 (%)
김명동	대한국민당	46	제헌의원(공주 갑)	6,518 (20.9)
정인긍	무소속	46	경찰관, 계룡면	5,046 (16.2)
신방현	무소속	53	제헌의원(공주 을)	4,886 (15.7)
이종백	무소속	62	면장, 우성면	4,624 (14.9)
이은봉	무소속	45	면장, 의당면	3,336 (10.7)
원종국	무소속	38	농업, 정안면	2,236 (7.2)
김승태	무소속	30	공무원, 공주읍	1,673 (5.4)
문홍범	무소속	59	전문대, 공주읍	1,231 (4.0)
정종열	무소속	35	농업, 사곡면	891 (2.9)
유응호	무소속	38	회사원, 의당면	673 (2.2)
이상덕	무소속	65	회사원, 사곡면	
김기태	무소속	61	공무원, 공주읍	
김하진	무소속	28	학생, 의당면	
이 원	무소속	47	회사원, 유구면	
김평중	무소속	35	회사원, 신흥면	사퇴

〈논산 갑〉 지난 총선에는 유진홍 후보에게 446표차로, 이번 총선에선 김헌식 후보에게 78표차로 석패한 김형원

지난 제헌의원 선거에서는 광석면민들의 전폭적인 지지와 독립촉

성국민회 지부장의 명성으로 유진홍 후보가 강경읍 출신으로 신문사 사장인 김형원 후보를 446표차로 꺾고 당선됐다.

회사원인 무소속 윤연중, 교원 출신인 논산군교육협회 한장석 후보들의 득표력은 20%대를 넘겼으며, 농민총연맹으로 출전한 김계홍 후보는 중도에 사퇴했다.

지난 총선에서 당락이 엇갈렸던 유진홍, 김형원 후보들이 재대결을 펼친 선거전에 논산소방서장 출신인 김헌식, 경찰 출신인 윤동원, 상월면장을 지낸 양철식, 강경읍 출신인 한훈, 의사로 20년 동안 인술을 베푼 육완국, 대학교수인 이근창, 토건업자인 윤판석 후보 등 8명의 후보들이 새롭게 참전했다.

현역의원인 유진홍 후보는 민심의 이반으로 일찍부터 당선권에서 멀어졌고, 논산소방서장을 지낸 김헌식 후보가 강경읍 표를 김형원 후보와 한훈 후보가 양분한 호기를 활용하여 등원하는 행운을 잡았다.

공무원 출신인 김형원 후보는 지난 총선에는 446표차로 차점 낙선하고, 이번 총선에서는 78표차로 낙선했으며 한훈과 이근창 후보 등 강경읍 출신들의 출전이 원망스럽게 느껴졌다.

당선된 김헌식 후보는 일본 경도제대 출신인 의사로 지난 총선에서는 논산 을구에 출전하여 3,633표를 득표하여 4위로 낙선하고서 지역구를 옮겨 당선되는 오뚝이 기질을 발휘했다.

□ 득표상황

후보자	정당	연령	주요 경력	득표 (%)
김헌식	무소속	45	논산소방서장	6,491 (17.9)

김형원	무소속	56	공무원, 강경읍	6,413 (17.7)
한 훈	무소속	61	중졸, 강경읍	5,617 (15.5)
육완국	국민회	39	의사, 논산읍	5,038 (13.9)
양철식	무소속	64	면장, 상월면	4,388 (12.1)
윤동원	무소속	35	경찰, 논산면	3,386 (9.3)
윤판석	무소속	41	토건업, 청부업	1,975 (5.4)
유진홍	민주국민당	61	제헌의원(논산 갑)	1,458 (4.0)
이근창	무소속	51	교수, 강경읍	821 (2.3)
박영선	무소속	33	공업, 상월면	679 (1.9)

〈논산 을〉 6개 면 대표주자들의 소지역 대결이 펼쳐진 선거전에서 연산면민들의 도움으로 현역의원을 꺾어버린 윤담

지난 제헌의원 선거에서는 소졸 출신으로 논산 농민회 회장으로 활동한 최운교 후보가 두마면장 출신인 독립촉성회 김준수, 회사원인 노동총연맹 김용언 후보들을 꺾고 당선됐다.

의사 출신인 김헌식, 공무원 출신인 서승진, 회사원 출신인 한정교 후보들도 출전했다.

최운교 의원이 재선고지를 향해 질주한 이번 총선에는 양조업으로 기반을 다진 윤담, 회사원인 정재억, 공무원 출신인 김용주, 농업인인 김영숙, 상업인인 이달, 천적면 대표인 이충하, 도정업자인 손정석 후보들이 출전했다.

논산면, 연산면, 채운면, 두마면, 양촌면, 천적면 출신들이 지역 대결을 펼친 선거전에서 공주 양잠강습소 출신인 윤담 후보가 양조업으로 구축한 기반과 연산면민들의 도움으로 최운교 현역의원을 꺾고 금배지를 인수받았다.

□ 득표상황

후보자	정당	연령	주요 경력	득표 (%)
윤 담	국민회	49	양조업, 연산면	6,645 (100.0)
최운교	무소속	51	제헌의원(논산 을)	
정재억	무소속	60	회사원, 채운면	
김용주	무소속	57	공무원, 두마면	
김영숙	무소속	65	농업인, 양촌면	
이 달	무소속	52	상업, 연산면	
이충하	무소속	65	농업인, 천적면	
손정석	무소속	47	도정업, 채운면	

<부여 갑> 문교부장관 비서실장, 서울시 부시장 경력을 내세워 남궁현 현역의원을 간발의 차로 물리친 이석기

지난 제헌의원 선거에서는 독립촉성국민회 지부장인 남궁현 후보가 독립촉성국민회의 열풍으로 의사로서 대동청년단 부여군 단장인 이덕희 후보를 대파하고 국회에 등원했다.

국민학교장을 지낸 이만승, 농업인인 민택기, 사립중학교 교장인 김재련 후보들도 출전했다.

남궁현 의원이 재선고지를 향해 달려가자, 서울시 부시장을 지낸 이석기, 면장을 지낸 천병만, 농민회 기수로 발탁된 김재종, 교원 출신인 주병건, 검사 출신 변호사인 조경교 후보들이 출전하여 저지에 나섰다.

남궁현 의원과 이석기 후보의 손에 땀을 쥐게 하는 혈전은 일본 중앙대 출신으로 문교부장관 비서실장, 서울시 부시장을 지낸 이석기 후보가 남궁현 현역의원을 861표차로 꺾고 등원에 성공했다.

□ 득표상황

후보자	정당	연령	주요 경력	득표 (%)
이석기	무소속	42	서울시 부시장	10,960 (35.9)
남궁현	대한국민당	38	제헌의원(부여 갑)	10,099 (33.0)
조경교	무소속	39	검사, 변호사	5,377 (17.6)
천병만	무소속	40	면장, 부여면	2,168 (7.1)
김재종	무소속	43	농회 기수, 홍산면	1,074 (3.5)
주병건	무소속	60	교원, 서울시	884 (2.9)

〈부여 을〉 보문에 합격하여 군수를 지낸 경력을 내세운 이종순 후보가 현역의원인 김이수 후보를 꺾고 금배지를 인수

지난 제헌의원 선거에서는 독립촉성국민회 소속의 김이수, 문장섭, 서기준 후보들의 쟁패전에서 남면 면민들의 전폭적인 지지를 받은 김이수 후보가 승리했다.

교원 출신인 이호철, 회사원인 심상원 후보들도 출전하여 선전했다.

김이수 의원의 재선을 저지하기 위해 지난 총선에도 출전했던 심상원, 광업으로 기반을 구축한 허익, 목사인 국민당 장수원, 회사장인 조대하, 보통문관시험에 합격하여 군수를 지낸 이종순, 옥산면장을 지낸 서상익 후보들이 출전했으며, 양조업자인 신하철 후보는 중도에 사퇴했다.

군수를 지낸 이종순 후보가 일민구락부 소속으로 재선을 노린 김이수, 목사로서 기독교인들의 지지를 받은 장수원, 회사장으로 재력을 활용한 조대하 후보들을 꺾고 당선됐다.

□ 득표상황

후보자	정당	연령	주요 경력	득표 (%)
이종순	무소속	42	군수, 양산면	6,394 (22.6)
조대하	무소속	42	회사장, 양암면	4,694 (16.6)
장수원	대한국민당	41	목사, 서울시	4,266 (15.1)
김이수	일민구락부	41	제헌의원(부여 을)	3,199 (11.3)
허 익	무소속	47	회사장, 서울시	3,197 (11.3)
심상원	무소속	32	대졸, 부여면	2,965 (10.5)
서상익	무소속	53	면장, 옥산면	2,128 (7.5)
김봉수	무소속	39	회사원, 서울시	1,458 (5.2)

| 신하철 | 무소속 | 47 | 양조업, 임천면 | 사퇴 |

<서천> 지난 총선에서는 6,668표차로 패배했지만 와신상담하여 지역 민심을 휘어잡아 이번 총선에서는 273표차로 거물정객 이훈구 현역의원을 무너뜨린 구덕환

지난 제헌의원 선거에서는 미군정시절 농림부장관을 지낸 이훈구 후보가 병원장으로 대동청년단 서천군단장으로 활동한 구덕환 후보를 큰 표차로 꺾고 당선됐다.

공학도인 조대하, 교회 장로인 이병휘, 장항소방대장인 조남순, 광업진흥회 직원인 김규질 후보들도 참전했다.

지난 총선에서 승패가 결판난 이훈구 의원과 구덕환 후보가 재대결을 펼친 이번 선거전에 수리조합 직원인 권영식, 우체국장을 지낸 나충하, 식량공사 지부장인 나철하, 예수교 장로인 송기선 후보 등 5명의 후보들이 새롭게 출전했다.

지난 총선에서 6,668표차로 낙선한 구덕환 후보가 병원장으로 베푼 인술을 바탕으로 지역 민심을 휘어잡아, 미국 에그븐슨대 출신으로 한미협회장을 지낸 거물정객 이훈구 현역의원을 273표차로 넘어뜨리고 금배지를 인계받았다.

□ 득표상황

후보자	정당	연령	주요 경력	득표 (%)

구덕환	국민회	53	의사, 서천면	14,017 (27.6)
이훈구	노동당	55	제헌의원(서천)	13,744 (27.0)
권영식	무소속	51	수조 서기, 한산면	7,802 (15.3)
나철하	무소속	56	공무원, 부산시	5,622 (11.1)
나충하	민주국민당	54	우체국장, 장항읍	4,269 (8.4)
송기선	무소속	54	교회 장로, 화양면	3,773 (7.4)
유덕종	무소속	41	교원, 미산면	1,639 (3.2)

<보령> 군수출신 김영선 후보가 유일한 주산면 출신임을 내세워 6명이나 출전한 대천면 출신들을 제압하고 등원

지난 제헌의원 선거에서는 대동청년단 보령군단장으로 활동한 임석규 후보가 충남도립병원장을 지낸 김상억, 주산면의 대표주자인 이항규, 민족청년단 보령군단장인 최영재 후보들을 꺾고 당선됐다.

독립촉성국민회 대천지부장인 최용한, 옥천면 우체국장인 심복진, 청수면 구연걸 후보들도 출전하여 선전했다.

지난 총선에 출전했던 7명의 후보들이 모두 사라지고 14명의 새로운 후보들이 이번 총선에 출전한 이색지구가 됐다.

경찰서장 출신으로 보령군 농민회장인 이상율, 중학교사 출신인 유수찬, 판사 출신 변호사인 이풍구, 부통령 비서를 지낸 박창화, 국민학교 교원이었던 신용균, 의사로 활동한 이덕희, 광산업자인 대한국민당 백남진, 남포면장을 지낸 김재일, 전남도 수산과장과 군수를 지낸 김영선, 대한매일 주필인 최익, 민국당 보도과장인 김승원, 명치대 중퇴생인 김윤배 후보들이 출전했다.

14명의 정치신인들이 맞붙은 선거전은 예측불허의 난전이 펼쳐졌으며 경성제대 출신으로 군수를 지낸 김영선, 오랫동안 변호사로 활동한 이풍구 후보의 대결에 남포면장을 지낸 김재일, 경찰서장을 지낸 이상률 후보들이 추격전을 전개하는 양상으로 흘러갔다.

유일한 주산면 출신임을 내세운 김영선 후보가 6명의 후보들이 출전한 대천면 출신의 불리함을 극복하지 못한 이풍구 후보를 가볍게 제압할 수 있었다.

□ 득표상황

후보자	정당	연령	주요 경력	득표 (%)
김영선	무소속	32	군수, 주산면	6,932 (15.9)
이풍구	무소속	54	변호사, 대천면	4,998 (11.4)
김재일	무소속	62	면장, 남포면	4,380 (10.0)
신용균	무소속	52	국민학교 교원	4,308 (9.9)
김기만	무소속	46	인쇄업	4,255 (9.7)
백남진	대한국민당	55	광업, 청소면	3,760 (8.6)
이상률	무소속	58	경찰서장, 대천면	3,269 (7.5)
김윤배	무소속	45	농업인, 대천면	3,031 (6.9)
이덕희	무소속	42	의사, 부여군	2,736 (6.3)
박창화	무소속	62	부통령 비서, 대천면	2,498 (5.7)
최 익	무소속	64	대한매일신보 주필	1,208 (2.8)

유수찬	무소속	38	중학교사, 서울시	1,073 (2.5)
윤 호	무소속	63	신문기자, 웅천면	843 (1.9)
김승원	민주국민당	48	민국당 보도과장	386 (0.9)

〈청양〉 12명의 후보들이 혼전을 전개하고 현역의원에 대한 민심이반으로 지난 총선에서 득표한 1 만표를 유지하여 설욕전에서 승리한 이상철

지난 제헌의원 선거에서는 대한청년단 청양군단장으로 활약한 이종근 후보가 명치대 출신으로 청양군청 서기를 지낸 이상철 후보를 3,206표차로 꺾고 당선됐다.

지난 총선에서 승패가 엇갈렸던 이종근, 이상철 후보가 재대결을 펼친 이번 총선에는 적곡면장을 지낸 임동원, 사회사업가인 최병을과 김준식, 광산업자인 계성범, 군청 직원이었던 서승택, 토건업자인 박임서, 경찰관 출신인 안학순, 회사원인 임경규, 공무원 출신인 장우현 후보 등 10명의 후보들이 새롭게 등장했다.

지난 총선에서 3,026표차로 낙선했던 이상철 후보가 지난 총선에서의 득표를 유지한 반면, 12명의 후보들의 혼전과 현역의원에 대한 민심이반으로 이종근 후보의 지지세가 이탈하여 설욕하는 행운을 잡게 됐다.

□ 득표상황

후보자	정당	연령	주요 경력	득표 (%)
이상철	무소속	58	자유신문 부사장	10,187 (100.0)
임동원	무소속	44	면장, 적곡면	
최병을	무소속	50	사회사업, 대치면	
계성범	대한청년단	52	광업, 서울시	
서승택	대한청년단	36	군청 서기, 사양면	
김준식	무소속	52	사회사업, 서울시	
박임서	무소속	39	토건업, 서울시	
조봉식	무소속	54	농업, 비봉면	
안학순	무소속	31	경찰관, 서울시	
임경규	무소속	29	회사원, 서울시	
이종근	대한국민당	44	제헌의원(청양)	
장우현	무소속	42	공무원, 정산면	

〈홍성〉 지난 총선에서 승패가 엇갈렸던 손재학, 박준택, 이종순 후보들의 불출마 호기를 활용하여 문교부 교도과장 출신인 유승준 후보가 당선

지난 제헌의원 선거에서는 사립학교 교원 출신인 손재학 후보가 독립촉성국민회 지회장으로 국민회 열기로 대동청년단 홍성지단장인 박준택, 홍성군수 출신인 이종순 후보들을 꺾고 당선됐다.

충남도청 직원이었던 박상열, 회사원인 김봉규 후보들도 출전했다.

손재학 의원이 출전을 포기한 이번 총선에는 양조장 운영으로 기반을 잡은 국민회 서창순, 문교부 교도과장을 지낸 유승준, 지난 총선에도 출전했던 김봉규, 법제처장 비서실장을 지낸 김지준, 명동학원 이사장인 윤흥섭, 대한국민당 소속의 박원식 후보들이 출전했다.

문교부 교도과장 출신인 유승준 후보가 교직원들의 전폭적인 지지로 충북신문 사장인 김지준, 법제처장 비서실장을 지낸 이응열 후보들을 제치고 당선됐다.

□ 득표상황

후보자	정당	연령	주요 경력	득표 (%)
유승준	무소속	40	문교부 교도과장	8,680 (100.0)
서창순	국민회	52	양조업, 홍성읍	
김봉규	무소속	42	회사원, 갈산면	
이응열	무소속	39	법제처 비서실장	
김지준	무소속	41	충북신문 사장	
윤흥섭	무소속	57	명동학원 이사장	
박원식	대한국민당	56	농업인, 서울시	
김홍진	무소속	59	농업인, 서울시	
김연진	무소속	57	농업인, 홍성읍	

<예산> 제헌의원에 대한 민심이반의 호기를 맞아 지난 총선에도 출전했던 한청 예산군단장인 백운용 후보를 꺾고 당선

된 대한교육연합회 사무국장인 박철규

지난 제헌의원 선거에서는 광시면민들의 지지를 업은 윤병구 후보가 입법의원 출신으로 독립촉성국민회 열기를 업은 유정호 후보와 대동청년단 예산군단장인 백운용 후보를 꺾은 이변을 연출했다.

박승규, 송일성 후보들은 사퇴했지만 언론인 출신인 박재영, 공무원 출신인 박병기, 농업인인 유흥, 오창영 후보들도 참전했다.

지난 총선에서 대결을 펼쳤던 윤병구, 박재영, 백운용 후보들이 재대결을 펼친 이번 선거전에 공무원 출신인 윤주환, 박종화와 정남진, 회사원인 한건수, 대학 재학중인 이화권, 대한교육연합회 사무국장인 박철규 후보들이 출전했다.

제헌의원들에 대한 민심이반으로 윤병구 의원이 선거 초반부터 당선권에서 밀려난 선거전에서 경기도 학무과장, 대한교육연합회 사무국장을 역임한 국민회 박철규 후보가 대한청년단 예산군단장으로 지난 총선에도 출전했던 백운용 후보를 644표차로 꺾고 의정 단상에 올랐다.

□ 득표상황

후보자	정당	연령	주요 경력	득표 (%)
박철규	국민회	52	경기도 학무과장	10,805 (19.0)
백운용	대한청년단	58	한청 예산군단장	10,161 (17.9)
박재영	국민회	47	회사원, 서울시	8,000 (14.1)
박종화	민주국민당	45	공무원, 서울시	3,000 (5.3)
한건수	무소속	36	회사원, 서울시	3,000 (5.3)

이회권	무소속	25	학생, 광시면	3,000 (5.3)
윤주환	무소속	57	공무원, 예산읍	2,800 (4.9)
윤병구	민주국민당	42	제헌의원(예산)	2,000 (4.3)
이종현	무소속	52	사법서사, 예산읍	1,800 (3.2)
신영달	무소속	38	농업인, 신암면	1,000 (1.8)
김영철	무소속	38	상업, 예산읍	400 (0.7)
장준석	무소속	39	신문기자, 서울시	400 (0.7)
성관호	무소속	61	농업인, 예산읍	400 (0.7)
정남진	무소속	39	공무원, 예산읍	기권
정윤섭	무소속	38	토건업	기권
성낙륜	무소속	46	농업인, 예산읍	기권

<서산 갑> 천도교 장로로서 지난 총선에서는 12,335표를 득표했지만, 이번 총선에서는 7,164표를 득표하여 지지세는 하락했지만 재선고지를 점령한 이종린

지난 제헌의원 선거에서는 천도교 장로인 이종린 후보가 총동원본부 소속으로 대호지면의 남정, 인고면장을 지낸 안만복 후보들을 꺾고 당선됐다.

대동청년단 지단장인 채택룡, 민족청년단 지단장인 김남윤, 천주교인인 백낙선, 독립촉성국민회의 백완석, 신문지국장인 신항균 후보들도 참전했다.

일민구락부 이종린 의원의 재선고지 점령을 저지하기 위해 회사 중역인 윤상구, 어업조합장으로 활약한 전영석, 충남도지사를 지낸 이정규, 일본대 출신으로 한청 서산군단장인 김제능, 편집국장인 이한용, 농민회 서산지회장인 한동벽, 지난 총선에도 출전했던 민국당 소속의 채택룡 후보들이 출전했다.

천도교인들의 변함없는 지지를 받은 이종린 의원이 신문기자로 편집국장을 지낸 이한용, 충남도지사를 지낸 이정규, 어업조합장인 전영석 후보들을 꺾고 재선의원이 됐다.

그러나 이종린 의원은 지난 총선에서는 33.2%의 득표율로 12,335표를 득표했지만, 이번 총선에는 15.9%의 득표율로 7,164표를 득표하여 지지세가 반감됐다.

□ 득표상황

후보자	정당	연령	주요 경력	득표 (%)
이종린	일민구락부	67	제헌의원(서산 갑)	7,164 (15.9)
이한용	무소속	32	신문기자, 서울시	6,456 (14.3)
이정규	무소속	47	충남도지사, 부산시	5,526 (12.2)
전영석	국민회	52	어업조합장, 서산읍	5,010 (11.1)
윤상구	무소속	37	회사 중역, 운산면	5,005 (11.1)
이동철	무소속	50	중졸, 서산읍	4,909 (10.9)
채택룡	민주국민당	47	정치운동, 서울시	4,148 (9.2)
김제능	대한청년단	39	한청 군단장, 서산읍	3,081 (6.8)
김동현	무소속	41	공무원, 대상면	2,130 (4.7)
한동벽	무소속	62	군농민회장, 서산읍	1,729 (3.8)

<서산 을> 지난 총선에서는 서산 갑구에 출전하여 낙선하고 이번 총선에는 을구로 옮겨 현역의원을 꺾고 당선된 안만복

지난 제헌의원 선거에서는 대한민보 사장으로 풍부한 재력을 활용한 김동준 후보가 서산군수 출신으로 입법의원을 지낸 이종철, 대동청년단 지단장을 지낸 김제능 후보들을 꺾고 당선됐다.

회사원인 이상기, 우체국장을 지낸 김기인 후보들은 참전했으나 박동래 후보는 실격됐다.

지난 총선에서 갑구에서 차점 낙선한 안만복 후보는 을구로, 을구에서 3위로 낙선한 김제능 후보는 갑구로 옮겨 출전한 이번 총선에는 지난 총선에서 16,260표라는 압승을 거둔 김동준 후보가 재선고지를 향해 달려갔다.

태안면에서 지역 기반을 구축한 이상희와 이상린, 대전일보 사장인 이영진, 어업조합연합회장인 홍일섭, 국민회 원북면 지부장인 안덕순, 국민운동가인 한독당 신항균 후보들도 얼굴을 내밀었다.

인지면, 태안면, 부석면, 소원면, 원북면, 태안읍 출신들이 소지역주의를 펼친 선거전에서 지역구를 옮긴 안만복 후보가 김동준 현역의원을 꺾는 이변을 만들어내고 금배지를 인계받았다.

☐ 득표상황

후보자	정당	연령	주요 경력	득표 (%)
안만복	무소속	40	면장, 인지면	7,685 (100.0)

이상희	무소속	28	대졸, 태안면	
이경진	무소속	40	신문사사장, 부석면	
이상린	무소속	46	회사원, 태안면	
유병하	무소속	31	농업인, 인지면	
김동준	무소속	45	제헌의원(서산 을)	
장동국	무소속	45	소졸, 소원면	
홍일섭	무소속	45	어업조합 연합장	
안덕순	대한청년단	37	의사, 원북면	
신항균	한국독립당	45	문필가, 국민운동	

〈당진〉 김용재 의원의 중도 사퇴에 힘입어 지난 총선에서 차점 낙선한 구을회 후보가 동정여론을 불러일으켜 대승을

지난 제헌의원 선거에서는 같은 독립촉성국민회 당진지부장으로 당진면과 송악면의 지역대결을 펼친 선거전에서 당진면 출신인 김용재 후보가 구을회 후보를 2,672표차로 꺾고 승리했다.

민족사회당 유창현, 천주교 회장인 전재익, 대동청년단 당진군단장인 신성균 후보들도 출전했다.

천안에서 당선된 김용재 의원이 등록했다 중도 사퇴한 이번 총선은 지난 총선에서 차점 낙선한 구을회 후보와 농림부차관을 지낸 원용석 후보의 쟁패장으로 돌변했다.

합덕면 출신인 일민구락부 정형택, 의사인 민국당 이문세, 우강면

출신인 김해실 후보들도 출전했다.

지난 총선에서 낙선한데 따른 동정여론을 끌어모은 구을회 후보가 민국당원표가 이문세, 원용석 후보로 나뉜 틈새를 비집고 들어가 대승을 거두고 등원에 성공했다.

□ 득표상황

후보자	정당	연령	주요 경력	득표 (%)
구을회	무소속	46	농업인, 송악면	16,738 (41.2)
원용석	민주국민당	46	농림부차관	10,165 (25.0)
정형택	일민구락부	58	상업, 합덕면	7,283 (17.9)
이문세	민주국민당	50	의사, 서울시	5,224 (12.8)
김해실	무소속	36	농업인, 우강면	1,263 (3.1)
김창배	무소속	55	농업인, 신평면	사퇴
김용재	국민당	39	제헌의원(천안)	사퇴

〈아산〉 서용길 의원이 불출마한 선거전에서 목사로서 국민당 감찰위원장인 이규갑 후보가 배방면민들의 지원과 기호 1번이라는 행운으로 당선

지난 제헌의원 선거에서는 성균관대 교수인 서용길 후보가 회사원인 이영진, 대한일보 사장인 민중당 이종영, 민중일보 사장인 한민당 윤보선 후보들을 꺾고 당선됐다.

독립촉성국민회 이준규, 입법의원인 홍순철, 사업가인 정희복 후보들도 하위권을 맴돌았지만 선전했다.

정희복 후보를 제외하고 지난 총선에 출전했던 서용길 당선자를 비롯한 6명의 후보들이 사라지고 16명의 새로운 후보들이 출전한 이번 선거전은 군웅이 할거했다.

목사로서 국민당 감찰위원장인 이규갑, 한국 민족대표인 민국당 이만종, 한청 아산군단장인 성기선, 아산군 청년단장인 채인석, 부통령 비서 출신인 이정우, 충남도지사 비서 출신인 이정진, 일본대 출신으로 고등문관 시험에 합격한 김학성, 조도전대 출신으로 대학교수인 변상복, 충남도의원을 지낸 홍순휘, 서울신문 정치부장으로 활약한 김영상, 일본대 출신인 강원식, 한청 온양읍 단장인 양문환 후보들이 출전했다.

성기선, 채인석, 이정진, 정희복, 홍순휘, 변동규, 김한성, 양문환 후보들이 온양읍 출신으로 온양읍 표가 분산된 호기를 배방면 출신인 이규갑 후보가 휘어잡아 기호 1번이라는 행운까지 겹쳐 대승을 거두었다.

□ 득표상황

후보자	정당	연령	주요 경력	득표 (%)
이규갑	대한국민당	63	감찰위원장, 배방면	8,001 (16.7)
채인석	대한청년당	42	아산군 청년단장	4,940 (10.3)
이정우	무소속	46	부통령 비서	4,177 (8.7)
이만종	민주국민당	57	민족 대표, 도고면	3,701 (7.7)
김학성	무소속	49	고문 합격, 일본대	3,583 (7.5)
홍순휘	국민회	58	충남도의원, 온양읍	3,444 (7.3)

맹일섭	무소속	47	공무원, 배방면	3,113 (6.5)
변상복	무소속	43	대학교수, 온정면	3,039 (6.4)
김영상	무소속	34	서울신문 정치부장	2,775 (5.8)
이정진	무소속	39	충남도지사 비서	2,426 (5.1)
김현문	무소속	48	무역상, 서울시	2,426 (5.1)
강원식	무소속	42	일본대, 인천시	2,412 (5.0)
양문환	무소속	49	한청 온양읍 단장	1,557 (3.3)
성기선	무소속	34	한청 단장, 온양읍	1,539 (3.2)
변동규	무소속	35	회사원, 온양읍	653 (1.4)
정희복	무소속	53	농업인, 온양읍	사퇴
김한익	무소속	56	회사원, 온양읍	사퇴

〈천안〉 선거무효 판결로 얼룩진 김용화 후보가 기호 1번의 행운을 잡고 보궐선거에서 당선된 이상돈 의원을 제압

지난 제헌의원 선거에서는 독립촉성국민회 천안군회장인 이병국 후보가 일본 조도전대 출신으로 저술가인 이상돈, 성환농장을 경영하는 김웅각 후보들을 꺾고 당선됐다.

천안군수 출신인 이용규, 목천면장 출신인 이범후, 사업가인 홍승길, 중국 북경대 출신인 김용화, 교원 출신인 김민응, 대동청년단 천안지단장인 김종철, 대서사인 한양수 후보들도 참전했다.

이병국 의원의 사망으로 실시된 보궐선거에서 김용화 후보가 당선됐으나 대법원의 선거무효 판결로 보궐선거가 다시 실시됐다.

1949년 실시된 보궐선거에서 민국당으로 출전한 이상돈 후보가 회사장으로 국민회로 출전한 유홍 후보를 110표차로 꺾고 당선됐다.

이번 총선에서는 제헌의원 선거에 출전했던 김용화, 이상돈, 이용규, 한양수, 김민응 후보들이 다시 출격했고 군수를 지낸 윤상구, 한약종상인 남길원, 철도학교장인 나동찬, 노농당인 유우석, 목사인 윤계상 후보들도 새롭게 출전했다.

보궐선거에 당선됐던 김용화, 이상돈 후보가 맞대결을 다시 펼친 이번 선거전에서는 국민당 공천을 받은 김용화 후보가 민국당으로 출전한 이상돈 후보를 4,395표차로 꺾고 당선됐다.

제헌의원 선거에서 이상돈 후보는 10,021표를 득표하여 차점 낙선했고 김용화 후보는 5,538표를 득표하여 5위를 차지했었다.

이 지역구의 선거결과는 제헌의원들의 대부분이 극심한 민심이반에 고전한 상황을 보여줬고 기호 1번이라는 행운이 김용화 후보의 압승으로 이어졌다. 충남도에서 기호 1번의 행운을 잡은 김종열(대전), 김종회(대덕), 박충식(공주갑), 김명동(공주을), 김헌식(논산갑), 윤담(논산을), 이석기(부여갑), 이상철(청양), 이종린(서산갑), 안만복(서산을), 구을회(당진), 이규갑(마산), 김용화(천안)후보 등 13명이 당선되어 물경 당선율이 68.4%였다.

☐ 득표상황

후보자	정당	연령	주요 경력	득표 (%)

김용화	대한국민당	49	천안군당위원장	14,245 (28.4)
이상돈	민주국민당	38	제헌의원(천안)	9,850 (19.7)
윤상구	무소속	46	군수, 두포면	5,800 (11.6)
나동찬	무소속	46	철도학교 교장	4,110 (8.2)
정현모	무소속	59	농업인, 천안읍	3,501 (7.0)
유우석	대한노농당	53	광업, 서울시	2,300 (4.6)
김민응	무소속	41	교원, 성환면	2,100 (4.2)
이용규	무소속	60	군수, 동면	2,050 (4.1)
장 황	무소속	42	회사원, 서울시	1,800 (3.6)
윤계상	무소속	43	목사, 천안읍	1,650 (3.3)
한양수	무소속	39	대서사, 천안읍	1,600 (3.2)
남길원	무소속	66	한약종상, 성환면	980 (2.0)

제4장 호남·제주권 : 55개 지역구로 26.2%를 점유

1. 567명의 후보들이 출전하여 열전을 전개

2. 호남·제주권 55개 지역구 격전의 현장으로

1. 567명의 후보들이 출전하여 열전을 전개

(1) 당선자 55명 중 무소속 후보가 54.5% 차지

호남권에서 광산군이 갑·을구로 분구되어 1개구가 증설되어 55개구를 갖게 됐으며 전북에서는 22개구에 299명의 후보들이, 전남에서는 30개구에 241명의 후보들이, 제주도에서는 3개구에 27명의 후보들이 출전하여 모두 55개구 선거구에 567명의 후보들이 참전하여 선거구당 경쟁률은 10.3대 1로 10명의 후보들이 열전을 벌였다.

당선자 55명의 정당이나 소속단체는 민주국민당이 11명으로 가장 많고 국민회 5명, 대한국민당과 대한청년단이 각각 3명이다.

또한 대한노총이 2명, 여자국민당이 1명으로, 무소속으로 당선자는 30명으로 54.5%로 절반이 넘었다.

민주국민당 소속은 변광호(군산), 소선규(익산갑), 윤택중(익산을), 김양수(순천), 고영완(장흥), 양병일(강진), 윤영선(해남갑), 김용무(무안갑), 장홍염(무안을), 이판열(구례), 정남국(완도) 후보 등이다.

국민회 소속은 김준회(진안), 정순조(광산갑), 정인식(광산을), 김낙오(보성), 김인선(북제주갑) 후보 등이다.

대한국민당 소속은 엄병학(임실), 유인곤(영암), 황병규(여천) 후보이고 대한청년단 소속은 정헌조(영광), 조순(곡성), 서상덕(나주을) 후보 등이다.

여자국민당 임영신(금산), 대한노총 김택술(정읍을), 임기봉(목포) 후보 등도 당선됐다.

무소속으로 박정근(전주), 이춘기(이리), 박양재(완주갑), 박영래(완주을), 김상현(무주), 김우성(장수), 조정훈(남원), 김정두(순창), 신석빈(정읍갑), 김수학(고창갑), 신용욱(고창을), 최병주(부안), 송방용(김제갑), 최윤호(김제을), 지연해(옥구), 박철웅(광주), 정재완(여수), 박민기(화순), 박기배(해남을), 김종순(나주갑), 변진갑(장성), 김홍용(담양), 엄상섭(광양), 김팔봉(고흥갑), 서민호(고흥을), 조병문(진도), 김정기(승주), 강창용(북제주을), 강경옥(남제주) 후보 등이 당선되어 30석을 차지했다.

(2) 제헌의원 귀환은 56 명중 2 명뿐으로 3.6% 수준

호남·제주권은 전북이 22개구, 전남이 29개구, 제주가 3개구로 54명의 제헌의원이 등원했다.

전북 무주의 신현돈 의원이 전북도지사에 임명되어 실시된 보궐선거에서 대동청년단 김교중 후보가 당선됐고, 전남 목포의 이남규 의원이 전남도지사에 임명되어 실시된 보궐선거에선 무소속 강선명 후보가 대법원장 출신인 김용무 후보를 꺾고 당선됐다.

56명의 제헌의원 가운데 국회 프락치 사건에 관련된 노일환(순창), 이문원(익산을) 의원을 비롯하여 김옥주(광양), 송봉해(해남갑), 김상호(나주을), 김용현(무안갑), 김병회(진도), 신성균(전주), 김종문(정읍을), 조재면(부안), 홍희종(김제을), 홍순영(북제주갑) 의원 등 12명은 이번 총선에 불출마했다.

광주시장 출신으로 무투표 당선된 정광호(광주) 의원은 고향을 찾아 경기도 양주로 지역구를 옮겨 출전했으나 낙선했다.

전북에서는 윤석구(군산), 배헌(이리), 유준상(완주갑), 이석주(완주을), 오기열(진안), 정해준(금산), 신현돈(무주), 김교중(무주), 김봉두(장수), 이정기(남원), 진직현(임실), 나용균(정읍갑), 김영동(고창갑), 백관수(고창을), 조한백(김제갑), 이요한(복구), 백형남(익산갑) 의원 등 17명이 출전했으나 모두 낙선했다.

전남에서도 이남규(목포), 강선명(목포), 김문평(여수), 황두연(순천), 조옥현(승주), 박종남(광산갑), 서우석(광산을), 김종선(구례), 정균식(담양), 오석주(고흥갑), 조영규(영광), 김장열(완도), 김중기(장흥), 유성갑(고흥갑), 차경모(강진), 조국현(화순), 이정래(보성), 이성학(해남갑), 이항발(나주갑), 김준연(영암), 이성우(함평), 김상순(장성) 의원 등 22명이 출전했으나 추풍낙엽처럼 모두 낙방했다.

제주도에서도 양병직(북제주을), 오용국(남제주) 의원 등이 참전했으나 낙선하여 낙선된 의원들은 41명에 달했다.

그리하여 2대 국회에 귀환한 의원은 황병규(여천), 장홍염(무안을) 의원뿐이었다.

지난 총선에서는 아쉽게 낙선했지만 와신상담하며 지역구를 누빈 이춘기(이리), 김준희(진안), 조정훈(남원), 엄병학(임실), 김택술(정읍을), 최윤호(김제을), 소선규(익산갑), 김인선(북제주을), 김양수(순천), 이판열(구례), 서민호(고흥을), 박팔봉(고흥갑), 고영완(장흥), 박민기(화순), 윤영선(해남갑), 서상덕(나주을), 서상국(함평) 후보 등이 현역의원 등을 밀쳐내고 값진 승리를 엮어냈다.

(3) 20% 미만의 득표율로 11명의 후보들이 당선

군산, 완주갑, 완주을, 나주갑 등에는 자료가 유실되어 득표율을 계산할 수 없지만 전남 고흥 을구의 서민호 후보는 81.1%의 득표율로 당선됐지만 11개 지역구에는 20% 미만의 낮은 득표율에도 당선되는 사례가 많았다.

강창용(북제주을, 19.3%), 강경옥(남제주, 19.1%), 송방용(김제갑, 19.0%), 장홍염(무안을, 18.9%), 신용욱(고창을, 18.0%), 정순조(광산갑, 17.0%), 최윤호(김제을, 16.2%), 지연해(옥구, 16.1%), 박정근(전주, 15.8%), 김준희(진안, 14.6%), 윤택중(익산을, 13.7%) 후보 등은 20% 미만으로 당선됐고, 대부분의 지역구에서는 1만표에 미달하는 득표로 당선되는 경우가 허다했다.

김양수(순천, 9,927표), 조병문(진도, 9,820표), 조순(곡성, 9,813표), 정남국(완도, 9,789표), 장홍염(무안을, 9,635표), 김정두(순창, 9,622표), 양병일(강진, 9,099표), 임영신(금산, 9,050표), 김홍용(담양, 8,982표), 김상현(무주, 8,839표), 박팔봉(고흥갑, 8,374표), 박기배(해남을, 7,704표), 송방용(김제갑, 7,655표), 지연해(옥구, 7,582표), 서상덕(나주을, 7,470표), 엄병학(임실, 7,469표), 소선규(익산갑, 7,303표), 서상국(함평, 6,901표), 이춘기(이리, 6,699표), 김종순(나주갑, 6,685표), 강경옥(남제주,

6,649표), 신용욱(고창을, 6,260표), 변광호(군산, 5,699표), 정인식(광산을, 5,693표), 박정근(전주, 5,628표), 최윤호(김제을, 5,485표), 정순조(광산갑, 5,075표), 김우성(장수, 4,985표), 강창용(북제주을, 4,636표), 윤택중(익산을, 4,193표), 김준희(진안, 3,951표), 박양재(완주갑, 3,672표), 박영래(완주을, 2,748표) 후보 등이 1만표 미만의 득표를 하고도 당선됐다.

그러나 윤영선(해남갑, 20,991표), 유인곤(영암, 20,191표), 박철웅(광주, 20,591표), 서민호(고흥을, 27,902표) 후보들은 2만 표 이상을 득표하고 당선됐다.

2. 호남 제주권 55개 지역구 격전의 현장으로

<전라북도>

<전주> 27명의 주자들이 혼전을 전개한 선거전에서 금강전구 사장인 박정근 후보가 대한청년단 전북지단장인 김승태, 전국반탁학련동지회 총재인 이철승 후보들을 꺾고 당선

지난 제헌의원 선거에서는 일본 조도전대 출신으로 면장을 지낸 신성균 후보가 고려대 학생회장 출신으로 반탁운동의 선봉에 섰던 이철승 후보를 꺾고 당선됐다.

목사로서 독립촉성국민회 전북지부장인 배은희, 조선전업 전북지소장으로 입법의원을 지낸 정진희, 저술가인 박원 후보들도 참전했다.

신성균 의원이 불출마한 이번 총선에는 지난 총선에서 차점 낙선한 이철승 후보를 비롯한 27명의 후보들이 난립하여 전국 최고의 경쟁율을 자랑했다.

이번 총선에 출전한 후보들의 면면을 보면 일본 중앙대 출신으로 대한청년단 전북지단장인 민국당 김승태, 대한노총 전북위원장인 독립노농당 손용배, 전주 소방서장을 지낸 한국독립당 이주상, 전주시 동연합회장인 대한국민당 김덕배, 승려 생활 30년인 유재환, 서울기독청년부장과 한성일보 전북지사장인 신생회 차유황, 서울법대 출신으로 은행원과 교사를 지낸 이종진, 호국단 연대장인 민족자주연맹 조일근, 화가인 고장곤, 군정시절 입법원 대의원을 지낸 정진희, 신문기자 출신으로 대학교수인 신동길, 평양 신학교 출신 목사인 김세열, 일본 조도전대 출신으로 함흥방송국 사업과장을 지낸 최석계, 군청 내무과장 출신인 대한국민당 이건재, 일본 동경대 출신으로 금강전구 사장인 박정근, 유치원 선생인 임영자 후보들이 출전했다.

27명의 후보 중 4천표 이상이 3명, 2천표 이상이 3명, 1천표 이상이 4명으로 이들은 당선권을 넘볼 수 있을 것 같다.

500표 이상 득표한 후보자가 8명, 500표 미만 득표한 후보자가 9명이나 차지했다.

일본 동경대 출신으로 금강전구 사장인 박정근 후보가 일본 중앙대 출신으로 대한청년단 지단장인 김승태, 전국반탁학생동지회 총재인 이철승 후보를 꺾고 당선됐다.

박정근 후보의 득표율은 15.8%인 5,628표에 불과했다.

□ 득표상황

후보자	정당	연령	주요 경력	득표 (%)
박정근	무소속	53	금강전구 사장	5,628 (15.8)
김승태	민주국민당	40	삼성제사 관리인	4,689 (13.2)
이철승	무소속	29	고려대 학생회장	4,630 (13.0)

이주상	무소속	43	전주소방서장	3,591 (10.1)
김세열	무소속	52	목사, 평양신학교	2,162 (6.1)
김덕배	무소속	51	전주 동연합회장	2,122 (6.0)
이종진	무소속	31	중학교사	1,380 (3.9)
김응조	무소속	42	경찰부장	1,311 (3.7)
조일근	민족자주연	50	호국단 연대장	1,111 (3.1)
유재환	무소속	53	승려 30년	1,024 (2.9)
정진희	무소속	46	입법원 대의원	932 (2.6)
손용배	독립노농당	38	노총 전북위원장	838 (2.4)
정진호	무소속	50	청년단 간부	715 (2.0)
박태련	무소속	56	농업	715 (2.0)
이길봉	무소속	44	전주 농민회 주사	670 (1.9)
신동길	무소속	46	신문기자, 교수	603 (1.7)
손주탁	무소속	45	한약종상	557 (1.6)
차유황	신생회	33	한성일보 지사장	555 (1.6)
최석계	무소속	46	경찰청 재무관	412 (1.2)
임영자(여)	무소속	41	유치원 교사	360 (1.0)
조 권	무소속	61	경찰관	344 (1.0)
고장곤	무소속	40	화가	322 (0.9)
송은섭	무소속	34	교사	269 (0.8)
양기열	무소속	46	요리사	213 (0.6)
송성열	무소속	46	공업	179 (0.5)
이건재	대한국민당	60	군 내무과장	143 (0.4)
황형주	무소속	34	실업	66 (0.2)

〈군산〉 일본 조도전 출신으로 민국당 중앙위원인 변광호 후보가 현역의원, 병원장, 군산시장, 변호사 등 쟁쟁한 후보들을 꺾고 당선

지난 제헌의원 선거에서는 약종상으로 입법의원을 지낸 무소속 윤석구 후보가 같은 입법의원 출신으로 한민당을 업고나온 백남용 후보에게 대승을 거두고 등원했다.

이번 총선에는 윤석구 의원의 재선고지 저지를 위해 10명의 후보들이 출전했다.

일본대 출신으로 언론인인 이철, 세무공무원 출신인 한독당 최병선, 병원장으로 10년을 봉사한 강윤홍, 일본 조도전대 출신으로 민국당 중앙위원인 변광호, 군산시장을 지낸 김범초, 경성제대 출신으로 교사인 김재홍, 변호사로 15년 세월을 지낸 김선득, 공무원 출신인 국민회 원상남, 약종상인 김형태 후보 등이다.

일본대 출신으로 기자인 이철, 병원장으로 인술을 베푼 강윤홍, 군산시장을 지낸 김범초, 변호사로 지역 기반을 다진 김선득 후보들의 선전이 예상됐다.

쟁쟁한 후보들이 혼전을 전개한 선거전은 일본 조도전대 출신으로 민국당 중앙위원을 지낸 변광호 후보가 약종상으로 입법의원을 지낸 현역의원으로 초대 체신부장관을 지낸 윤석구 후보를 꺾고 의원직을 승계했다.

자료의 소실로 이들의 득표력을 가늠할 수없었다.

□ 득표상황

후보자	정당	연령	주요 경력	득표 (%)
변광호	민주국민당	60	회사원, 조도전대	5,699 (100.0)
이 철	무소속	39	신문기자, 일본대	
최병선	한국독립당	58	세무리, 운수업	
강윤홍	무소속	58	병원장	
김범초	무소속	44	시장, 군산시	
김재홍	무소속	46	교사, 목사	
김선득	무소속	54	변호사	
원상남	국민회	46	공무원	
김형태	무소속	48	약종상	
윤석구	대한국민당	58	제헌의원(군산)	

〈이리〉 지난 총선에서 배헌 후보가 이춘기 후보를 1,679표 차로 꺾었으나, 이번 총선에서는 이춘기 후보가 배헌 후보에게 설욕전을 승리로 장식

지난 제헌의원 선거에서는 독립운동을 펼친 배헌 후보가 식산은행원으로 한민당을 등에 업은 이춘기 후보와 이리부윤 출신으로 독립촉성국민회 이리지부장인 김병수 후보들을 예상을 뒤엎고 꺾었

다.

지난 총선에서 대결을 펼쳐 금메달과 은메달을 차지한 배헌, 이춘기 후보들이 재대결을 펼친 선거전에 13명의 새로운 도전자가 출전하여 15명의 후보들이 난전을 전개했다.

고교 교사였던 박영기, 노동운동을 펼친 노총의 김동진, 대한노총에 관여했으나 무소속으로 출전한 김갑수, 목사로 한독당을 업고 나온 양윤묵, 이리중학 이사장인 김원룡, 회사장인 도득선 후보 등이 새롭게 출전했다.

지난 총선에서 배헌과 이춘기 후보의 표차는 1,679표차였으며 이번 총선에서는 화선농장 농장장인 이춘기 후보가 만주무관학교 출신인 배헌 의원을 꺾고 의원직을 승계했다.

□ 득표상황

후보자	정당	연령	주요 경력	득표 (%)
이춘기	무소속	45	화선농장 농장장	6,699 (26.4)
배 헌	대한국민당	53	제헌의원(이리)	5,541 (21.9)
강갑수	무소속	31	대한노총 간부	3,250 (12.8)
이종만	무소속	40	농업인, 갈산동	2,425 (9.6)
도득선	무소속	42	회사장	2,000 (7.9)
양윤묵	한국독립당	52	목사, 농업	1,561 (6.2)
김창제	노동총연맹	52	토탄(土炭)업	812 (3.2)
박영기	대한국민당	55	고교 서무주임	693 (2.7)
이원기	사회당	40	화가, 상업	623 (2.5)
김 성	무소속	37	공무원	436 (1.7)

박 춘	무소속	42	신문기자	360 (1.4)
김동진	노동총연맹	48	회사원	326 (1.3)
이병석	무소속	54	대서업	321 (1.3)
김진태	무소속	36	농업인	310 (1.2)
김원룡	무소속	41	이리중 이사장	사퇴

〈완주 갑〉 금융조합 이사인 박양재 후보가 제헌의원인 유준상, 서울시 부시장을 지낸 김형민 후보들을 꺾고 당선

지난 제헌의원 선거에서는 면장 출신으로 독립촉성국민회 지부장인 유준상 후보가 대동청년단 지단장 손용배, 목축업자인 한민당 이석신, 서울신문 기자인 강봉의, 의사로서 명성을 얻은 최병헌 등 쟁쟁한 후보들을 제압하고 의정 단상에 올랐다.

한민당 백기욱, 독립촉성국민회 최광진, 무소속 김은준 후보들도 출전하여 선전했다.

유준상 의원이 재선고지를 향해 질주하자 강봉의 서울신문 기자를 비롯한 22명의 후보들이 출전하여 저지에 나섰다.

국민학교장을 지낸 김규동, 청년운동을 펼쳐온 한청 이덕엽, 교직생활 20년의 김학영, 서울시 부시장을 지낸 김형민, 경찰관 출신인 이강석과 최성림, 일본 동양대 출신인 이희준, 의사인 김영묵, 삼영면장을 지낸 황두현, 노동운동을 펼친 노총의 안병성, 국민당을 업고나온 이덕수, 독일 유학파인 윤건중, 의사인 양해룡, 사회당 소속의 정인섭 후보들이 출전했다.

일본 명치대 출신으로 금융조합 이사를 지낸 박양재 후보가 제헌의원인 유준상, 서울시 부시장을 지낸 김형민, 국민학교장을 지낸 김규동 후보들을 꺾고 당선됐다.

□ 득표상황

후보자	정당	연령	주요 경력	득표 (%)
박양재	무소속	37	금융조합, 명치대	3,672 (60.4)
김규동	무소속	44	국민학교장, 고산면	2,410 (39.6)
이덕엽	대한청년단	45	농업인, 삼영면	
강봉의	대한국민당	41	신문기자, 삼례면	
김학영	무소속	45	교원, 봉서면	
김형민	무소속	43	서울부시장, 삼례면	
김양묵	무소속	37	농업인, 조촌면	
이강석	무소속	32	경찰관, 운주면	
최성림	무소속	28	경찰관, 운주면	
유준상	대한국민당	40	제헌의원(완주 갑)	
유채경	사회당	49	화가, 비봉면	
국낙근	무소속	36	공무원, 삼례면	
이희준	무소속	28	농업인, 봉동면	
김영묵	한국독립당	35	의사, 전주시	
황두현	무소속	56	면장, 삼영면	
안병성	노동총연맹	34	노총위원장, 삼례면	
김은준	무소속	49	농업인, 봉동면	

윤효중	무소속	57	농업인, 운주면	
이덕수	대한국민당	38	농업인, 동산면	
윤건중	무소속	52	독일 유학, 삼례면	
양해룡	무소속	45	의사, 삼례면	
이용구	무소속	37	사법서사, 삼례면	
정인섭	사회당	50	농업인, 삼례면	

〈완주 을〉 조촌면장 출신인 박영래 후보가 이석주 현역의원, 손권배 대동청년단 전북도단장 등을 기적적으로 꺾고 2,748표를 득표하여 당선

지난 제헌의원 선거에서는 농민을 대변하겠다는 대한독촉농민총연맹 이석주 후보가 산업조합 이사인 이봉학, 독립촉성국민회의 김영진, 대동청년단 지단장인 조영진, 불교 교무원장인 유재환 후보들을 어렵게 따돌리고 당선됐다.

독립촉성국민회 지부장인 윤효중, 보험대리업자인 이건재, 신부(神父)인 서정수 후보들도 출전했다.

이석주 의원이 재선을 향해 달려가자 26명의 후보들이 벌떼처럼 달려들어 전주와 함께 전국 최고의 경쟁률을 자랑하게 됐다.

국민당 소속의 김영진, 정남구, 백기욱, 조영진, 김해성 등 5명이, 민국당 소속으로도 이석주, 박원, 이석신 등 3명이 출전하여 난맥

상을 보여줬다.

한청 소속으로도 정남용, 손권배 후보들이 한독당 소속으로 이봉학 후보가, 불교 소속으로 김재수 후보가 출전했다.

의사 출신인 김영협, 면장 출신인 김병수, 일본대 출신으로 대한청년단 전북도 단장을 지낸 손권배, 일본대 출신으로 대학교 서무과장인 이봉구 후보들의 선전이 예상됐다.

27명의 후보들이 난타전을 전개한 선거전은 조촌면장을 지낸 박영래 후보가 현역의원인 이석주 후보 등을 어렵게 따돌리고 2,748표로 당선되는 행운아가 됐다.

27명 후보자들의 출신면 분포는 우전면 2명, 조촌면 7명, 이서면 3명, 봉동면 1명, 소양면 2명, 용진면 2명, 구이면 2명 등이었다.

□ 득표상황

후보자	정당	연령	주요 경력	득표 (%)
박영래	무소속	49	면장, 조촌면	2,748 (100.0)
김영진	대한국민당	60	농업인, 우전면	
이석주	민주국민당	46	국회의원(완주 을)	
하영호	무소속	48	농업인, 전주시	
김영협	무소속	35	의사, 이서면	
윤상익	무소속	45	경찰관, 봉동면	
이창수	무소속	41	회사지배인, 조촌면	
박 완	민주국민당	55	저술가, 전주시	
하구수	무소속	30	농업인, 전주시	
안동선	무소속	32	학생, 우전면	

강민석	무소속	54	상업, 소양면	
곽효근	무소속	46	교원, 전주시	
이석신	민주국민당	47	농업인, 소양면	
임길부	무소속	47	농업인, 조촌면	
김재수	불교	45	승려, 용진면	
한동표	무소속	53	농업, 조촌면	
유 택	무소속	44	면장, 이서면	
김병수	무소속	55	면장, 이서면	
정남용	대한청년단	45	농업인, 조촌면	
손권배	대한청년단	34	한청 전북도단부장	
이봉학	한국독립당	44	회사원, 구이면	
김해성	대한국민당	55	농업인, 용진면	
김길호	무소속	39	회사원, 우전면	
정남극	대한국민당	49	전문대, 전주시	
이봉구	무소속	39	대학 서무과장	
백기욱	대한국민당	57	농업인, 조촌면	
조영진	대한국민당	40	산업조합, 국민회	

<진안> 제헌의원 선거에서 9,546표를 득표하고도 낙선했지만, 군웅이 할거한 이번 총선에서는 3,951표를 득표하고도 당선된 김준희

지난 제헌의원 선거에서는 마령면 출신인 오기열 후보가 진안면 같은 마을 출신으로 이전투구를 벌인 김준희, 김승국 후보들을 꺾고 당선됐다.

마령면 출신인 전병기 후보의 부진이 오기열 후보의 당선을 도왔다.

오기열 의원이 대한국민당 소속으로 재선을 향해 달리자 15명의 후보들이 뒤엉켜 저지에 나섰다.

대한국민당 중앙집행위원으로 활동한 김준희, 면장과 소방대장을 지낸 이복성, 면장과 금융조합장을 지낸 전종열, 면장 출신인 김형식, 후생협회장인 전계택, 면장 출신인 박동식, 군수를 지낸 허홍석과 허석철 후보들이 출전하여 난전을 벌였다.

양조업으로 기반을 닦은 지난 총선에서 672표차 차점 낙선한 김준희 후보가 기호 1번이라는 행운을 잡아 오기열 현역의원, 군수 출신인 허홍석, 면장 출신인 이복성 후보들을 꺾고 당선됐다.

김준희 후보는 지난 총선에서 9,546표를 득표하고도 낙선했지만 군웅이 할거한 이번 총선에서는 3,951표를 득표하고도 당선됐다.

□ 득표상황

후보자	정당	연령	주요 경력	득표 (%)
김준희	국민회	48	양조업, 진안면	3,951 (13.7)
이복성	무소속	49	면장, 진안면	3,275 (11.3)
허홍석	무소속	47	군수, 안천면	2,716 (9.3)
김준열	무소속	35	중학교 교감, 서울시	2,499 (8.6)
박동식	국민회	40	면장, 용담면	2,401 (8.6)

고영정	무소속	49	회사 취체역	2,087 (7.2)
김형식	무소속	33	면장, 전주시	1,761 (6.1)
오기열	대한국민당	62	제헌의원(진안)	1,729 (5.2)
황태욱	무소속	53	교감, 전주시	1,594 (5.5)
허석철	무소속	50	군수	1,475 (5.1)
전계택	무소속	38	부면장, 진안면	1,184 (4.1)
이용선	무소속	27	경찰관, 상전면	1,163 (4.0)
박노구	무소속	45	회사 취체역	1,027 (3.5)
오래열	무소속	62	면서기, 마령면	880 (3.0)
전종열	무소속	60	면장, 금융조합장	761 (2.6)
김경태	무소속	47	회사원, 서울시	557 (1.9)

〈금산〉 상공부장관 임영신 후보가 반탁운동의 기수로서 대동청년단을 이끌었던 유진산 후보를 꺾고 국회에 재입성

지난 제헌의원 선거에서는 독립촉성국민회 문교부장과 조직부장을 지낸 정해준 후보가 독립촉성국민회 청년단 금산군단장으로 활동한 조문형 후보를 꺾고 당선됐다.

정해준 의원이 민국당으로 출전하여 재선을 노리자, 초대 상공부장관으로 안동의 보궐선거에서 당선된 임영신 의원이 이 지역구로 옮겨 출전했다.

기독교 장로로서 신문지국장인 유지한, 3.1운동 당시 선봉대장으로 활약한 임승환, 사회부 노동과장을 지낸 김준오, 대동청년단 최고위원과 민국당 총무부장을 지낸 유진산, 대한청년단 금산지단장인 조권형, 금산읍장을 지낸 김석균, 일본대 출신으로 회사장인 김홍범, 금융조합연합회 전북지부장인 박해준, 독일에서 경제학 박사 학위를 받은 정상종 후보 등 기라성같은 후보들이 출전했다.

여자국민당 당수인 임영신 후보가 다양한 경력과 인물을 내세워 반탁운동의 기수로 대동청년단을 이끌었던 유진산 후보를 꺾고 국회에 재입성했다.

금산읍 출신들인 임승환, 김준오, 조권형, 김석균, 강원식, 정상종 후보들이 난타전을 전개하여 자멸하는 선거전이었다.

□ 득표상황

후보자	정당	연령	주요 경력	득표 (%)
임영신(여)	여자국민당	51	제헌의원(안동 을)	9,050 (26.8)
유진산	무소속	46	민국당 총무부장	7,236 (21.4)
박해준	무소속	41	금융연합 서무과장	3,687 (10.9)
김석균	민주국민당	53	읍장, 금산읍	2,956 (8.8)
임승환	무소속	52	3.1운동 선봉대장	2,262 (6.7)
유지한	대한국민당	47	신문지국장, 장로	2,126 (6.3)
정상종	국민회	52	경제학 박사, 독일대	1,999 (5.9)
조권형	대한청년단	36	청년단장, 금산읍	1,376 (4.1)
김홍범	무소속	45	회사장, 공무원	880 (2.6)
김준오	무소속	36	사회부 복지과장	599 (1.8)

황기봉	무소속	36	공무원, 남이면	588 (1.7)
강원식	무소속	43	신문지사장, 교원	468 (1.4)
정해준	민주국민당	48	제헌의원(금산)	340 (1.0)
주회흠	무소속	46	교원, 경사, 제원면	188 (0.6)

〈무주〉 상공부 상공장려관장을 지낸 김상현 후보가 제헌의원 선거에서 당선된 신현돈, 보궐선거에서 당선된 김교중 후보들을 격파하고 의원직을 승계

지난 제헌의원 선거에서는 의사로서 독립촉성국민회 무주군회장과 대동청년단 무주군단장을 지낸 신현돈 후보가 한민당 소속의 사업가인 김용학, 군수 출신인 김종남 후보들을 제치고 당선됐다.

신현돈 의원의 전북도지사 임명에 따라 실시된 보궐선거에서 대동청년단 소속의 김교중 후보가 양조장을 경영한 국민회 김용환, 언론인으로 유명한 함상훈 후보들을 꺾고 의원직을 승계했다.

제헌의원 선거에서 당선된 신현돈, 보궐선거에서 당선된 김교중 후보들이 동시에 출격한 이번 선거전에서 상공부 중앙상공장려관장을 지낸 김상현 후보가 전직과 현직 의원들의 용쟁호투를 즐기며 어부지리를 챙겨 국회에 입성했다.

김상현 후보와 신현돈 후보의 표차는 821표였다.

☐ 득표상황

후보자	정당	연령	주요 경력	득표 (%)
김상현	무소속	47	상공부 장려관장	8,839 (37.5)
신현돈	국민회	47	제헌의원(무주)	8,018 (34.0)
김교중	무소속	38	제헌의원(무주)	4,401 (18.7)
최병택	국민회	54	농업, 안성면	1,375 (5.8)
박상식	무소속	46	여관업, 무주면	929 (4.0)

〈장수〉 13명의 후보들이 난립하여 혼전이 전개된 선거전에서 계남면민과 대한청년단 단원들의 도움으로 국회 등원에 성공한 김우성

지난 제헌의원 선거에서는 명치대 출신으로 대지건설 사장인 김봉두 후보가 독립촉성국민회 지부장인 유순형, 소방단장을 지낸 대동청년단 송주호, 장수면장을 지낸 오일승 후보들을 제압하고 당선됐다.

지난 총선에서 당선된 김봉두, 낙선한 오일승 후보들이 재대결을 펼친 선거전에 경찰 출신인 한두석, 장수군농민회 과장인 오삼녀, 면장 출신인 정종현과 유동열, 독립노농당으로 출전한 유인철, 등기소장을 지낸 이만섭, 한청 장수군 부단장을 지낸 김우성, 의사인 김태진 후보들이 새롭게 도전했다.

오삼녀, 이만섭, 김태진 등 장수면 출신들과 오일승, 박문보, 김우성 등 계남면 출신들의 대결에서 계남면장으로 대한청년단 활동을

펼친 김우성 후보가 대승을 거두고 국회에 등원했다.

명치대 출신으로 재력이 풍부한 김봉두 후보는 민심의 이반을 실감할 수밖에 없었다.

□ 득표상황

후보자	정당	연령	주요 경력	득표 (%)
김우성	무소속	38	면장, 계남면	4,985 (21.3)
장병준	무소속	52	농업인, 번암면	2,739 (11.7)
오삼여	무소속	41	군농민회 축산과장	2,688 (11.5)
오일승	무소속	57	면장, 계남면	2,616 (11.2)
한두석	무소속	34	경찰, 요천면	2,286 (9.8)
김봉두	무소속	45	제헌의원(장수)	2,166 (9.3)
유동열	대한국민당	56	면장, 산서면	1,811 (7.7)
이만섭	무소속	48	등기소장, 장수면	1,387 (5.9)
박문보	무소속	42	반민특위 과장	1,210 (5.2)
유인철	독립노동당	38	대졸, 서울시	734 (3.2)
김태진	무소속	46	의사, 장수면	467 (2.0)
문병선	무소속	48	공무원, 전주시	282 (1.2)
정종현	무소속	48	면장, 완주군	사퇴

〈임실〉 지난 총선에서 3위로 낙선한 엄병학 후보가 민국당 당내 경쟁을 벌인 진직현 현역의원을 꺾고 설욕에 성공

지난 제헌의원 선거에서는 변호사로서 지역 기반을 다진 진직현 후보가 독립촉성국민회 회원들의 지지로 신문기자 출신으로 대동청년단 임실지단장으로 활동한 김진의 후보를 꺾고 등원에 성공했다.

사법서사로 기독청년회 엄병학, 목사인 이경순, 유도회 전북지부장인 곽한영, 미창 군산지점 직원인 노병연, 순창군청에 근무했던 이기우 후보들도 참전했다.

지난 총선에서 대결을 펼쳤던 진직현, 엄병학, 곽한영, 노병연 후보들이 재대결을 펼친 선거전에 광산소유주인 민국당 한태수, 금융조합장인 김재두, 임실군수를 지낸 홍재표, 교사 출신인 신동욱, 전북도 농민회장으로 활약한 계용규, 사회당을 업고나온 박두성, 신문사 사장인 백남홍, 대한노총의 정마룡, 일제시절 고등계형사로 활약한 오재봉 후보들이 새롭게 출전하여 14명의 후보들이 혼전을 전개했다.

지난 총선에서 신문사 지국장으로 3위로 낙선한 엄병학 후보가 국민당으로 재력이 풍부한 민국당 한태수 후보를 밀쳐내고 당선됐다. 현역의원에 대한 민심의 이반(離叛)으로 진직현 후보는 3위 자리마저 금융조합장인 김재두 후보에게 넘겨줬다.

☐ 득표상황

후보자	정당	연령	주요 경력	득표 (%)
엄병학	대한국민당	34	사법서사, 신문지국장	7,469 (20.6)
한태수	민주국민당	52	대서업, 전주시	4,904 (13.6)

김재두	무소속	41	금융조합장, 둔남면	3,826 (10.6)
진직현	무소속	50	제헌의원(임실)	3,630 (10.0)
곽한영	무소속	64	회사장, 둔남면	2,921 (8.1)
홍재표	무소속	40	군수, 전주시	2,820 (7.8)
신동욱	무소속	40	목사, 전주시	2,610 (7.2)
계용규	무소속	48	군수, 전북농민회장	2,471 (6.8)
노병연	무소속	52	교원, 삼계면	2,202 (6.1)
박두성	사회당	29	대졸, 서울시	1,203 (3.3)
백남홍	조선민주당	42	신문사장, 서울시	1,030 (2.8)
조성용	무소속	38	은행원, 삼계면	1,012 (2.8)
정만용	노동총연맹	36	회사원, 강진면	904 (2.5)
오재봉	무소속	59	일경 고등계형사	206 (0.6)

〈남원〉 지난 총선에서는 15,696표차로 낙선했지만, 이번 총선에서는 7,358표차로 이정기 의원에게 설욕한 조정훈

지난 제헌의원 선거에서는 민족청년단 남원지단장을 지낸 이정기 후보가 대동청년단 남원지단장을 지낸 조정훈 후보를 격파하고 승리했다. 한말 궁내부 주사를 지낸 76세의 양경수 후보도 출전했다.

지난 총선에서 승패가 엇갈렸던 이정기, 조정훈 후보가 재격돌한 이번 선거전에 전북도 관재국장을 지낸 박환생 후보가 출전하여 3파전을 전개했다.

세무관리 출신인 이현장, 교사 출신인 박원용, 국민회 활동을 펼친 양세환, 신문기자인 김희일 후보들도 참전했다.

대동청년단 남원군단장을 거쳐 대한청년단 남원군단장으로 활동한 조정훈 후보가 민국당으로 돌변한 이정기 의원에게 설욕하고 금배지를 인계받았다.

□ 득표상황

후보자	정당	연령	주요 경력	득표 (%)
조정훈	무소속	37	대청 남원군단장	17,022 (29.5)
박환생	대한국민당	36	전북도 관재국장	10,967 (19.0)
이정기	민주국민당	36	제헌의원(남원)	9,664 (16.7)
박원용	무소속	50	교사, 운봉면	8,730 (15.1)
이현장	무소속	43	제재업, 세무관리	5,386 (9.3)
양세환	무소속	44	국민회 간부	2,684 (4.6)
윤종현	무소속	49	농업인, 운봉면	1,795 (3.1)
김희일	무소속	51	신문기자, 남원읍	1,516 (2.6)

<순창> 유일한 동계면 출신으로 순창면 유권자들이 나명균, 신진우, 김민희, 김인술 후보에게 갈리는 틈새를 비집고 들어가 승리한 김정두

지난 제헌의원 선거에서는 신문기자 출신으로 독립촉성국민회와

한민당에 함께 가입한 노일환 후보가 독립촉성농민총연맹의 조일수 후보를 대파하고 등원에 성공했다.

노일환 의원이 국회 프락치 사건으로 퇴장하여 새로운 지역의 주인을 뽑는 이번 총선에서는 전북도 산업국장을 지낸 김민희, 대한청년단 순창지단장으로 활약한 김정두, 약종상인 김인술, 일본 조도전대 출신인 민국당 나명균, 일본대 출신으로 경찰학교 교관을 지낸 배규식, 순창면장을 지낸 신진우 후보들이 6파전을 전개했다.

동계면 출신으로 청년운동을 활발하게 전개한 김정두 후보가 김민희, 김인술, 나명균, 신진우 후보등 순창면 출신들의 경쟁을 호기(好機) 삼아 당선의 기쁨을 맛보았다.

□ 득표상황

후보자	정당	연령	주요 경력	득표 (%)
김정두	무소속	37	청년단장, 동계면	9,622 (27.9)
나명균	민주국민당	52	조도전대, 순창면	6,043 (17.5)
신진우	무소속	45	면장, 순창면	5,927 (17.2)
김민희	무소속	35	전북도 산업국장	5,635 (16.3)
배규식	무소속	38	경찰학교 교관	3,988 (11.6)
김인술	무소속	41	약종상, 순창면	3,281 (9.5)

〈정읍 갑〉 전북도 내무국장 출신으로 지역 기반을 구축하고 현역의원의 민심이반을 틈타 나용균 제헌의원을 꺾고 등원에 성공한 신석빈

지난 제헌의원 선거에서는 영국 캠브리지대 출신으로 한민당 사무국장인 나용균 후보가 무투표 당선됐다.

나용균 의원이 재선고지 점령에 나서자 전북도 내무국장을 지낸 신석빈 후보가 출전하여 맞대결을 펼쳤다.

소성면에 근무했던 김재은, 일본대 출신인 박석규, 교원 출신인 노동총연맹 이동선, 이평면 출신인 김대진, 일본대 출신인 안재용 후보들도 참전했다.

정주읍의 이동섭, 신석빈 후보들과 영원면의 나용균, 박석규 후보들의 대결에서 현역의원에 대한 민심이반 등으로 신석빈 후보가 나용균 후보를 2,201표차로 꺾고 당선됐다.

□ 득표상황

후보자	정당	연령	주요 경력	득표 (%)
신석빈	무소속	41	전북도 내무국장	17,987 (39.6)
나용균	민주국민당	56	제헌의원(정읍 갑)	15,786 (34.8)
이동선	노동총연맹	28	교원, 정주읍	6,250 (13.8)
박석규	무소속	58	일본대, 영원면	2,087 (4.6)
안재용	무소속	39	일본대, 내장면	1,261 (2.8)
김재은	무소속	40	면서기, 소성면	1,036 (2.3)
김대진	무소속	64	농업인, 이평면	987 (2.2)

〈정읍 을〉 지난 총선에선 김홍기 후보에게 4,721표차로 패배했지만, 이번 총선에서는 2,072표차로 되갚아 준 김택술

지난 제헌의원 선거에서는 신태인읍장 출신으로 동아일보 지국장인 한민당 김종문 후보가 칠보면 출신들인 대한독촉국민총연맹 정읍촉진대장인 김홍기 후보와 전북도 노동과장 출신으로 농민총연맹 김택술 후보들을 꺾고 당선됐다.

김종문 의원이 출전을 포기한 이번 총선에는 지난 총선에서 은메달을 차지한 김홍기 후보와 동메달을 차지한 김택술 후보가 건곤일척 한판 승부가 펼쳐졌다.

약종상인 오선근, 영원면 출신인 민국당 나재균, 산내면장을 지낸 유재익, 중학교 교장을 지낸 김진영, 중학교사였던 송문섭, 농민회 회장인 임성근, 산외면 출신인 민국당 은주표 후보들도 출전했다.

용호상박 혼전을 전개한 선거전은 전북도 노동과장을 지내고 대한노총 전북부위원장을 지낸 김택술 후보가 정읍군 촉진대장 출신으로 노동총연맹 소속인 김홍기 후보를 2,072표차로 꺾고 당선됐다.

□ 득표상황

후보자	정당	연령	주요 경력	득표 (%)
김택술	노동총연맹	31	전북도 노동과장	10,323 (25.0)
김홍기	노동총연맹	41	정읍군 촉진대장	8,251 (20.0)
김진영	무소속	46	중학교장, 태인면	7,000 (17.0)
나재균	민주국민당	44	농업, 영원면	2,756 (6.7)

송문섭	무소속	29	중학교사, 산와면	2,260 (5.5)
유재익	무소속	51	면장, 군산시	1,554 (3.8)
임성근	무소속	46	농민회장, 정주읍	1,535 (3.7)
신직한	무소속	33	농업인, 칠보면	1,500 (3.6)
은주표	민주국민당	40	농업인, 산외면	1,362 (3.3)
박봉래	국민회	72	농업인, 태인면	1,251 (3.0)
김현곤	무소속	52	농업인, 태인면	1,216 (3.0)
김홍섭	무소속	47	농업인, 칠보면	1,128 (2.7)
오선근	무소속	63	약종상, 전주시	1,089 (2.6)

〈고창 갑〉 김영동 현역의원이 당선권에 밀려난 선거전에서 상공부 차관을 지낸 김수학 후보가 내승을 거두고 등원

지난 제헌의원 선거에서는 조선전업 사원으로 무장면민들의 전폭적인 지지를 업은 김영동 후보가 고창면민 표가 한민당을 업고나온 임방욱, 회사원인 김기채, 고창군수를 지낸 오의균, 농민총연맹의 이봉춘 후보로 나뉘는 틈새를 비집고 들어가 당선의 행운을 거머쥐었다.

지난 총선에 출전했던 오의균, 김영동, 김기채 후보들이 재대결을 펼친 선거전에 7명의 새로운 주자들이 출전하여 혼전을 전개했다.

일본 경도제대 출신으로 상공부차관을 지낸 김수학, 일본 명치대 출신으로 회사원인 김영수, 일본 동양대 출신으로 면장과 만주 이민 개척단장을 지낸 강무, 인쇄업자인 임창욱 후보들이 새롭게 도전했다.

현역의원에 대한 민심이반으로 김영동 의원은 초반부터 당선권에 밀려나고, 상공부차관을 거쳐 대한무진회사 사장인 김수학 후보가 높은 경력과 풍부한 재력을 활용하여 고창중학 이사인 정태환, 지난 총선에 출전하여 동메달을 차지한 김기채 후보들도 꺾고 당선됐다.

□ 득표상황

후보자	정당	연령	주요 경력	득표 (%)
김수학	무소속	54	상공부차관, 고창읍	10,999 (31.5)
정태환	무소속	49	고창중 이사, 성송면	7,532 (21.6)
김기채	무소속	42	회사원, 고창읍	4,860 (13.9)
임창욱	무소속	38	인쇄업, 고창읍	3,941 (11.3)
강 무	무소속	53	면장, 성송면	3,125 (9.0)
김영동	무소속	43	제헌의원(고창 갑)	2,373 (6.8)
오의균	대한국민당	67	농업인, 고창읍	1,146 (3.3)
엄주승	무소속	56	공무원, 고창읍	895 (2.6)
김영수	무소속	30	명치대, 고수면	
정순묵	무소속	40	면서기, 성송면	

〈고창 을〉 현역의원에 대한 민심이반을 등에 업고 동아일보 사장 출신인 백관수 의원을 꺾고 의원직을 승계한 대한항공

사장인 신용욱

지난 제헌의원 선거에서는 동아일보 사장이며 입법의원 출신인 한민당 백관수 후보가 독립촉성국민회 고창지회장인 신용재, 흥덕면장 출신인 박홍근 후보들에게 대승을 거두고 등원했다.

백관수 의원의 재선고지 점령을 저지하기 위해 흥덕면장을 지낸 박홍근, 전북도 농지개량과장을 지낸 서정천, 토건업자인 원성용, 인쇄업자인 김봉수, 대한항공 사장인 신용욱, 농장농감인 강석동, 고려대 재학생인 김우성 후보 등 10명이 출전했다.

흥덕면 출신인 대한항공 사장인 신용욱 후보가 성내면 출신인 동아일보 사장인 백관수 후보를 262표차로 꺾고 금 배지를 인계받았다.

지난 선거에서도 3위를 한 흥덕면 출신 박홍근 후보는 이번 총선에서도 동메달을 확보했다.

□ 득표상황

후보자	정당	연령	주요 경력	득표 (%)
신용욱	무소속	48	대한항공사 사장	6,360 (18.0)
백관수	민주국민당	61	제헌의원(고창 을)	6,098 (17.3)
박홍근	무소속	48	면장, 흥덕면	5,678 (16.1)
홍순희	무소속	37	공무원, 고창읍	4,821 (13.7)
강석동	무소속	41	농장농감, 해남면	2,750 (7.8)
박주황	무소속	29	교원, 흥덕면	2,700 (7.7)

원성용	무소속	44	토건업, 흥덕면	2,500 (7.1)
서정천	무소속	43	전북 농지개량과장	1,326 (3.8)
이용우	무소속	59	농업인, 해리면	1,150 (3.3)
김봉수	대한국민당	56	인쇄업, 고창읍	1,022 (2.9)
김우성	무소속	25	고대생, 부안면	879 (2.5)

〈부안〉 지난 총선에서 차점 낙선한 김형일, 국방부장관 비서실장을 지낸 신규식 후보들을 제압한 대법관 출신인 최병주

지난 제헌의원 선거에서는 부안군수를 지낸 조재면 후보가 독립촉성국민회의 지지 열기로 한민당 소속으로 출전한 김형일, 신일용, 백남기 후보들을 여유있게 따돌리고 당선됐다.

조재면 의원이 불출마한 이번 총선에는 대법관을 지낸 최병주, 대한노총연맹 부위원장인 조기승, 보안면 출신으로 지난 총선에도 출전했던 김형일, 경남도지사를 지낸 유해진, 남선일보 고문으로 지난 총선에도 출전했던 신일용, 산내면장을 지낸 허연욱, 국방부장관 비서실장을 지낸 신규식 후보들이 혈전을 전개했다.

일본 고문(高文)사법과 시험에 합격하여 대법관을 지낸 최병주 후보가 국방부장관 비서실장인 신규식, 지난 총선에도 차점 낙선한 김형일 후보와의 3파전에서 승리하여 등원했다.

□ 득표상황

후보자	정당	연령	주요 경력	득표 (%)
최병주	무소속	47	대법관, 변호사	14,017 (29.2)
신규식	무소속	43	국방부장관 비서실장	10,262 (21.4)
김형일	무소속	44	농업, 보안면	10,243 (21.3)
신일용	무소속	60	남선일보 고문	6,070 (12.6)
허연욱	무소속	63	면장, 산내면	3,592 (7.5)
유해진	무소속	45	경남도지사	1,996 (4.2)
조기승	노동총연맹	51	대한노총 부위원장	1,885 (3.9)

〈김제 갑〉 전북도 노동지도관 경력과 봉남면민들의 지지로 지난 총선에서 혈전을 전개했던 조한백, 이기호, 장현식 후보들을 꺾고 당선된 송방용

지난 제헌의원 선거에서는 신문사 지국장인 조한백 후보가 김제군청 직원 출신으로 사법서사인 한민당 이기호, 예수교 장로로 용지면장을 지낸 무소속 한상룡, 동아일보 중역인 한민당 장현식, 의사로서 인술을 베푼 대동청년단 왕정환 후보들을 한양 조씨, 월촌면민들의 전폭적인 지지로 가까스로 승리했다.

지난 총선에서 맞붙었던 조한백, 장현식, 이기호 후보들이 재대결을 펼친 이번 선거전에 전북도 과장을 지낸 한독당 김주섭, 금구면장을 지낸 유도회 송석철, 중학교 교사였던 무소속 나규남, 농대 강사였던 무소속 최일운, 전북도 노동지도관을 지낸 송방용 후

보 등이 새롭게 출전했다.

군웅이 할거하여 당선자가 오리무중인 선거전은 김제읍, 금구면, 월촌면, 주산면, 용지면, 봉남면의 소지역주의가 펼쳐졌다.

전북도 노동지도관을 지낸 경력을 내세우며 봉남면민들의 전폭적인 지지를 받은 송방용 후보가 지난 총선에서 혈전을 벌였던 조한백, 이기호, 장현식 후보들을 꺾고 새로운 지역의 주인으로 등장했다.

김제 을구에서 제헌의원에 당선됐던 홍희종 후보가 지역구를 옮겨 출전했으나 득표력은 미약했다.

□ 득표상황

후보자	정당	연령	주요 경력	득표 (%)
송방용	무소속	38	전북도 노동지도관	7,655 (19.0)
장현식	무소속	57	동아일보 주필	6,176 (15.3)
정봉수	무소속	57	농업, 김제읍	5,362 (13.3)
조한백	민주국민당	43	제헌의원(김제 갑)	5,322 (13.2)
이기호	국민회	52	사법서사, 김제읍	4,612 (11.4)
최일운	무소속	36	농대 강사, 용지면	3,378 (8.4)
나규남	무소속	31	중학교사, 전주시	2,312 (5.7)
홍희종	민주국민당	57	제헌의원(김제 을)	1,927 (4.8)
김주섭	한국독립당	42	전북도 과장	1,739 (4.3)
송석철	유도회	36	면장, 금구면	1,241 (3.1)
송종호	무소속	28	금융조합, 죽산면	670 (1.6)

〈김제 을〉 지난 총선에서는 7,563표를 득표하고도 낙선했지만, 이번 총선에서는 5,485표를 득표하고도 당선된 최윤호

지난 제헌의원 선거에서는 민족청년단 김제지단장인 홍희종 후보가 교원 출신인 독립촉성국민회 최윤호, 목사인 기독교도연맹 이근호, 토건회사 사장인 대동청년단 최주일, 수리조합원인 독립촉성국민회 홍성호 후보들을 꺾고 당선됐다.

홍희종 의원이 갑구로 옮겨 간 이번 총선에는 14명의 후보들이 출전하여 혼전을 펼쳤다.

고시위원회 과장을 지낸 최광식, 진봉면민들의 지지를 기대한 유동열, 국민회 활동을 펼친 최윤호, 청년운동을 벌인 김병기, 시립학교를 개설한 강원용, 동국대 강사인 이규창, 일본대 출신인 곽남규, 김제군수를 지낸 오해건, 백구면장을 지낸 이완익, 신문기자인 조인앙 후보들이 출전했다.

교원 출신으로 독립촉성국민회 김제지부장으로 활동하고 지난 총선에 출전하여 차점 낙선한 최윤호 후보가 면별 대표주자가 출전하여 소지역 대결을 펼친 선거전에서 간발(間髮)의 표차로 승리를 낚아챘다.

최윤호 후보는 지난 총선에서는 7,563표를 득표하고도 낙선했지만, 이번 총선에서는 5,485표를 득표하고 당선됐다.

□ 득표상황

후보자	정당	연령	주요 경력	득표 (%)
최윤호	무소속	45	국민회원, 김제읍	5,485 (16.2)
강원용	무소속	76	학교 경영, 서울시	4,873 (14.4)
김병기	무소속	41	청년운동, 백구면	4,211 (12.4)
오해건	무소속	54	군수, 서울시	4,010 (11.8)
최광식	무소속	34	고시위원회, 백구면	2,712 (8.0)
유동열	무소속	43	농업, 진봉면	2,509 (7.4)
곽남규	무소속	31	동국대 강사, 만경면	2,070 (6.1)
정낙모	무소속	45	한의업, 청하면	1,634 (4.8)
강창경	무소속	42	훈도, 의생, 김제읍	1,373 (4.0)
이완익	무소속	43	면장, 백구면	1,366 (4.0)
조인앙	민주국민당	40	신문기자, 김제읍	1,248 (3.7)
곽 탁	무소속	55	농업인, 만경면	1,069 (3.2)
이규창	무소속	40	동국대 강사, 서울시	901 (2.7)
박정식	무소속	59	농업인, 죽산면	443 (1.3)

〈옥구〉 옥구군수 출신으로 지역 기반을 다진 지연해 후보가 현역의원인 국민회 이요한, 무역회사 사장인 양일동, 지난 총선에서 차점 낙선한 강유진 후보들을 격파

지난 제헌의원 선거에서는 대서사인 대한독촉농민총연맹 이요한 후보가 창현면장 출신인 한민당 임희철, 대야면장 출신인 독립촉

성국민회 강유진, 금융조합 서기였던 한민당 조남윤 후보들을 꺾고 당선됐다.

지난 총선에서 당선된 이요한, 차점 낙선한 강유진 후보들이 재대결을 펼친 이번 선거전에 14명의 새로운 후보들이 참전하여 16명의 후보들이 난전을 벌였다.

옥산면장을 지낸 전세종과 문정태, 서울대 출신으로 대학교수인 이종록, 옥구군수를 지낸 지연해, 중졸로 무역회사 사장인 양일동, 조도전대 출신으로 대학교수인 김선태, 농림부 농지국장을 지낸 황정규, 목사인 고평곤, 회현면장을 지낸 문은철, 체신부장관 비서를 지낸 문영섭, 대한청년단 개정면 단장인 최만남 후보들이 출신 면민들의 지지를 기대하며 출전했다.

옥구군수 출신으로 지역 기반을 다진 지연해 후보가 현역의원인 국민회 이요한, 무역회사 사장인 양일동, 지난 총선에서 차점 낙선한 강유진 후보들을 꺾고 당선됐다.

대학교수인 이종록과 김선태, 농림부 농지국장을 지낸 황정규 후보들의 성적은 당선권을 밑돌았다.

□ 득표상황

후보자	정당	연령	주요 경력	득표 (%)
지연해	무소속	38	군수, 군산시	7,582 (16.1)
이요한	국민회	52	제헌의원(옥구)	5,563 (11.8)
양일동	무소속	37	무역회사장, 서수면	5,328 (11.3)
강유진	국민회	53	면장, 대야면	4,825 (10.2)
이종록	무소속	28	대학교수, 미면	3,872 (8.2)

한이석	무소속	39	면서기, 대야면	3,267 (6.9)
황정규	무소속	56	농림부 농지국장	3,006 (6.4)
채중묵	무소속	28	중학교사, 서수면	2,853 (6.1)
전세종	무소속	53	면장, 옥산면	2,591 (5.5)
문정태	한국독립당	52	면장, 옥산면	2,037 (4.3)
이충로	무소속	41	회사원, 개정면	1,816 (3.9)
고평곤	무소속	49	목사, 옥산면	1,748 (3.7)
최만남	무소속	34	대청 면단장, 개정면	1,326 (2.8)
문영섭	무소속	43	체신부 비서, 회현면	756 (1.6)
문은철	무소속	69	면장, 회현면	560 (1.2)
김선태	무소속	44	대학교수, 임파면	231 (0.5)

<익산 갑> 서울특별시 부시장 출신으로 지난 총선에서 9,868표로 낙선했지만, 이번 총선에선 7,303표를 득표하고도 당선된 소선규

지난 제헌의원 선거에서는 황동면민들의 지원, 지역토박이로서의 이점을 살린 대동청년단 백형남 후보가 서울에서 정치활동을 펼친 한민당 소선규, 신문지국장으로 독립촉성국민회와 한민당에 함께 가입한 김병기, 전주에 기반을 둔 한민당 송병종 후보들을 꺾고 등원에 성공했다.

지난 총선에서 당선된 백형남 후보와 차점 낙선한 소선규 후보가 재대결을 펼친 선거전에 북일면장을 지낸 김양수, 전북 수리조합장인 김원중, 청년운동가인 사회당 차재길, 명륜대 강사인 신사회 홍순채 후보 등이 새롭게 출전했다.

서울특별시 부시장 출신으로 지난 총선에서 차점 낙선한 민국당 소선규 후보가 지난 총선에서 당선된 대한국민당 백형남, 전북 수리조합장인 김원중 후보들을 꺾고 당선됐다.

□ 득표상황

후보자	정당	연령	주요 경력	득표 (%)
소선규	민주국민당	48	서울시 부시장	7,303 (22.0)
김원중	무소속	46	전북 수리조합장	6,728 (20.2)
김양수	무소속	49	면장, 북일면	4,722 (14.2)
서재권	무소속	45	농업, 금마면	3,673 (11.0)
선길선	무소속	32	신분법, 준포면	3,167 (9.5)
백형남	대한국민당	36	제헌의원(익산 갑)	3,156 (9.5)
송윤식	무소속	31	공무원, 왕궁면	1,359 (4.1)
홍순채	신사회	52	명륜대 강사, 금마면	950 (2.9)
홍금길	무소속	41	농업, 황등면	787 (2.4)
차재길	사회당	33	청년운동, 이리시	644 (1.9)
박형하	사회당	41	대졸, 이리시	398 (1.2)
이우영	무소속	47	농업인, 춘포면	374 (1.1)

〈익산 을〉 지난 총선에 출전했던 후보들이 사라지고 정치

신인들의 쟁패장이 된 선거전에서 민국당 윤택중 후보가 한독당 조경한, 철학박사 강세형 후보들을 꺾고 당선

지난 제헌의원 선거에서는 교원 출신으로 팔봉면민들의 전폭적인 지지를 얻은 이문원 후보가 이리시에 기반을 둔 한민당 김대희, 청년운동가인 대동청년단 차재길 후보들을 꺾고 당선됐다.

국회 프락치 사건에 연루되어 중도 퇴직한 이문원 의원의 후임자를 선출하기 위한 이번 선거전에는 지난 총선에서 뛰었던 5명의 후보들은 감쪽같이 사라지고 20명에 달하는 새로운 후보들이 출전했다.

의사인 이춘식, 용안면장을 지낸 임규선, 사회사업가인 정홍거, 일본 중앙대 출신으로 면장을 지낸 이진우, 독일에서 철학박사 학위를 받은 강세형, 학술원 원장인 권중돈, 항일독립운동을 펼친 한독당 조경한, 일본 중앙대 출신으로 전북도 교육국장을 지낸 민국당 윤택중, 청년운동가인 김형섭, 회사장인 국민당 이병익 후보들이 출전했다.

전북도 교육국장을 지낸 민국당 윤택중 후보가 상해임시정부 국무위원으로 한양 조씨 문중들의 지원을 받은 한독당 조경한, 철학박사인 강세형 후보들을 꺾고 당선됐다.

□ 득표상황

후보자	정당	연령	주요 경력	득표 (%)
윤택중	민주국민당	36	전북도 교육국장	4,193 (13.7)
조경한	한국독립당	49	항일운동, 서울시	3,872 (12.7)

강세형	무소속	50	철학박사, 회사원	3,516 (11.5)
이진우	무소속	35	면장, 용안면	2,616 (8.6)
김형섭	무소속	45	청년운동, 춘포면	2,071 (6.8)
임규선	무소속	68	면장, 용안면	1,903 (6.2)
진봉섭	무소속	41	중졸, 서울시	1,705 (5.6)
권중돈	무소속	54	학술원장, 함열면	1,449 (4.7)
이성주	무소속	28	농업인, 여산면	1,448 (4.7)
이형갑	무소속	37	농업인, 서울시	1,285 (4.2)
정홍거	무소속	39	사회사업, 서울시	1,006 (3.3)
유명호	무소속	42	농업인, 함열면	934 (3.1)
이춘식	무소속	42	의사, 용안면	796 (2.6)
최장윤	무소속	34	농업인, 낭산면	782 (2.6)
이병룡	국민회	59	농업인, 야산면	693 (2.3)
이일화	사회당	50	농업인, 낭산면	557 (1.8)
이병익	무소속	43	회사장, 망성면	539 (1.8)
강창구	사회당	36	농업인, 서울시	505 (1.7)
이용주	무소속	48	농업인, 이리시	382 (1.2)
이남석	무소속	38	사회사업, 임실군	343 (1.1)

전라남도

〈광주〉 정광호 의원이 경기도 양주로 옮겨간 이번 선거전에서 조선대 학장인 박철웅 후보가 제자들과 고흥 출향민들의

지지로 대승을 거두고 등원

지난 제헌의원 선거에서는 광주시장의 경력과 한민당 열기를 담아 정광호 후보가 무투표 당선됐다.

정광호 의원이 고향 찾아 경기도 양주로 옮겨간 이번 총선에서는 12명의 정치신인들이 출전하여 격전을 벌였다.

전남도지사를 지낸 최영욱, 호남신문 사장인 정두범, 독립운동가인 조정관, 내무부 인사과장을 지낸 정성태, 한의사로 국민당 간사로 활약했던 민국당 조낙구, 전남도 농지위원으로 노총위원장인 고석룡, 과도정부에서 입법의원을 지낸 민국당 고광표, 광주경찰서 후원회장인 윤석주, 일본 명치대 출신으로 조선대학장인 박철웅 후보들이 출전했다.

조선대 제자들과 고흥 출향민들의 전폭적인 지원으로 박철웅 후보가 대승을 거두었다. 과도정부 입법의원인 고광표, 내무부 인사과장을 지낸 정성태, 전남도지사를 지낸 최영욱 후보들도 선전했다.

□ 득표상황

후보자	정당	연령	주요 경력	득표 (%)
박철웅	무소속	39	조선대 학장	20,591 (46.9)
고광표	민주국민당	43	과도정부 입법의원	7,412 (16.9)
정성태	무소속	36	내무부 인사과장	6,237 (14.2)
최영욱	무소속	59	전남도지사	2,079 (4.7)
고석룡	노동총연맹	46	전남도 농지위원	1,983 (4.5)

노인환	무소속	34	회사 중역	1,764 (4.0)
정두범	무소속	52	호남신문 사장	1,244 (2.8)
윤석주	무소속	60	광주경찰서 후원회장	831 (1.9)
이호면	무소속	42	공무원	760 (1.7)
박영만	무소속	49	토건업	514 (1.2)
조정관	무소속	52	독립운동	267 (0.6)
조낙구	민주국민당	52	국민당 간사, 한의	189 (0.4)

〈목포〉 기독교인들과 노조원들의 열렬한 지지로 강선명 현역의원, 이남규 전남도지사 등을 꺾어버린 임기봉 목사

지난 제헌의원 선거에서는 목사인 이남규 후보가 독립촉성국민회의 열기를 받아 목포 상공회의소 회두인 강선명, 국민학교장 출신인 김동신, 토지회사 사장인 정영소 후보들을 꺾고 당선됐다.

대한노총위원장인 노동총연맹 김유기, 직물업을 영위한 천동환 후보들도 출전했다.

이남규 의원의 전남도지사 임명으로 실시된 보궐선거에서 목포 상공회의소 회두로 지난 선거에서 차점 낙선한 강선명 후보가 대법원장 출신인 김용무 후보를 73표차로 꺾고 당선되어 의원직을 이어갔다.

지난 총선에서 당선되어 전남도지사에 임명된 이남규 후보와 보궐선거에서 당선된 강선명 의원이 다시 한번 맞대결을 펼친 이번 선

거전에 목사로서 노동운동을 펼친 대한노총 임기봉, 면장 출신인 정남진, 변호사인 천주교총연맹 양덕표, 국민회 지부장으로 활동한 민국당 오재균, 재무부 세관국장을 지낸 민국당 김현규, 중학교사 출신인 박달배, 검사 출신 변호사인 한독당 박팔천, 감찰위원회 조사관을 지낸 홍익선 후보들이 출전했다.

기호 1번이라는 행운을 잡고 기독교인들과 노조원들의 열광적인 지지를 받은 임기봉 후보가 현역의원인 국민당 강선명, 전남도지사를 지낸 국민회 이남규, 국민회 지부장을 지낸 민국당 오재균 후보들을 꺾은 이변을 창출했다.

☐ 득표상황

후보자	정당	연령	주요 경력	득표 (%)
임기봉	노동총연맹	47	목사, 노총부위원장	11,853 (35.0)
강선명	대한국민당	52	제헌의원(목포)	6,898 (20.4)
오재균	민주국민당	43	국민회 지부장	5,481 (16.2)
이남규	국민회	50	제헌의원(목포)	4,454 (13.1)
박팔천	한국독립당	38	검사, 변호사	1,745 (5.1)
홍익선	무소속	34	감찰위원회 조사관	1,558 (4.6)
정남진	무소속	48	면장	1,199 (3.5)
김현규	민주국민당	27	재무부 세관국장	429 (1.3)
박달배	무소속	28	중학교사	268 (0.8)
양덕표	천주교연맹	38	변호사	사퇴

<여수> 정재완 후보가 지난 총선에서 승패가 엇갈렸던 김문평, 여도현 후보는 물론 문균 후보에게 대승을 거두고 등원

지난 제헌의원 선거에서는 여수군 갑·을구로 분구됐으나 여수읍이 여수시로 승격되면서 이번 총선에서는 여수시와 여천군으로 새롭게 출범했다.

여수 갑구에서는 일본 조도전대 출신으로 여수군수를 지낸 대성회 김문평 후보가 교원 출신인 연창희 후보와 경찰관 출신으로 면장을 지낸 여도현 후보를 큰 표차로 꺾고 당선됐다.

지난 총선에서 대결을 펼쳤던 김문평, 여도현 후보들이 재대결을 벌인 이번 총선에는 전남도 사회교육과장을 지낸 정재완, 동아일보 여수지국장을 지낸 문균, 여수군수 출신인 박양화, 노총위원장을 지낸 윤창조, 경찰 출신인 민국당 박정인 후보들이 새롭게 참전했다.

전남도 사회교육과장 출신으로 신문사 사장인 정재완 후보가 지난 총선에서 승패가 엇갈렸던 김문평, 여도현 후보는 물론 동아일보 지국장인 문균 후보에게 대승을 거두고 새로운 주인으로 등극했다.

□ 득표상황

후보자	정당	연령	주요 경력	득표 (%)
정재완	무소속	50	전남 사회교육과장	10,784 (43.6)
문 균	국민회	42	동아일보 지국장	5,600 (22.7)
김문평	민주국민당	44	제헌의원(여수 갑)	3,700 (15.0)

여도현	무소속	40	신문 주필, 제분업	3,000 (12.1)
김금동	무소속	38	상업	1,200 (4.9)
박양화	무소속	31	군수	300 (1.2)
박정인	민주국민당	30	경찰	127 (0.5)
윤창조	노동총연맹	34	노총위원장	사퇴

〈순천〉 미국 컬럼비아대 출신으로 순천군수를 지낸 김양수 후보가 지난 총선에선 황두연 후보에게 패배했지만, 이번 총선에서는 설욕하고 등원에 성공

지난 제헌의원 선거에서는 순천군 갑·을구로 분구됐으나 순천읍이 도사면을 병합하여 순천시로 승격되면서 이번 총선에서는 순천시와 승주군으로 새롭게 출범했다.

지난 제헌의원 선거 때 순천 갑구에서는 순천 노동조합장으로 대한독촉농민총연맹과 노동총연맹의 지원을 받은 황두연 후보가 순천군수를 지낸 김양수 후보를 3천여 표차로 꺾고 당선됐다.

지난 총선에서 승패가 엇갈렸던 황두연, 김양수 후보들이 재대결을 펼친 선거전에 고등문관시험에 합격한 변호사 윤형남, 자동차 수리기 조합장인 정봉식, 동아일보 순천지국장인 신순우 후보들이 새롭게 도전했다.

현역의원에 대한 민심이반을 등에 업고 지난 총선에선 3,169표차

로 패배한 미국 컬럼비아대 출신으로 삼일신문 주필인 김양수 후보가 이번 총선에서는 4,351표차로 꺾고 새로운 지역의 주인으로 등극했다.

□ 득표상황

후보자	정당	연령	주요 경력	득표 (%)
김양수	민주국민당	53	제일신문 주필	9,927 (47.1)
황두연	국민회	46	제헌의원(순천 갑)	5,568 (26.4)
윤형남	무소속	40	고등문관시험 합격	1,878 (8.9)
서정기	무소속	54	농업	1,432 (6.8)
정봉식	무소속	45	수리기 조합장	1,287 (6.1)
신순우	대한노총	41	동아일보 지국장	1,000 (4.7)

〈광산 갑〉 금융조합 이사, 국민회 지부장 출신으로 민심이반으로 탈락한 박종남 제헌의원을 승계한 정순조

광산군 갑·을구가 통합된 지난 제헌의원 선거에서는 중학교 교장 출신으로 지역 기반을 다진 박종남 후보가 보성전문대 교수로서 입법의원 출신인 한민당 홍성하 후보를 꺾고 당선됐다.

서창면장을 지낸 김병한 후보는 두 후보의 혈투를 지켜봤다.

낙선한 홍성하 후보는 이승만 의원의 대통령 취임으로 인한 서울 동대문구 보궐선거에 출마하여 당선됐다.

이번 총선을 앞두고 광산군은 광주시를 중심에 두고 동쪽지역은 갑구로, 서쪽지역은 을구로 분구됐다.

광산군이 갑·을구로 분구되자 지난 총선에서 당선된 박종남 의원과 파수꾼 역할을 한 김병한 후보들이 갑구를 선택하자 변호사로 활약한 양지훈, 평동면민들의 지원을 기대한 이정휴, 동곡면민들의 지원을 기대한 유병관, 검사 출신 변호사인 유도회 기세훈, 일간 정경뉴-스 사장인 박용하, 국민회 광산지부장인 정순조 후보들이 도전장을 내밀었다.

11명의 후보들이 난타전을 전개한 선거전은 금융조합 이사로서 풍부한 자금과 국민회원들의 지지를 묶은 정순조 후보가 동곡면민들의 지지를 받은 유병관, 변호사로 활약이 돋보인 기세훈 후보들을 제압하고 당선됐다.

대학교수로서 제헌의원인 박종남 후보는 제헌의원에 대한 민심이 반으로 선거 초반부터 당선권에서 멀어졌다.

□ 득표상황

후보자	정당	연령	주요 경력	득표 (%)
정순조	국민회	63	금융조합 이사	5,075 (17.0)
유병관	무소속	32	농업인, 동곡면	4,701 (15.7)
기세훈	유도회	37	검사, 변호사	3,918 (13.1)
양지훈	무소속	38	변호사, 광주시	3,434 (11.5)
김상기	무소속	35	공업, 전주시	2,603 (8.7)
박희철	무소속	50	농업인, 송정읍	2,504 (8.4)
박종남	무소속	36	제헌의원(광산)	2,073 (6.9)

이정휴	무소속	33	농업인, 평동면	1,832 (6.1)
김병한	무소속	43	면장, 서창면	1,656 (5.5)
강진동	무소속	50	공업, 서울시	1,618 (5.4)
박용하	무소속	63	일간 정경뉴스 사장	504 (1.7)

<광산 을> 지산면장 출신으로 지산면민들의 지지에 힘입어 중학교장 출신인 지창선 후보를 꺾고 등원에 성공한 정인식

이번 총선에서 신설된 이 지역구는 12명의 정치신인들이 몰려들었다.

재리사인 윤주동, 지산면장 출신으로 국민회 광산시부상인 성인식, 곡성에서 제헌의원에 당선된 서우석, 중학교장을 지낸 지창선, 정치운동을 펼친 사회당 김흥곤, 공장을 운영하는 박병일, 서방면민들의 지지를 기대한 국민당 백춘성, 회사원인 김천수 후보들이 출전하여 난타전을 전개했다.

광주에 편입 예정된 이 지역구에 뿌리를 내리려는 민국당 서우석 의원의 꿈은 산산히 부서지고, 지역에 기반을 구축했던 지산면장 출신인 정인식 후보와 중학교장 출신인 지창선 후보의 양강대결로 굳어졌다.

정당에 뿌리를 둔 사회당 김흥곤, 민국당 서우석, 국민당 백춘성 후보들이 나름대로 선전했으나 지산면과 서방면, 대촌면의 대결에서 지산면민들의 승리로 돌아갔다.

□ 득표상황

후보자	정당	연령	주요 경력	득표 (%)
정인식	국민회	40	면장, 지산면	5,693 (21.2)
지창선	무소속	52	중학교장, 광주시	4,374 (16.3)
김홍곤	사회당	28	정치운동, 서울시	2,815 (10.5)
윤주동	무소속	35	계리사, 수지면	2,712 (10.1)
서우석	민주국민당	61	제헌의원(곡성)	2,648 (9.8)
백춘성	국민당	36	공업, 서방면	2,357 (8.8)
정홍석	무소속	52	농업, 광주시	2,128 (7.9)
박병일	무소속	39	공업, 광주시	1,614 (6.0)
이승열	무소속	35	농업인, 대촌면	1,488 (5.5)
박사봉	무소속	38	농업인, 광주시	762 (2.8)
김천수	무소속	35	회사원, 광주시	312 (1.2)
이필중	무소속	51	농업인, 서방면	사퇴

〈담양〉 창평면장 출신으로 창평면민들의 전폭적인 지지로 금성면의 김형열 후보를 107표차로 물리친 김홍용

지난 제헌의원 선거에서는 담양면장 출신으로 조선민족청년단 담양지단장인 정균식 후보가 조도전대 출신으로 신문기자인 박영종, 동경제대 출신으로 군인생활을 한 김문용, 세브란스의전 출신으로 독립촉성국민회 담양지부장인 김동호 후보들을 꺾고 당선됐다.

지난 총선에서 맞붙었던 정균식, 박영종, 김동호 후보들이 재대결을 펼친 선거전에 조도전대 출신으로 창평면장을 지낸 김홍용, 동아일보 기자로 활약한 국태일, 담양부읍장을 지낸 김형열, 사법서사인 남상기, 동아일보 주필인 고재욱 후보들이 새롭게 출전하여 8명의 후보들이 혼전을 전개했다.

정치신인들과 지난 총선에서 출전했던 후보들과의 각축전에서 정치신인들의 선전이 돋보였다.

창평면민들의 전폭적인 지지를 받은 김홍용 후보가 금성면민들의 지지를 받은 김형열 후보를 107표차로 꺾고 등원에 성공했다.

동아일보 주필인 고재욱 후보는 동아일보 기자인 국태일 후보가 고춧가루를 뿌려 주저앉았고, 지난 총선에서 당선된 정균식, 담양군수를 지낸 김동호, 호남신문 편집국장인 박영종 후보들의 득표력은 한계를 보였다.

□ 득표상황

후보자	정당	연령	주요 경력	득표 (%)
김홍용	무소속	47	면장, 창평면	8,982 (24.2)
김형열	국민회	47	담양부읍장	8,875 (23.9)
국태일	무소속	52	동아일보 기자	5,532 (14.9)
고재욱	민주국민당	47	동아일보 주필	4,507 (12.1)
박영종	무소속	32	외무부 서기관	4,211 (11.3)
김동호	국민회	46	담양군수, 의사	4,037 (10.9)
정균식	민주국민당	46	제헌의원(담양)	1,032 (2.8)
남상기	무소속	39	사법서사, 담양읍	사퇴

〈곡성〉 대한청년단 곡성군단장으로 활약한 조순 후보가 안규선 후보의 오곡면민표 잠식에도 불구하고 윤추섭 후보를 750표차로 제압

지난 제헌의원 선거에서는 입법의원을 지낸 서우석 후보가 은행원 출신으로 같은 한민당 소속의 양병운 후보를 6천여 표차로 꺾고 당선됐다.

서우석 의원이 광산 을구로 옮겨간 이번 총선에는 회사장인 조순, 대학 강사인 신태윤, 민국당 재정부장인 윤추섭, 대한청년단 지단장인 양택식, 교원 출신인 정래표, 오곡면장을 지낸 안규선 후보들이 출전했다.

신승원, 양병문, 신태윤 후보들이 줄줄이 사퇴한 선거전에서 대한청년단 곡성군단장으로 활동한 조순 후보가 민국당 재정부장인 윤추섭 후보를 750표차로 꺾고 당선됐다.

□ 득표상황

후보자	정당	연령	주요 경력	득표 (%)
조 순	대한청년단	39	회사장, 오곡면	9,813 (28.0)
윤추섭	민주국민당	60	민국당 재정부장	9,063 (25.9)
정래표	무소속	51	교원, 곡성면	6,412 (18.3)
양택식	무소속	48	한청 간부, 곡성면	4,901 (14.0)

안규선	무소속	54	면장, 오곡면	4,820 (13.8)
신승원	무소속	27	조선대생, 겸면	사퇴
양병문	무소속	47	공무원, 곡성면	사퇴
신태윤	무소속	73	대학 강사, 곡성면	사퇴

〈구례〉 지난 총선에서 9,235표차로 대패한 이판열 후보가 와신상담하며 지역구를 누벼, 쟁쟁한 후보들을 대파하고 설욕전을 승리로 장식

지난 제헌의원 선거에서는 양조장을 운영한 한민당 김종선 후보가 정미소를 운영한 대동청년단 이판열 후보를 꺾고 제헌의원이 됐다.

지난 총선에서 승패를 나눠가졌던 김종선, 이판열 후보가 재대결을 펼친 이번 선거전에는 회사원인 이갑식과 장경재, 전남 상공회의소장으로 군수를 지낸 문동호, 어업조합연합회 이사장을 지낸 이한창 후보 등 쟁쟁한 후보들이 출전했다.

지난 총선에서 중학교장 출신으로 정미소를 경영한 김종선 후보에게 9,235표차로 대패한 이판열 후보가 와신상담하여 지역 구석구석을 누벼, 이번 총선에서는 지난 총선에서 당선된 김종선 후보를 비롯한 쟁쟁한 후보들을 꺾고 설욕전에서 승리했다.

□ 득표상황

후보자	정당	연령	주요 경력	득표 (%)

이판열	민주국민당	42	중학교장, 구례면	14,746 (61.7)
이한창	무소속	62	어련 이사장, 광주시	3,005 (12.6)
이갑식	무소속	46	회사 부사장, 서울시	2,575 (10.8)
김종선	민주국민당	50	제헌의원(구례)	2,520 (10.6)
문동호	민주국민당	52	군수, 상공회의소장	883 (3.7)
장경재	무소속	51	회사 취체역, 구례면	157 (0.6)

〈광양〉 검사 출신인 엄상섭 후보가 국회 전문위원인 황숙현, 전주시장을 지낸 안상선 후보들을 꺾고 당선

지난 제헌의원 선거에서는 조도전대 출신으로 중학교 교사인 김옥주 후보가 광양군청 직원이었던 김재후, 독립촉성국민회 지부장인 김준기, 사법서사인 엄정섭 후보들을 꺾고 당선됐다.

제헌의원 선거에서 뛰었던 네 후보가 사라지고 새로운 네 후보가 결전을 벌인 이번 총선에는 어업조합연합회 이사인 김영현, 국회 산업위원회 전문위원인 황숙현, 전주시장을 지낸 안상선, 검사 출신 변호사인 엄상섭 후보들이 출전했다.

능변가로 알려진 진월면 출신인 엄상섭 후보가 국회 전문위원으로 활약한 진상면 출신인 황숙현 후보를 552표차로 꺾고 국회에 등원했다.

전주시장을 지낸 안상선 후보는 동메달에 머물렀다.

□ 득표상황

후보자	정당	연령	주요 경력	득표 (%)
엄상섭	무소속	43	변호사, 진월면	10,852 (31.3)
황숙현	무소속	54	국회 산업전문위원	10,300 (29.7)
안상선	무소속	54	전주시장, 진월면	8,871 (25.5)
김영현	무소속	65	어련 이사, 골약면	4,700 (13.5)

〈여천〉 제헌의원인 황병규 후보가 여수군수를 지낸 유성한, 의사로 덕망을 쌓은 김철주 후보와의 3파전에서 유성한 후보를 145표차로 제압하고 재선

여수군에서 여수시를 제외한 전 지역을 관할하는 이 지역구는 지난 총선에서 여수 을구에서 대결을 펼친 황병규, 김철주 후보들이 재대결을 펼쳤다.

지난 제헌의원 선거 때 여수 을구에서는 면장 출신으로 어업조합장인 황병규 후보가 교원 출신으로 청년운동을 펼친 대동청년단 김철주, 제재소를 경영하는 한민당 차활언 후보들을 꺾고 의회에 등원했다.

황병규 의원이 재선을 향해 출전한 선거전에 여수군수를 지낸 유성한 후보와 의사로 인술을 베푼 김철주 후보가 참전하여 치열한 3파전을 전개했다.

농업인인 정영선, 교원 출신인 강의수, 경찰관을 지낸 서일선과 김재갑 후보들도 참전했다.

여수 수산학교 동문들의 적극적인 지원을 받은 황병규 후보가 여수군수 경력을 활용하여 조직을 구축한 유성한 후보를 145표차로 꺾고 재선의원이 됐다.

□ 득표상황

후보자	정당	연령	주요 경력	득표 (%)
황병규	대한국민당	41	제헌의원(여수 을)	11,623 (27.1)
유성한	무소속	39	군수, 목포시	11,478 (26.7)
김철주	무소속	49	의사, 율촌면	11,405 (26.2)
서일선	무소속	37	경찰관, 화양면	4,320 (10.1)
김재갑	무소속	36	경찰관	3,060 (7.1)
정영선	무소속	49	농업, 소라면	900 (2.1)
강의수	무소속	65	교원, 여수시	128 (0.3)

〈승주〉 목포부윤을 지낸 경력과 범김씨의 전폭적인 지원과 옥천 조씨 문중표의 분산으로 조옥현 현역의원을 대파하고 의원직을 승계한 김정기

제헌의원 선거 때 순천 을구에서는 옥천 조씨 문중들의 전폭적인 지원을 받은 주암면 출신인 조옥현 후보가 의사 출신으로 지역 기

반을 구축한 한민당 김계수 후보와 소지역에서 명망을 얻은 서정기, 심의각 후보들을 제압하고 의정 단상에 올랐다.

조옥현 의원이 재선고지를 향해 달린 이번 선거전에 목포부윤을 지낸 김정기, 교원 출신인 장대성, 육영사업가인 사회당 조옥환, 경찰 출신인 서달호, 회사원인 국민회 김상수, 면서기 출신인 조민종, 변호사 출신인 최상진 후보들이 저지에 나섰다.

목포부윤 출신인 김정기 후보가 옥천 조씨 문중 표가 조민종, 조병원, 조옥현 후보등으로 분산되고 범김씨의 전폭적인 지원을 받아 대승을 거두고 의원직을 인계받았다.

□ 득표상황

후보자	정당	연령	주요 경력	득표 (%)
김정기	무소속	57	목포부윤, 순천시	12,663 (29.9)
장대성	무소속	39	교원, 월등면	9,014 (21.3)
조민종	무소속	61	농업, 순천시	5,724 (13.5)
조병원	무소속	53	면서기, 제재업	3,779 (9.3)
김상수	국민회	55	회사원, 순천시	2,860 (6.8)
서달호	무소속	28	경찰, 낙안면	2,552 (6.0)
조옥환	사회당	30	언론인, 부산시	1,995 (4.7)
최상진	무소속	40	변호사, 서울시	1,949 (4.6)
조옥현	국민당	48	제헌의원(순천 을)	1,805 (4.3)

〈고흥 갑〉 지난 총선에서 1,902표차로 석패한 박팔봉 후보

가 이번 총선에서는 반민특위 위원인 손문경 후보에게 19표 차로 신승하고 등원에 성공

지난 제헌의원 선거에서는 목사로서 독립촉성국민회 고흥군지부장인 오석주 후보가 신문기자로서 청년단장으로 활약한 박팔봉 후보를 1,209표차로 꺾고 당선됐다.

지난 총선에서 승패가 엇갈렸던 오석주, 박팔봉 후보들이 재대결을 펼친 선거전에 조도전대 출신으로 전남도 농민회장을 지낸 신형식, 대학교수로 서민호 후보를 기피하여 지역구를 옮긴 제헌의원 유성갑, 청년운동을 펼친 박갑수, 숙명여대 교수로 반민특위 위원을 지낸 손문경 후보들이 새롭게 출전했다.

지난 총선에서 1,209표차로 석패한 박팔봉 후보가 와신상담하며 재기를 다짐한 결과 숙명여대 교수인 손문경, 갑구에서 당선된 오석주, 전남도 농민회장인 신형식, 을구에서 당선되고서 지역구를 옮긴 유성갑 등 기라성같은 후보들을 제치고 설욕전에서 승리했다.

지난 총선에서 당선된 오석주 의원에게는 3,166표차로 되갚아 주었지만, 반민특위 위원인 손문경 후보와의 표차는 19표에 불과했다.

□ 득표상황

후보자	정당	연령	주요 경력	득표 (%)
박팔봉	무소속	49	대청 고흥군단장	8,374 (24.8)
손문경	무소속	38	숙대교수, 도양면	8,355 (24.7)
유성갑	무소속	40	제헌의원(고흥 을)	6,212 (18.4)

오석주	대한국민당	62	제헌의원(고흥 갑)	5,208 (15.4)
신형식	농민회	48	농민회장, 도양면	4,215 (12.5)
박갑수	대한국민당	45	청년운동, 고흥면	1,409 (4.2)

〈고흥 을〉 지난 총선에서 당선된 유성갑 의원이 갑구로 옮겨간 상황에서 차점 낙선한 서민호 후보가 81%가 넘는 득표율로 대승을

지난 제헌의원 선거에서는 일본대 출신으로 점암면민들의 전폭적인 지지를 받은 단민당 유성갑 후보가 미국 컬럼비아대 출신으로 동강면민들의 지지를 받은 한민당 서민호 후보를 2,020표차로 꺾고 당선됐다.

유성갑 의원이 갑구로 옮긴 이번 총선에는 지난 총선에서 2,020표차로 석패한 서민호 후보가 80%가 넘는 득표율로 대승을 거두고 재기했다.

신문사 사장인 정동진 후보는 중도 사퇴했으나 포두면장을 지낸 송경섭 후보는 여산 송씨 문중들의 전폭적인 지원을 기대하며 완주했다.

□ 득표상황

후보자	정당	연령	주요 경력	득표 (%)
서민호	무소속	47	전남도지사, 동강면	27,902 (81.1)

송경섭	유도회	46	면장, 포두면	6,484 (18.9)
정동진	무소속	43	신문사 사장, 동강면	사퇴

〈보성〉 지난 총선에서는 광주 이씨 문중들의 집중지원으로 당선됐으나 현역의원에 대한 불신과 민심이반으로 무명의 후보에게 의원직을 넘겨준 이정래

지난 제헌의원 선거에서는 일본 경도제국대 출신으로 출판사 사장인 한민당 이정래 후보가 광주 이씨 문중의 집중지원으로 일본대 출신으로 경찰관을 지내며 청년운동을 펼친 김성복 후보를 1,487표차로 꺾고 당선됐다.

보성면장 출신인 한민당 임병철 후보와 목사로서 입법의원 출신인 독립촉성국민회 황보익 후보들도 함께 뛰었다.

이정래 의원이 재선고지를 향해 달린 이번 총선에 인쇄소장인 정해룡, 전남도 과장을 지낸 염동두, 국민당 중앙집행위원으로 활약한 박종면, 어민조합장으로 활동한 김낙오, 내무부 직원이었던 김영관 후보들이 출전하여 저지에 나섰다.

이정래 의원이 현역의원에 대한 불신과 배척운동에 힘입어 어업조합장으로 국민회 활동을 펼친 김낙오 후보에게 2,371표 뒤져 의원직을 넘겨줬다.

☐ 득표상황

후보자	정당	연령	주요 경력	득표 (%)
김낙오	국민회	48	어업조합장, 서울시	13,115 (25.3)
이정래	민주국민당	51	제헌의원(보성)	10,798 (20.9)
염동두	무소속	43	전남도 과장	8,601 (16.6)
정해룡	무소속	37	인쇄소장, 금천면	7,948 (15.4)
박종면	국민당	43	제재업, 금천면	7,225 (14.0)
김영관	무소속	37	내무부 주사	4,052 (7.8)

〈화순〉 지난 총선에서는 조국현 후보에게 3,090표차로 패배했지만, 이번 총선에서는 6,241표차로 되갚아 주고 의원직을 승계한 박민기

지난 제헌의원 선거에서는 매일신문 기자 출신인 대성회 조국현 후보가 대한농민회 중앙위원으로 활동한 독립촉성국민회 박민기 후보와 전남도 과장, 군수를 지낸 한민당 양회영 후보들을 꺾고 등원에 성공했다.

이번 총선에는 지난 총선에서 승패가 엇갈렸던 조국현, 박민기 후보들이 사생결단 재대결을 펼쳤다.

춘양면장을 지낸 기세풍 후보가 국민당으로, 중학교사였던 이도근과 이서면장을 지낸 오종순 후보들은 무소속으로 도전했다.

지난 총선에서 조국현 후보에게 3,090표차로 패배한 박민기 후보

가 무너진 조직을 재구축하고 민심을 휘어잡어, 이번 총선에서는 민국당 조국현 의원을 6,241표차로 되갚아주었다.

춘양면민들의 지원과 국민당 지지 열기를 받은 기세풍 후보가 12,300표를 득표하여 은메달을 차지했다.

□ 득표상황

후보자	정당	연령	주요 경력	득표 (%)
박민기	무소속	38	국민회지부 사무국장	15,341 (37.5)
기세풍	대한국민당	33	면장, 춘양면	12,300 (30.0)
조국현	민주국민당	55	제헌의원(화순)	9,100 (22.2)
이도근	무소속	42	중학교사, 화순면	3,010 (7.4)
오종순	무소속	52	면장, 이서면	1,200 (2.9)

〈장흥〉 지난 총선에서 김중기 후보에게 10,314표차로 패배한 고영완 후보가 이번 총선에선 11,753표차로 되갚아주고 의원직을 승계

지난 제헌의원 선거에서는 소학교 교원 출신인 무소속 김중기 후보가 장흥군수를 지낸 한민당 고영완 후보를 꺾은 기적을 만들어내고 국회에 등원했다.

지난 총선에서 승패가 엇갈렸던 김중기, 고영완 후보들이 재대결을 펼친 이번 선거전에는 회사장인 박진, 민국당을 업고나온 김형

배, 고교 교장을 지낸 장순섭, 수원 농대 교수인 이양래, 대덕면장을 지낸 이세옥, 양조장으로 기반을 닦은 손석두 후보들이 출전했다.

지난 총선에서 10,314표차로 참패를 맛본 고영완 후보가 와신상담하며 지역구를 누벼 현역의원인 김중기 후보는 물론 대덕면장 출신인 이세옥, 회사장인 박진 후보들을 큰 표차로 따돌렸다.

지난 총선에서 10,314표로 패배한 고영완 후보는 이번 총선에선 11,753표차로 김중기 의원에게 되갚아주었다.

□ 득표상황

후보자	정당	연령	주요 경력	득표 (%)
고영완	민주국민당	36	장흥군수, 장흥읍	15,040 (37.3)
이세옥	무소속	51	면장, 대덕면	7,923 (19.6)
박 진	무소속	51	회사장, 용산면	4,325 (10.7)
김중기	무소속	48	제헌의원(장흥)	3,287 (8.2)
이양래	무소속	36	농대 교수, 안장면	2,912 (7.2)
손석두	무소속	40	양조업, 장흥읍	2,800 (6.9)
장순섭	무소속	49	고교 교장, 천산면	2,100 (5.2)
김형배	민주국민당	38	농업인, 장흥읍	1,205 (3.0)
김종석	무소속	47	농업인, 장흥읍	520 (1.3)
임대문	무소속	36	공업, 장흥읍	219 (0.6)
김대배	무소속	37	농업인, 장흥읍	사퇴
안규만	무소속	37	농업인, 강진군	사퇴

〈강진〉 일본 중앙대 출신으로 대한청년단 광주시 단장을 지낸 양병일 후보가 차경모, 김용선, 김승식 등 기라성같은 후보들을 제압하고 등원

지난 제헌의원 선거에서는 농민회 서기로 활동한 차경모 후보가 명치대 출신으로 병영면장을 지낸 독립촉성국민회 김용선 후보를 꺾는 이변을 만들어냈다.

농민계몽활동을 펼쳐온 김정식, 군정청 출판국장을 지낸 한민당 김윤식 후보들도 출전했다.

지난 총선에서 승부를 가렸던 차경모, 김용선 후보들이 재대결을 펼친 이번 선거전에 변호사로 활동한 이희철, 경리회 이사인 노농당 박두만, 중학교장을 지낸 정종실, 대한청년단 광주시단장을 지낸 양병일, 미국 컬럼비아대 출신으로 식산은행 이사를 지낸 김승식, 노총의 추천으로 출전한 김갑자남 후보들이 새롭게 도전했다.

일본 중앙대 출신으로 변호사로 활약한 양병일 후보가 명치대 출신으로 지난 총선에서 차점 낙선한 김용선, 미국 컬럼비아대 출신으로 만주세관 세무과장 경력을 지닌 김승식 후보들을 어렵게 따돌리고 당선됐다.

대한국민당 차경모 후보는 현역의원의 위용을 찾아볼 수 없었다.

□ 득표상황

후보자	정당	연령	주요 경력	득표 (%)

양병일	민주국민당	41	한청 광주시 단장	9,099 (24.8)
김용선	민주국민당	61	병영면장, 명치대	8,516 (23.3)
김승식	무소속	46	만주세관 과장	7,232 (19.7)
정종실	무소속	36	중학교장, 성전면	5,967 (16.3)
박두만	독립노농당	39	경리회 이사, 강진읍	3,194 (8.7)
김갑자남	노동총연맹	26	상업, 강진읍	1,107 (3.0)
차경모	대한국민당	61	제헌의원(강진)	950 (2.6)
이희철	무소속	41	변호사, 성전면	567 (1.6)

〈해남 갑〉 동경제대 출신으로 광주시장을 지낸 윤영선 후보가 지난 총선에서는 292표차로 낙선했지만, 이번 총선에서는 대승을 거두고 실욕전을 승리로 장식

지난 제헌의원 선거에서는 독립촉성국민회 송봉해 후보가 병원장으로 오랫동안 쌓아올린 덕망으로 파평 윤씨 문중들의 집중지원을 받은 한민당 윤영선 후보를 꺾고 등원에 성공했다.

송봉해 의원이 출전을 포기하자 해남 을구에서 당선된 이성학 의원이 지역구를 옮겨 지난 총선에서 292표차로 낙선한 윤영선 후보와 자웅을 겨루게 됐다.

대구고등법원장을 지낸 국민회 이활정, 서울수의대 이사인 무소속 김병순 후보도 참전하여 4파전을 전개했다.

동경제대 출신으로 광주시장을 지낸 민국당 윤영선 후보가 풍부한 재력을 자랑한 무소속 김병순 후보를 12,486표차로 대파하고 지난 총선에서의 패배를 설욕했다.

을구에서 지역구를 옮긴 일민구락부 이성학 후보와 대구에서 변호사 생활을 하는 이활정 후보의 득표력은 한계를 보였다.

□ 득표상황

후보자	정당	연령	주요 경력	득표 (%)
윤영선	민주국민당	46	광주시장, 동경대	20,991 (58.8)
김병순	무소속	35	서울대 이사	8,505 (23.8)
이활정	국민회	56	대구고등법원장	3,856 (10.8)
이성학	일민구락부	45	제헌의원(해남 을)	2,377 (6.6)

〈해남 을〉 지난 총선에서 3위로 낙선한 동정여론, 해남에서 대성인 민씨 문중의 지원을 받고도 394표로 낙선한 민영동

지난 제헌의원 선거에서는 소졸이지만 청년운동을 펼친 대동청년단 이성학 후보가 대졸 출신인 한민당 박기배 후보와 독립촉성국민회 민영동 후보들을 꺾고 국회 등원에 성공했다.

이성학 의원이 갑구로 옮겨간 이번 선거전은 지난 총선에서 1,229표차로 패배한 박기배 후보와 3위를 한 민영동 후보가 당선권을 향해 달려가자, 목사인 이순영, 회사장인 김재순, 농업학교장인

김창석, 회사원인 천재운, 중학교장인 박래수 후보들이 출전하여 저지에 나섰다.

화원면, 계곡면, 문내면의 소지역주의가 펼쳐진 선거전에서 명치대 출신이지만 충남 서산에서 활동하며 지역의 뿌리가 깊지 아니한 박기배 후보가 화원면민들의 지지와 풍요로운 자금을 활용하여 민국당의 집중지원과 해남에서 대성인 민씨 문중의 전폭적인 지지를 받은 민영동 후보를 394표차로 꺾고 당선됐다.

□ 득표상황

후보자	정당	연령	주요 경력	득표 (%)
박기배	무소속	50	농장장, 화원면	7,704 (26.9)
민영동	민주국민당	40	사회단체, 계곡면	7,310 (25.5)
이순영	무소속	50	목사, 문내면	6,526 (22.8)
김재순	무소속	50	회사장, 광주시	3,286 (11.5)
김창석	무소속	57	농업학교장, 광주시	2,175 (7.6)
천재운	무소속	40	회사원, 목포시	1,181 (4.1)
박래수	무소속	37	중학교장, 산이면	477 (1.7)

〈나주 갑〉 나주읍 출신과 영산포읍 출신들의 대결에서 나주읍 출신들이 분발하여 김종순 후보가 이항발 의원으로부터 의원직을 승계

지난 제헌의원 선거에서는 영산포읍에서 인기를 얻은 신문기자 출신인 이항발 후보가 회사원인 한민당 임봉진, 의사로 덕망을 쌓은 박헌진 후보들을 예상을 뒤엎고 대파하고 등원에 성공했다.

지난 총선에서 자웅을 겨뤘던 이항발, 임봉진 후보들이 재대결을 펼친 선거전에 판사 출신 변호사인 김종순, 전남도 임업시험장장을 지낸 이재수, 중국 서북대 출신인 김재호, 언론인으로 활동한 강익수, 의사로 금융조합장을 지낸 김만섭 후보 등 8명이 출전했다.

나주읍 출신 3명과 영산포읍 출신 4명이 대결한 이번 총선에서는 나주읍민들이 분발하여 지난 총선에서 영산포읍 출신에게 넘겨준 의원직을 나주읍 출신이 가져오도록 했다.

나주읍과 영산포읍의 소지역주의 대결이 극성을 피워 나주읍 출신인 김종순 후보가 영산포읍 출신인 이항발 의원으로부터 의원직을 승계했다.

□ 득표상황

후보자	정당	연령	주요 경력	득표 (%)
김종순	무소속	44	변호사, 나주읍	6,685 (100.0)
하응갑	무소속	50	농업, 영산포읍	
이재수	무소속	35	임업시험장장, 왕곡면	
김재호	무소속	37	회사원, 나주읍	
최영래	무소속	47	공무원, 왕곡면	
김광준	무소속	35	농업인, 세기면	
강익수	무소속	57	공무원, 공산면	

김만섭	무소속	45	의사, 금융조합장	
임봉진	무소속	37	언론인, 공무원	
이항발	무소속	50	제헌의원(나주 갑)	

〈나주 을〉 지난 총선에서 1,226표차로 낙선한 한청 서상덕 후보가 김상호 의원의 불출마에 힘입어 대승을 거두고 설욕

지난 제헌의원 선거에서는 소지역주의가 극성을 부려 노안면민들의 전폭적인 지원과 한민당원들의 지지를 받은 김상호 후보가 남평면의 대표주자인 조선민족청년단 서상덕 후보를 1,226표차로 꺾고 당선됐다.

회사원인 한민당 박금석, 산포면장을 지낸 강신태, 목사인 독립촉성국민회 정순모 후보들도 출전했다.

김상호 의원은 출전을 포기했으나 은메달 서상덕, 동메달 박금석 후보들이 재대결을 펼친 선거전에 군수를 지낸 김영섭, 신문기자 출신인 국민당 최창희, 영산포읍 출신인 나기실, 사업가인 홍정희 후보들이 도전했다.

지난 총선에서 아쉽게 낙선한 서상덕 후보가 대한청년단 단원들의 활발한 선거운동에 힘입어 국민당원들의 지지를 받은 최창희 후보와 사업가로 풍부한 자금을 활용한 홍정희 후보들을 꺾고 재기하는 기쁨을 누렸다.

□ 득표상황

후보자	정당	연령	주요 경력	득표 (%)
서상덕	대한청년단	41	한청 면단장, 남평면	7,470 (38.9)
홍정희	무소속	48	상업, 다시면	5,144 (26.8)
최창희	대한국민당	39	신문기자, 나주읍	3,097 (16.1)
나기실	무소속	58	농업인, 영산포읍	1,955 (10.2)
김영섭	무소속	48	군수, 나주읍	995 (5.2)
박금석	무소속	47	회사원, 나주읍	563 (2.9)

〈영암〉 베를린대 출신으로 동아일보 논설위원으로 명성을 날린 김준연 의원도 무명의 정치신인에게 의원직을 인계

지난 제헌의원 선거에서는 독일 베를린대 출신으로 동아일보 기자로 명성을 날린 한민당 김준연 후보가 무투표 당선됐다.

무투표 당선된 김준연 의원이 재선고지 점령을 위해 달리자, 조도전대 출신으로 회사원인 국민당 유인곤, 사법서사인 국민회 박찬직, 면장을 지낸 무소속 신용성 후보들이 출전하여 저지에 나섰다.

현역의원에 대한 기피 현상이 팽배하여 동아일보 논설위원으로 명성을 얻은 김준연 의원도 정치신인으로 조도전대 출신이라는 것 이외에는 뚜렷한 족적(足跡)이 없는 유인곤 후보에게 2,000표차로 무릎을 꿇고 지역구의 주인자리를 넘겨줬다.

□ 득표상황

후보자	정당	연령	주요 경력	득표 (%)
유인곤	대한국민당	46	회사원, 조도전대	20,191 (42.1)
김준연	민주국민당	55	제헌의원(영암)	18,191 (38.0)
박찬직	국민회	43	사법서사, 서면	8,552 (17.8)
신용성	무소속	42	면장	1,000 (2.1)

〈함평〉 중학교 교사 출신으로 민국당 중앙집행위원으로 활동하였으나 지난 총선에서 3,515표차로 낙선하고서 이번 총선에서 기사회생한 서상국

지난 제헌의원 선거에서는 중졸 출신으로 신문지국장인 이성우 후보가 목사로서 중학교 교장인 기독교도연맹 노경수, 일본대 출신으로 잡지사 사장인 양학기, 조도전대 출신으로 중학교사인 한민당 서상국 후보들을 꺾고 당선됐다.

지난 총선에서 승패가 갈렸던 이성우, 양학기, 서상국 후보들이 재대결을 펼친 이번 선거전에 법원 직원이었던 김일진, 광주지검 검사장을 지낸 변호사 이규정, 일본대 출신으로 미창 목포지소장을 지낸 임방원, 일본 중앙대 출신으로 목포화학 사장인 손정헌, 사법서사인 정호현, 함평면장을 지낸 권승일, 일본 경도대 출신인 김천현, 수리조합장과 금융조합장을 지낸 한규홍, 특산품 공업회 사장인 안종림 후보 등 다양하고 쟁쟁한 후보들이 출전했다.

이성우 현역의원이 선거운동을 포기한 상황에서 지난 총선에서

3,515표차로 차점 낙선한 서상국 후보가 한규홍 금융조합장, 이규정 광주지검장 등 쟁쟁한 후보들을 꺾고 설욕전을 승리로 장식했다.

□ 득표상황

후보자	정당	연령	주요 경력	득표 (%)
서상국	민주국민당	53	교원, 조도전대	6,901 (38.1)
한규홍	무소속	54	함평 금융조합장	4,985 (27.5)
이규정	무소속	57	광주지검 검사장	2,083 (11.5)
임방원	무소속	35	마창 목포지점장	1,208 (6.7)
안종림	무소속	38	회사장, 나산면	1,142 (6.3)
이성우	대한국민당	53	제헌의원(함평)	684 (3.8)
권승일	무소속	57	함평면장	531 (2.9)
손정헌	무소속	30	목포화학 사장	386 (2.1)
정호현	무소속	42	사법서사, 월야면	195 (1.1)
김제광	대한국민당	48	농업인, 함평면	
김일진	대한국민당	44	법원 서기, 함평면	
양학기	무소속	35	회사원	
김천현	무소속	30	경도대, 함평면	

〈장성〉 김상순 의원이 중도 사퇴한 선거전에서 장성읍장을 지낸 경력을 내세워 30대의 신문기자들을 따돌린 변진갑

지난 제헌의원 선거에서는 한민당의 백인규, 김병수 후보들이 중도에 사퇴하여 유일하게 남게 된 한민당 김상순 후보가 대동청년단 장성지단장임을 내세우며 경찰관 출신인 정규문 후보에게 압승을 거두었다.

지난 총선에서 당선된 김상순 의원과 중도 사퇴한 김병수 후보가 재출격한 이번 선거전에 신문기자인 박래춘과 신창호, 장성읍장을 지낸 변진갑, 국민당으로 출전한 김대한, 회사원인 김강일, 교사 출신인 김기영 등 9명의 후보들이 새롭게 등장했다.

민국당으로 등록한 김상순 의원이 중도 사퇴하여 신문기자로 활약한 신창호, 박래춘 후보들과 장성읍장을 지낸 변진갑 후보로 당선권이 압축됐다.

황룡면, 북이면, 진원면 대표들이 출전했지만 장성읍민들의 전폭적인 지지를 받은 변진갑 후보를 따라 잡을 수 없었다.

□ 득표상황

후보자	정당	연령	주요 경력	득표 (%)
변진갑	무소속	53	장성읍장	12,199 (31.0)
신창호	무소속	33	신문기자, 북이면	8,800 (22.4)
박래춘	무소속	33	신문기자, 황룡면	4,700 (12.0)
김요권	무소속	30	농업인, 장성읍	3,700 (9.4)
김병수	민주국민당	38	농업인, 진원면	3,500 (8.9)
김강일	무소속	41	회사원, 북이면	2,500 (6.4)
김기영	무소속	31	교사, 진원면	1,800 (4.6)
정선기	무소속	44	공무원, 장성읍	1,400 (3.6)

김대한	대한국민당	31	농업인, 장성읍	700 (1.8)
조규섭	무소속	34	농업인, 장성읍	사퇴
김상순	민주국민당	49	제헌의원(장성)	사퇴

〈영광〉 현역의원에 대한 '갈아보자'의 열풍으로 광주 농잠고 출신으로 대한청년단 활동을 한 정헌조 후보가 현역의원을 꺾고 의원직을 승계

지난 제헌의원 선거에서는 중국 북경대 출신으로 의사인 조영규 후보가 단독 출마하여 무투표 당선되어 한민당의 의석을 1석 추가했다.

조영규 의원이 재선을 선언하고 출전하자 군서면장을 지낸 김택용, 전남 대한청년단 방위부장으로 활약 중인 정헌조, 조선대 교수인 한규종, 민의원 비서를 지낸 김창집, 교원 생활을 한 정병옥, 회사원인 김희옥, 기독교 장로인 국민당 조두현, 무을교역원인 김행섭, 백수면장을 지낸 김덕부, 수리조합 이사를 지낸 이종재, 법성면 대표주자인 신석범과 김영길 후보 등 15명이 새롭게 출전했다.

선거전은 조영규 의원과 한청 전남도 부장인 정헌조 후보 그리고 민의원 비서를 지낸 김창집 후보의 3파전으로 흘러갔다.

전국적으로 현역의원에 대한 '갈아치우자'는 풍조가 팽배하여 이 지역구에서도 광주 농잠고 출신으로 대한청년단 활동을 한 정헌조 후보가 조영규 현역의원을 꺾고 당선됐다.

□ 득표상황

후보자	정당	연령	주요 경력	득표 (%)
정헌조	대한청년단	32	한청 전남지부 부장	9,115 (18.8)
김창집	무소속	32	민의원 비서, 군서면	8,105 (16.7)
조영규	민주국민당	39	제헌의원(영광)	6,218 (12.8)
신석범	무소속	58	농장 경영, 법성면	4,200 (8.6)
정병옥	무소속	33	교원, 군서면	3,900 (8.0)
한규종	무소속	37	조선대 교수, 염상면	3,500 (7.2)
김영길	무소속	32	교원, 법성면	3,427 (7.1)
김행섭	무소속	58	무을교역원, 영광면	2,116 (4.4)
김희옥	무소속	48	회사원, 묘랑면	1,513 (3.1)
유상은	무소속	65	농업인, 불정면	1,400 (2.9)
조두현	대한국민당	59	장로, 영광면	1,400 (2.9)
이종재	무소속	40	수리조합, 대마면	1,320 (2.7)
조응환	무소속	32	농업인, 영광면	907 (1.9)
강대홍	무소속	60	농업인, 불정면	900 (1.9)
김택용	무소속	56	면장, 군서면	550 (1.1)
김덕부	무소속	38	면장, 백수면	기권

<무안 갑> 김용현 제헌의원이 불출마한 선거전에서 일본 중앙대 출신으로 대법원장을 지낸 김용무 후보가 화려한 경력을 내세워 당선

지난 제헌의원 선거에서는 한민당과 몽탄면민들의 지지를 업은 30대의 김용현 후보가 금성면 출신인 회사원 정규성, 이로면 출신인 한민당 신백균 후보들을 큰 표차로 따돌렸다.

김용현 의원이 불출마한 이번 총선에는 대법원장을 지낸 민국당 김용무, 국민학교 교장을 지낸 국민당 박병칠, 서울법대 재학 중인 주길남, 의사인 국민당 오세남, 국민학교 교원 출신인 국민당 정해룡, 망운면장인 신행용, 함평에 거주하는 면장 출신 김태일 후보들이 출전했다.

일본 중앙대 출신으로 대법원장을 지낸 김용무 후보가 대법원장 경력을 내세워 지역에서 나름대로 기반을 닦은 7명의 후보들을 꺾고 당선의 기쁨을 맛보았다.

☐ 득표상황

후보자	정당	연령	주요 경력	득표 (%)
김용무	민주국민당	59	대법원장, 중앙대	10,182 (27.7)
박병칠	대한국민당	45	국민교 교감, 이노면	6,287 (17.1)
신행용	무소속	48	면장, 망운면	5,175 (14.1)
주길남	무소속	30	서울법대 재학	3,648 (9.9)
김태일	무소속	49	면장, 함평군	3,335 (9.1)
오세남	대한국민당	38	의사, 대전시	3,204 (8.7)
나종문	무소속	52	회사원, 삼안면	2,551 (7.0)
정해룡	대한국민당	43	교원, 목포시	2,335 (6.4)

⟨무안 을⟩ 무안군수를 지낸 김용택 후보를 지난 총선에서 13,165표차로, 이번 총선에서는 1,490표차로 꺾은 장홍염

지난 제헌의원 선거에서는 북경대 출신으로 장산면민들의 지지를 업은 한민당 장홍염 후보가 무안군수를 지낸 한민당 김용택 후보와 언론인인 한민당 김은균 후보들을 꺾고 제헌의원이 됐다.

지난 총선에서 맞붙었던 장홍염, 김용택 후보들이 재대결을 펼친 이번 선거전에 검사 출신 변호사인 김점석과 윤명룡, 일본 명치대 출신으로 사업가인 서광호, 공무원 출신인 박장극, 교원 출신인 천영과 손종현 후보들이 출전하여 혼전을 전개했다.

중국 북경대 출신으로 민국당 현역의원 이점을 살린 장홍염 의원이 무안군수를 지낸 김용택 후보를 다시 한번 울리고 재선의원이 됐다.

지난 총선에서 두 후보의 표차는 13,165표였지만, 8명의 후보들이 난립한 이번 총선에서의 표차는 1,490표에 불과했다.

□ 득표상황

후보자	정당	연령	주요 경력	득표 (%)
장홍염	민주국민당	41	제헌의원(무안 을)	9,635 (18.9)
김용택	무소속	52	군수, 흑산면	8,145 (16.0)
김점석	무소속	44	변호사, 자은면	7,421 (14.6)
서광호	무소속	57	명치대, 암태면	7,035 (13.8)

박장극	무소속	55	공무원, 하의면	6,294 (12.4)
윤명룡	무소속	51	변호사, 지도면	6,172 (12.1)
천 영	무소속	36	교원, 암태면	5,448 (10.7)
손종현	무소속	41	교원, 하의면	725 (1.4)

〈완도〉 지역에 깊게 내린 뿌리를 활용하여 지난 총선에서 당선된 김장열, 차점으로 낙선한 김선태 후보들을 꺾어버린 정남국

지난 제헌의원 선거에서는 완도경찰서장을 지낸 김장열 후보가 변호사이며 능변가로 알려진 김선태 후보를 2,845표차로 꺾고 당선됐다.

연평어업조합 이사인 김상규 후보는 중도 사퇴했지만, 수산업자인 독립촉성국민회 김상석, 어업조합 이사인 민족청년단 황학봉 후보들은 완주했다.

지난 총선에서 혈투를 전개한 김장열, 김선태 후보들이 재대결을 펼친 이번 총선에는 일본 경도대 출신으로 목포공고 교사인 이제혁, 민국당 완도군당 선전부장으로 활약한 정남국, 조선수산회사 전무인 김용상, 일본대 출신으로 보건부 후생과장을 지낸 김봉학, 일본 명치대 출신으로 연평어업조합 이사인 김상규 후보들이 출전하여 열전을 벌였다.

7명의 후보들이 모두 일본의 유학파인 선거전에서 일본대 중퇴생인 정남국 후보가 지역의 깊은 뿌리를 활용하여 광주에 뿌리를 두

고 있는 김장열 의원, 판사 출신 변호사로 서울에서 활동하고 있는 김선태 후보들을 아슬아슬한 표차로 꺾고 꿈에 그린 국회에 등원했다.

□ 득표상황

후보자	정당	연령	주요 경력	득표 (%)
정남국	민주국민당	54	완도군당 선전부장	9,789 (24.5)
김장열	대한국민당	53	제헌의원(완도)	9,232 (23.1)
김선태	무소속	40	판사, 변호사, 일본대	9,098 (22.8)
김상규	무소속	55	어업조합, 노화면	4,191 (10.5)
김봉학	무소속	50	보건부 후생과장	3,481 (8.7)
이제혁	무소속	31	목포공교 교사	3,123 (7.8)
김용상	무소속	47	회사원, 서울시	1,017 (2.6)

〈진도〉 김병회 의원의 불출마에 힘입어 진도군수를 지낸 조병문 후보가 대승을 거두고 의원직을 승계

지난 제헌의원 선거에서는 고등문관시험에 합격한 신문기자 출신인 김병회 후보가 사법서사 출신으로 고군면장을 지낸 곽우춘, 농민회 중앙회 비료부장을 지낸 박두재, 의사로 활동한 허훈 후보들을 큰 표차로 따돌리고 등원했다.

지난 총선에서 경쟁했던 네 후보가 사라진 이번 총선에는 진도군

수를 지낸 조병문, 교수 출신으로 농무국장을 지낸 정상호, 포경업자인 박영산, 서울시 사회과 청소계장을 지낸 박진무, 언론계 출신으로 회사장인 이남준, 사법서사로 활동중인 이병영 후보들이 경쟁했다.

창녕 조씨 문중들의 전폭적인 지원을 받은 조병문 후보가 대학 교수 출신인 정상호 후보를 가볍게 제치고 당선됐다.

□ 득표상황

후보자	정당	연령	주요 경력	득표 (%)
조병문	무소속	40	진도군수, 진도면	9,820 (35.9)
정상호	무소속	52	농무국장, 교수	6,225 (22.8)
박영산	무소속	47	포경업, 사법서사	3,770 (13.3)
박진무	무소속	48	서울시 청소계장	2,605 (9.5)
이남준	무소속	32	회사장, 진도면	2,553 (9.3)
이병영	무소속	59	사법서사, 교원	2,345 (8.6)

제주도

〈북제주 갑〉 청년운동을 펼친 김인선 후보가 지난 총선에서는 동메달에 머물렀지만, 이번 총선에서는 쟁쟁한 7명의 후보들을 꺾고 당선 지난 제헌의원 선거에서는 제주여중 교장을 지낸 국민회 홍순령 후보가 저술가로서 문필가협회 부회장으로 활동하고 있는 함상훈, 청년운동을 전개한 대한청년단 김인선 후보들을 꺾고 당선됐다.

사회운동가인 국민회 김시학, 회사장인 무소속 양귀진, 실업가인 독립촉성국민회 문대유, 공무원 출신인 무소속 고학수 후보들도 참전했다.

홍순영 의원이 출전을 포기하자 지난 총선에서 7,840표를 득표하여 3위로 낙선한 김인선 후보가 재출격한 선거전에 회사장인 민국당 김희복, 회사장인 무소속 문종철, 광산업자인 국민회 김시학, 검사 출신인 무소속 홍대권, 사회당 경남도 상임위원으로 활동한 박춘봉, 서울에서 변호사로 활동 중인 박철 후보들이 출전했다.

지난 총선에서 7,840표를 득표하여 동메달에 머문 김인선 후보가 선거 경험을 살려 4위에 머문 김시학 후보는 물론 정치신인들인 6 후보들을 제치고 오뚝이처럼 재기에 성공했다.

□ 득표상황

후보자	정당	연령	주요 경력	득표 (%)
김인선	국민회	28	청년운동, 제주읍	12,697 (38.3)
문종철	무소속	42	회사장, 광주시	7,589 (22.9)
박 철	무소속	36	변호사, 서울시	6,536 (19.7)
김희복	민주국민당	37	회사장, 인천시	4,597 (13.9)
홍대권	무소속	47	검사, 회사장	681 (2.1)
이응화	무소속	57	한수, 제주읍	515 (1.6)

| 김시학 | 국민회 | 69 | 광업, 서울시 | 280 (0.8) |
| 박춘봉 | 사회당 | 31 | 중졸, 부산시 | 240 (0.7) |

〈북제주 을〉 10명의 후보들이 펼친 혈전에서 진주 강씨 문중의 집중지원과 풍요로운 자금을 활용하여 승리한 강창용

공비들의 책동으로 1년 후에 실시된 선거에서 중졸이지만 청년운동을 전개한 한림면 출신인 대한청년단 양병직 후보가 인천에서 사업가로 성공한 국민회 양제박, 70대의 고령인 국민회 김도현 후보들을 꺾고 당선됐다.

금융조합이사인 홍문중, 학교 이사인 이응숙, 청년운동가인 이영복 후보들도 출전했다.

지난 총선에서 승패가 엇갈렸던 양병직, 양제박, 홍문중, 이응숙 후보들이 재대결을 펼친 선거전에 대구사범대 교수로서 제주도지사를 지낸 김용하, 면장을 지내고 제주도 과장과 중학교장 등 다채로운 경력을 자랑한 조순하, 금융조합 전무인 강창용, 광산업자인 김제동, 북제주군수를 지낸 김영진 후보 등이 새롭게 출전했다.

진주 강씨 문중들의 집중지원과 풍부한 자금을 살포한 무소속 강창용 후보가 현역의원인 대한국민당 양병직, 북제주군수 출신인 국민회 김영진 후보들을 제치고 당선됐다.

지난 총선에서 차점 낙선한 양제박 후보와 제주도지사를 지낸 김

용하 후보들은 맹추격전을 벌였으나 역부족이었다.

□ 득표상황

후보자	정당	연령	주요 경력	득표 (%)
강창용	무소속	36	금융조합 전무이사	4,636 (19.3)
양병직	대한국민당	40	제헌의원(북제주 을)	3,879 (16.1)
김영진	국민회	40	군수, 제주읍	3,604 (15.0)
양제박	민주국민당	64	상공업, 인천시	2,923 (12.2)
김용하	무소속	49	제주도지사, 한림면	2,839 (11.8)
홍문중	무소속	31	금융조합, 포천군	2,038 (8.5)
김두홍	무소속	36	공무원, 서울시	1,829 (7.6)
이응숙	국민회	42	조합 이사, 서울시	988 (4.1)
조순하	무소속	39	면장, 제주도 과장	903 (3.8)
김세동	무소속	45	광업, 서울시	399 (1.7)

〈남제주〉 회사장인 강경옥 후보가 현역의원인 민국당 오용국, 판사 출신인 변호사 오건일, 대학교수인 고유삼 후보들을 꺾고 당선

지난 제헌의원 선거에서는 입법의원 출신인 오용국 후보가 교원 출신으로 통역관을 지낸 양기하, 청년운동가인 대한청년단 강성건 후보들을 꺾고 당선됐다.

오용국 의원이 재선고지를 향해 질주한 선거전에 제약회사 사장인 강경옥, 법관 출신 변호사인 오건일, 금융조합 이사인 고유곤, 수사관 출신인 국민회 강기천, 독립운동가인 민족자주연맹 김성숙, 청년운동가인 애국단체연맹 강필생, 대학교수인 고유삼, 회사 중역인 지유춘 후보들이 재선 저지에 나섰다.

당선권이 오리무중인 선거전에서 풍부한 자금을 활용한 강경옥 후보가 강씨 문중의 집중적인 지원에 힘입어 현역의원인 오용국, 변호사로 활동 중인 오건일 후보들을 꺾고 당선됐다.

대학교수인 고유삼, 국민회에서 활동한 강기천, 청년운동가인 강필성 후보들은 선전했으나 민족운동을 펼친 항일독립투사인 김성숙 후보의 득표력은 한계를 보였다.

□ 득표상황

후보자	정당	연령	주요 경력	득표 (%)
강경옥	무소속	44	제약회사 사장	6,649 (19.1)
오건일	무소속	37	법관, 변호사	4,651 (13.4)
오용국	민주국민당	46	제헌의원(남제주)	4,646 (13.3)
고유삼	무소속	49	대학교수, 서울시	4,217 (12.1)
강기천	국민회	43	수사관, 제주읍	3,897 (11.2)
강필생	애국단체연	44	청년운동, 대정면	3,544 (10.2)
고유곤	무소속	49	금융조합, 서귀면	3,471 (10.0)
김성숙	민족자주연	55	민족운동, 서울시	2,603 (7.5)
지유춘	무소속	43	회사 중역, 광주시	1,135 (3.3)

〈인용·참고자료〉

○ 역대 국회의원 선거 총람 (중앙선거관리위원회, 2016년 11월)

○ 제1대 총선이야기 (선암각, 2024년 2월)

○ 해방 후 정치사 100장면 (가람기획, 1994년 7월)

○ 한국정당 통합운동사 (을유문화사, 2000년 9월)

○ 동아일보 (1948. 5. 1 ~ 1950. 6. 30)

○ 조선일보 (1948. 5. 1 ~ 1950. 6. 30)